Sistemas de Informação

Mônica Mancini
Ilana Souza-Concilio
(organizadoras)

Sistemas de Informação

Gestão e Tecnologia na Era Digital

BRASPORT
Rio de Janeiro
2022

Editor: Sergio Martins de Oliveira
Gerente de Produção Editorial: Marina dos Anjos Martins de Oliveira
Editoração Eletrônica: Abreu's System
Capa: Use Design

S623 Sistemas de informação : gestão e tecnologia na era digital / Mônica Mancini, Ilana Souza-Concilio (organizadoras). – Rio de Janeiro: Brasport, 2022.
344 p. : il ; 17 x 24 cm.

Inclui bibliografia.
ISBN 978-65-88431-78-8

1. Sistemas de informação. 2. Tecnologia da informação. 3. Era digital. 4. Transformação digital. 5. Redes sociais. 6. Governança de dados. I. Mancini, Mônica. II. Souza-Concilio, Ilana. III. Título.

CDU 004.891

Catalogação na fonte: Bruna Heller (CRB10/2348)

Índice para catálogo sistemático:
1. Sistemas de informação 004.891

BRASPORT Livros e Multimídia Ltda.
Rua Washington Luís, 9, sobreloja – Centro
20230-900 Rio de Janeiro-RJ
Tels. Fax: (21)2568.1415/3497.2162
e-mails: marketing@brasport.com.br
vendas@brasport.com.br
editorial@brasport.com.br
www.brasport.com.br

Dedicatória

Dedicamos este livro a nossas famílias, que sempre nos apoiaram na construção do saber.

As organizadoras.

Agradecimentos

Agradecemos a todas as pessoas que apoiaram na realização neste livro.

À Editora Brasport na figura do Sergio Martins de Oliveira, por ter acreditado neste projeto e ter dado todo o apoio, suporte e parceria neste trabalho.

A todos os profissionais, executivos, professores, colegas e organizações com que convivemos durante a realização desta obra. A parceria e o compromisso foram fundamentais para entregarmos uma obra com qualidade e antenada com as necessidades do mercado.

Aos nossos familiares que nos apoiaram de forma incondicional. Em especial, Maxim Radovan e Bacos Radovan pelo constante incentivo na busca do conhecimento e crescimento pessoal e profissional. Danilo Concilio, Manuela Souza Guimarães, Matheus Concilio e Maria Clara Concilio, por serem significado de amor.

E, por final, a toda a comunidade de profissionais de TI, que, por meio da informação e tecnologia, proporciona transformação digital no mundo dos negócios, levando uma nova experiência ao cliente e melhoria na performance organizacional.

As organizadoras.

Prefácio

É uma grande satisfação, honra e alegria que atendo a esse convite da Mônica Mancini e da Ilana Souza-Concilio para prefaciar o livro "Sistemas de Informação: gestão e tecnologia na era digital".

São três os motivos para isso.

Em primeiro lugar, é uma satisfação conhecer esta obra, que combina a abrangência de temas cobrindo todo o espectro da disciplina que chamamos de sistemas de informação com a qualidade do texto e de seus autores.

O tema transformação digital tem ocupado a agenda de empresas de todos os setores e portes e não há mais como deixar essa questão para um próximo momento Entretanto, é um grande desafio para gestores de negócios e de tecnologias, pois combina aspectos da gestão, tais como estratégia e operações, com aspectos técnicos, tais como construção de bancos de dados e gestão de infraestruturas digitais. Por serem os sistemas de informação uma área interdisciplinar, é difícil encontrar a combinação certa de temas e autores que permita tanto a profissionais de uma área como a de outra aproveitarem adequadamente os conceitos e aplicá-los em suas decisões e no seu dia a dia das suas empresas.

Há no país a falta de obras como esta, e as obras estrangeiras costumam ser demasiadamente prolixas e desconsideram importantes aspectos da realidade brasileira, sendo muitas vezes difícil a transposição das ideias apresentadas.

Parabenizo às organizadoras e ao grupo de autores pela preocupação em trabalharem nesse balanceamento e na qualidade do conteúdo.

Em segundo lugar, é uma honra prefaciar uma obra onde tantos amigos e amigas participam, sendo colegas de mestrado e doutorado, colegas da divisão de ADI da

ANPAD, alunos e orientados de mestrado e doutorado e colegas de trabalho. São pessoas com quem compartilhei muitos momentos e projetos nos últimos 25 anos, nessa jornada de aprendizado até agora nesse tema fascinante da aplicação das tecnologias digitais em organizações e na sociedade. É um tema que, para nós, sempre foi vital para empresas e instituições, e por isso tanto nos esforçamos em discutir, aprender, ensinar e escrever sobre o tema. Por todo o contato que tive com esse grupo, pelas discussões que tivemos e fizemos, posso dizer, mais uma vez, que são um conjunto de autores e autoras de qualidade (tudo bem, vai, admito que talvez haja algum viés meu, mas sei que mesmo sem ele ainda sobraria muito a elogiar neste grupo :-)).

E, finalmente, tenho uma grande alegria em saber que ao menos uma parte dessa obra está relacionada às reuniões do grupo de pesquisa em sistemas de informação da FEA/USP, que ajudei a construir e realizar ao longo dos anos 2010 e que foi aos poucos fomentando e criando redes de relacionamento e colaboração que permitiram a realização de muitos projetos de pesquisa e autoria.

Mais uma vez, parabéns aos autores. Tenho certeza de que os leitores aproveitarão muito a obra e espero que fiquem também tentados a dar continuidade a seus estudos e pesquisas nesse tema, que está sempre em evolução e precisando de olhares críticos e cuidadosos de bons autores e pesquisadores.

Cesar Alexandre de Souza
Professor FEA/USP – Área de Métodos Quantitativos e Informática

Apresentação

A evolução tecnológica não é mais uma novidade. O aquecimento do mercado de tecnologia promoveu um aumento da competitividade e da necessidade das organizações se adequarem em níveis de exigência cada vez mais altos. Para acompanhar esse ritmo acelerado e potencializar seus negócios, as empresas precisam mudar sua mentalidade e promover maior interação entre tecnologia de informação, pessoas, processos e gestão organizacional.

A transformação digital exige uma reformulação das estratégicas de negócios, consistindo na modernização de seus processos, seja fazendo um melhor uso das tecnologias disponíveis ou investindo no desenvolvimento de soluções que atendam tanto às suas necessidades quanto às do mercado. Isso significa que também é necessário estabelecer uma aproximação dos profissionais de tecnologia com a gestão de sistemas de informação.

Empresas e profissionais de tecnologia precisam investir e acreditar no aprendizado contínuo para estarem preparados para as mudanças organizacionais e a evolução dos sistemas de informação. Nesses tempos de renovação cultural e inovação tecnológica, torna-se imprescindível um maior conhecimento sobre tecnologias de informação, suas aplicações nas organizações e seus impactos na sociedade.

Inspirado nessa revolução sociotecnológica, este livro aborda a transformação digital aplicada à área de sistemas de informação, buscando conciliar uma visão técnica com uma visão gerencial pela articulação de aspectos de gestão e tecnologia, de forma a permitir uma melhor adaptação e reflexão sobre as mudanças na era digital.

O grupo de autores desta obra é formado por professores pós-doutores, doutores e doutorandos da USP, ETSMTL (*École de Technologie Supérieure de Montréal* – Canadá), Universidade Federal de São Paulo, Universidade Presbiteriana Mackenzie,

FIAP e Faculdade Impacta, além de profissionais de TI e gerente de *learning* da Ambev Tech.

O livro começa apresentando a transformação digital como um processo contínuo de mudança de cultura das organizações e de mentalidade de seus líderes apoiada em uma estratégia corporativa digital. Em seguida, discute-se como essa transformação está contribuindo para a evolução de aplicações corporativas no Capítulo 2 e também provocando uma necessidade e estruturação de processos que levem ao desenvolvimento de novos produtos e serviços baseados em redes sociais no Capítulo 3. Diante disso tudo, no Capítulo 4, fala-se sobre a importância do papel dos executivos nas questões sociais e suas implicações legais e éticas no mundo dos negócios e na sociedade sobre o uso da TI.

Com todo esse cenário de mudanças e aquecimento do mercado *tech*, ganha destaque um aumento acelerado da quantidade de informação. Os dados se tornaram ativos valiosos. O Capítulo 5 aborda desde a definição de dados até as diferentes abordagens utilizadas para seu uso em sistemas computacionais. É preciso também entender como fazer a gestão desses dados no Capítulo 6.

A popularização das redes sem fio e dos dispositivos móveis contribuiu para um maior interesse e investimento das indústrias em automação. Atualmente, torna-se impossível falar de sistemas de informação sem citar a internet das coisas (*Internet of Things* – IoT) e a tecnologia móvel. No Capítulo 7, estão descritos os fundamentos, desafios e oportunidades da área de IoT e de desenvolvimento de aplicativos móveis.

Este livro aborda também a gestão dos sistemas de informação em vários aspectos. Os modelos de governança trazem alternativas aos gestores de tecnologia para implementar processos e controles de modo a estabilizar suas operações, como é possível observar no Capítulo 8. Você pode entender, no Capítulo 9, como essas mudanças do ambiente organizacional pedem a modernização do gerenciamento dos projetos de TI, adotando metodologias ágeis de forma a impulsionar a produtividade e aumentando a taxa de sucesso.

O Capítulo 10 mostra como as organizações precisam também adaptar a forma de gerenciar os serviços de tecnologia da informação apresentando as melhores práticas de *frameworks* que auxiliam a prestação de serviços de TI às necessidades do negócio.

E para encerrar a jornada no mundo dos sistemas de informação e seus fundamentos, desafios e impactos na era digital, o Capítulo 11 destaca o quanto essa revolução digital, com a automação dos serviços e a tecnologia onipresente, tornou pessoas e sistemas mais vulneráveis a ataques cibernéticos. Conheça a aplicação da segurança da informação no uso de recursos de TI e os riscos existentes no uso de tecnologias e serviços.

Ilana Souza-Concilio
Doutora em Engenharia Elétrica pela Escola Politécnica – USP

Mônica Mancini
Pós-Doutorado em Sistema de Informação – USP

Autores

Adriano José da Silva Neves

Doutor pela FEA/USP com linha de pesquisa em Tecnologia/Sistemas de Informação. Mestre em Engenharia da Computação pelo IPT (Instituto de Pesquisas Tecnológicas). Professor e Coordenador Adjunto da FIA (Fundação Instituto de Administração) para formação de executivos em Tecnologia da Informação. Professor do Insper, FGV, FIAP, PUC-RS e Instituto Mauá de Tecnologia. Diretor do ISACA-SP. Possui mais de 30 anos como executivo, consultor especialista em tecnologia, governança, segurança da informação, *compliance*, projetos e inovação digital em organizações no Brasil e exterior como HP, Atos, Diveo Datacenter, Embraer e outros. Participação como investidor anjo, *advisor* e mentor em *startups*, incubadoras e aceleradoras digitais.

Ana Carolina Riekstin

Atualmente trabalha como desenvolvedora de software na Bell, maior operadora de telefonia do Canadá. Mais especificamente, atua com automação em redes de *datacenter* e orquestração fim a fim de serviços. Anteriormente trabalhou como desenvolvedora na *startup* Kaloom, na área de Management Plane de uma solução cujo objetivo era virtualizar as redes de *datacenters*. Fez pós-doutorado na *École de Technologie Supérieure* da Universidade do Quebec, junto ao laboratório Synchromedia, atuando em pesquisas de eficiência energética, emissões de gases de efeito estufa e TI como suporte à sustentabilidade. Concluiu seu doutorado em 2015 na Escola Politécnica da USP, Engenharia Elétrica (área de Concentração de Sistemas Digitais), junto ao Laboratório de Sustentabilidade em TIC (LASSU), com a tese "Orquestração de funcionalidades de eficiência energética para um gerenciamento de redes sustentável" em parceria com a Ericsson Research. Concluiu o mestrado na mesma escola, com dissertação sobre o tema de governança de TI: "Modelo de governança de tecnologia da informação do escritório ao chão de fábrica". Fez estágio em pesquisa na Microsoft Research (EUA), trabalhou na Volkswagen do Brasil e na PromonLogicalis em consultoria e análise de negócios. Possui experiência nas áreas de tecnologia da informação, redes, gerenciamento de projetos, governança de TI e sustentabilidade.

André Montoia Barata

Profissional com mais de 10 anos de experiência em governança de dados. Graduação em Sistemas de Informação pela Universidade de São Paulo (USP), Mestrado em Sistemas de Informação pela Universidade de São Paulo (USP) com foco em Governança de Dados e MBA em Gestão Empresarial pela Fundação Getúlio Vargas (FGV). Liderou mais de 30 projetos, com equipes multidisciplinares, de implantação de governança de dados e transformação da cultura de dados das organizações por meio de uma jornada *data-driven* em clientes de diversos setores e segmentos. Entusiasta do tema governança de dados e pesquisador assíduo dos diversos *frameworks* e metodologias de implantação de um programa de governança de dados e da transformação cultural das organizações por meio dos dados.

Carlos Rodrigo Cordeiro Alves

CEO da CRCALVES Serviços, consultoria dedicada a sucesso do cliente e gerenciamento de portfólio de TI, professor e coordenador técnico do curso de pós-graduação de formação de CSM na FIA. Com mais de 25 anos de experiência em TI, atuou no desenho e na implementação de sistemas de gerenciamento e terceirização (*outsourcing*) de serviços de TI em grandes corporações, desenho de portfólio de serviços e sucesso do cliente. Doutor em Administração de Empresas pela FEA-USP, graduado e Mestre em Engenharia Elétrica pela Escola Politécnica-USP.

Durval Lucas dos Santos Júnior

Doutor em Administração pela Faculdade de Economia, Administração e Contabilidade da Universidade de São Paulo (FEA-USP). Atualmente, é professor do Departamento de Administração da Escola Paulista de Política, Economia e Negócios da Universidade Federal de São Paulo (EPPEN-UNIFESP). Grande entusiasta do uso das tecnologias da informação e comunicação (TIC) nas empresas, possui publicações nacionais e internacionais sobre o tema. Desde 2010, vem dando especial atenção ao uso das redes sociais no ambiente corporativo, especialmente na área de marketing – comunicação com clientes, inteligência competitiva e desenvolvimento de novos produtos e serviços. Também possui interesse em temas ligados aos negócios digitais e ao uso das TIC para a melhoria da qualidade da gestão.

Edimara Mezzomo Luciano

Professora Titular da Pontifícia Universidade Católica do Rio Grande do Sul, onde atua como membro permanente do Programa de Pós-Graduação em Administração e Coordenadora de Pesquisa da Escola de Negócios. Realizou Doutorado e Mestrado em Administração pela Universidade Federal do Rio Grande do Sul (2000 e 2004, respectivamente) e Pós-Doutorado na *London School of Economics and Social Sciences*

(Reino Unido, 2016). Foi professora visitante na Universidade de Estocolmo, Suécia (2017), e na *Danube University Krems*, Áustria (2019). Atua na área de Administração como pesquisadora e docente em graduação e pós-graduação *lato-sensu* e *stricto sensu*. Seus interesses de ensino e pesquisa envolvem governança de TIC, governança colaborativa, governo digital, transformação digital e cidades inteligentes. Lidera o Grupo de Pesquisas/CNPq Governança & Sociedade Digital (d-GOVS). Líder da Divisão de Administração da Informação da ANPAD. Membro do Comitê de Assessoramento da FAPERGS na área de Economia e Administração. Colaboradora do GTD. GOV, Grupo de Transformação Digital do CONSAD/ABEP-TIC, onde recentemente coordenou a pesquisa "Capacidades para Transformação Digital: um Diagnóstico nos Estados Brasileiros e no Distrito Federal".

Edmir Parada Vasques Prado
Graduado em Engenharia Mecânica pela Escola Politécnica da Universidade de São Paulo em 1985. Possui mestrado (2000) e doutorado (2005) em Administração pela Universidade de São Paulo. Possui mais de 35 anos de experiência na área de Administração e Sistemas de Informação, dos quais 22 anos atuando em empresas multinacionais e 20 anos atuando na área acadêmica. Atualmente é professor doutor MS-3 na Universidade de São Paulo e tem as seguintes linhas de pesquisa: gestão de projetos e processos, alinhamento estratégico da área de sistemas de informação e *sourcing* da tecnologia da informação.

Fabio Henrique Souza Prando
Executivo com mais de 18 anos de experiência com projetos relacionados a dados. Formado em Ciências da Computação pela USCS (Universidade Municipal São Caetano do Sul), Pós-graduado em Desenvolvimento de Sistemas de Informação pela FIAP, MBA em Gestão de Negócios e MBA em *Digital & Data Analytics*. Participou do grupo de trabalho que elaborou o livro referência em governança de dados (DMBOK – *Data Management Body of Knowledge*). Liderou a prática da governança de dados de uma *Big-4*, sendo responsável pela estruturação e preparação da equipe, definição e implementação da estratégia dos serviços, vendas e entrega de dezenas de projetos relacionados à implementação das práticas de governança de dados. Nesses projetos focava no desenho e na estratégia de governança de dados considerando as melhores práticas do mercado e necessidades específicas do cliente. Atualmente, é executivo responsável pelas áreas de inovação e digital da maior empresa brasileira de tecnologia.

Guilherme Costa Wiedenhöft

Doutor e Mestre em Administração pela PUCRS, com concentração nos estudos sobre governança de TI, comportamento de cidadania organizacional e organizações públicas. Bacharel em Administração com linha de formação em gestão da tecnologia da informação. Professor Adjunto do Instituto de Ciências Econômicas, Administrativas e Contábeis da Universidade Federal do Rio Grande, Coordenador Adjunto do Programa de Pós-Graduação em Administração ICEAC/FURG. Líder do Grupo de Pesquisas/CNPq Organizações e o Desenvolvimento Econômico e Social (ODES/FURG) e Colíder do Grupo de Pesquisas/CNPq Governança & Sociedade Digital (d-GOVS/PUCRS). Membro do comitê científico do Grupo de Transformação Digital dos Estados e Distrito Federal do CONSAD/ABEPI-TIC. Concentra-se nos estudos de governança e gestão de TI, cidades inteligentes e sustentáveis, transformação digital e valor público, uso de TI no combate à corrupção e fatores culturais e comportamentais do uso de TI em organizações públicas.

Ilana de Almeida Souza Concilio

Graduada pela PUC-GO, mestre pela UFSCar em Ciência da Computação e doutora em Engenharia Elétrica pela Escola Politécnica – USP. Atualmente é Gerente de *Learning* da Ambevtech na Ambev e professora na IDEA9 e no curso de graduação em Engenharia da Computação na FIAP (Faculdade de Informática e Administração Paulista). Cocoordenadora de dois projetos de extensão na Faculdade Impacta: Impactar (<www.programaimpactar.com>) e Tech'n Roses (<www.technroses.com.br>. Coautora de quatro livros: "Realidade Aumentada: Aplicação em sala de aula" (Mackenzie, 2016), "Desenho Técnico" (Intersaberes, 2017), "Projeto Assistido por Computador" (Intersaberes, 2017) e "Rethinking Pedagogy: Exploring the potential of Technology in Achieving Quality Education" (*Report* – MGIEP – *Mahatma Gandhi Institute of Education for Peace and Sustainable Development* – UNESCO, 2019). Foi coordenadora pedagógica e mentora no *Apple Developer Academy* | Instituto de Pesquisas Eldorado em Campinas.

Luciano Vieira de Araújo

Professor Associado da Escola de Artes, Ciências e Humanidades da Universidade de São Paulo – USP. Realiza pesquisas na área de ciência de dados (*learning from data, big data*, *data science* e No SQL) aplicada a inovação tecnológica e cidades inteligentes. Possui mais de 30 anos de atuação na área de tecnologia da informação. Recebeu prêmios nacionais e internacionais na área de ciência e inovação.

Mônica Mancini

Pós-Doutorado em Sistemas de Informação com linha de pesquisa em Projetos (USP, 2017), MBA em Gestão e Inovação em Cidades Inteligentes (FACENS, 2022), Gestão Estratégica de EAD (Senac, 2017), MBA em Gestão Empresarial (FGV-SP, 2007), doutorado em Ciências Sociais (PUC-SP, 2005), Mestrado em Administração (PUC-SP, 1999), Especialização em Administração Industrial (USP, 1992) e Graduação em Administração com ênfase em Análise de Sistemas (FASP, 1989). Especialização em *Big Data* (Mackenzie, 2020). Graduação em Ciências da Computação/Anhembi Morumbi (2022). Possui certificações DASM, PMP, COBIT, ITIL-F, ISO 20000, ISO 27002, *Green IT Citizen, Exin Agile Scrum Foundation* (ASF) e *Scrum Certified Foundation* (SFC). Presidente do PMI de São Paulo (2021-2022). Conselheira de Governança do PMI de São Paulo (2017-2020). Diretora de Programas do PMI de São Paulo (2015-2016). Executiva de TI com mais de trinta anos de experiência na área de tecnologia e projetos, atuando em empresas nacionais e estrangeiras. Docente dos cursos de Pós-Graduação *Lato Sensu* na Universidade Presbiteriana Mackenzie, POLI/USP, SENAC, FASP, UMC, FIAP, Uninove e FMU. Linhas de pesquisa: *smart cities*, governança digital de TI, inovação tecnológica, projetos, sistemas de informação e internet das coisas. Link para currículo Lattes: <http://lattes.cnpq.br/2839368174394751>. Linkedin: <https://br.linkedin.com/in/monicamancini>. Site pessoal: <www.monicamancini.com.br>.

Regina da Silva de Camargo Barros

Doutora e Mestra em Administração pela Faculdade de Economia, Administração e Contabilidade da Universidade de São Paulo (FEA-USP), Especialista em Gestão Escolar pela Escola Superior de Agricultura Luiz de Queiroz (ESALQ-USP), Bacharela em Marketing pela Universidade Paulista (UNIP) e Licenciada em Pedagogia pela Universidade Anhembi Morumbi (UAM). Possui 11 anos de experiência de atuação na área de ensino e pesquisa e atualmente é Professora Adjunta no Departamento Acadêmico de Administração da Escola Paulista de Política, Economia e Negócios (EPPEN) da Universidade Federal de São Paulo (UNIFESP). Seus interesses de pesquisa são na área de administração, com ênfase nos temas: estratégia, serviços, *stakeholders*, *networks* e arranjos organizacionais, cocriação de valor, desempenho organizacional, cadeia global de valor e redes de produção. Possui 11 anos de experiência em organizações nacionais e internacionais em funções na área de marketing, controladoria, importação e exportação e gestão de vendas.

Rodrigo Hiroshi Ruiz Suzuki

Mestre em ciências da computação, possui as certificações CISM (*Certified Information Security Manager*), CRISC (*Certified in Risk and Information Systems Control*), CISA (*Certified Information Systems Auditor*), ISO 27001 e 22301 *Lead Auditor*. É diretor de segurança da informação na Logicalis Latin America, responsável também por continuidade de negócios e proteção de dados na região. Professor de cursos de pós-graduação nas áreas de redes de computadores, segurança da informação e riscos e é diretor voluntário no capítulo São Paulo da ISACA.

Sonia Rosa Arbues Decoster

Doutora e Mestre em Administração de Empresas pela Faculdade de Economia, Administração e Contabilidade (FEA) da Universidade de São Paulo. Pós-graduada em Administração pela Escola de Administração de Empresas de São Paulo (FGV) e graduada em Matemática pela Pontifícia Universidade Católica de São Paulo (PUC-SP). Possui experiência profissional em TI de mais de 25 anos, desenvolvida em empresas multinacionais dos segmentos de prestação de serviços e industrial, atuando em cargos de liderança. Atua como consultora em TI e gestão e como professora nos cursos de graduação, MBA e mestrado. Pesquisadora do núcleo de docentes permanentes do Mestrado Profissional em Controladoria e Finanças da Fipecafi. Tem como temas de interesse de pesquisa: transformação digital, *data analytics*, plataformas digitais, blockchain, *fintechs*, *startups* e inovação em TI.

Sumário

1. Transformação digital

Sonia Rosa Arbues Decoster
Edimara Mezzomo Luciano
Guilherme Costa Wiedenhöft

Conceitos apresentados neste capítulo

1.1 Transformação digital: o que é e o que envolve?
1.2 Dimensões da transformação digital
1.3 A natureza das tecnologias digitais
1.4 A transformação digital nas organizações
1.5 A transformação digital na indústria
1.6 A transformação digital no varejo
1.7 A transformação digital nas organizações públicas
1.8 A transformação digital, o indivíduo e a sociedade
1.9 Consequências não intencionais da transformação digital
1.10 Fatores críticos de sucesso para a transformação digital

Objetivos do capítulo

1. Apresentação sobre transformação digital, seus conceitos e dimensões.
2. Reflexão sobre o papel da transformação digital e seu impacto nas organizações, na indústria, no varejo, nas organizações públicas, na vida do indivíduo e na sociedade.
3. Discutir consequências da transformação digital e seus fatores de sucesso.

Introdução

A transformação digital (TD) tem sido discutida em vários níveis em organizações públicas e privadas. Além de apresentar um conceito não tão claro, é um tópico atual e parte de muitas iniciativas em diversas organizações públicas e privadas, variando de inovações incrementais, como serviços digitais, a inovações disruptivas, como a mudança de relacionamento entre os atores dentro de uma cadeia de suprimentos ou de uma cadeia de valor.

O tema tem sido bastante discutido no Brasil e no mundo e é um processo quase que natural após várias etapas da jornada de informação de organizações públicas e privadas terem sido atingidas. Tendo as operações já informatizadas, surge a necessidade de dar passos mais impactantes, no redesenho do negócio e da relação entre a organização com seus clientes e cidadãos, entre as organizações com elas mesmas e com o governo.

1.1. Transformação digital: o que é e o que envolve?

Transformação digital envolve repensar modelos de negócios e de operação, experimentar novos e torná-los mais ágeis para que possamos adquirir a habilidade de responder prontamente às demandas de clientes e cidadãos. Nos dias atuais, a transformação digital é um imperativo para todos os negócios, desde as pequenas até grandes empresas. Diz respeito a como os negócios podem se tornar competitivos e relevantes enquanto o mundo digital cresce exponencialmente.

Entretanto, o significado de transformação digital ainda não é claro para muitos gestores, e assim surgem vários questionamentos. Seria uma forma mais simples de dizer que digitalizarão seus processos e serviços? Ou que conduzirão os negócios para a nuvem? Seria o uso de dispositivos digitais para a comunicação e o uso de serviços? Quais seriam os passos necessários para uma organização passar por uma transformação e ficar alinhada ao uso crescente de tecnologias digitais pelas pessoas? Precisaremos criar novas profissões para nos ajudar a elaborar um modelo de transformação digital? Teremos que contratar um serviço de consultoria? Qual será a estratégia ideal para fazermos essa mudança? E, o mais crítico, quanto nos custará e quais poderão ser os impactos efetivos?

A TD é considerada o uso da tecnologia digital em uma ampla gama de inovações (HININGS et al., 2018). Envolve o desenvolvimento de novas estratégias possibilitadas pelo uso de novas tecnologias digitais, a fim de melhorar processos e remodelar o relacionamento entre governo e cidadãos. Além das diferentes abordagens sobre transformação digital, duas condições precisam estar presentes nas organizações: equipes colaborativas e bom alinhamento entre as áreas de negócios e TI. Esses dois aspectos podem ser ainda mais críticos nas organizações públicas, pois os funcionários públicos têm mais poder discricionário para aderir ou não a novas iniciativas e porque os projetos de TI podem ser executados em organizações públicas semiautônomas.

Funcionários mais colaborativos podem contribuir para aumentar a geração de valor público por meio da TD, pois apresentam mais iniciativa e se concentram mais no bem-estar do cidadão, em vez de disputas internas de poder. Quando as equipes de negócios e de TI compartilham a visão de suas organizações, por exemplo, um forte alinhamento entre negócios e TI, tendem a obter resultados mútuos em vez de competir pela liderança de projetos que envolvem TI. Como mencionado na literatura, a governança de TI é necessária para gerar alinhamento entre negócios e TI (ROSS et al., 2006) e contribui para um trabalho mais colaborativo (WIEDENHÖFT et al., 2019).

Ocasionalmente, as tecnologias, em vez do desenvolvimento de novas estratégias, tornam-se o foco, porque é frequentemente através da tecnologia que essas estratégias são operacionalizadas. As duas principais razões para isso são a influência dos fornecedores de tecnologia da informação (TI) e a eventual dificuldade de entender o escopo do conceito. Os fornecedores de TI usam sua influência para vender mais tecnologias, prometendo resultados fáceis. Dificuldade em entender exatamente o que TD compreende e como alcançar alguns dos benefícios prometidos também desempenha um papel.

Um negócio envereda pelo caminho da transformação digital por várias razões. A mais provável para a maioria é a de que representa uma questão de sobrevivência no meio de uma competição acirrada. As previsões fornecidas pelo IDC (*International Data Corporation*) em 2017 já apontavam que os gastos globais em tecnologias e serviços que habilitam a transformação digital cresceriam constantemente, constituindo um percentual de crescimento anual na ordem de 16,7 entre 2017 e 2022, alcançando neste ano US$ 1,97 trilhão (IDC, 2019). Porém, há também as mudanças no perfil de clientes e cidadãos. Em tempos de ubiquidade, o acesso a informações e o nível de conexão são sem precedentes na história da humanidade. Esse cliente ou cidadão tem expectativas de ser atendido rapidamente, sem se deslocar para atividades que não agregam valor, e ter as suas demandas atendidas. Há um novo cenário de atuação para as organizações, que demanda novas estratégias e o uso de novas tecnologias.

Há alguns anos que a transformação digital tem emergido como um dos temas preponderantes na pesquisa de estratégia de sistemas de informação (BHARADWAJ et al., 2013; PICCININI et al., 2015) tanto quanto para o mercado profissional da área (FITZGERALD, 2014). Num primeiro momento, ao tentar defini-la, ocorre em um rápido raciocínio que a TD engloba as mudanças profundas que acontecem na sociedade e nas indústrias por meio do uso de tecnologias digitais (AGARWAL et al., 2010; MAJCHRZAK et al., 2016). No nível organizacional, pode-se argumentar que as empresas precisam encontrar maneiras de inovar com o uso dessas tecnologias por conceber estratégias que abarcam tudo o que circunda a TD e que conduz a um alto desempenho operacional. Ao fazer isso, se mantêm alinhadas a um consumidor de serviços que já fez ou está fazendo a sua transformação digital como indivíduo. Da mesma forma, a transformação digital bate à porta dos governos, demandando serviços digitais aos cidadãos – um governo na palma da mão.

Além do crítico papel que a tecnologia possui na habilidade da organização em agregar valor para os seus clientes, os CIOs (*Chief Information Officers*) são fundamentais na transformação digital. Nesse contexto, este capítulo tem como objetivo responder a algumas das questões mais comuns em torno do assunto e tenta fornecer clareza para todos que estejam interessados, desde alunos dos cursos das áreas de negócios ou de SI até gestores de empresas.

1.2. Dimensões da transformação digital

Para cada organização, a transformação digital será vista de forma distinta. Arriscando uma definição para transformação digital, poderíamos descrevê-la como inovações disruptivas integradas ao uso de tecnologias digitais em todas as áreas de negócios e que fundamentalmente implicam na mudança de como você opera e entrega valor para os clientes e cidadãos. É também uma mudança cultural que requer organizações que continuamente desafiem o *status quo*, que experimentem e não sintam medo de fracassar, e que desenvolvam competências para reinventar o seu negócio. Pode significar também manter-se distante daqueles processos de negócios relativos a sistemas legados em favor das novas práticas.

Uma definição da *The Agile Elephant* (s.d.), consultoria especializada no tema, enfatiza que todas as formas de negócios podem necessitar ajustar suas práticas existentes: "transformação digital envolve uma mudança na liderança, nos diferentes raciocínios, no estímulo à inovação, aos novos modelos de negócios, na digitalização de ativos e no aumento do uso da tecnologia para melhorar a experiência dos empregados da organização, clientes, fornecedores, parceiros e *stakeholders*". Entende-se que este conceito é muito adequado, pois coloca as tecnologias em seu papel – área meio –, sendo a área fim as estratégias definidas para modificar produtos, serviços e a relação da organização interna e externamente. Como já nos ensinou Nicolas Carr (2003), em seu artigo simbólico "A TI não mais importa" (do inglês, *IT doesn't matter*), o que de fato importa é o que se faz com a tecnologia que se tem, ou a despeito da tecnologia que se tem. O título do artigo é em certa forma uma provocação para chamar o foco para a aplicação das tecnologias da informação e comunicação (TICs). O mesmo ocorre com a TD: as TICs são fundamentais à TD, mas não são, elas mesmas, a transformação. A transformação é de estratégias e de modelos de negócio, habilitada por TICs.

Assim, a tecnologia sozinha é apenas uma parte do cenário complexo com as quais as organizações deparam para se manterem competitivas no mundo digital. O que se tem de certo nesse cenário é que outras questões demonstram ser preponderantes, tais como: a) estratégia (BHARADWAJ et al., 2013; MATT et al., 2015); b) pessoas; c) experiência do usuário; d) tecnologias disruptivas; e) novos modelos de negócios; f) novos métodos; g) estrutura (SELANDER; JARVENPAA, 2016); h) processos (CARLO et al., 2012). Fatores como cultura; governança; capacidades; e políticas e métricas complementam a visão das dimensões (KARIMI; WALTER, 2015). As dimensões e suas relações estão expostas na Figura 1.1.

Figura 1.1 – Dimensões de transformação digital.
Fonte: Karimi; Walter (2015).

Transformação digital envolve essencialmente mudança de estratégia (TRABIZI et al., 2019), feita por pessoas visando melhorar a experiência do usuário. Isso é feito com tecnologias disruptivas, mas também com mudança em modelos de negócios e nos métodos que a organização utiliza internamente e na relação com seus públicos-alvo.

Mudanças de estrutura e processos também são necessárias, visando a agilidade organizacional essencial em um processo de TD. Essas dimensões precisam estar coordenadas com a cultura organizacional, pois sem isso haverá conflitos entre as mudanças e as bases culturais da organização. A governança também é fundamental, pois pode ser necessário modificar os direitos decisórios como resultado do processo de TD, e mesmo os mecanismos de estrutura, processos e relacionamentos devem ser diferentes, visando uma organização ágil, mas ainda assim com processo de tomada de decisão colegiada. O foco da TD também está em desenvolver novas capacidades, políticas e métricas, as quais são diferentes em organizações verticalizadas, hierárquicas e focadas em controle.

Uma revisão da literatura realizada sobre o tema (VIAL, 2019) propõe demonstrar um abrangente entendimento do fenômeno da transformação digital com base em 240 estudos, sendo 28 os que contribuíram para uma definição de TD. Nesse estudo foram identificadas quatro propriedades: a unidade de análise afetada pela transformação digital (entidade objeto), a extensão das mudanças afetadas dentro dessa análise (escopo), as tecnologias envolvidas na mudança gerada (meios) e os resultados esperados.

Sendo assim, o estudo apontou a definição conceitual da transformação digital como "o processo que objetiva aperfeiçoar uma entidade por desencadear mudanças significativas para as suas propriedades por meio da combinação da informação, informatização, comunicação e a conectividade de tecnologias". Outro achado importante nesse estudo é que a TD pode se referir à sociedade. Portanto, a definição complementada pelos autores é que se faz preponderante considerar os contextos mais amplos nos níveis individual, organizacional e societal (LEGNER et al., 2017). Adicionalmente, a definição reconhece a melhoria como um resultado esperado de TD sem garantia da sua realização.

Um modelo pôde ser construído sobre relacionamentos que emergem por meio da análise dos autores que considera oito elementos básicos que descrevem a TD como um processo em que as tecnologias digitais desempenham um papel essencial na criação tanto quanto o fortalecimento das disrupções ocorrem nos níveis industriais e da sociedade. Essas disrupções desencadeiam respostas estratégicas de parte das organizações, que ocupam um lugar central na literatura de TD. Organizações usam tecnologias digitais com o intuito de alterar os caminhos da criação de valor que permitem a competitividade. Para isso é necessário implementar mudanças estruturais e vencer os obstáculos que impedem o esforço da transformação. Essas mudanças levam a positivos impactos nas organizações bem como para os indivíduos e para a sociedade, da mesma forma que podem estar associados a resultados indesejados.

1.3. A natureza das tecnologias digitais

Klaus Schwab (2018), fundador e presidente do Fórum Econômico Mundial, salienta que o mundo está numa encruzilhada, num contexto social e político em que o componente da desconfiança nas mídias e na sociedade civil é desafiado por um grande número de tecnologias disruptivas, da inteligência artificial (IA) às biotecnologias, dos materiais modernos à computação quântica, que já provocam mudanças radicais na forma como vivemos.

Ainda segundo a revisão da literatura providenciada por Vial (2019), a maioria das tecnologias digitais obedece ao acrônimo SMACIT (SEBASTIAN et al., 2017), que compreende tecnologias relacionadas ao **social**, à **mobilidade**, ao ***analytics***, à nuvem (*cloud*) e à internet das coisas (*Internet of Things* – IoT). Complementando, além da sigla citada, a categoria das plataformas foi também encontrada, enquanto outras formas de tecnologias, tais como a internet propriamente dita, softwares e *blockchain*, foram pouco mencionadas. Conforme Rogers (2019), a plataforma é um negócio que cria valor, facilitando interações diretas de dois ou mais tipos diferentes de clientes. Bharadwaj et al. (2013) evidenciam que a combinação de tecnologias é particularmente relevante no contexto da TD. Um bom exemplo disso é que a habilidade de implementar algoritmos de tomada de decisão depende da habilidade de desenvolver análises em *big data*, coletadas por meio do uso de mídias sociais em seus aparelhos móveis.

Sendo assim, para um bom discernimento do tema da TD, seguem relacionadas as principais tecnologias consideradas no desenvolvimento deste capítulo e classificadas da seguinte maneira: 1) plataformas, as quais são viabilizadas pelas tecnologias sociais e móveis (aplicativos); 2) dados, aqui representados pelo *big data*, pela computação em nuvem, pelo *blockchain* e pelo *data analytics*, ou seja, como as empresas podem armazená-los com segurança, recuperá-los e analisá-los eficientemente, independentemente do tipo de dado, estruturado ou não estruturado, tais como os das mídias sociais, por meio da IA (inteligência artificial), que seria dotar o software de simular a capacidade humana de raciocinar e tomar decisões, e amparado pelo

Machine Learning (ML), método de análise de dados que automatiza a construção de um modelo analítico; 3) conectividade, representada pela internet das coisas (IoT), que seria a interconexão digital de objetos cotidianos com a internet.

1.4. A transformação digital nas organizações

Uma parte significativa das pessoas considera que a transformação digital é apenas tecnologia da informação ou tecnologias, descritas anteriormente, tais como aplicações móveis, computação em nuvem, a internet das coisas, *big data* e IA, daí que elas concentram investimentos apenas em TI e outras tecnologias. Entretanto, as suas estratégias digitais revelam fracasso na fase de execução pelo fato de que os seus modelos de negócios não se enquadram a essas estratégias digitais, seja por não compreenderem as experiências dos clientes, ou quando os colaboradores não possuem habilidades suficientes para executar as estratégias digitais, ou, ainda, a cultura corporativa não está pronta para a transformação digital. Portanto, a TD não diz respeito apenas a tecnologias da informação ou tecnologias. Esclarecendo, trata-se de redefinir totalmente a estratégia do negócio e alterar até mesmo a sua cultura corporativa, requerendo mudança de processos do *front end* ao *back office*, possibilitando a capacitação dirigida aos dados e à experiência digital viabilizada aos clientes, parceiros e usuários internos, o que passou a se chamar experiência do usuário (UX). Os gestores de TI passaram a sentir pressão para mostrar que as iniciativas digitais continuam a apresentar agilidade crescente em toda a organização, sendo um imperativo do negócio aprimorar a experiência do usuário, que por sua vez é crucial para a transformação digital.

Portanto, o fator-chave na TD é o dado em tempo real sobre clientes, concorrentes e fornecedores. Esses dados podem apoiar a empresa a transformar os processos de negócios no aperfeiçoamento da experiência do usuário. Por outro lado, a organização precisa capacitar seus gestores em como usar os dados para análise, para a tomada da decisão e para a inteligência de negócios, orientando-os na direção da inovação e do sucesso.

O *International Data Corporation* (IDC) realizou uma previsão de que, em 2020, 30% das empresas Global 2000 (MURPHY et al., 2019), as maiores do *ranking* anual da Forbes, alocariam capital de no mínimo 10% das suas receitas para as suas estratégias digitais. Essa orientação na direção ao financiamento de capital é importante para que os executivos reconheçam a transformação digital como um investimento de longo prazo. Segundo Trabizi et al. (2019), uma pesquisa realizada recentemente com diretores, CEOs e altos executivos observou que o risco da transformação digital seria a maior preocupação em 2019. A razão disso é que 70% de todas as iniciativas de TD não atingem seus objetivos. Estima-se que US$ 900 bilhões dos US$ 1,3 trilhão gasto em TD no ano anterior foram desperdiçados.

1.5. A transformação digital na indústria

Como já mencionado, uma gama de avançadas tecnologias provoca uma reinvenção da forma da criação do valor nas organizações. Entretanto, algumas questões significativas permanecem no que diz respeito a quais são as habilidades requeridas ou de que forma deve ocorrer o engajamento do usuário. Para investigar essas questões e apresentar um panorama atual da transformação digital nas organizações, o *Capgemini Research Institute* (2018) elaborou o *Digital Transformation Review*, o qual descreve entrevistas com líderes digitais de diversas corporações, sendo que algumas iniciativas no setor industrial seguem relacionadas de forma resumida.

A essência da estratégia da também alemã Daimler AG, fabricante de automóveis que possui, entre outras, a marca Mercedes-Benz, é digital. O papel da TI da Daimler AG mudou fundamentalmente por orientar a capacitação digital da empresa. A iniciativa interna é o programa *digitalONE*, o qual aplica novos métodos de trabalho dirigidos pelo espírito da cocriação e contribui para a transformação digital. A personificação de uma organização de mudança emerge com um *mindset* único. A estratégia *CASE* – *Connected* (conectado), *Autonomous* (Autônomo), *Shared* (compartilhado), *Electric* (Elétrico) – predomina em um pacote integrado. Os serviços digitais encontram-se na essência da experiência do usuário. A cultura é também considerada para a Daimler AG uma barreira a ser transposta para uma transformação digital com sucesso. Os líderes são determinantes na cultura da maioria das organizações, quando incorporam valores de acordo com suas ações individuais. Daí que a liderança, nomeada como 2020, define como comunicar e operacionalizar os alicerces da cultura da Daimler.

A Unilever tem uma presença fortalecida por muitas marcas que são líderes de mercado globais e apresenta uma mudança em direção de um ecossistema digital. Sua base sólida reside no modelo 5C, definido por: consumidores ao centro, vasto conteúdo, fortes conexões, a construção de comunidades e o comércio. Paralelamente, se faz presente a intensificação da tecnologia e a perspectiva de ferramentas para reforçar a qualidade dos investimentos, que incorporam uma abordagem de teste e aprendizado, e experimentação superior. A transformação digital multifacetada da Unilever propiciou a criação de centros de dados em várias locações. Isso fez com que o *e-commerce* fosse adotado pelos consumidores, permitindo uma maior proximidade, bem como que as tecnologias sociais decolassem conduzindo o interesse do consumidor.

A transformação digital mundial da Michelin apresenta a criação da *Tire Intelligence*, uma *startup* de software e dados. A empresa permitiu que fabricantes, distribuidores e revendedores de pneus administrassem seus negócios mais eficientemente e melhorassem sua presença na web. A expansão da estratégia incorporou muitos *players* digitais, incluindo a plataforma pública *Booktable*, o maior *website* de reservas de restaurantes, adquirido em 2016. A adaptação da estratégia do *e-commerce* digital se deu a partir de 2015, com a aquisição do *Blackcircles*, o principal *player* em vendas *on-line* de pneus no Reino Unido, e outro participante minoritário, *Allopneus*, na França. Apesar das vendas diretas *on-line* representarem uma pequena parte no mercado, os consumidores costumam usar a web como fonte de informação prévia à compra.

A Michelin utiliza a tecnologia RFID (do inglês *Radio-Frequency IDentification*) e sensores nos pneus com o objetivo de monitorar em tempo real a vasta variedade de parâmetros relacionados à experiência de dirigir, das ruas e detalhes dos pneus de forma mais específica, como, por exemplo, temperatura, pressão ou desgaste. O pneu conectado alavanca a tecnologia digital e, consequentemente, entrega uma experiência *premium* ao cliente. Em 2014, foi lançado o Programa Oficial de Incubadoras, o qual identifica relevantes projetos que podem suportar o crescimento da Michelin em um futuro próximo. Cada projeto que apresenta uma forte conexão com o trabalho existente é patrocinado pela respectiva unidade de negócios da Michelin. Da mesma forma, em 2017 foi lançado o *PresSense*, o primeiro pneu de aeronaves conectado para facilitar a operação de manutenção e administrar estoques de forma eficiente.

1.6. A transformação digital no varejo

O advento da TIC trouxe uma enorme quantidade de dispositivos inteligentes que geram, armazenam e compartilham imensas estruturas de dados sobre o comportamento de seus proprietários e possibilita capturar, analisar e gerenciar informações por meio de "todas as coisas". Nesse contexto, surge o conceito de *internet of things* (IoT), no qual tudo é conectado em rede no nosso dia a dia. Esse fenômeno permite a troca de informação entre os dispositivos dos clientes e diferentes máquinas com IA. Por meio de sofisticados softwares, entendem e preveem necessidades dos clientes ou, ainda, se conectam a tecnologias que dispõem de uma visão do ambiente real e, com elementos do ambiente virtual em três dimensões, permitem a experimentação por meio da realidade aumentada (*Augmented Reality* – AR) (BALAJI; ROY, 2017).

Conforme Barua et al. (2004), esse cenário promove a digitalização das relações entre os consumidores e seus fornecedores, o que tem proporcionado mudanças de valores significativos e altera fatores de competitividade do varejo, transferindo a importância do capital financeiro para o capital humano e exigindo maior convergência de tecnologias de informação para atender às necessidades do cliente sempre conectado. Os varejistas talvez sejam os mais impactados pela velocidade dessas mudanças e precisem ampliar seus canais digitais e investir em estratégias que garantam maior conexão com seus clientes que já vivem no conceito *omnichannel*, onde os canais são totalmente integrados e oferecem uma experiência de compra consistente aos clientes independentemente do canal de atendimento (FULGONI, 2015).

Em estudo realizado com varejistas e associados pela *Zebra Technologies*, a grande maioria dos tomadores de decisão de varejo (83%) e associados (74%) concordou ou concordou plenamente que associados equipados com tecnologia móvel podem oferecer uma melhor experiência de compra (BALAJI; ROY, 2017). Além disso, a maioria dos representantes de lojas relatou que o uso de um dispositivo móvel, como um computador móvel de mão equipado com *scanner* ou um *tablet* corporativo, impactou positivamente os consumidores de diversas maneiras (KAPUSTINA et al., 2019). Segundo o estudo, até o ano de 2021 70% dos respondentes estão planejando investir na IoT, objetivando melhorar a experiência do cliente, a visibilidade da oferta de suprimento e expandir oportunidades de receita; 68% pretendem investir em *machine learning* e computação cognitiva (*cognitive computing*); e 57%, em automação. Identificou-se que 72% dos varejistas planejam reinventar sua cadeia de suprimentos com visibilidade em tempo real possibilitada pela automação, sensores e análises. Zebra (2019) apontou ainda que a maioria das vendas, 91% delas, ainda é gerada nas lojas físicas; no entanto, o comércio *on-line* e móvel transformou a experiência de compra, forçando os varejistas a investir na melhoria da jornada do cliente, criando um meio mais interativo e digital dentro das lojas. Oitenta e cinco porcento dos entrevistados na América Latina planejam usar a tecnologia para personalizar a visita à loja.

Apesar de desafiadora, a transformação digital no varejo traz consigo uma série de oportunidades, permitindo novos designs propícios à ambientação, tornando a loja física um ponto de contato interativo, multissensorial e digital e trazendo uma maior importância para o merchandising digital no varejo 4.0 (HÄNNINEN et al., 2018). As possibilidades são praticamente infinitas: já podemos observar utilização de mapas nas lojas físicas para mapear preferências dos clientes (muito comum nas lojas virtuais para identificar onde os clientes mais acessam e clicam no site). Podemos ainda pensar em lojas com provador inteligente com realidade aumentada, que pode permitir que o cliente simule a iluminação do ambiente de acordo com a opção de uso do produto, podendo escolher dia claro, nublado, ambiente noturno, lugar fechado ou que possibilite que o consumidor crie a cena virtualmente, combinando a roupa perfeitamente com a ocasião. Existem ainda todas as novidades nas formas de pagamento, como o pagamento direto pelo telefone ou relógio, assim como máquina de pagamento que faz gestão de estoque, registro de pedido e recebimento de pagamentos. Isso tudo para reduzir tempo em caixa, agilizar o atendimento e melhorar a experiência de compra do cliente.

É importante ressaltar que a transformação digital não é a ampliação do *e-commerce*, que, embora ainda participe pouco nas vendas em relação à loja física, continua com expressivo crescimento e foi um dos impulsionadores de toda essa revolução do varejo. Transformação digital no varejo diz mais sobre o desenvolvimento de experiências físicas e reais que são transformadas pelo bom uso das tecnologias (KANE et al., 2015). Para executar a transformação digital em seus negócios o varejista não precisa ter todas as tecnologias e inovações digitais, mas, sim, ter uma boa estratégia de uso destas, aliada a uma boa governança, podendo ser com parcerias ou associações e sem perder o foco na experiência do cliente (KAPUSTINA et al., 2019).

1.7. A transformação digital nas organizações públicas

Organizações públicas, incluindo órgãos de governo, estão igualmente expostas a novas oportunidades, habilitadas e facilitadas pelas tecnologias de informação e comunicação, para gerar valor público aos cidadãos através de acesso a informações e serviços, eficiência e eficácia na prestação de serviços e transparência e *accountability* nas operações da administração pública (NAM, 2016).

As TICs têm contribuído para deixar as relações de trabalho menos formais e mais próximas. Um exemplo disso é o fato de chefes e suas equipes estarem conectados via redes sociais. Não se sabe exatamente o que é causa e o que é consequência, mas essa mudança nas relações entre as pessoas, cada vez mais conectadas via tecnologias digitais, gera mudanças culturais nas organizações, com mudança de valores. Anteriormente um valor poderia ser o respeito à hierarquia – contemporaneamente, valores envolvem a compreensão das necessidades do cliente, a resposta rápida e a agilidade. Nesse contexto, novos modelos de relacionamento entre estado e sociedade têm surgido, gerando oportunidades para transformar a conexão entre o governo e os cidadãos (CUNHA; MIRANDA, 2013) e os estilos de gestão, de um foco interno e burocrático para um foco externo e com ênfase nas necessidades dos cidadãos (BLOOMFIELD; HAYES, 2009). Nesse modelo mais participativo, a interação é considerada constitutiva da própria democracia, onde a formação de opiniões e ações políticas baseadas em fóruns, grupos ou comunidades virtuais promove o desenvolvimento da sociedade civil (CHADWICK, 2003).

Assim como em organizações privadas, há uma crença em organizações públicas de que a transformação digital se trata da adoção de tecnologias digitais. Isso é gerado, em grande parte, por dois fatores correlacionados. Em muitas organizações públicas, não há expertise interna suficiente para pensar a TI estrategicamente. Essa lacuna é ocupada pelas empresas de TI que vendem soluções como mágicas e como se fossem a estratégia por si só. Assim, há grandes riscos de aquisição de TICs desnecessárias ou que não têm alinhamento suficiente com a organização – e que, em geral, são as mesmas soluções vendidas a organizações privadas. Quanto mais cresce a crise de confiança dos cidadãos no governo, mais as organizações públicas buscam legitimidade em grandes empresas de TIC. Como já discutido anteriormente, a transformação digital se baseia em novas (diferentes, inovadoras, disruptivas) estratégias que usam as TICs como meio. É necessário discutir, portanto, o que a transformação digital representa para organizações públicas. Ela teria o mesmo significado que para organizações privadas? Uma organização pública que tem iniciativas de governo eletrônico já é uma organização que passou pelo processo de transformação?

A transformação digital em organizações públicas está relacionada com a transformação da relação do governo com os cidadãos – de um governo onipresente e, por vezes, onipotente para um governo que se ocupa do planejamento e da orquestração dos serviços, que podem ser prestados por empresas privadas. Da parte do cidadão, a transformação é de um cidadão mais acomodado e que via o governo como o seu grande senhor para um cidadão ativo e participativo, que não cobra tudo do governo, mas também que não o teme. Um cidadão que exerce o controle social e que participa da discussão sobre os projetos prioritários e sobre os rumos da gestão de seu bairro, município, estado e nação. Luciano et al. (2021) identificaram capacidades necessárias para a transformação digital e como estas capacidades estão sendo desenvolvidas em um conjunto de estados brasileiros. Os dados mostram a necessidade de avançar em capacidades de governança para a transformação digital e de relação interorganizacionais.

A transformação digital no setor público envolve, em termos práticos, uma melhor prestação de serviços aos cidadãos, a redução da burocracia, a extirpação de controles desnecessários e o aumento da eficiência de serviços, iniciativas e processos. O papel das TICs é contribuir para a agilidade das operações, da comunicação, na geração de *insights* para a tomada de decisão (via análise de dados) e para que as operações sejam mais rápidas, com menos etapas, com menos papel e, assim, mais efetivas. O foco não em si mesmo, mas na geração de valor público ao cidadão, aos diferentes grupos e perfis de cidadãos – ser um ator ativo trabalhando para o desenvolvimento não apenas econômico, mas humano e social das comunidades.

1.8. A transformação digital, o indivíduo e a sociedade

Conforme Rover (2006), na sociedade atual, o elemento mais bem-ajustado é a pessoa que não está morta nem viva, mas entorpecida, um morto-vivo, um zumbi; pois morta não faz o trabalho que a sociedade pede, e, viva, critica permanentemente sua lógica destrutiva e dominadora. Dessa forma, a sociedade estimula atividades que tiram o vigor e mantêm as pessoas ocupadas com seus dilemas e seus desejos sempre renovados pelo famoso sistema. Para o autor, o indivíduo pós-moderno não tem mais tempo e por todos os lados está determinado por máquinas que, em princípio, podem lhe tirar a consciência do trabalho que realiza e, por conseguinte, sua capacidade de criação no mundo.

Nessa nova sociedade a matéria-prima é a informação que diretamente molda, mas não determina, os processos da existência individual e coletiva (ROVER, 2006). Assim, organiza-se numa verdadeira forma de rede, bem adequada à crescente complexidade das interações que ocorrem, pois é baseada na flexibilidade, na possibilidade de os processos serem reversíveis, bem como das organizações e instituições serem modificadas fundamentalmente pela auto-organização de seus componentes. Há convergência de tecnologias específicas para um sistema altamente integrado e que se torna interdependente.

Na era digital, a urgência caracteriza o relacionamento entre as pessoas moldando as relações sociais e exigindo uma adaptação constante do indivíduo. As pessoas tornaram-se dependentes da informação e escravas do imediatismo imposto pelas ferramentas de comunicação, tais como Facebook e WhatsApp, que são uma forma estrutural de como a sociedade digital constrói controles, impondo um ritmo cada vez mais veloz à vida das pessoas, em todos os seus âmbitos. As condições do mundo moderno são muito exigentes, requerendo uma elaboração de grande quantidade de informações a uma velocidade cada vez maior (ROVER, 2006). Tudo ocorre em alta velocidade, de forma que todos os processos que envolvem a sociedade exigem muitas decisões num intervalo de tempo o mais ínfimo possível. A tecnologia e a economia, e, em consequência, os demais sistemas sociais, refletem bem essa revolução, que gera um novo paradigma constituído de um agrupamento de inovações técnicas, organizacionais e administrativas, inter-relacionadas, cujo fator-chave são os insumos baratos de informação derivados do avanço da tecnologia em microeletrônica e telecomunicações, caracterizada pela queda dos custos relativos e pela disponibilidade universal (CASTELLS, 1999). Para Rover (2006), exemplos novos de eletrônicos que aceleram os processos do mundo não faltam, desde os processadores embutidos nos mais diversos utensílios cotidianos até a rede que conecta tudo e todos.

O aumento da velocidade dos processos vem mantendo as pessoas em permanente estado de atenção, e esses mecanismos tecnológicos exercem um papel relevante na estruturação do cotidiano das pessoas. No entanto, é importante entendermos que, apesar do vetor da transformação digital ser a tecnologia, ela em si não gera mudanças na sociedade. A criação de novos serviços que surgem dessas tecnologias pelos indivíduos é que gera a transformação digital na sociedade.

1.9. Consequências não intencionais da transformação digital

A transformação digital é carregada de expectativas e promessas positivas e, por consequência da pressão da indústria desenvolvedora de soluções de TI, geralmente omite seus efeitos colaterais. Destaca-se que nem todos os efeitos colaterais advindos da transformação digital são negativos, nem mesmo ignorados – alguns deles podem ser efeitos não previstos e não intencionais. No entanto, principalmente no que tange à gestão pública, esses efeitos são mais nocivos, pois geram principalmente exclusão de parte dos cidadãos.

O processo de transformação digital dos municípios, estados e federação acontece principalmente por meio da digitalização dos serviços públicos ao cidadão. Estes, por sua vez, são construídos a partir da premissa de que todos os cidadãos têm o mesmo acesso a recursos e infraestrutura que lhes permitem o acesso a tais serviços. No entanto, existe uma parcela significativa da população que não possui nenhum tipo de dispositivo de acesso (computador, *tablet* ou celular), tampouco acesso à internet. Imagine, por exemplo, um produtor da agricultura familiar, não alfabetizado, no interior de um estado e que sequer energia elétrica possui. Pense ainda nos moradores das periferias que possuem acesso limitado a recursos e infraestrutura. Esses cidadãos não têm como acessar os serviços virtuais, páginas *on-line* e aplicativos dos agentes públicos. Assim, quando o governo prioriza a digitalização dos seus serviços em detrimento da estratégia de ampliação dos atendidos pelos serviços convencionais, o governo está criando/reforçando a exclusão desses cidadãos de seus portfólios de serviços. Organizações públicas, incluindo órgão de governo, estão igualmente expostas a novas oportunidades, habilitadas e facilitadas pelas TICs para gerar valor público aos cidadãos através de acesso a informações e serviços, eficiência e eficácia na prestação de serviços e transparência e *accountability* nas operações da administração pública (NAM, 2016).

1.10. Fatores críticos de sucesso para a transformação digital

Visando aproveitar as oportunidades da TD e ao mesmo tempo evitar ou minimizar a ocorrência de consequências não intencionais da TD, alguns fatores críticos de sucesso devem ser observados.

- A existência de uma **estratégia de transformação digital** listando os objetivos e as metas de alto nível e a governança, respeitando as normativas pertinentes e buscando a sua melhoria quando necessário, é um fator crítico de sucesso, pois dá a direção do processo de TD.
- Dar essa direção implica em compreender as **necessidades dos *stakeholders*** (funcionários, acionistas, fornecedores, governo), que podem ser impactadas pela transformação digital.
- Para que as estratégias tenham êxito, a **estrutura organizacional** precisa ser modificada para suportar a estratégia de transformação digital. Estruturas burocráticas, especialmente as focadas em controles de gestão, serão, mais cedo ou mais tarde, um fator impeditivo da agilidade necessária no processo de TD.
- Na mesma linha, é necessário o alinhamento da **cultura organizacional** com a estratégia de transformação digital para que não surjam conflitos entre as estratégias de TD e culturas mais conservadoras.
- A preparação das pessoas (times internos e *stakeholders*) para as mudanças decorrentes da TD também é um fator crítico de sucesso, em virtude de que processos, sistemas e o *modus operandi* podem ter alterações significativas, e as pessoas precisam ser inseridas nesse novo contexto.
- Existência de **política de governança da transformação digital** visando evitar soluções sobrepostas, retrabalho e aumento da complexidade, e que estabeleça as decisões-chave relacionadas à transformação digital e à governança de investimentos e de TIC.
- Existência de **plano de investimentos** alinhado à política de governança da transformação digital, estabelecendo como serão tomadas as decisões relacionadas aos investimentos necessários à transformação digital.
- Existência de **plano de governança de TIC** alinhado à política de governança da transformação digital, estabelecendo como são tomadas as decisões relacionadas ao ciclo de vida de TICs e ao uso de dados.
- Preparação dos **processos organizacionais** para suportar a estratégia de transformação digital.
- Foco em **resultados para os diversos *stakeholders***, utilizando as TICs como meio para a busca proativa de soluções e para a interação com o ecossistema,

fomentando novas oportunidades que promovam o bem-estar e a autonomia do cidadão.

- Observância de uma **transformação digital inclusiva**, considerando o acesso e a capacidade de uso dos produtos da transformação digital por diferentes públicos.
- **Análise ponderada do benefício da adoção de tecnologias disruptivas** em perspectiva com outras soluções, considerando a estratégia de transformação digital.

A observância desses fatores críticos de sucesso pode contribuir significativamente para a efetividade das iniciativas de transformação digital.

Conclusão

Além de introduzir o leitor no tema, é abordado neste capítulo como a transformação digital funciona nas organizações em que seus líderes se concentram na mudança de cultura apoiada em uma estratégia corporativa digital. A transformação digital das organizações envolve implementar uma estratégia que possui como essência uma capacitação digital para apoiar o modelo de transformação, ou seja, há a necessidade de mudar a mentalidade dos membros de uma organização, bem como a forma de trabalhar, a qual exige colaboração e interação intensivas. Isso impacta toda a organização, especialmente processos operacionais, usuários internos e externos.

Com base nos aspectos discutidos neste capítulo, propõe-se uma agenda de discussão sobre iniciativas de transformação digital:

a) **Transformação digital se trata mais de estratégia do que de tecnologia**: novas tecnologias, cada uma a seu tempo, exercem uma influência grande na tomada de decisão sobre iniciativas e projetos cuja ideia ou problema a ser resolvido tangencia a adoção de tecnologias. No entanto, há o risco de a tomada de decisão considerar mais o *frisson* pela tecnologia do que os seus benefícios tangíveis. Soluções tecnicistas tendem a custar mais caro e não atingir os objetivos. É necessário tratar as tecnologias como elas são: como meio, e não como a solução em si.

b) **Foco no valor**: tecnologias disruptivas por vezes podem funcionar como palavras mágicas para a aprovação de projetos, mas por vezes simples melhorias de processos resolvem o problema. Por exemplo, para um problema de dificuldade e agendamento de consultas médicas, pode ser mais efetivo ampliar o horário de funcionamento de um posto de saúde do que adquirir uma ferramenta de inteligência artificial para fazer de forma mais efetiva a marcação de consultas.

c) **Alinhamento com os objetivos organizacionais e a cultura**: algumas organizações que estão desenvolvendo iniciativas de TD têm culturas organizacionais conservadoras e hierárquicas, o que pode gerar conflitos entre a cultura organizacional e a descentralização promovida pela TD, bem como comprometer a efetividade das iniciativas.
d) **Fugir das simplificações**: como todo conceito amplo e complexo, a transformação digital corre o risco de ser entendida – e aplicada – de maneira simplista. Isso pode ocorrer pelas competências insuficientes dos times, pela falta de atenção aos conceitos envolvidos na discussão e pela influência de fornecedores de TI, que podem vender soluções semanticamente associadas à transformação digital, quando na verdade são apenas parte disso. Não raro, por exemplo, transformação digital é simplificada como sendo digitalização de serviços, algo certamente parte, mas de forma alguma intercambiável com transformação digital.
e) **Transformação digital é mais do que transformar a relação com clientes**, envolvendo toda a organização para que seja possível gerar valor para os clientes. Por exemplo, na simplificação mencionada no item anterior, pouco valor é agregado se apenas a solicitação de um serviço é feita *on-line*, mas é necessário esperar longos dias para obter o resultado.
f) **Privacidade**: a legislação e a regulamentação relacionadas à privacidade não são negociáveis e assim precisam ser amplamente consideradas nas iniciativas de TD.
g) **Transformação digital inclusiva**: as grandes assimetrias econômicas no Brasil se manifestam também na posse, no acesso e na habilidade de utilizar dispositivos de TIC, aplicativos e sistemas. Mais da metade da população brasileira não tem acesso a dispositivos de TIC. Mais de 40% dos que têm acesso à internet utilizam para isso a telefonia celular 3G e 4G, que, no Brasil, é a mais cara do mundo. É preciso considerar este ponto, em especial na transformação digital nas organizações públicas, sob risco de criar dificuldades econômicas de clientes e cidadãos para acessar os produtos da TD.

Transformação digital é, antes de tudo, um processo de mudança, de novas estratégias, apoiada pelo uso de tecnologias digitais. Envolve todas as mudanças internas na organização (de processos, de estruturas de gestão e governança, de posicionamento das pessoas) que torne possível uma mudança genuína na forma como a organização se relaciona com os seus clientes, consumidores, fornecedores, governo e demais *stakeholders*, ou com os cidadãos, no caso de organizações públicas. É uma jornada, com muitos desafios, mas com um grande potencial de resultados, em sendo observados aspectos como os discutidos neste capítulo.

A pandemia do COVID-19 tem feito com que muitos CIOs e executivos nas indústrias se perguntem o que isso significa para a economia, o modo de vida e as organizações.

Nesses tempos de incerteza, há uma forte tentação de cortar projetos de transformação digital no esforço de cortar despesas e aumentar o fluxo de caixa. Entretanto, em épocas anteriores de incerteza, as organizações que eliminaram ou postergaram esforços na direção da transformação se viram mais tarde com a falta de capacidades competitivas (KPMG, 2020).

Estudo de caso

A empresa alemã Bayer é organizada em três divisões – farmacêutica, saúde e ciência da colheita. Para dirigir a agenda digital em todo o grupo foi estabelecido o *Digital Excellence Council*, o qual tem um patrocínio do Conselho de Administração e representantes de todas as divisões em diferentes países, bem como em funções em todo o grupo. Esse conselho cobre toda a agenda digital, como, por exemplo, conduzir o *mindset* digital, alavancar dados para construir infraestrutura e estimular parcerias necessárias para o crescimento digital. A transformação digital da Bayer concentra-se em três pontos: digitalização da experiência do consumidor (CX), digitalização das operações e novos modelos de negócios.

Na área da ciência da colheita, pretende-se auxiliar os agricultores na tomada das melhores decisões, baseados nos *insights* e dados fornecidos por sensores ou drones. Na área da saúde, a Bayer deseja trazer novos medicamentos para pacientes de forma mais eficiente e mais rápida; personalizar tratamentos para pacientes individuais; ajudar profissionais da saúde a obter o diagnóstico correto; e oferecer novas soluções farmacêuticas. As operações são digitalizadas através de toda cadeia de valor para ter um efetivo custo-benefício nas áreas funcionais.

A Bayer tem se fixado em IA e ML. Em 2015, o centro de inovação *Life Sciences iHUB,* no Vale do Silício, estabeleceu colaboração com parceiros no uso de sensores tecnológicos inovadores, bem como em IA, ML e aplicativos digitais para saúde humana, saúde animal e agricultura. *Bayer Grants4Apps* (G4A) é um programa global que oferece suporte para *startups* e empresas que desenvolvem soluções em saúde. Por exemplo, a *startup* alemã Zencorlabs oferece um software para dispositivo móvel que usa inteligência artificial para monitorar pacientes com insuficiência cardíaca a partir de testes com estimativas da pressão diastólica final do ventrículo esquerdo. A aplicação de IA em fármacos tem o potencial de descobrir rapidamente novas drogas relacionadas a efeitos colaterais e, portanto, poder aperfeiçoar mais ainda a habilidade de assegurar a segurança da saúde do paciente.

A cultura digital é um ponto preponderante na transformação digital, desenvolvida por meio de uma comunicação personalizada em grupos específicos e que assegura que as mensagens sejam disseminadas. A Bayer se utiliza de indicadores-chaves de desempenho ou *Key Performance Indicators* (KPIs) para medir a transformação digital cultural, mensurando, por exemplo, o treinamento digital em termos de realização e níveis de interesse, bem como o aumento de eficiência e eficácia em áreas funcionais. Uma métrica importante é a que mensura como está o andamento da estratégia do negócio e a condução de novos modelos nos níveis locais e global que fornecem valor para os seus clientes.

A Bayer iniciou um novo modelo de negócios com equipes multifuncionais chamado 5x5 (*Five by Five*), em 2015. Trata-se de cinco integrantes advindos de diferentes funções e históricos trabalhando juntos por cinco semanas em algum desafio ou oportunidade específica. Ao final dessas cinco semanas os participantes apresentam uma solução final, frequentemente um protótipo, para o patrocinador do negócio. Esse programa fornece aos empregados uma oportunidade de entender a dinâmica de equipes multifuncionais.

Fonte: *Capgemini Research Institute* (2018).

Referências

AGARWAL, R.; GUODONG, G.; DESROCHES, C.; JHA, A. K. The digital transformation of healthcare: current status and the road ahead. *Inform. Syst. Res.*, vol. 21, n. 4, Dec. 2010, p. 796-809.

BALAJI, M. S.; ROY, S. K. Value co-creation with Internet of things technology in the retail industry. *Journal of Marketing Management*, vol. 33. n. 1-2, 2017, p. 7-31.

BARUA, A.; KONANA, P.; WHINSTON, A. B.; YIN, F. An empirical investigation of net-enabled business value. *MIS quarterly*, vol. 28, n. 4, 2004, p. 585-620.

BHARADWAJ, A.; EL SAWY, O.; PAVLOU, P.; VENKATRAMAN, N. Digital business strategy: toward a next generation of insights. *MIS Quarterly,* vol. 37, n. 2, 2013, p. 471-482.

BLOOMFIELD, B. P.; HAYES, N. Power and organizational transformation through technology: hybrids of electronic government. *Organization Studies*, vol. 30, n. 5, 2009, p. 461-487.

CAPGEMINI RESEARCH INSTITUTE. *Digital Transformation Review:* 12th Edition – Taking Digital Transformation to the Next Level: Lessons from the Leaders. 2018. Disponível em: <https://www.capgemini.com/research/digital-transformation-review-twelfth-edition/>. Acesso em: 25 jan. 2022.

CARLO, J. L.; LYYTINEN, K.; BOLAND JR, R. J. Dialectics of collective minding: contradictory appropriations of information technology in a high-risk project. *MIS Quarterly,* vol. 36, n. 4, 2012, p. 1081-1108.

CARR, N. IT doesn't matter. *Harvard Business Review,* 2003. Disponível em: <https://hbr.org/2003/05/it-doesnt-matter>. Acesso em: 25 jan. 2022.

CASTELLS, Manuel. *A sociedade em rede.* Vol. 1. São Paulo: Paz e Terra, 1999.

CHADWICK, A. Bringing e-Democracy back in. *Social Science Computer Review,* vol. 21, n. 4, 2003, p. 443-455.

CUNHA, M. A. da; MIRANDA, P. R. O uso de TIC pelos governos: uma proposta de agenda de pesquisa a partir da produção acadêmica e da prática nacional. *Organizações & Sociedade,* vol. 20, n. 66, 2013, p. 543-566.

FITZGERALD, M. How digital acceleration teams are influencing Nestle's 2000 brands. *MIT Sloan Management,* vol. 55, n. 2, Winter 2014, p. 1-5.

FULGONI, G. M. "Omni-Channel" Retail Insights and The Consumer's Path-to-Purchase: how digital has transformed the way people make purchasing decisions. *Journal of Advertising Research,* vol. 54, n. 4, 2015, p. 377-380.

HÄNNINEN, M.; SMEDLUND, A.; MITRONEN, L. Digitalization in retailing: multi-sided platforms as drivers of industry transformation. *Baltic Journal of Management,* vol. 13, n. 2, 2018, p. 152-168.

HININGS, B; GEGENHUBER, T.; GREENWOOD, R. Digital innovation and transformation: An institutional perspective. *Information and Organization,* vol. 28, n. 1, 2018, p. 52-61, 2018. Disponível em: <https://doi.org/10.1016/j.infoandorg.2018.02.004>. Acesso em: 25 jan. 2022.

IDC. *IDC's Worldwide Semiannual Digital Transformation Spending Guide Taxonomy, 2019:* Release Version 1H18. International Data Corporation, Apr. 2019. Disponível em: <https://www.reportlinker.com/p05767452/IDC-s-Worldwide-Semiannual-Digital-Transformation-Spending-Guide-Taxonomy-Release-Version-1H18.html>. Acesso em: 25 jan. 2022.

KANE, G. C.; PALMER, D.; PHILLIPS, A. N.; KIRON, D.; BUCKLEY, N. Strategy, not technology, drives digital transformation. *MIT Sloan Management Review and Deloitte University Press,* vol.14, 2015, p. 1-25.

KAPUSTINA, I.; PEREVERZEVA, T.; STEPANOVA, T.; RUSU, I. Convergence of institutes of retail traditional and digital economy. *In: IOP Conference Series:* Materials Science and Engineering, vol. 497, n. 1, 2019, p. 21-20.

KARIMI, J.; WALTER, Z. The role of dynamic capabilities in responding to digital disruption: a factor-based study of the newspaper industry. *Journal Management Information Systems*, vol. 32, n. 1, 2015, p. 39-81.

KPMG. *Positioning your digital strategy for the new reality:* Accelerating digital transformation efforts in times of uncertainty. 2020.

LEGNER, C.; EYMANN, T.; HESS, T.; MATT, C.; BÖHMANN, T.; DREWS, P.; MÄDCHE, A.; URBACH, N.; AHLEMANN, F. Digitalization: opportunity and challenge for the business and information systems engineering community. *Business Information Systems Engineering*, vol. 59, n. 4, 2017, p. 301-308.

LUCIANO, E. M., WIEDENHÖFT, G. C.; ÁVILA, T. J. T.; SILVA, J. L. C. da; MOURA, L. M. F. de. *Pesquisa sobre Capacidades para a Transformação Digital nos Governos Estaduais e Distrital*. Brasília: GTD.Gov, 2021. Disponível em: <https://gtdgov.org.br/uploads/publications/w0AtvoGJybCtr3amagQe2PaLeJWxEBvPlwaMvG3P.pdf>. Acesso em: 25 jan. 2022.

MAJCHRZAK, A.; MARKUS, M. L.; WAREHAM, J. Designing for digital transformation: lessons for information systems research from the study of ICT and societal challenges. *MIS Quarterly,* vol. 40, n. 2, 2016, p. 267-277.

MATT, C.; HESS, T.; BENLIAN, A. Digital transformation strategies. *Business Information Systems Engineering*, vol. 57, n. 5, 2015, p. 339-343.

MURPHY, A.; HAVERSTOCK, E.; GARA, A.; HELMAN, C.; VARDI, N. Global 2000. How the World's Biggest Public Companies Endured The Pandemic. *Forbes*, May 13, 2021. Disponível em: <https://www.forbes.com/global2000/#6704e1b4335d>. Acesso em: 25 jan. 2022.

NAM, T. Citizen Attitudes about Open Government and Government 2.0. *International Journal of Electronic Government Research*, vol. 12, n. 4, 2016, p. 46-66.

PICCININI, E.; GREGORY, R. W.; KOLBE, L. M. Changes in the producer-consumer relationship-towards digital transformation. *In*: *Wirtschaftsinformatik Conference*, Osnabrück, Germany: AIS Electronic Library, 2015, p. 1634-1648.

ROGERS, D. L. *Transformação Digital:* repensando o seu negócio para a era digital. São Paulo: Autêntica Business, 2019.

ROSS, J. W.; WEILL, P.; ROBERTSON, D. C. *Enterprise Architecture as Strategy:* creating a foundation for business. Boston, MA: Harvard Business School Publishing, 2006.

ROVER, A. J. A democracia digital possível. *Revista Seqüência*, n. 52, jul. 2006, p. 85-104.

SCHWAB, K; DAVIS, N. *Aplicando a quarta revolução industrial.* São Paulo: Edipro, 2018.

SEBASTIAN, I. M.; ROSS, J. W.; BEATH, C.; MOCKER, M.; MOLONEY, K. G.; FONSTAD, N. O. How big old companies navigate digital transformation. *MIS Quarterly Executive*, vol. 16, n. 3, 2017, p. 197-213.

SELANDER, L.; JARVENPAA, S. L. Digital action repertoires and transforming a social movement organization. *MIS Quarterly,* vol. 40, n. 2, 2016, p. 331-352.

THE AGILE ELEPHANT. Site. Disponível em: <http://www.theagileelephant.com/>. Acesso em: 25 jan. 2022.

TRABIZI, B.; LAM, E.; GIRARD, K.; IRVIN, V. Digital Transformation is not about Technology. *Harvard Business Review*, Mar. 13, 2019. Disponível em: <https://hbr.org/2019/03/digital-transformation-is-not-about-technology>. Acesso em: 25 jan. 2022.

VIAL, G. Understanding digital transformation: a review and a research agenda. *Journal of Strategic Information Systems*, vol. 28, n. 2, June 2019. Disponível em: <https://doi.org/10.1016/j.jsis.2019.01.003>. Acesso em: 5 jan. 2022.

WIEDENHÖFT, G. C.; LUCIANO, E. M.; PEREIRA, G. V. Information Technology Governance Institutionalization and the Behavior of Individuals in the Context of Public Organizations. *Information Systems Frontiers*, vol. 22, 2019. DOI: <https://doi.org/10.1007/s10796-019-09945-7> Acesso em: 25 jan. 2022.

ZEBRA. Reinventing Retail: 2017 Retail Vision Study. *Zebra Technologies*, vol. 1 n. 1, 2019, p.1-12.

2. Aplicações corporativas

Mônica Mancini
Edmir Parada Vasques Prado

Conceitos apresentados neste capítulo

Conhecer os principais sistemas de informação que atendem às necessidades da organização na era digital e compreender os modelos de negócios baseados na web:

2.1 Sistemas *Enterprise Resource Planning* (ERP)
2.2 *Supply Chain Management* (SCM)
2.3 *Customer Relationship Management* (CRM)
2.4 *Business-to-Business* (B2B) e *Business-to-Consumer* (B2C)
2.5 Computação em Nuvem (CN)

Objetivos do capítulo

1. Explicar o que é um sistema *Enterprise Resource Planning*, SCM, CRM e B2C
2. Explorar os conceitos sobre computação em nuvem

ERPs também são importantes para pequenas empresas

Em 2010 a Mundo Doce, distribuidora de doces da região de Ribeirão Preto, em São Paulo, percebeu que, para manter o crescimento constante de sua empresa, precisava adotar um ERP. Na época, a Mundo Doce contava com processos informatizados para sua gestão baseados em planilhas eletrônicas.

No entanto, conforme a empresa foi crescendo, percebeu-se que esse tipo de controle não era suficiente para organizar seus processos e colher informações objetivas. Foi quando a Mundo Doce optou pela implantação de sistema integrado de gestão (ERP) voltado para pequenas empresas.

A escolha deu bons resultados. Atualmente, a Mundo Doce é a maior distribuidora de doces de sua região, aumentou seu faturamento em 100% e conta com mais de 600 produtos em seu *mix*. Os benefícios obtidos com essa implantação incluem:

- **Processo de vendas mais ágil.** De forma gradativa, o processo de vendas foi agilizado. Antes da implantação do ERP o processamento dos pedidos levava um dia inteiro para ser realizado. Após a implantação, em um mesmo dia os pedidos são recebidos, processados e enviados, tornando o processo de vendas mais eficiente.
- **Estoque mais eficiente.** O controle foi facilitado graças às informações mais detalhadas acerca dos produtos, como tipo de mercadoria, quantidade, demanda de clientes etc. Optou-se por trabalhar com o modelo de estoque mínimo, mantendo apenas o volume de produtos suficiente para suprir pedidos eventuais.
- **Economia com tributos.** Os relatórios do ERP permitiram identificar que o modelo de tributação usado, que era o de Lucro Presumido, não era a melhor opção para a empresa. Com essa informação, a Mundo Doce optou pelo Simples Nacional, economizando R$ 70 mil reais por ano em tributação.
- **Redução de retrabalho.** O setor financeiro foi integrado aos demais setores, garantindo agilidade e redução de erros nas atividades relacionadas a finanças.

Fonte: adaptado de Jiva (2017).

Introdução

O mundo está vivendo uma era de profundas e rápidas mudanças. É o que muitos têm chamado de era digital. Essa nova era tem alterado profundamente a forma como nos comunicamos, como fazemos negócios e até mesmo como nos relacionamos. Parte do que fazíamos de forma presencial e com uso de recursos físicos passou a ser virtualizado: trata-se da transformação digital. A evolução tecnológica tem acabado com o "papel", e conhecimento e tecnologia estão cada vez mais acessíveis por meios digitais.

Esse novo cenário tem impacto nas organizações e seus sistemas de informação de forma disruptiva. Formas de comercialização, modelos de negócios, relações de trabalho e tantas questões que afetam as organizações têm se alterado de forma profunda por meio da virtualização e da transformação dos processos. Estes estão cada vez mais integrados e exigem que as organizações possuam sistemas de informação que as conectem com fornecedores, clientes, governo, consumidores e todos aqueles que de alguma maneira precisam ou queiram interagir com as organizações.

Como consequência, as aplicações corporativas evoluíram para se adaptar a esse novo cenário e continuam desempenhando um papel fundamental nas organizações. Para isso, elas precisam lidar com um volume cada vez maior de dados. Por meio deles é possível melhorar a produtividade e o processo de decisão da organização.

Este capítulo destaca três aplicações corporativas de vital importância para a organização e que permitem que ela aprimore e gerencie seus processos internos, bem como interaja com fornecedores e clientes: sistemas integrados de gestão (ERP); sistemas para gerenciamento da cadeia de suprimentos (SCM); e sistemas para gerenciamento do relacionamento com clientes. A Figura 2.1 ilustra o relacionamento entre esses sistemas, a organização e seu ambiente.

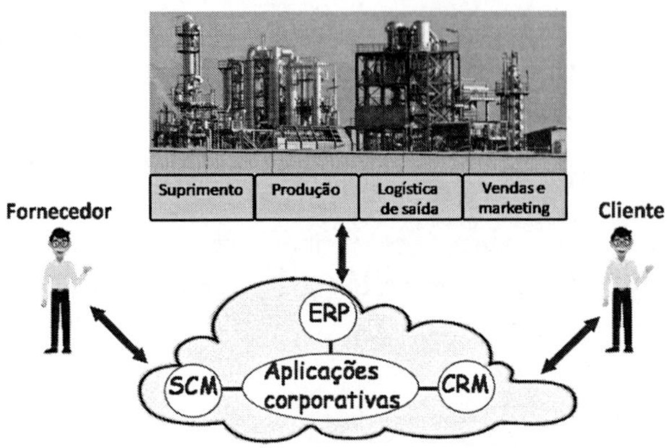

Figura 2.1 – A combinação da cadeia de valor com a divisão da empresa em níveis de tomada de decisão. Fonte: as autoras.

O sistema ERP tem como objetivo principal o apoio e a automação de processos ligados às atividades internas da organização, desde as atividades de logística de entrada e suprimentos até as atividades de venda e eventualmente pós-venda. Organizações que possuem um grande número de clientes e que necessitam de maior profundidade e abrangência nas atividades de pré-venda, atendimento e pós-venda, bem como características de análise de dados, podem ampliar essas funcionalidades por meio de sistemas CRM. Por outro lado, organizações que possuam grande número de fornecedores e logística de entrada e complexos processos de produção podem expandir as funcionalidades relativas a essas atividades por meio de sistemas SCM.

2.1. Sistemas ERP – *Enterprise Resource Planning*

Os sistemas integrados de gestão empresarial ou sistemas *Enterprise Resource Planning* (ERP) foram implantados originalmente a partir da década de 1970 para facilitar os processos da manufatura. Com o tempo evoluíram para incluir processos de outras áreas, tais como contabilidade, vendas e recursos humanos. Posteriormente, os sistemas ERP evoluíram e passaram a conectar toda a cadeia de valor por meio da web.

ERP é um sistema de informação computacional criado para processar transações organizacionais que administram fluxos de informações dentro e através das organizações, em tempo real. Ele integra a maioria dos dados e processos de uma organização em um único sistema e auxilia os administradores a tomar decisões com base em informações que refletem o atual estado dos negócios.

2.1.1. Características dos sistemas ERP

Os sistemas ERP possuem um conjunto de características que os distinguem de outros sistemas comerciais. Entre eles destacam-se:

a) **Permitem a implantação em diferentes ambientes.** Processam e distribuem a informação em tempo real, com capacidade multilíngue e interface visual gráfica para o usuário, facilitando a sua implantação em vários tipos de indústrias.
b) **Incorporam modelos de processos de negócios (*best practices*).** A arquitetura dos sistemas ERP permite a padronização e a adoção das melhores práticas em processos de negócios. Por outro lado, isso requer mudanças na estrutura e nos processos organizacionais. Como consequência, essas mudanças devem ser gerenciadas considerando ainda aspectos específicos da organização e de seu ambiente, tais como diversidade cultural, questões legais, entre outros.

c) **São sistemas de informação integrados.** A principal diferença entre os sistemas ERP e os demais sistemas organizacionais reside na sua natureza integrada. Dessa forma, a configuração do ERP é voltada para obter eficiência na organização como um todo e não em áreas específicas da empresa.
d) **Possuem grande abrangência funcional.** A totalidade das funções disponíveis em um sistema ERP constitui o que se denomina funcionalidade do sistema. Os sistemas ERP procuram abranger a máxima funcionalidade possível, dentro dos processos empresariais, procurando atender a processos de todas as áreas da empresa. Pacotes especialistas, ao contrário, procuram oferecer a máxima profundidade no atendimento de uma função específica (*best of breed*).
e) **Podem requerer procedimentos de ajuste para que possam ser usados em determinada empresa.** Para atender às características específicas de uma determinada organização, às vezes se faz necessário personalizar alguns processos. Isso ocorre por meio de customizações que buscam atender a requisitos organizacionais específicos, porém dentro dos limites permitidos pelo sistema ERP.

A ampla adoção dos sistemas ERP pelas organizações ocorreu pelo fato desses sistemas serem considerados um padrão tecnológico para os processos de negócio.

2.1.2. Sistemas ERP disponíveis no mercado

Os sistemas ERP são desenvolvidos e comercializados por empresas especializadas. Na década de 2000 houve um movimento de consolidação no mercado, quando algumas empresas fornecedoras de sistemas ERP adquiriram outras.

O mercado brasileiro conta com várias opções de produtos e os principais fornecedores mundiais atuam também no Brasil. A Figura 2.2 ilustra a participação de mercado dos principais fornecedores, descritos a seguir:

- **TOTVS.** Atualmente é uma das maiores empresas de software da América Latina. Seu crescimento e sua expansão também se caracterizaram pela aquisição de outros fornecedores de software ERP. Ela possui a maior base de clientes brasileiros, porém sua participação é mais intensa em empresas de médio e pequeno porte (com parque instalado abaixo de 800 equipamentos).
- **SAP.** Uma das maiores empresas de software do mundo, a empresa alemã SAP apresenta uma solução adotada pela maioria das grandes empresas no mercado brasileiro e global.
- **Oracle.** A Oracle continua sendo uma grande concorrente no mercado de ERP. Está entre os três maiores no Brasil, com uma participação de 11% no total.

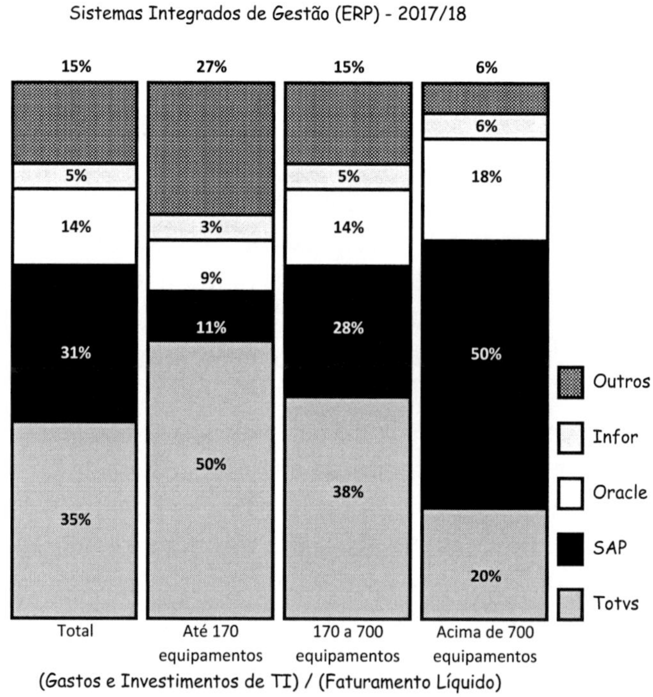

Figura 2.2 – Sistemas integrados de gestão.
Fonte: adaptado de Meirelles (2021).

2.1.3. Benefícios obtidos com o ERP

A busca por integrar e obter de forma precisa e compartilhada as informações dentro da organização e com parceiros é uma das características principais dos sistemas ERP. "Dados integrados" significam que uma informação deve ser inserida apenas uma vez dentro do sistema e que, a partir desse momento, estará disponível para toda a organização com acesso ao ERP (SNELLER, 2014). Outra característica importante dos sistemas ERP é o suporte às melhores práticas, ou seja, a práticas que trazem valor e que são adotadas pela maioria das organizações. Isso permite uma melhoria na qualidade das informações e um controle mais apurado.

Essas características propiciam os seguintes benefícios para as organizações:

- **Flexibilidade e agilidade organizacional.** Permite que as organizações se tornem mais flexíveis, ágeis e adaptáveis, para que possam reagir rapidamente às mudanças nas condições de negócio ou novas oportunidades de negócio. Além disso, o ERP é um ponto de partida para que as organizações realizem o redesenho de seus processos, utilizando-se do suporte às melhores práticas.

- **Qualidade e eficácia.** Os sistemas ERP integram e melhoram os processos das organizações. Isso resulta em uma melhoria significativa na qualidade e eficiência da produção, distribuição e atendimento ao cliente.
- **Custos reduzidos e melhor eficiência.** Os sistemas ERP podem reduzir custos organizacionais. Eles eliminam o uso de interfaces manuais, otimizam o fluxo de informação dentro da organização e eliminam a redundância de atividades. Além disso, requerem menos colaboradores, pois reduzem a carga de trabalho. Isto ocorre porque atividades repetitivas podem ser automatizadas.
- **Melhor governança e controle das operações.** A implantação de um sistema ERP permite melhor adequação ao cumprimento da legislação vigente em nível federal, estadual e municipal.
- **Padronização de hardware.** Outro benefício propiciado pelos sistemas ERP é que eles promovem a padronização da infraestrutura de TI, pois eliminam a necessidade de interligar diferentes componentes por meio de interfaces.
- **Apoio à decisão.** Sistemas ERP oferecem informações essenciais, atualizadas e de melhor qualidade sobre o desempenho e as operações da organização. Isso aprimora a capacidade da organização de tomar decisões.

2.1.4. Arquitetura dos sistemas ERP

Os sistemas ERP apresentam uma abordagem modular, na qual cada módulo especifica uma aplicação funcional da organização. Os fornecedores de sistemas ERP comercializam os módulos separadamente, possibilitando à organização adquirir os módulos que julgar necessários para o seu negócio.

A Figura 2.3 apresenta o fluxo de informação simplificado de um sistema ERP através de seus módulos. Cada módulo é ajustado conforme as regras de negócio da organização. Esse ajuste se faz por meio da parametrização do sistema. Ajustes não suportados pelo sistema ERP devem ser implementados por meio de customizações, que envolvem a codificação de rotinas que devem ser operadas em conjunto com o ERP. Recomenda-se minimizar ao máximo a implementação de customizações, pois estas podem ter problemas de operar quando a organização decidir migrar para futuras versões do ERP.

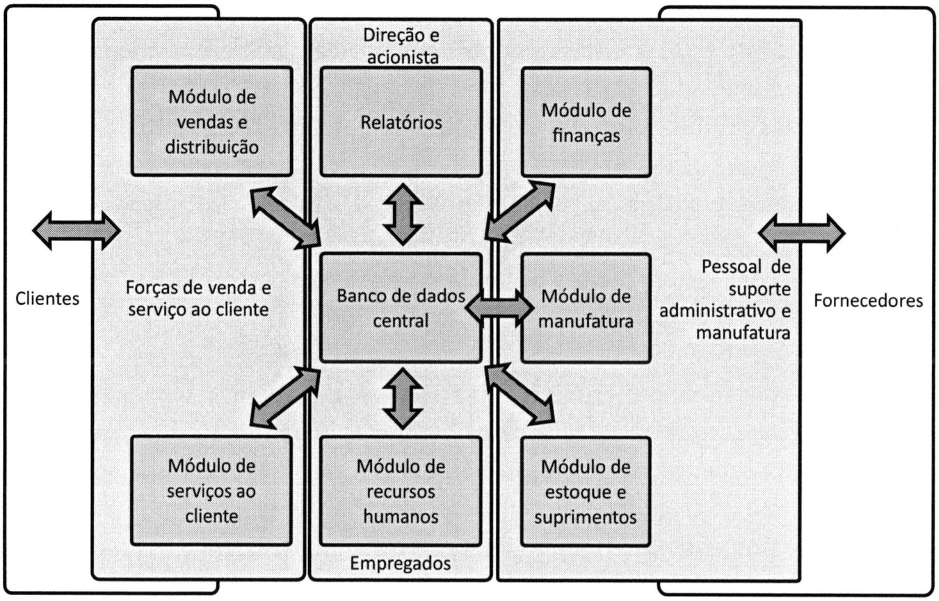

Figura 2.3 – Fluxo de informação simplificado de um sistema ERP.
Fonte: Nagpal et al. (2015).

A arquitetura dos atuais sistemas ERP é bastante flexível. Estes podem ser usados por meio de dispositivos móveis, tais como *smartphones* e *tablets*. Além disso, tem sido uma tendência a adoção da computação em nuvem para os sistemas ERP. Ou seja, os sistemas ERP têm sido instalados na nuvem, o que flexibiliza seu acesso, além de facilitar a organização das questões relacionadas à infraestrutura de hardware.

2.1.5. Implantação dos sistemas ERP

O processo de implantação de sistemas ERP é complexo e exige o envolvimento de boa parte da organização. Há várias estratégias de implantação, ou seja, a transição do sistema em uso na organização para o sistema ERP. Essa etapa de transição é comumente denominada de *go-live*. Existem três tipos de estratégias de *go-live*.

- **Substituição total (*big bang*).** Neste tipo de implantação as organizações substituem ao mesmo tempo todos os sistemas em uso pelo sistema ERP.
- **Baseado em funcionalidade.** Este tipo de implantação se inicia com uma funcionalidade executada por um determinado departamento da organização e gradativamente vai incorporando as demais funções dos diversos departamentos e setores da organização. Este tipo de implantação geralmente começa pelo departamento de contabilidade, que é o destino das informações

registradas pela organização. Gradativamente, a implantação vai migrando da contabilidade para os departamentos que originam a informação manipulada pela contabilidade.

- **Unidades organizacionais.** Outro tipo de implantação é feito por unidade organizacional. Uma unidade é selecionada para iniciar o processo, que posteriormente é expandido para as demais unidades organizacionais.

As principais etapas em um projeto de implantação de um sistema ERP estão listadas a seguir (NAGPAL et al., 2015):

- **Planejamento do projeto.** Inclui as atividades para definição do plano de implantação. Entre elas destacam-se: identificação de fornecedores, análise do trabalho a ser executado pelos fornecedores (Declaração de Trabalho – SOW), preparação do cronograma do projeto, alocação de recursos, entre outras.
- **Análise dos processos.** Ao implantar um sistema ERP, muitas organizações optam por não realizar um redesenho dos seus processos. Apesar de ser recomendável, este processo é custoso. Assim, ajustar os processos da organização ao novo sistema envolve três passos: (1) estudo *as-is*, que compreende o registro dos processos que descrevem o cenário atual com relação ao fluxo de dados e informações; (2) desenho *to-be*, que é o redesenho dos processos de negócios existentes e a projeção de mapas de processos futuros considerando o novo sistema; (3) análise de lacunas (*gaps*) entre os processos redesenhados e o software ERP, além da documentação das customizações necessárias.
- **Preparação do ambiente.** Nesta etapa são feitas as configurações do novo sistema com dados e variáveis iniciais, é apresentado o piloto ao comitê de direção para aprovação e aceitação e é feito o treinamento dos usuários.
- **Teste e instalação.** Representa a aceitação do usuário em cada processo que está sendo implementado e a instalação final e configuração em vários locais físicos da organização, garantindo a conectividade necessária.
- **Migração do sistema.** Compreende a migração de dados do sistema legado para o novo sistema ERP e a transição final do sistema, na qual os usuários podem optar pela execução em paralelo com o sistema legado antes da desativação final no sistema legado.
- **Pós-implantação.** Suporte pós-implantação com relação a correções de problemas (*bugs*), atualizações e soluções de problemas gerais.

2.1.6. Pontos de atenção

Por fim, cabe destacar que, apesar dos inúmeros benefícios obtidos com os sistemas ERP, alguns cuidados são necessários. Muitas vezes a alta administração e a gerência da organização subestimam a complexidade e o esforço necessários para implantar e utilizar o novo sistema ERP, pois este altera radicalmente os processos de negócios. Entre as questões que merecem atenção, destacam-se:

- Altos custos que muitas vezes não justificam os benefícios inicialmente esperados.
- Alta dependência do fornecedor do software de ERP. Uma mudança de software de ERP é cara, demorada e envolve muitos riscos para os sistemas de informação da organização.
- A adoção das melhores práticas (*best practices*) aproxima os processos da organização de seus concorrentes (que utilizam o mesmo ERP), reduzindo a possibilidade de criar vantagem competitiva por meio dos processos de negócio da organização.
- Uma definição adequada da equipe do projeto é fundamental. Destaca-se não só o gerente do projeto e sua equipe, mas também os usuários-chave em cada área da organização.
- Não economizar em treinamento de usuários-chave da equipe de TI, pois a falta de treinamento pode causar eventos com impacto bem maior do que o valor economizado.

Por fim, como em qualquer projeto de sistemas de informação, as recomendações gerais também se aplicam: contar com um patrocinador do projeto, ter um processo de gerenciamento de mudanças e contar com o apoio de consultoria e assessoria com experiência no produto.

2.2. *Supply Chain Management* (SCM)

A gestão da cadeia de suprimentos ou *Supply Chain Management* (SCM) tem recebido atenção da academia e das empresas desde a década de 80. A evolução no campo da gestão da cadeia de suprimentos foi impulsionada, sobretudo, pelas mudanças rápidas na prática global dos negócios. Esse novo contexto tem forçado as empresas a reavaliar, no nível estratégico, como agregar valor e reduzir os custos ao longo do negócio.

O Conselho de Profissionais da Gestão da Cadeia de Suprimentos ou *Council of Supply Chain Management Professional* (CSCMP) define a **gestão da cadeia de suprimentos** como:

> O SCM é "o planejamento e a gestão de todas as atividades associadas à logística interna e interorganizacional, bem como a coordenação e colaboração entre todos os parceiros da cadeia, sejam eles fornecedores, prestadores de serviço ou consumidores" (CSCMP, s.d.).

O SCM é uma filosofia de gestão que busca a colaboração e parceria com todos os agentes envolvidos, além de apresentar uma importante estratégia organizacional com o intuito de melhorar o desempenho a longo prazo da cadeia como um todo.

O conceito de SCM surgiu como uma evolução natural do conceito de **logística integrada** (FIGUEIREDO; ARKADER, 1998). Enquanto a logística integrada representa uma integração interna de atividades, o SCM representa sua integração externa, pois estende a coordenação dos fluxos de materiais e informações aos fornecedores e ao cliente final. Os mesmos autores afirmam que a gestão da cadeia de suprimentos, além da redução de custos, pode proporcionar outras formas de obtenção do aumento da produtividade, como, por exemplo: (a) a redução de estoques, a racionalização de transportes e a eliminação de desperdícios; (b) agregando-se valor aos produtos mediante prazos confiáveis, atendimento no caso de emergências, facilidade de colocação de pedidos, serviço pós-venda, dentre outros.

A Figura 2.4 mostra a integração entre os diversos participantes dos canais de distribuição através de uma administração compartilhada dos principais processos de negócio, interligando, assim, todos os participantes, desde o subfornecedor até o consumidor.

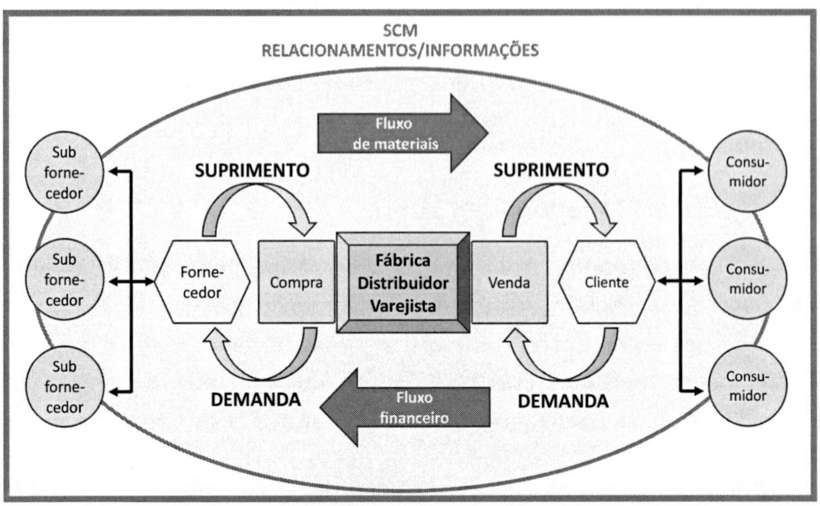

Figura 2.4 – Exemplo de uma cadeia de suprimentos.
Fonte: Sucupira et al. (2007).

A Figura 2.4 mostra que o SCM integra as informações de todos os fornecedores e verifica os processos internos, como fabricação e despacho, para ocorrer o atendimento ao consumidor. Com essa integração, são gerados dois fluxos principais: de materiais e financeiro. O fluxo de materiais ocorre quando há um produto de acordo com as necessidades dos requisitos do consumidor. Isso significa que os fornecedores providenciam os componentes, as embalagens etc., que agregam valor à proporção que passam pelos participantes dos canais de distribuição até chegar ao consumidor final. O fluxo financeiro se inicia com a aquisição de componentes pelo fornecedor para a fabricação do produto até a aquisição do produto pelo consumidor, passando pelos canais de distribuição necessários.

O ambiente de negócios é um sistema dinâmico e complexo. O atual cenário econômico é altamente competitivo, derivado de um ambiente de negócios dinâmico e instável baseado em mercados globais, demandas variáveis e restritas, custos financeiros e materiais altos, previsões pouco confiáveis, ciclo de vida de produtos muito curtos, inovações tecnológicas constantes, incertezas econômicas etc. A capacidade das empresas de se adaptarem com agilidade e se manterem em equilíbrio com o macroambiente no qual estão inseridas representa uma grande vantagem competitiva diante dos concorrentes (MATIAS, 2012). A vantagem competitiva é a capacidade de uma organização de se diferenciar de seus concorrentes aos olhos do cliente (criar valor) e/ou a capacidade de operar a baixo custo e, portanto, com lucro maior (vantagem em produtividade) (CHRISTOPHER, 2016).

Para se adaptarem e obterem vantagem competitiva no campo da gestão da cadeia de suprimentos, muitas organizações estão repensando suas fronteiras, mudando suas competências e modificando o relacionamento com seus fornecedores e distribuidores, provocando alterações na arquitetura na cadeia de suprimento e resultando em uma grande revolução (SERIO; SAMPAIO, 2001).

2.3. *Customer Relationship Management* (CRM)

A vantagem competitiva é o resultado da capacidade da organização de realizar eficientemente um conjunto de atividades para obter um menor custo em relação à concorrência e gerar valor diferenciado para os clientes (PORTER, 1991).

A fim de alavancar o crescimento organizacional, os relacionamentos entre organizações e clientes criam uma conotação especial. Nesse cenário, o *Customer Relationship Management* (CRM) oferece benefícios em relação à competitividade, pois engloba a satisfação e lealdade dos clientes e a oferta constante de experiências únicas (DEMO et al., 2011).

O marketing de relacionamento representa uma mudança de paradigma, defendendo uma mudança na orientação do marketing para a conquista de clientes com foco na retenção ou lealdade de clientes (GRÖNROOS, 1994; SHETH; PARVATIYAR, 2002; PAYNE, 2006).

Assim sendo, *Customer Relationship Management* (CRM) ou gestão de relacionamento com o cliente é (TUBAN; VOLONINO, 2013):

> CRM foi criado para definir toda uma classe de sistemas de informações ou ferramentas que automatizam as funções de contato com o cliente. Estas ferramentas compreendem sistemas informatizados e fundamentalmente uma mudança de atitude corporativa, que objetiva ajudar as companhias a criar e manter um bom relacionamento com seus clientes armazenando e inter-relacionando de forma inteligente informações sobre suas atividades e interações com a empresa.

O CRM é um conceito complexo que inclui três abordagens (PEDRON; KLEIN, 2009):

1. **Abordagem filosófica.** Guia o relacionamento da empresa com qualquer *stakeholder.*
2. **Visão estratégica.** Foca na ação e no planejamento estratégico da empresa direcionado aos seus clientes, podendo gerar vantagem competitiva.
3. **Tecnologia da informação.** Provê condições estruturais para a execução do CRM, seu planejamento e suas interações e valores.

O CRM provê oportunidades para utilizar informações, conhecer melhor os clientes, oferecer valor por meio de ofertas customizadas e desenvolver relacionamentos duradouros. Para que isso ocorra, é necessário que a empresa possua processos, operações e pessoas integradas para que a essência do marketing possa ser a filosofia que norteia todo o negócio. Essa visão confirma a ideia holística do marketing de relacionamento, em que há integração entre todas as partes da organização.

O CRM proporciona uma visão estratégica do marketing de relacionamento, pois o cliente está no centro das atenções, o que provoca uma mudança no papel do marketing, que é criação de um relacionamento verdadeiro entre a empresa e o cliente. Dessa forma, o CRM proporciona a retenção de clientes lucrativos, múltiplos mercados e uma abordagem de marketing multifuncional, em que a responsabilidade pelo desenvolvimento de estratégias de marketing e relacionamento com o cliente não se limita ao departamento de marketing.

2.3.1. Componentes da ferramenta CRM

Os processos de gestão do CRM são prioridade em termos estratégicos, não somente em marketing, mas também no nível econômico-financeiro a médio prazo. Como resultado, empresas que conhecem profundamente os seus clientes conseguem criar respostas personalizadas, antecipando as suas vontades e respondendo de forma precisa às suas necessidades. O objetivo é alcançar maior qualidade, um contato mais significativo, por meio de uma melhor informação e criar, sobretudo, uma cultura empresarial mais proativa e com reação. Cada contato realizado com o cliente é decisivo, pois cria uma gestão de relacionamento, desempenhando um papel central em uma estratégia de CRM.

A tecnologia é o suporte nessa estratégia do CRM, auxiliando na captura de dados do cliente e na consolidação de um banco de dados central, de modo a tornar a estratégia global de CRM mais inteligente. As aplicações de CRM transformam os dados obtidos em informação que permite a identificação do cliente e a compreensão do seu perfil em tempo real. Para implementar uma solução tecnológica de CRM, é necessário entender o modelo de relacionamento que a empresa pretende adotar com o cliente, sendo necessário, em alguns casos, redesenhar os processos de atendimento. Isso significa compreender:

- Como abordar o cliente?
- Que procedimentos ou eventos devem ser gerados?
- Qual o plano de comunicação a ser adotado?

Para responder a esses desafios, procede-se ao levantamento rigoroso dos processos existentes e sua documentação, podendo ser necessário redesenhar os processos de negócio com foco no cliente. Para ter sucesso na implementação de uma solução CRM, é necessário:

- Foco nos processos, não na tecnologia. As tecnologias de informação e comunicação (TICs) são apenas um meio para alcançar os objetivos.
- Envolvimento, comprometimento e acompanhamento da alta administração.
- Seleção da tecnologia de acordo com o negócio. A tecnologia deve preencher as necessidades específicas do negócio.
- Perceber como as funcionalidades são realizadas e compreender a arquitetura global do sistema.
- Apoio e formação aos utilizadores.
- Competência multidisciplinar da equipe do projeto.

- Estabelecimento de etapas e prioridades.
- Consistência da integração do sistema.

Em termos de processos de negócios, a plataforma CRM deverá ter as seguintes características:

- **Vendas.** Prospecção, previsões, modo *offline*, sincronização no sistema.
- **Serviço ao cliente.** Registo e acompanhamento de questões, problemas, reclamações, sugestões, pedidos de informação, acompanhamento dos assuntos, agendamento, gestão do conhecimento, protocolo.
- **Marketing.** *Data warehouse* e *data mining* para descobrir relações não antecipadas e padrões de consumo e comportamento.
- **Coerência e interoperacionalidade.** Ter uma base de dados de clientes atualizada e um sistema de *workflow* dentro e entre módulos.

O objetivo principal de um sistema CRM é auxiliar as organizações na fidelização dos clientes ou prospectos, para atingir a sua satisfação total, por meio do melhor entendimento das suas necessidades e expectativas. Além disso, o sistema CRM abrange três grandes áreas: automatização da gestão de marketing; automatização da gestão comercial, dos canais e da força de vendas e gestão dos serviços ao cliente. Os processos e sistemas de gestão de relacionamento com o cliente permitem ter controle e conhecimento das informações sobre os clientes de maneira integrada, sobretudo no acompanhamento e registro de todas as interações com o cliente, e que podem ser consultadas e comunicadas a diversas partes da empresa que necessitem dessa informação para guiar as tomadas de decisões. Dessa forma, há três tipos de CRM (Figura 2.5):

- **CRM operacional.** Uso da tecnologia da informação para melhorar a eficiência do relacionamento entre os clientes e a empresa, prevendo a integração de todos os produtos de tecnologia para proporcionar o melhor atendimento ao cliente.
- **CRM colaborativo.** Uso da tecnologia da informação para automação e integração entre todos os pontos de contato do cliente com a empresa para interagir com o cliente e disseminar suas informações para os sistemas do CRM operacional.
- **CRM analítico.** Componente do CRM que permite identificar e acompanhar diversos tipos de clientes e determinar a estratégia para atender às diferentes necessidades dos clientes identificados. Normalmente utiliza recursos de mineração de dados para localizar padrões de diferenciação entre os clientes.

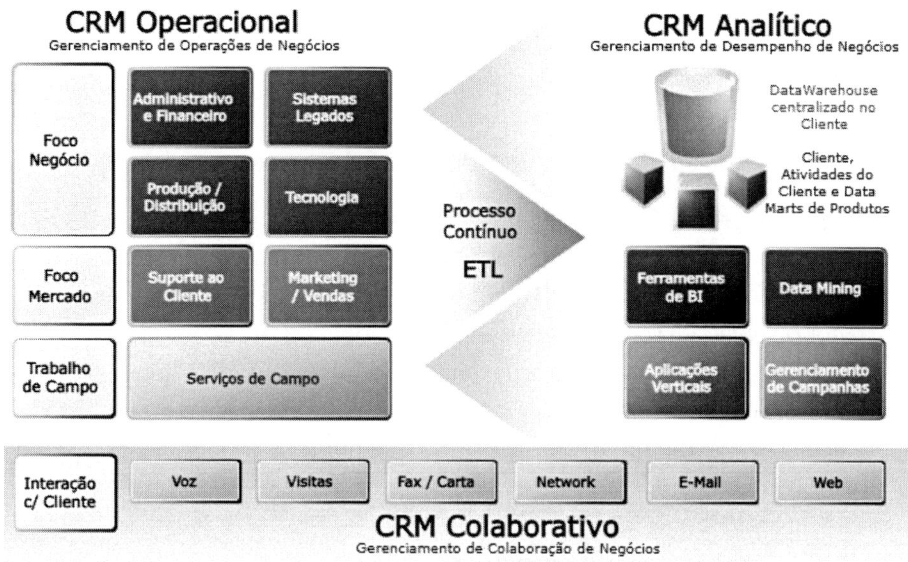

Figura 2.5 – Tipos de CRM.
Fonte: Turban; Volonino (2013).

Uma das dificuldades encontradas na implantação do CRM é escolher um software eficiente de mercado que atenda às necessidades da empresa em relação à gestão do relacionamento com o cliente. Contudo, para que a aplicação do CRM seja bem-sucedida, é de suma importância que a equipe responsável desenvolva uma cultura voltada para o cliente. Por melhor que seja o software utilizado, quem se relaciona com os clientes são as pessoas. A equipe deve estar motivada e incentivada a atingir o sucesso, e a ferramenta é um meio para registro e gestão desse relacionamento entre todos os envolvidos (TURBAN; VOLONINO, 2013).

Os benefícios na implementação do CRM permitem que a empresa conheça seus clientes e incentive sua lealdade. A retenção de clientes é menos onerosa do que uma nova aquisição. Clientes satisfeitos compram mais, fazem recomendações positivas ao seu círculo de amigos e atraem outros clientes. Porém, uma comunicação negativa pode ter um impacto muito maior e afastar possíveis clientes. É importante as empresas ficarem atentas às mídias sociais para realizar esse monitoramento.

As vantagens na aquisição de um sistema CRM permite: a centralização das informações; aumentar a taxa de fidelização do cliente; economizar tempo devido à automatização de certas tarefas; otimizar a colaboração entre os diversos serviços da empresa (comercial, marketing, serviço pós-venda); melhorar a reatividade em face de um problema específico; contribuir para a vantagem competitiva da empresa; aumentar os lucros da empresa; e ter uma visão mais ampla do negócio devido à centralização e integração de setores (FROST, 2011).

2.4. *Business-to-Business* (B2B) e *Business-to-Consumer* (B2C)

Business to Business **(B2B)** é a sigla utilizada no comércio eletrônico para definir transações comerciais entre empresas. Em outras palavras, é uma plataforma de e-*commerce* ou comércio eletrônico em que uma empresa (indústria, distribuidor, importador ou revenda) comercializa seus produtos para outras empresas. A natureza dessa operação pode ser revenda, transformação ou consumo. O que caracteriza o tipo de comércio que uma empresa pratica não é o produto, mas a atividade fim, ou seja, qual é o fim destinado à mercadoria, o que define o modelo de negócio e os atores envolvidos no processo. Assim sendo, neste modelo os atores são:

- **Transformação.** Indústria vende seus produtos para outras indústrias (B2B).
- **Revenda.** Indústria vende para distribuidor ou revenda (B2B).
- **Revenda.** Distribuidor vende para revenda (B2B).

Business to Consumer **(B2C)** é a sigla que define a transação comercial entre empresa (indústria, distribuidor ou revenda) e consumidor final através de uma plataforma de e-*commerce*. A natureza dessa operação tende a ser apenas de consumo. Os atores envolvidos no processo são:

- **Revenda.** Indústria, distribuidor ou atacado vendem para profissional liberal (B2C).
- **Consumo.** Distribuidor ou atacado vendem para consumidor final (B2C).
- **Consumo.** Indústria vende para consumidor final (B2C).
- **Consumo.** Indústria vende para consumidor final através de distribuidor ou atacado (B2B2C).

O Quadro 2.1 apresenta as diferenças entre B2B e B2C.

Quadro 2.1 – Diferenças entre B2B e B2C.
Fonte: Parera (s.d.).

B2B	B2C
vendem em grande escala	vendem para consumo próprio
procuram eficiência	querem promoções e entretenimento
querem ser educados	buscam diversão e satisfação
precisam solucionar necessidades específicas	precisam solucionar necessidades básicas
caracteriza-se por relações longas	caracteriza-se por relações curtas
decisões multiníveis	relações emocionais
poucos clientes, grande volume de compras	muitos clientes, pequeno volume de compras
foco na logística e nas características	foco no desejo e nos benefícios
objetivos a longo prazo	resultados rápidos e imediatos

Ao fazer negócios por uma plataforma digital como um *marketplace*, tanto o comprador quanto o fornecedor (B2B e B2C) conseguem traçar uma estratégia de negociação de preço baixo que não comprometa o parceiro de negócio. Em outras palavras, o B2B é um comércio inteligente que aumenta o faturamento enquanto reduz os custos.

Os seus benefícios são:

- **Maior comodidade.** Compra virtual e todas as ações de compra podem ser realizadas na própria empresa.
- **Melhor gestão interna das compras.** Procedimentos totalmente digitalizados, que podem ser realizados por um mesmo setor e as datas de entrega podem ser programadas.
- **Funcionamento 24 horas.** Como a compra e a venda são automatizadas, elas podem ser realizadas a qualquer momento e *on-line*.
- **Custos menores.** Como a compra *on-line* exige menos investimentos do que lojas físicas, seus preços são menores. Além disso, é possível comprar direto do fabricante ou mesmo de distribuidoras locais, sem a necessidade de lidar com representantes comerciais.
- **Facilidade para comparar preços.** Seja por meio de sites de comparação de preços *on-line* ou por meio da pesquisa clássica site a site, em um *marketplace* é mais fácil comparar preços e selecionar fornecedores. As pesquisas são rápidas e é possível ter acesso a informações como qualidade do produto, reputação do vendedor, entre outras, que ajudam na tomada de decisão.
- **Experiência de compras centrada na empresa consumidora.** As promoções devem ser aplicadas a todos os consumidores, sem distinção, assim como as estratégias de marketing e formas de atendimento.

- **Maior previsibilidade de preços.** A pesquisa e comparação de preços é outro fator de vantagem, graças à agilidade de identificá-los por meio de pesquisas.
- **Redução de custos para o consumidor.** Em mercados competitivos, é imprescindível se diferenciar da concorrência e conquistar consumidores das mais diversas formas, inclusive com preços mais baixos.
- **Maior eficiência nos ciclos de venda.** Os ciclos de venda podem se tornar cada vez menores e mais eficientes, pois esse modelo de negócio automatiza diversos processos e funções que anteriormente eram feitos por intermediários, reduzindo os custos de produção e manutenção das vendas.

2.5. Computação em nuvem

A expressão "computação em nuvem" (ou *cloud computing*, em inglês) é atribuída a Eric Schmidt, CEO do Google, que a teria empregado pela primeira vez em uma palestra proferida numa conferência em 2006, ao se referir ao uso da computação com o emprego de recursos da internet. Os dados podem ser acessados de qualquer lugar, a qualquer hora, não havendo necessidade de instalação de programas. Como o acesso é remoto por meio da internet, originou-se a alusão à "nuvem".

A computação em nuvem (CN) tem ocupado um espaço cada vez mais amplo entre as modalidades de terceirização de serviços de TI. As alternativas de terceirização de serviços de TI, por meio da CN, ampliaram-se para serviços de diversas naturezas. Essa evolução e diversificação acabaram por propiciar o surgimento de serviços contratáveis sob demanda e com a característica de permitir aos clientes optarem por adquirir pacotes que combinem recursos de software, hardware e de telecomunicação. Como consequência, torna-se indiferente aos clientes o local onde o processamento ocorre e onde os dados são armazenados, importando a disponibilização dos serviços acordados, com o nível de atendimento pactuado (SLA ou *service level agreement*, em inglês).

Há inúmeras definições na literatura para caracterizar a CN. Uma das mais utilizadas é a do NIST (*National Institute of Standards and Technology*): "CN é um modelo para permitir acesso de rede ubíquo, conveniente e sob demanda a um repositório compartilhado de recursos computacionais (redes, servidores, armazenamento, aplicações e serviços) que podem ser rapidamente provisionados e liberados com esforço mínimo de gerenciamento ou interação com o provedor de serviços" (MELL; GRANCE, 2011).

2.5.1. Categorias de serviços oferecidos

Os serviços disponibilizados em ambientes de nuvem podem ser classificados em três categorias distintas:

- **SaaS (*Software as a Service*).** É a oferta de aplicativos disponibilizados numa infraestrutura em nuvem e acessados via *browser*. Os clientes não gerenciam essa infraestrutura ou mesmo funcionalidades específicas dos aplicativos, exceto a definição de determinados parâmetros. Alguns exemplos desta categoria de software são: editores de texto, planilhas eletrônicas, e-mail, gestão do relacionamento com clientes (CRM), jogos, entre outros.
- **PaaS (*Platform as a Service*).** São serviços disponibilizados em ambientes de nuvem que possibilitam executar aplicativos desenvolvidos pelos clientes ou por estes adquiridos de terceiros, usando linguagens de programação e ferramentas suportadas pela nuvem. Os clientes não gerenciam essa infraestrutura; apenas controlam os aplicativos e podem configurar o ambiente. Alguns exemplos desta categoria são: bancos de dados, servidores web e plataformas de desenvolvimento – Google App Engine e Windows Azure.
- **IaaS (*Infrastructure as a Service*).** Compreende o provisionamento e uso de recursos de infraestrutura disponibilizados em ambientes de nuvem, tais como capacidade de processamento, áreas de armazenagem, redes e outros recursos computacionais básicos. O objetivo é possibilitar a execução de aplicativos e sistemas operacionais. Os clientes não gerenciam essa infraestrutura, mas controlam os sistemas operacionais, áreas de armazenamento e aplicativos. Alguns exemplos desta categoria são: máquinas virtuais, servidores, equipamentos de armazenamento, entre outros.

2.5.2. Tudo como serviço

Além das categorias descritas na seção anterior, inúmeras outras surgiram em razão da diversidade de serviços oferecidos. Como isso, foi cunhado o termo *X as a Service* (XaaS), ou *Everything as a Service*, que ilustra o conceito de "Tudo como Serviço" (SCHAFFER, 2009). Apesar de todas essas novas categorias, SaaS, PaaS e IaaS ainda servem como referência para classificar uma aplicação de CN.

Os provedores de nuvem agora oferecem outras tecnologias na forma de serviços em nuvem porque o acesso à internet se tornou cada vez mais confiável e rápido. O XaaS permite uma resposta rápida às mudanças no ambiente organizacional (MIYACHI, 2018). Outras XaaS são mencionadas no *Gartner Hype Cycle* (ANDERSON; SMITH, 2017):

- ***Blockchain* PaaS.** Microsoft, AWS e IBM estão oferecendo plataformas que incluem ferramentas para criar aplicativos com tecnologia *blockchain*.
- **BPaaS (*Business Process as a Service*).** Serviços terceirizados de processos de negócios que são originários da nuvem e construídos para multilocação. Os serviços são automatizados e não há um *pool* de mão de obra abertamente dedicado por cliente.
- **DBaaS (*Data Base as a Service*).** Um modelo de serviço que fornece aos usuários alguma forma de acesso a um banco de dados sem a necessidade de configurar hardware físico, instalar software ou configurar o desempenho. Todas as tarefas administrativas e de manutenção são executadas pelo provedor de serviços.
- **FaaS (*Function as a Service*).** Permite ao cliente desenvolver, executar e gerenciar funcionalidades de aplicativos sem a complexidade de criar e manter a infraestrutura normalmente associada ao desenvolvimento e ao lançamento de um aplicativo.

Enquanto a maioria dessas categorias de serviços se encaixa nas definições tradicionais de CN, cabe destacar que é cada vez maior a variedade de serviços oferecidos, tornando a computação sem servidor difícil de definir.

Conclusão

As empresas buscam constantemente o seu diferencial e vantagem competitiva. Nesse cenário, é mister investir em ferramentas tecnológicas que agilizem os processos de negócios. Uma delas é o ERP. O ERP é um sistema de informação que interliga todos os dados e processos de uma organização em um único sistema, tais como finanças, contabilidade, recursos humanos, fabricação, marketing, vendas, compras etc. como sistema de processamento de transações, sistemas de informações gerenciais, sistemas de apoio a decisão etc. O ERP possibilita a automação e o armazenamento de todas as informações do negócio, que passam a ser fornecidas de maneira *on-line* e *real time* ajudando a tomada de decisão.

Outra ferramenta é o SCRM, que busca a colaboração e parceria com todos os agentes envolvidos na cadeia produtiva, cujo objetivo é melhorar o seu desempenho a longo prazo. Por outro lado, temos o CRM – ferramenta que automatiza as funções de contato com o cliente. Isso significa que o cliente está no centro de atenções da empresa, o que permite realizar um marketing de relacionamento bastante eficaz e duradouro. Destacam-se também as ferramentas de comércio eletrônico que permitem agilizar as transações comerciais por meio de uma plataforma digital, conhecida como *marketplace*, tanto para o comprador como para o fornecedor (B2B e B2C). Por último, novas alternativas tecnológicas, de fácil implantação e que requerem menos conhecimento técnico dos colaboradores internos da organização, estão sendo oferecidas no mercado. A CN promete deixar o uso da tecnologia da informação tão simples como o uso da energia elétrica.

Todas essas ferramentas tecnológicas suportam os processos de negócios organizacionais. Empresas que investem em tecnologia da informação estarão mais preparadas para elevar a organização a um novo patamar que é a transformação digital. Dessa forma, estarão sempre à frente da concorrência e preparadas para enfrentar os desafios do ambiente organizacional.

Referências

ANDERSON, E.; SMITH, D. Hype Cycle For Cloud Computing, 2017. *Gartner*, Aug. 01, 2017. Disponível em: https://www.gartner.com/en/documents/3772110. Acesso em: 25 jan. 2022.

CHRISTOPHER, M. *Logistics and supply chain management*. London: Pitman Publishing, 2016.

CSCMP. *CSCMP Supply Chain Management Definitions and Glossary*. Disponível em: https://cscmp.org/CSCMP/Academia/SCM_Definitions_and_Glossary_of_Terms/CSCMP/Educate/SCM_Definitions_and_Glossary_of_Terms.aspx. Acesso em: 25 jan. 2022.

DEMO, G.; ROZZETT, K. O.; PONTE, J. V. A.; FERREIRA, L. A.; MENDES, N. M. D. Marketing de relacionamento (CRM): estado da arte, produção nacional na primeira década do milênio e agenda de pesquisa. *Anais do Encontro da Associação Nacional de Pós-Graduação e Pesquisa em Administração*, Rio de Janeiro, RJ, Brasil, 35, 2011.

MEIRELLES, F. de S. *Pesquisa Anual do Uso de TI*. FGV EAESP, maio 2021. Disponível em: <https://eaesp.fgv.br/sites/eaesp.fgv.br/files/u68/fgvcia2021pesti-relatorio.pdf>. Acesso em: 25 jan. 2022.

FIGUEIREDO, K.; ARKADER, R. Da distribuição física ao supply chain management: o pensamento, o ensino, e as necessidades de capacitação em logística. *Revista Tecnologística*, n. 33, ago. 1998, p. 16.

FROST, R. *E- marketing*. 6.ed. São Paulo: Pearson, 2011, p. 272-293.

GRÖNROOS, C. From marketing mix to relationship marketing. *Management Decision*, vol. 32, n. 2, 1994, p. 4-20,.

JIVA. ERP e sucesso: 100% de aumento no faturamento da Mundo Doce. *Administradores.com*, 15 dez. 2017. Disponível em: <https://administradores.com.br/noticias/erp-e-sucesso-100-de-aumento-no-faturamento-da-mundo-doce>. Acesso em: 25 jan. 2022.

MATIAS, A. V. *Gestão da cadeia de suprimentos*. 2012. Disponível em: <https://docplayer.com.br/3184747-Gestao-da-cadeia-de-suprimentos.html>. Acesso em: 23 maio 2022.

MELL, P.; GRANCE, T. The NIST Definition of Cloud Computing. *NIST Special Publication 800-145 (Draft),* Gaithersburg, MD: National Institute of Standards and Technology, Jan. 2011. Disponível em: <http://docs.ismgcorp.com/files/external/Draft-SP-800-145_cloud-definition.pdf>. Acesso em: 25 jan. 2022.

MIYACHI, C. What is "Cloud"? It is time to update the NIST definition? *IEEE Cloud Computing*, vol. 5, n. 3, May/June 2018, p. 6-11.

NAGPAL, S.; KHATRI, S. K.; KUMAR, A. Comparative study of ERP implementation strategies. *In*: *2015 Long Island Systems, Applications and Technology.* [S.l.: s.n.], 2015, p. 1-9.

PARERA, E. Marketing B2B vs. B2C: 10 grandes diferenças e melhores ações para aplicar em social media. *Postcron*, s.d. Disponível em: <https://postcron.com/pt/blog/b2b-marketing-vs-b2c-marketing/>. Acesso em: 25 jan. 2022.

PAYNE, A. *Handbook of CRM:* achieving excellence in customer management. Oxford: Elsevier, 2006.

PEDRON, C.; KLEIN, A. Z. What lies behind the concept of customer relationship management? Discussing the essence of CRM through a phenomenological approach. *BAR – Braz. Adm. Rev. [online].* vol. 6, n. 1, 2009, pp. 34-49. ISSN 1807-7692.

PORTER, M. E. Towards a dynamic theory of strategy. *Strategic Management Journal*, vol. 12, 1991, p. 95-117.

SCHAFFER, H. E. X as a Service, Cloud Computing, and the Need for Good Judgment. *IEEE IT Professional*, vol. 11, n. 5, 2009, p. 4-5.

SERIO, L. C. di; SAMPAIO, M. Projeto da cadeia de suprimento: uma visão dinâmica da decisão fazer versus comprar. *RAE – Revista de Administração de Empresas,* São Paulo, vol. 41, n. 1, jan./mar. 2001, p. 54-66. Disponível em: <http://www.scielo.br/pdf/rae/v41n1/v41n1a07.pdf>. Acesso em: 25 jan. 2022.

SHETH, J. N.; PARVATIYAR, A. Evolving relationship marketing into a discipline. *Journal of Relationship Marketing*, vol. 1, n. 1, 2002, p. 3-16.

SNELLER, R. *A Guide to ERP:* benefits, implementation and trends. [S.l.]: bookboon.com, 2014.

SUCUPIRA, C. A. C. et al. *Gestão da cadeia de suprimentos e o papel da tecnologia de informação*. Abr. 2007. Disponível em: <https://www.yumpu.com/pt/document/view/19963797/gestao-da-cadeia-de-suprimentos-e-o-papel-da-fasul>. Acesso em: 23 maio 2022.

TURBAN, E.; VOLONINO, L. *Tecnologia da informação para gestão:* em busca do melhor desempenho estratégico e operacional. 8.ed. Porto Alegre: Bookman. 2013.

3. Redes sociais

Durval Lucas dos Santos Júnior
Regina da Silva de Camargo Barros

Conceitos apresentados neste capítulo

3.1. Conceitos básicos relacionados a redes sociais
3.2. Usos organizacionais de redes sociais
3.3. Críticas e tendências sobre redes sociais

Objetivos do capítulo

1. Apresentar o conceito de redes sociais, seus fundamentos sociais e tecnológicos, bem como os conceitos diretamente relacionados à ascensão dessas ferramentas como paradigma comunicacional na sociedade contemporânea.
2. Relacionar os diversos usos de redes sociais no contexto organizacional, de modo a possibilitar o desenvolvimento de estratégias, produtos e serviços baseados nessas plataformas.
3. Discutir as principais críticas e questões éticas relacionadas ao uso de redes sociais por pessoas e organizações.
4. Vislumbrar as tendências tecnológicas sobre o tema e suas potenciais implicações para as organizações.

Procon multa Empiricus por publicidade enganosa de Bettina, a milionária

O Procon-SP multou a Empiricus por veicular publicidade enganosa. A punição é pelo vídeo da empresa de informações financeiras que viralizou na internet, no qual Bettina Rudolph diz ter ficado milionária em apenas três anos investindo na Bolsa, com aplicação inicial de 1.520 reais. Segundo o Procon, a empresa foi notificada em 19 de março em razão da publicidade veiculada amplamente na internet (YouTube).

"A afirmação da empresa de garantias de resultados de investimentos sob sua orientação, via movimentações financeiras no mercado variável de ações, demonstra-se enganosa e capaz de induzir o consumidor a erro, infringindo o artigo 37, §1º do Código de Defesa do Consumidor", explica o órgão.

A multa será aplicada mediante procedimento administrativo e, de acordo com a lei, é fixada entre um mínimo de 650 reais e o máximo de 9 milhões de reais, variando de acordo com a gravidade da infração, a vantagem auferida e a condição econômica do fornecedor. Havendo reincidência poderão ser aplicadas outras sanções, tais como suspensão temporária de atividade.

Em nota, a Empiricus disse que o valor da multa foi de 40 mil reais. "A Empiricus comunica que foi notificada sobre uma multa de 40 mil reais (valor à vista) encaminhada pelo Procon, sobre a qual ainda cabe recurso. A empresa lamenta a divulgação sensacionalista da informação errônea de que teria sido multada em 9 milhões de reais. Por fim, a Empiricus reforça que a peça em questão direcionou os interessados para um curso gratuito de educação financeira, feito por uma equipe de 32 especialistas".

(...)

Entenda

Bettina Rudolph relata, no vídeo, que começou a investir aos 19 anos comprando ações na bolsa de valores, com aplicação inicial de 1.520 reais. Ela diz que, em apenas três anos, chegou a mais de um milhão de reais. Ela ainda garante que, seguindo a mesma estratégia de investimento, qualquer pessoa pode ter um lucro similar ao que ela obteve.

O vídeo original, que era exibido no YouTube antes de outros vídeos (o tipo de publicidade conhecido como "pre-roll"), não está mais disponível."

Fonte: Figo (2019)

Introdução

O trecho da reportagem mostrado na abertura é apenas uma entre as várias que diariamente ilustram a importância que as redes sociais vêm ganhando na sociedade, tanto no Brasil como no exterior. No caso de Bettina, a ação de marketing que deveria resultar em maior captação de clientes para a empresa contratante do comercial acabou gerando visibilidade extremamente negativa. Tal repercussão obscureceu o objetivo inicial da ação, gerou um enorme debate sobre o papel dos investimentos na geração de riqueza e foi além: escancarou as inúmeras desigualdades socioeconômicas existentes no país, uma vez que a garota-propaganda do vídeo era nitidamente uma pessoa abastada, e isso não foi ignorado nos inúmeros comentários e memes criados a partir da veiculação do vídeo.

Porém, a repercussão do caso foi ainda maior do ponto de vista organizacional: uma vez que o alcance do viral teve magnitude nacional, a empresa passou a ser investigada por publicidade enganosa e propaganda abusiva, práticas extremamente combatidas pelos órgãos de defesa do consumidor no Brasil e que geram grandes prejuízos de imagem a qualquer organização. Apenas do ponto de vista financeiro, a condenação da anunciante pelo PROCON-SP evidenciou que a ação deixou de ser investimento e passou a ser custo: além dos custos comuns ao processo de elaboração e distribuição da peça publicitária, somaram-se as inúmeras ações necessárias ao gerenciamento da crise de imagem, bem como o próprio custo da multa que teve que ser paga. Um problema que só ganhou essas dimensões por ter ocorrido numa época em que as redes sociais predominavam como instrumento de comunicação das organizações com seus clientes/consumidores.

Não se pode deixar de considerar que a ascensão das redes sociais como paradigma comunicacional é um fenômeno recente da sociedade da informação, que envolve não só as pessoas físicas, como também as organizações, reforçando a importância da tecnologia no contexto organizacional e a relevância no estudo de sistemas de informação.

Nesse sentido, o foco deste capítulo será a sistematização de conceitos e fundamentos relacionados ao tema, de modo que se possa compreender a necessidade de estruturação de processos perenes dentro das organizações que levem, por consequência, ao desenvolvimento de novos produtos e serviços baseados em redes sociais, tanto a partir do envolvimento do público interno como do público externo à organização. Para tanto, serão apresentados os principais conceitos e seus fundamentos, exemplos de usos de redes sociais com objetivos organizacionais, diretrizes para a criação de estratégias baseadas em redes sociais e, por fim, as principais críticas e tendências que a academia e o mercado discutem e apontam em relação ao tema.

Por outro lado, não se pretende apresentar de maneira pormenorizada as plataformas atualmente existentes no mercado nem suas principais funcionalidades: considerando a dinâmica de substituição de plataformas ao longo do tempo, o constante surgimento de novas plataformas e os diferentes nichos que podem ser atingidos por cada uma delas, optou-se deliberadamente por um foco mais genérico. Com isso, pretende-se que haja o entendimento de que o foco não deve ser dado à plataforma em si, mas ao processo de integração da empresa com clientes internos e externos, e à construção de uma estratégia sólida que contemple funcionalidades das plataformas, objetivos buscados pelos gestores e competências organizacionais existentes e a serem desenvolvidas.

3.1. Conceitos básicos relacionados a redes sociais

Nesta seção, serão apresentados os principais conceitos que constituem as bases deste que consideramos o novo paradigma tecnológico, social e comunicacional no século XXI. Não se pode falar de redes sociais, e de sua importância na sociedade contemporânea, sem explorar conceitos como os de web 2.0 e mídias sociais e assuntos correlatos como conectividade, interatividade, mobilidade, ubiquidade e internet das coisas.

3.1.1. Web 2.0, redes sociais e mídias sociais

As plataformas de redes sociais só existem graças ao desenvolvimento das ferramentas conhecidas como **web 2.0**. Essas ferramentas, disseminadas a partir do início dos anos 2000, caracterizam-se pela separação definitiva entre a forma e o conteúdo na programação web, tornando a internet mais acessível aos usuários que não tinham grandes capacidades de programação. Enquanto na programação web 1.0 deveriam ser contemplados, de maneira indissociável, toda a estrutura do sítio e seu conteúdo dentro das linhas de códigos HTML, a web 2.0 passou a viabilizar a existência de uma plataforma na qual o conteúdo pode ser livremente inserido, alterado, ou mesmo excluído, sem a necessidade de alterações na estrutura do sítio. As principais características das versões web 1.0 e 2.0 podem ser visualizadas na Figura 3.1:

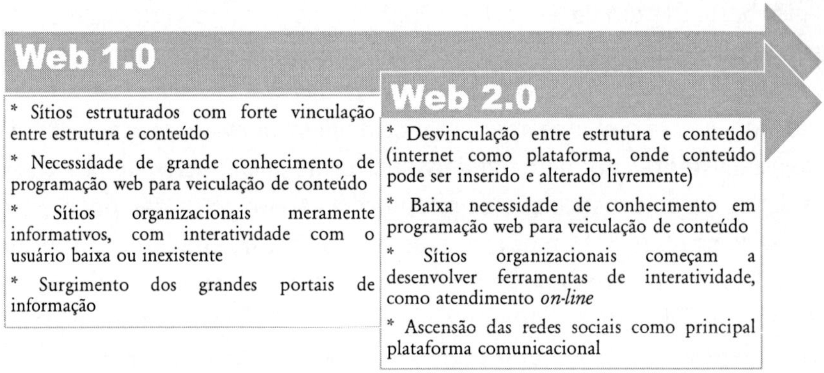

Figura 3.1 – Características da web 1.0 e da web 2.0.
Fonte: o próprio autor.

Com isso, o processo comunicacional na internet sofreu uma alteração substancial, deixando de ser unidirecional, onde os sítios institucionais das organizações, meramente informativos, e os grandes portais de conteúdo criados por organizações e usuários altamente especializados deixaram de ser a única forma de se veicular informação na rede. Com a ascensão das tecnologias web 2.0, materializadas sob a forma de *wikis*, *blogs*, fóruns, entre outros, o usuário passou a ser mais participativo, integrado, e uma fonte de conteúdo, podendo efetivamente dizer o que pensa gerando o próprio conteúdo. O Quadro 3.1 apresenta algumas ferramentas web 2.0 e suas principais funções.

É importante notar que o conceito fundamental de redes sociais não surgiu derivado do que conhecemos como tecnologias da informação e comunicação (SAAD, 2003), mas está relacionado a diversas disciplinas, como economia, medicina, sociologia, entre outras (BLOCH, 2011). Por exemplo, é a partir do estudo das redes sociais que se busca, na medicina, compreender os mecanismos de propagação de epidemias, com o objetivo de melhorar tratamentos e combater doenças de forma mais efetiva; na economia, as redes sociais são vistas como elemento de influência nos agentes econômicos; a sociologia, por sua vez, trata das redes sociais a partir de elementos como a constituição do capital social e suas consequências, por exemplo, para o aumento dos índices de empregabilidade, ou na estruturação e disseminação de movimentos políticos e sociais.

Quadro 3.1 – Principais tipos de ferramentas web 2.0.
Fonte: o próprio autor.

Ferramentas	Funções
E-mail	Escreve, salva, envia e recebe mensagens independentes eletronicamente; pode incluir anexos de documentos, imagens, áudios e outros arquivos multimídia.
Mensagem instantânea	Permite a troca privada de mensagens entre usuários ao mesmo tempo; as mensagens são em texto, mas podem incluir anexos de documentos .doc, áudios e outros arquivos multimídia.
Mensagem de texto	Pequenas mensagens de texto enviadas por celulares e dispositivos *wireless* de mão, como *smartphones* e PDAs.
Salas de bate-papo	Conversas de texto com um ou mais usuários ao mesmo tempo; podem ser públicas ou privadas.
Bulletin boards (quadros de informações)	Espaços públicos *on-line*, reunidos por tópicos (tais como saúde, doenças, religião), onde pessoas podem postar e ler mensagens; a maioria requer registro de *login*, mas apenas os apelidos são vistos.
Blogs	*Websites* com espaços para comentários, visualizados na ordem cronológica reversa; os comentários podem ser públicos ou privados apenas para usuários autorizados pelo dono do *blog*.
Redes sociais	Aplicações *on-line* nas quais usuários criam perfis (públicos ou privados) e formam uma rede de amigos; permitem que usuários interajam com seus amigos por meios públicos ou privados (como mensagens, torpedos); também permitem postagem de conteúdo gerado por usuários como fotos e vídeos.
Compartilhamento de vídeos	Usuários postam, assistem e compartilham videoclipes.
Compartilhamento de fotos	Usuários postam visualizam e compartilham fotos. Usuários podem permitir acesso público ou privado.
Games *on-line*	Jogos *on-line* que são jogados por vários usuários simultaneamente; os mais populares são os MMORPG (jogos multijogadores massivos de personagens) como World of Warcraft.
Mundo virtual	Ambientes simulados em 3D habitados por jogadores que interagem entre si através de avatares (como Second Life).

Assim, enquanto o conceito de **redes sociais** trata das relações entre os indivíduos e suas consequências, bem como da sua representação em forma de rede ou de comunidade, é o conceito de **mídias sociais** que mais se adequa ao contexto tecnológico que aqui se pretende discutir. Nesse sentido, as mídias sociais são aquelas que viabilizam, no meio eletrônico, a manutenção das relações interpessoais existentes (sejam elas baseadas no mundo real ou no mundo virtual), além da produção de conteúdo muitos-para-muitos (KAPLAN; HAENLEIN, 2010). Ou seja, redes sociais configuram-se no uso de mídias sociais para viabilizar o contato direto e as futuras interações com pessoas com as quais alguém tem ou gostaria de ter um relacionamento social (ALALWAN et al., 2017).

É natural que haja uma confusão entre esses conceitos, já que há uma inter-relação bastante íntima entre eles. Porém, não se pode deixar de considerar que o conceito de mídia trata essencialmente do veículo que sustenta o processo comunicacional (CRESCITELLI, 2004), enquanto as redes sociais em si configuram-se no objeto desta comunicação.

Dessa forma, ainda que o conceito "mídias sociais" seja o termo tecnicamente mais correto, não se pode deixar de reconhecer que, tanto no Brasil como no exterior, o uso consagrou o termo "redes sociais". Por isso, esta obra também utilizará o termo "redes sociais" para se referir às plataformas virtuais de comunicação.

3.1.2. Interatividade e conectividade

Com a ascensão das ferramentas web 2.0, também ganha destaque o conceito de **interatividade**, que ressalta, no processo comunicacional, a participação ativa do beneficiário de uma transação de informação (LEVY, 2001). Ou seja, os papéis de emissor e receptor da mensagem deixam de ser estáticos e assumem um caráter mais dinâmico: o usuário da rede deixa de ser um mero receptor das informações e mensagens veiculadas pelos emissores (organizações, em sua maioria), podendo gerar informação para outros usuários, bem como receber informação de outros usuários.

Com essa alteração na dinâmica do processo comunicacional, a internet deixou de ser um mero repositório de informações, ou mais uma mídia entre tantas, tais como o rádio, o jornal e a televisão, e passou a ser um ambiente de interação, de geração e disseminação de conteúdo. Nesse novo contexto, passou a ser possível a construção de relacionamentos puramente virtuais, baseados na troca de conhecimentos e experiências em *wikis*, fóruns e *blogs*, e também nas primeiras redes sociais a despontar, como o Orkut. Pessoas que, ao longo da vida, haviam sido separadas pelos mais variados motivos puderam se reencontrar por meio das redes sociais. Mundos virtuais, com seus avatares e inúmeras possibilidades de personalização, além das plataformas de jogos virtuais *on-line*, criaram novos ambientes de entretenimento, totalmente baseados no ambiente digital.

Consequentemente, a internet passou a ser um ambiente mais atrativo para os usuários, que passaram a despender cada vez mais tempo no uso dessas diversas ferramentas e dar cada vez mais importância ao conceito de **conectividade**, que significa não somente ter acesso aos dispositivos computacionais, mas poder efetivamente promover a troca de informações por meio da internet. Estar conectado, na sociedade da informação, é assumir que as distâncias físicas e geográficas passaram a ser menos importantes do que o fato de se ter ou não acesso à rede.

3.1.3. Mobilidade, ubiquidade e internet das coisas

Paralelo ao desenvolvimento do aparato computacional ocorrido no início do século XXI – que teve como principal expoente os computadores portáteis, também conhecidos como *notebooks* ou *laptops* – e à ascensão da web 2.0 como paradigma comunicacional, as telecomunicações deram um grande salto de qualidade, especialmente a telefonia móvel. Com a implantação e consolidação da segunda geração da telefonia móvel (2G), que passou a permitir a transmissão de voz e dados pela rede, foi possível o surgimento dos primeiros *smartphones*, os telefones inteligentes, que, com maior capacidade de memória e processamento, permitem, além de um conjunto maior de funcionalidades, como câmeras de fotos e vídeos e tocadores de música digital, a troca de dados e o acesso à internet. Ainda que em fase embrionária, o conceito de **mobilidade** ganha sentido como a possibilidade de se manter conectado e poder interagir a partir de qualquer lugar.

Atualmente, com a evolução da telefonia móvel para a sua quinta geração (5G), já em processo de implementação em diversos mercados, a mobilidade deixa de ser uma possibilidade e passa a ser um requisito básico, especialmente no mundo corporativo e organizacional. Enquanto, de um lado, os computadores portáteis passaram a se conectar por meio de minimodems, por outro lado, os *smartphones* passaram a contar com um crescente número de aplicativos desenvolvidos especialmente para o tamanho reduzido das telas e a lógica de processamento de seus sistemas operacionais. Com isso, tem-se uma **computação ubíqua**, fortemente baseada nos conceitos de onipresença, conectividade constante e proximidade cada vez maior da linguagem natural dos seres humanos. Com base no conceito de ubiquidade, são desenvolvidos aplicativos móveis que permitem, por exemplo, que se faça uma busca na internet por meio de comandos de voz. Aplicações como a Siri, implantada nos dispositivos controlados pelo sistema operacional iOS, da Apple, utilizam o conceito de computação ubíqua.

Outra vertente do desenvolvimento computacional e da necessidade de manter as pessoas conectadas à internet o maior tempo possível é a **internet das coisas**. Objetos da vida quotidiana ganham capacidades computacionais, transformando-se em dispositivos geradores de informação e, muitas vezes, de acesso à internet. Apesar de serem consideradas quase ficcionais, por ainda não terem se transformado em produtos amplamente disponíveis e acessíveis no mercado, as geladeiras que geram listas eletrônicas de compras e conectam-se sozinhas aos sítios dos supermercados, na medida em que os produtos são retirados, representam o grande exemplo do potencial que a internet das coisas pode assumir na vida das pessoas. Por outro lado, existem exemplos que já estão sendo utilizados, inclusive no Brasil: o sistema de automação AutoHaus, da incorporadora MaxCasa, permite a automação quase que completa, por meio da web e aplicativos móveis, dos sistemas de iluminação, temperatura e eletroeletrônicos dos apartamentos da linha MaxHaus. Os tênis da linha Nike+, uma vez conectados a dispositivos como relógios e pulseiras, ou ainda a *smartphones* como o iPhone e relógios inteligentes como o Apple Watch, coletam e armazenam dados como o tempo de exercício efetivamente realizado, a distância percorrida, bem como o número de calorias gastas, inclusive podendo transmiti-los para perfis nas redes sociais.

3.2 Usos organizacionais de redes sociais

Nesta seção, o foco será dado ao uso das redes sociais no ambiente organizacional. Serão apresentados os benefícios que o uso das redes sociais pode trazer a áreas como marketing e recursos humanos, bem como em práticas como a gestão do conhecimento e o fomento às inovações. Em seguida, serão apresentados novos produtos e serviços criados a partir das redes sociais, e como se pode estruturar a estratégia organizacional nas redes sociais.

3.2.1. As redes sociais nas organizações

Independentemente do ramo de atuação, porte, atuação geográfica ou país de origem, cada vez mais organizações vêm usando as plataformas de redes sociais em seus processos internos, tanto em áreas tradicionais, como recursos humanos, marketing e estratégia, como em novas áreas, muitas vezes transdisciplinares, como a gestão da inovação. Alguns desses vários usos organizacionais de redes sociais serão descritos a seguir:

- **Recursos humanos:** a existência de redes sociais dedicadas a fins profissionais – que contemplam, além de suas funcionalidades básicas, a formação de grupos de especialistas em determinadas áreas ou competências, ou de egressos de uma mesma instituição de ensino – gera oportunidades principalmente nos processos de recrutamento e seleção de pessoal. Um dos principais atrativos dessas redes sociais é a criação dos bancos de vagas, nos quais os profissionais disseminam entre si as principais oportunidades de colocação profissional. Dessa forma, as organizações podem criar estratégias de atração de talentos, que passam por fazer uso do capital social de seus atuais colaboradores – incentivando indicações entre os membros de sua rede social – ou, numa estratégia proativa, podem elas mesmas contactar os profissionais que consideram mais adequados à sua necessidade de competências e experiência.

- **Marketing e vendas:** em comparação com plataformas de comunicação tradicionais – TV, rádio, jornal etc. –, as redes sociais representam um canal de comunicação mais inovador e econômico, oferecendo, ao mesmo tempo, interatividade e personalização (LEEFLANG et al., 2014). Ainda que ações promocionais nas redes sociais não sejam facilmente conversíveis em aumento no volume de vendas, ou que seja difícil mensurar os impactos diretos dos investimentos em redes sociais, essas plataformas estão cada vez mais sendo utilizadas pelas organizações como um mecanismo que contribui para os objetivos e as estratégias de marketing, especialmente nos aspectos relacionados ao envolvimento dos clientes – gestão de relacionamento bidirecional com o cliente, com o intuito de construir, vincular e aumentar a percepção de valor de sua marca institucional –, bem como de produtos e serviços, aumentando sua rentabilidade ao longo do tempo. Nesse sentido, a presença organizacional nas redes sociais envolve desde a melhor maneira de utilização de seus recursos até os encargos assumidos provenientes de sua maior exposição à opinião pública. Como será destacado mais adiante, na seção sobre estratégias em redes sociais, é esperado que ações de marketing de relacionamento dirigidas a clientes e demais *stakeholders* (LUCAS JÚNIOR; SOUZA, 2011) compreendam as ferramentas da plataforma (cada rede social e sua etiqueta no uso), o monitoramento das redes e a busca de informações como onde, quando e como a organização, seus produtos e suas marcas serão citados, bem como a definição de uma política clara de atendimento e relacionamento com esse tipo de usuário. Por outro lado, o desenvolvimento de novas funcionalidades tem permitido que as redes sociais sejam utilizadas para a própria comercialização de produtos e serviços, configurando-se em efetivos canais de vendas. Ainda que essa funcionalidade esteja disponível para organizações de todos os portes, são as pequenas e médias que levam maior vantagem, principalmente devido à facilidade de disponibilizar produtos e serviços e permitir a compra sem sair da rede social (LUCAS JÚNIOR et al., 2016).
- **Estratégia:** as redes sociais podem ser consideradas grandes repositórios de informação gratuita e de qualidade. Nesse sentido, o principal desafio das organizações é identificar formas adequadas de distinguir e administrar fluxos de informação existentes na rede e aplicá-los de forma estratégica. Esse processo pode ser iniciado pela análise do ambiente no qual a organização está inserida (LUCAS JÚNIOR; ORNELLAS, 2012). Assim, quando o ambiente é corretamente

identificado pela organização, alguns sinais, características ou uniformidades são mais facilmente conectados e adaptados em seu próprio benefício. Por meio da análise do ambiente, é possível identificar possíveis concorrentes, tanto diretos como indiretos, bem como suas estratégias e tendências no mercado de maneira geral. Com o ambiente definido, as organizações poderão escolher entre as diversas informações e o tipo de tratamento que darão a cada uma delas. Isso contribuirá para que a visão estratégica da organização esteja conectada com os ambientes interno e externo onde ela se expõe, tornando-a mais ágil e dinâmica.

- **Gestão do conhecimento:** considerando que, dentre as grandes dificuldades do processo de gestão do conhecimento nas organizações, estão os processos de sistematização do conhecimento tácito dos colaboradores e de compartilhamento de experiências entre eles, é possível viabilizar – por meio de redes sociais baseadas em *intranets* e outros portais corporativos – a criação de mecanismos que estimulem a colaboração, gerando consequências diretas para o clima organizacional, bem como melhorias no processo de aprendizagem relacionada ao trabalho (BINGHAM; CONNER, 2010). Uma vez que os colaboradores percebem a rede social como uma importante fonte de colaboração e de informação, aumenta a motivação para que colaborem entre si, seja apresentando suas principais dúvidas, seja respondendo a eventuais dúvidas dos colegas. Com isso, ao mesmo tempo em que a organização garante a estruturação de um ambiente colaborativo e com um clima organizacional mais favorável, as inserções realizadas nas redes sociais sistematizam o conhecimento tácito.
- **Gestão da inovação:** uma organização, para inovar, precisa de fontes de informações e conhecimentos que podem estar dentro ou fora de seus muros. Por isso, o desenvolvimento de inovações e de novas práticas de gestão (MCAFFEE, 2010) pode ser considerado um processo interativo que ocorre com a contribuição de vários agentes, tanto econômicos como sociais. Nesse sentido, a interação pode acontecer entre os diferentes departamentos da própria organização ou com outras organizações externas, e as redes sociais têm o poder de flexibilizar as relações entre as pessoas, potencializando o compartilhamento de informações entre as organizações e os indivíduos e, consequentemente, contribuindo para a geração de conhecimento e inovação tecnológica. É possível dizer que muitas organizações utilizam esse contato social a fim de realizar previsões a respeito de inovações futuras ou como mecanismo de redução das incertezas quanto a tendências em seu setor. Isso pode acontecer utilizando dois posicionamentos: o *predictive practitioner* – ou "profissional preditivo" –, que utiliza as redes sociais para atender a uma área específica (por exemplo, para melhorar a experiência do cliente), e o *creative*

> *experimenter* – ou "experimentador criativo" –, que tipicamente assume riscos, mas trabalha através da interação metódica em plataformas como o Twitter e o Facebook para melhorar funções e práticas organizacionais em geral (WILSON et al., 2011). Além disso, algumas organizações têm desenvolvido redes sociais para geração de ideias entre os colaboradores e outras com envolvimento da sociedade, conforme será descrito detalhadamente na seção seguinte.

O Quadro 3.2 resume a aplicação de redes sociais em diferentes áreas organizacionais. Podemos compreender que as organizações são formadas por pessoas, que, por sua vez, são pontos das redes sociais e detentoras do conhecimento e das habilidades. Quando compartilhados (conhecimento e habilidades), transformam-se em aprendizagem organizacional, que resulta na acumulação de novos conhecimentos, que poderão gerar estratégia, a qual, juntamente com o entendimento de mercado, irá, consequentemente, impulsionar inovações.

Quadro 3.2 – Potenciais usos das redes sociais nas organizações.
Fonte: o próprio autor.

Áreas organizacionais	Foco do uso de redes sociais
Recursos humanos	Recrutamento e seleção
Marketing e vendas	Relacionamento com clientes e demais *stakeholders* e viabilização de canais de vendas
Estratégia	Monitoramento e análise ambiental
Gestão do conhecimento	Promoção da colaboração entre funcionários
Gestão da inovação	Desenvolvimento de inovações e novas práticas de gestão

3.2.2. Novos produtos e serviços baseados em redes sociais

Algumas organizações vêm desenvolvendo produtos e serviços que têm como principal objetivo promover maior engajamento de seus clientes, influenciar na percepção de qualidade do serviço, aumentar o volume de vendas ou simplesmente promover incrementos na lembrança e na percepção positiva da marca. Algumas dessas iniciativas foram agrupadas nos tópicos a seguir:

- ***Social commerce***: empresas como a Magazine Luiza vêm usando as redes sociais como uma forma de impulsionar suas vendas, utilizando a confiança que existe entre os amigos de uma mesma rede social, bem como a sua familiaridade com determinados tipos de produtos. Por meio de aplicativos baseados nas redes sociais, o usuário gera páginas próprias contendo o catálogo dos principais produtos que deseja sugerir a seus amigos. Para viabilizar as vendas, a empresa se responsabiliza pelo processo de recebimento dos recursos e de toda a logística de entrega, repassando ao vendedor um percentual das vendas efetivamente realizadas. Também se enquadram como soluções de *social commerce* as iniciativas de diversas empresas que comercializam diretamente seus produtos utilizando recursos de redes sociais como o Facebook e o Instagram.

- **Companhias aéreas:** companhias aéreas como a LATAM utilizam mecanismos que permitem o compartilhamento, por e-mail ou pelas redes sociais, de reservas efetuadas em suas páginas na internet. O objetivo da proposta é estimular que seus clientes que não querem viajar sozinhos convidem seus amigos a participar daquela viagem e consequentemente comprem suas passagens nos mesmos roteiros. Mais relacionado ao processo de viagem em si, a KLM levou seu sistema para diversas redes sociais, permitindo que informações como cartão de embarque e mudanças de portão de embarque sejam rapidamente fornecidas aos usuários. Além disso, o serviço de atendimento ao cliente (SAC) possui sua própria versão para as redes sociais, o que permite que o cliente entre em contato com a empresa 24 horas por dia, sete dias por semana.
- **Serviços financeiros:** grandes instituições financeiras brasileiras como o Bradesco e o Banco do Brasil vislumbraram na criação de redes sociais próprias uma nova forma de agregar valor aos seus negócios, por meio da criação de novos serviços e da geração de oportunidades aos seus clientes, ainda que possam estar diretamente fora do seu escopo original de atuação. No mercado corporativo, o Bradesco disponibiliza às empresas que possuem conta corrente no banco um ambiente tecnológico chamado "ShopFácil Empresas", cujo objetivo é estimular o relacionamento e viabilizar compras entre as empresas que são clientes do banco. No segmento de pessoas físicas, o Banco do Brasil aproveitou a reformulação de seu serviço de autoatendimento na internet para torná-lo interativo e colaborativo. Neste caso, o cliente tem a possibilidade de personalizar sua página, montando uma rede de relacionamentos com outros membros de sua rede social que também sejam correntistas do banco e viabilizando a operacionalização de eventos que envolvam a transferência de recursos. Por exemplo, ao organizar um evento, um cliente pode, ao convidar seus colegas de turma que também sejam correntistas, programar o débito das despesas individuais na conta corrente de cada convidado. Uma vez aceito o convite para o evento, a plataforma não só se encarrega de controlar a agenda do evento, emitindo mensagens de alerta, como também operacionaliza a transferência dos recursos para a conta corrente do organizador.
- ***Open innovation***: com base no conceito de inovação aberta, em que o processo de desenvolvimento de inovações ocorre a partir da ampla colaboração interna (entre funcionários) ou externa (com participação de clientes e de-

mais interessados), algumas organizações estão desenvolvendo projetos de plataformas próprias de redes sociais, que podem também ser integradas às plataformas abertas de redes sociais. A 3M, grande expoente quando o assunto é o desenvolvimento de produtos inovadores, criou a "Fábrica de Ideias", uma rede social com o objetivo de estimular a colaboração e a livre expressão de ideias, tendo por base um tema-desafio, seguido pelas soluções inovadoras e *brainstorming* entre os usuários. Segundo o conceito, uma vez que uma ideia é apresentada por um usuário, outros usuários avaliam o potencial dessa ideia se transformar em um produto inovador. Só a partir desse crivo social inicial é que a 3M seleciona as melhores ideias, recompensando os usuários autores de cada ideia e financiando a construção de novos produtos. A Serasa Experian, empresa multinacional focada em soluções de risco de crédito, criou a plataforma "Mercado de Ideias", que funciona como uma rede social na qual somente os funcionários podem apresentar e avaliar propostas de novidades que trarão impacto para o negócio. Com isso, todos os projetos desenvolvidos internamente são acompanhados por todo o grupo, ganhando visibilidade para toda a empresa. A fabricante de automóveis Fiat, por sua vez, estruturou, entre os anos de 2006 e 2010, o projeto "Fiat Mio", que foi o primeiro projeto de desenvolvimento de veículos baseado em um ambiente colaborativo, no qual consumidores participavam ativamente da concepção de um carro conceito, concedendo depoimentos espontâneos baseados em como desejavam que "o seu próprio Fiat" fosse.

3.2.3. Impactos na estrutura organizacional

Considerando todas essas utilidades e possibilidades vistas nos tópicos anteriores, ficam evidenciadas as razões pelas quais as redes sociais estão cada vez mais presentes no quotidiano organizacional. Consequentemente, as organizações estão precisando readequar suas estruturas e seus processos de negócio, não só no que diz respeito à operação das plataformas de redes sociais, mas, principalmente, à nova dinâmica que a atuação nas redes sociais impõe: **velocidade** para responder às demandas de um ambiente de mercado em constante transformação, **criatividade** para desenvolver produtos e serviços com maior valor agregado que atendam a clientes cada vez mais exigentes e **eficiência** na solução de problemas, integrando e otimizando o uso dos recursos organizacionais. Esses são alguns dos valores que precisam ser assimilados pelas estruturas organizacionais e inseridos nos processos de negócio.

Dessa forma, para operacionalizar esses novos objetivos e usos, as organizações estão cada vez mais adotando iniciativas como a criação de departamentos ou áreas específicas de redes sociais (FIGUEIRÓ, 2010), inclusive com a contratação de profissionais – muitas vezes ainda em processo de formação – dedicados exclusivamente ao tema.

Os **departamentos de redes sociais** atuam de forma autônoma no gerenciamento do processo de comunicação baseado nas plataformas de redes sociais; na realização de atividades de monitoramento e análise ambiental; no desenvolvimento de estratégias para o engajamento de clientes (internos e externos); e, em última instância, na supervisão dos serviços de atendimento baseados nas redes sociais, também conhecidos como SAC 2.0.

No que se refere ao posicionamento junto às áreas funcionais tradicionais, a maior parte das organizações tem seus departamentos de redes sociais fortemente vinculados a áreas como marketing, tecnologia da informação ou vendas (KOPSCHITZ, 2011), fator justificado ora devido às plataformas serem fortes instrumentos de visibilidade da organização, ora devido à necessidade de uma gestão mais integrada do aparato tecnológico disponível. Independentemente da orientação que a organização venha a adotar – mercadológica ou tecnológica –, os responsáveis pelos departamentos de redes sociais devem ter em mente que gerir a presença organizacional nas redes sociais é um processo bastante complexo, que compreende, ao mesmo tempo, atividades estratégicas e operacionais, de modo que sua equipe deve ser formada por colaboradores que, além de possuírem familiaridade com as ferramentas, sejam dotados de um perfil dinâmico e multidisciplinar (LAM, 2012).

Entre os profissionais que podem fazer parte dos departamentos de redes sociais, estão os **analistas de redes sociais**. Por se tratar de uma função relativamente nova nas organizações, o papel do analista de redes sociais vem sendo desempenhado por profissionais originalmente pertencentes à área de marketing, de tecnologia ou de comunicação. Independentemente de sua origem, esses profissionais devem ter como características gerais:

- Compreensão da dinâmica do processo de comunicação, como elaboração e adequação de conteúdo, segmentação de público-alvo e capacidade de expressão nas mídias sociais.
- Compreensão do funcionamento dos processos internos e dos objetivos de negócio da organização.
- Capacidade analítica para a formulação de estratégias adequadas ao ambiente digital.
- Capacidade de diálogo com diferentes áreas organizacionais, pois um problema apresentado por um cliente pode dizer respeito a qualquer área.

- No que se refere às funções do analista de redes sociais, podem-se relacionar as seguintes:
- Monitoramento da reputação da organização nas redes sociais, com vistas a apresentar soluções que valorizem a imagem organizacional.
- Estruturação e sistematização do conteúdo que será veiculado nas diferentes plataformas de redes sociais, de acordo com as características da plataforma e com as expectativas do público-alvo.
- Análise do ambiente das redes sociais, especialmente em relação aos comportamentos do público-alvo e da concorrência, a fim de detectar tendências de mercado que possam ser apresentadas aos gestores organizacionais, de modo a antecipar movimentos.
- Gerenciamento e operacionalização dos serviços de atendimento a clientes baseados em redes sociais, inclusive com o acionamento de outras áreas organizacionais que sejam necessárias à solução dos problemas dos clientes.

3.2.4. Construindo uma estratégia de redes sociais

As organizações estão compreendendo que estar nas redes sociais sem uma estratégia deliberada que envolva **plataformas**, **conteúdos** e **integração** com as demais mídias é pior do que não estar. Os usuários de redes sociais, de maneira geral, não são muito receptivos a inserções organizacionais de caráter desestruturado. Nesse sentido, é necessário desenvolver estratégias que tornem essa presença bem-sucedida, refletindo na efetiva melhoria da visibilidade da marca e na melhoria da imagem junto aos clientes atuais e potenciais. Os principais componentes de uma estratégia em redes sociais são resumidos na Figura 3.2.

- **Plataformas:** cada plataforma de rede social atinge um determinado tipo de público, dos mais abrangentes aos mais restritos. Dessa forma, a escolha de uma plataforma de redes sociais e a implantação da presença organizacional devem estar intimamente ligadas ao público-alvo que se pretende atingir, sob pena de despender recursos sem conseguir atingir a visibilidade almejada pela organização.
- **Conteúdos:** cada plataforma de redes sociais possui um formato possível de conteúdo que pode ser veiculado. Enquanto existem plataformas de *micro-blogging* que permitem apenas a inserção de textos com, no máximo, 280 caracteres, existem plataformas focadas no compartilhamento de imagens e outras de conteúdo mais diverso e abrangente. Dessa forma, a escolha de uma plataforma sem o devido planejamento pode gerar desperdício de recursos na elaboração de um conteúdo inadequado, ou mesmo o desinteresse dos

usuários, que percebem que a organização está "improvisando". Além disso, deve-se manter uma periodicidade mínima na veiculação de conteúdo, pois longos períodos sem postagens nas redes sociais geram desinteresse do usuário, que se desvincula do perfil da organização; por outro lado, postagens em excesso, em curto espaço de tempo, dão a sensação de "poluição", gerando reações de repulsa e, finalmente, desinteresse pelo contato com a organização nas redes sociais.

- **Integração de mídias**, tanto com as próprias plataformas de redes sociais como com mídias tradicionais, como jornal, rádio e televisão, além das mídias eletrônicas como e-mail marketing. Enquanto os *microbloggings* são restritos a texto, o redirecionamento para plataformas de vídeos pode complementar determinada postagem, estimulando o usuário a "orbitar" em torno da marca, assimilando mais informações caso seja de seu interesse.

Figura 3.2 – Componentes da estratégia de redes sociais.
Fonte: o próprio autor.

3.3. Críticas e tendências sobre redes sociais

Nesta seção, serão apresentados os principais elementos de ordem ética, social e comportamental relacionados ao uso das redes sociais pela sociedade e, consequentemente, pelas organizações. No encerramento do capítulo, serão apresentadas as principais tendências sobre o tema e como as organizações devem se posicionar para conseguir vantagem competitiva nas redes sociais.

3.3.1. Críticas e questões éticas

Como toda tecnologia, as plataformas de redes sociais possuem pontos considerados críticos e que merecem consideração, não só pela influência na sociedade, mas também pela repercussão que podem acarretar às organizações. Alguns desses pontos estão descritos a seguir:

- **Crimes digitais:** fraudes envolvendo pessoas comuns e personalidades são cada vez mais comuns nas redes sociais, merecendo atenção da sociedade e do poder público. Nesse sentido, diversos países possuem leis regulamentando crimes cometidos na internet. Dentre os crimes digitais diretamente relacionados às redes sociais, estão a criação de perfis falsos, com o objetivo de denegrir a imagem de uma pessoa ou obter vantagens indevidas, além do *cyberbullying*, que se caracteriza pelo assédio moral continuado, pela violação da privacidade nas redes sociais ou pela divulgação de informações ofensivas a respeito de uma pessoa.
- **Direitos autorais:** por se tratar de um ambiente de colaboração na geração e no compartilhamento de conteúdo, a preservação dos direitos autorais é uma das questões críticas que envolvem o uso de redes sociais. Uma foto ou um vídeo, por exemplo, podem ser amplamente disseminados nas redes sociais sem que se atribuam os créditos necessários aos autores da obra, inclusive podendo gerar prejuízos comerciais aos detentores dos direitos de reprodução. Em contraposição a esse movimento de defesa dos direitos autorais, estão os partidários de movimentos como *Creative Commons*, que pregam maior liberdade na disseminação de conteúdos na internet. No universo organizacional, as empresas de mídia são as principais defensoras de um controle mais rígido dos conteúdos por elas produzidos, com alguns veículos de comunicação, inclusive, proibindo que *links* para suas notícias sejam veiculados nos perfis das redes sociais ou acionando judicialmente as plataformas de redes sociais na busca de compensações por eventuais prejuízos sofridos com a queda no tráfego de seus sítios.
- **Notícias falsas:** a utilização das redes sociais para o compartilhamento de notícias falsas, também conhecidas como *fake news*, tem sido um problema de grande repercussão em todo o mundo. Episódios emblemáticos como as eleições presidenciais estadunidenses de 2016 e as brasileiras de 2018 evidenciaram a relação pouco racional que os usuários têm com as notícias falsas, bem como o amplo potencial de disseminação desse tipo de (des)informação. Ou seja, enquanto notícias verdadeiras são pouco compartilhadas pelas pessoas nas redes sociais, notícias falsas acabam sendo amplamente disseminadas, o que, do ponto de vista corporativo, chama a atenção para o forte potencial que as *fake news* têm para a destruição de reputações. Nesse sentido, torna-se extremamente importante um acompanhamento constante do que é veiculado nas redes sociais, a fim de que crises de imagem não ocorram, ou que ações mitigadoras possam ser tomadas o mais rapidamente possível.

- **Privacidade:** a defesa da privacidade é um dos valores que vêm se consolidando nas redes sociais. As plataformas, por sua vez, vêm aumentando paulatinamente os mecanismos de controle de acesso ao conteúdo que seus usuários podem implementar, seja de acordo com seus níveis de relacionamentos diretos, seja com a divisão em grupos com mais ou menos privilégios, ou mesmo a partir de cada postagem. Porém, deve-se levar em consideração que as questões relacionadas à privacidade vêm sofrendo alterações ao longo do tempo, principalmente no que se refere às novas gerações de usuários, os nativos digitais, que vêm apresentando valores diferentes em relação às gerações anteriores. No universo organizacional, a principal questão relativa à privacidade está na prática de algumas organizações de acompanhar de maneira intensa as postagens de seus funcionários em seus perfis particulares, influenciando em demissões, ou vinculando contratações a análises prévias de postagens de candidatos – inclusive, em casos mais extremos, com a exigência de que suas senhas sejam fornecidas aos recrutadores durante o processo seletivo (BAST, 2012).
- **Impactos na produtividade:** enquanto existem organizações que estimulam a participação de seus funcionários em redes sociais, outras restringem, em diferentes graus, o acesso às redes sociais a partir de suas redes internas, alegando influências negativas na produtividade de seus funcionários, vulnerabilidades na segurança de seus sistemas ou sobrecarga no tráfego de dados. Comportamentos aparentemente contraditórios também são conhecidos: a organização estimula que seus clientes se relacionem com ela por meio das redes sociais, mas impedem que seus funcionários tenham acesso. Mesmo existindo profissões e atividades que requeiram concentração do funcionário, e sistemas que precisam ser resguardados, o melhor caminho é o estabelecimento de uma política de uso de redes sociais que contemple regras claras de utilização e justificativas para eventuais proibições. A proibição injustificada pode estimular comportamentos reacionários, bem como problemas no clima organizacional.

3.3.2. Aspectos comportamentais do uso de redes sociais

O uso de redes sociais vem influenciando o comportamento das pessoas, tanto dentro como fora do mundo digital. Nesse sentido, serão apresentados os pontos relativos à esfera comportamental, tais como:

- Distúrbios psicológicos relacionados ao uso excessivo de redes sociais, tais como a forte **dependência da conectividade**: o usuário desenvolve sentimentos de abstinência quando não está conectado às redes sociais, apresentando sintomas como ansiedade, falta de capacidade de concentração e até mesmo comportamentos agressivos. Em outra vertente, também estão sendo diagnosticados casos de depressão relacionados ao uso de redes sociais, consequência do que chamamos aqui de **síndrome do mundo perfeito**: como as pessoas têm uma tendência natural a publicarem apenas aspectos positivos de suas vidas, o indivíduo acaba por se sentir fragilizado ao comparar o que acontece na sua vida e o que vê publicado nos perfis de seus contatos.

- A facilidade em disseminar informações pelas redes sociais, o aumento no tempo que os usuários passam conectados e o crescente envolvimento dos usuários em questões sociais têm criado uma categoria de movimento social chamado aqui de **ativismo digital**. Apesar de poderem apresentar perfis demográficos distintos entre si, os ativistas digitais caracterizam-se por participar ativamente de discussões baseadas nas redes sociais, podendo se engajar em várias causas ao mesmo tempo. Porém, esse ativismo ocorre durante um período bastante limitado, se comparado ao ativismo realizado normalmente no mundo real, e nem sempre se transpõe ao mundo real em forma de ações efetivas (LUCAS JUNIOR; MANTOVANI, 2010).

3.3.3. Tendências relacionadas a redes sociais

Quando se pensa nas principais tendências relativas ao uso de redes sociais, a principal delas está relacionada à profunda **integração com a mobilidade**. Os dispositivos móveis, como *smartphones* e *tablets*, vêm ganhando maior importância na vida quotidiana, seja para a realização de atividades pessoais, seja para o desempenho profissional.

Além disso, especialmente no Brasil, bem como em outras economias emergentes do planeta, também se discute o papel que os dispositivos móveis têm na inclusão digital: especialmente devido aos preços relativamente reduzidos e à mobilidade que permitem, bem como ao cenário de constante crescimento econômico e mobilidade social, um número crescente de pessoas terá acesso aos dispositivos móveis como seus primeiros dispositivos computacionais e de acesso à internet. Nesse sentido, as redes sociais ganham importância ao se configurarem, muitas das vezes, na porta de entrada destes indivíduos no mundo digital.

Paralelo a esse movimento de digitalização da sociedade, as plataformas de redes sociais vêm ampliando suas funcionalidades com o claro objetivo de que mais pessoas despendam cada vez mais tempo conectadas. Trata-se da agregação de funções de comunicação como mensagens instantâneas, chamadas de voz e vídeo, além de funções de outras ferramentas web 2.0, como o compartilhamento de notícias (RSS), fotos (*blogs*) e arquivos (e-mail), entre outros, o que implica no gradual aumento da atratividade desses ambientes, consolidando essas plataformas como o principal ambiente de interação entre os indivíduos no mundo digital.

Para as organizações, a consolidação das redes sociais como ambiente de interação e base da conectividade dos indivíduos requer, por exemplo, a reestruturação do processo de comunicação de marketing, como a reorientação dos esforços de propaganda, o desenvolvimento de conteúdos adequados especificamente aos dispositivos móveis – em que pese a ainda deficiente infraestrutura de telecomunicações no país – e a estruturação de novos produtos e serviços que sejam compatíveis com as funcionalidades desses dispositivos. Nesse sentido, a **integração com a internet das coisas** (IoT) permitirá que os dados coletados por meio de sensores em diversas aplicações e dispositivos conectados integrem-se aos dados gerados nas plataformas de redes sociais. Com isso, as organizações poderão elaborar estratégias de comunicação mais objetivas que utilizem os padrões obtidos pela análise dos comportamentos dos indivíduos para a geração e veiculação de mensagens adequadas aos perfis de cada cliente/consumidor.

Deve-se considerar, também, que as redes sociais atuarão como importantes **canais de venda direta** de produtos e serviços. Isso se dá não só pela associação direta com o marketing de conteúdo, como pelo fato de que diversas plataformas já estão em processo avançado de disponibilização de ferramentas que permitam a conclusão de vendas e a realização de pagamentos em seus ambientes.

Além disso, **clientes mais engajados** nas redes sociais exigem organizações mais transparentes e mais eficientes em seus produtos, serviços e processos, especialmente no atendimento de suas demandas, principalmente pela facilidade de disseminação de informações que possam vir a comprometer a imagem da organização. Não se trata, porém, de transformar as redes sociais em um ambiente hostil às organizações, mas de compreender que o equilíbrio de forças entre clientes e organizações está maior, de modo que os recursos despendidos pelas organizações devem visar a promoção do engajamento a favor das organizações, e não o contrário.

Conclusão

Neste capítulo, buscou-se sistematizar conceitos e fundamentos relacionados ao tema das redes sociais. Foram apresentados os principais conceitos e seus fundamentos, exemplos de usos de redes sociais com objetivos organizacionais, diretrizes para a criação de estratégias baseadas em redes sociais e, por fim, as principais críticas e tendências que a academia e o mercado discutem e apontam em relação ao tema.

Espera-se que tenha havido uma melhor compreensão relativa à necessidade de estruturação de processos perenes dentro das organizações. Ou seja, sem pensar exclusivamente nas funcionalidades das plataformas que estão disponíveis no momento, mas contemplando também os objetivos organizacionais que se pretende alcançar e os perfis de usuários com os quais a organização deseja se comunicar. Isso porque não se pode ignorar a dinâmica de substituição de plataformas ao longo do tempo, o constante surgimento de novas plataformas e os diferentes nichos que podem ser atingidos por cada uma delas.

Dentre as consequências de processos perenes e bem-estruturados do uso de plataformas de redes sociais, a principal é o estabelecimento de uma estratégia que contemple objetivos de comunicação, ferramentas a serem utilizadas e procedimentos a serem seguidos. Também se enquadra nessa perspectiva o desenvolvimento de novos produtos e serviços baseados em redes sociais, que envolvam o público interno e o público externo à organização.

O uso corporativo de plataformas de redes sociais vem se consolidando fortemente ao longo dos últimos anos, o que implica dizer que organizações de diferentes portes e segmentos de mercado estarão cada vez mais familiarizadas com as possibilidades advindas dessas ferramentas. Portanto, não demorará para que este capítulo necessite de complementações e atualizações. Quando isso ocorrer, espera-se que esta obra seja consultada como um repositório dos princípios que fundamentam a discussão e como um breve histórico de como ocorreu o processo de consolidação desta nova era tecnológica.

Revisão dos conceitos apresentados

1. A web 2.0 foi a responsável pela viabilização de uma plataforma na qual o conteúdo pode ser inserido, alterado ou excluído de forma livre, sem a necessidade de alterações na estrutura do sítio. Com essa transformação causada na internet, o usuário se tornou colaborativo, expressando suas ideias inicialmente com o uso de ferramentas. Entre elas estão *blogs*, e-mails, bate-papo e inclusive as redes sociais.
2. As redes sociais envolvem as relações entre os indivíduos e suas consequências, que são viabilizadas por meio das mídias sociais, no meio eletrônico. Dessa forma, é possível compreender que as mídias sociais são o veículo que sustenta o processo comunicacional e as redes sociais são o objeto da comunicação.

3. Com o avanço tecnológico de *notebooks*, *laptops* e telefonia móvel, a perspectiva de conexão e interação a partir de qualquer lugar deu origem ao conceito de mobilidade – o que antes era considerado uma possibilidade passou a ser requisito básico, tornando real a computação ubíqua, que se baseia na conectividade constante com o uso de aplicativos móveis que tem por objetivo a proximidade da linguagem natural dos seres humanos. A partir disso, identificaram-se dispositivos que possibilitassem a conectividade como forma de facilitar a vida quotidiana e foi desenvolvido o conceito de internet das coisas.
4. Cada vez mais organizações vêm usando as plataformas de redes sociais em seus processos internos, tanto em áreas tradicionais, como recursos humanos, marketing e estratégia, como em novas áreas, muitas vezes transdisciplinares, como a gestão da inovação. Podemos compreender que as organizações são formadas por pessoas, que, por sua vez, são pontos das redes sociais e detentoras do conhecimento e das habilidades. Quando compartilhados (conhecimento e habilidades), transformam-se em aprendizagem organizacional, que resulta na acumulação de novos conhecimentos, que poderão gerar estratégia, a qual, juntamente com o entendimento de mercado, irá, consequentemente, impulsionar inovações.
5. Algumas organizações vêm desenvolvendo produtos e serviços que têm como função promover maior engajamento de seus clientes, influenciar na percepção de qualidade do serviço, aumentar o volume de vendas ou simplesmente promover incrementos na lembrança e na percepção positiva da marca. Essas iniciativas podem ser na forma de *social commerce*, estímulo de clientes ao relacionamento por terem em comum características de consumo ou por *open innovation* ou o incentivo a ideias para geração de negócios.
6. Com o objetivo de atingir velocidade, criatividade e eficiência não só que no que diz respeito à operação das plataformas de redes sociais, mas, principalmente, à nova dinâmica que a atuação nas redes sociais impõe, as organizações adotaram iniciativas como a criação de departamentos específicos de redes sociais, vinculados a áreas como marketing, tecnologia da informação e vendas, onde atuam profissionais que realizam várias atividades baseadas no monitoramento das redes sociais.
7. As organizações desenvolvem estratégia em redes sociais utilizando plataformas (definidas de acordo com o público-alvo), conteúdos (com formato adequado para veiculação) e integração com as demais mídias (mídias tradicionais como TV e rádio).
8. As plataformas de redes sociais possuem pontos considerados críticos, como crimes digitais (fraudes), direitos autorais (disseminação indevida de informações sem créditos ao autor), *fake news* (disseminação de notícias falsas e destruição de reputações), privacidade (acesso permitido a informações e conteúdo dos usuários)

e impacto na produtividade (restrição de organizações no uso das redes sociais, alegando que o uso pode produzir influências negativas à organização).

9. O uso de redes sociais vem influenciando o comportamento das pessoas. Nesse sentido, surgem alguns pontos relativos à esfera comportamental, tais como dependência da conectividade, síndrome do mundo perfeito e ativismo digital.
10. Algumas tendências são identificadas para o uso de redes sociais, tais como integração com a mobilidade, agregação de funções de comunicação que incluem mensagens instantâneas, chamadas de voz e vídeo, além de funções de outras ferramentas web 2.0, como o compartilhamento de notícias (RSS), fotos (*blogs*) e arquivos (e-mail). Para que as organizações acompanhem essas tendências, terão que reestruturar o processo de comunicação de marketing, bem como reorientar os esforços de propaganda e o desenvolvimento de conteúdos adequados especificamente aos dispositivos móveis.

Estudo de caso: *OnBoard Mobility* e *Bipay*: o uso de redes sociais como inovação para o transporte público

Atacando primeiramente a etapa da recarga dos cartões de transporte, uma *startup* de tecnologia tem usado soluções baseadas em redes sociais para a melhoria da qualidade do serviço do transporte público no Brasil.

O transporte público no Brasil sempre foi motivo de controvérsias, especialmente em se tratando de fatores como a pouca abrangência dos sistemas existentes, a estruturação dos modais utilizados, o custo das passagens e a qualidade do serviço. Essa má fama tem levado os usuários a buscar alternativas ao transporte público, principalmente com o uso dos serviços de carros por aplicativos e serviços de compartilhamento de bicicletas e patinetes motorizados.

Em uma análise dessa tendência do ambiente de transportes no Brasil, Luiz Renato Mattos, CEO e fundador da *OnBoard Mobility*, destaca: "o que esses meios têm em comum? São baseados em tecnologia, com acesso fácil, barato e seguro". Ainda segundo Mattos, os sistemas de transporte coletivo não alteraram sua mentalidade em meio às inovações disruptivas que tomaram conta da mobilidade urbana nos últimos anos, o que tem impactado nas sucessivas quedas de demanda pelo serviço nas capitais brasileiras ao longo dos últimos anos.

Nessa perspectiva de busca pela inovação no transporte público, a OnBoard Mobility criou o *Bipay*, o primeiro *chatbot* do mundo voltado ao transporte público. Por meio do serviço, disponível no Facebook e no Messenger (seu aplicativo de mensagens instantâneas), o usuário pode realizar a recarga do bilhete único da cidade de São Paulo e o pagamento de taxas de renovação dos cartões estudantis. Com isso, o usuário economiza tempo ao não precisar enfrentar filas para recarregar os cartões e tem vantagens na forma de pagamento, visto que este pode ser realizado com cartões de crédito, opção praticamente inexistente para recargas em meios físicos.

O modelo do negócio

A *startup* recebe uma comissão pelas vendas de créditos que realiza em sua plataforma em São Paulo, bem como pelos serviços pelos quais faz intermediação. Em outras cidades que não estão preparadas tecnologicamente para o modelo de venda de créditos *on-line*, a empresa licencia seu software em um modelo SaaS (*Software as a Service*). Além disso, vem desenvolvendo soluções de integração de pagamentos para o transporte público que se transformarão em novos produtos e serviços que poderão atender a sistemas de transporte de pequeno, médio e grande porte.

Integrando *chatbots* às redes sociais

Grandes empresas de tecnologia, como Google e Microsoft, já fazem uso dos *chatbots* em seus equipamentos, a exemplo da Cortana do Windows e do Assistente do Google. Diante dessa presença massiva, a expectativa é que os consumidores passem a se acostumar com as interações com marcas e empresas via trocas de mensagens.

No Brasil, o uso de *chatbots* em aplicativos de mensagens instantâneas vem se popularizando desde 2016, quando houve a abertura do aplicativo Messenger para a integração de soluções desenvolvidas por empresas. Foi aproveitando-se dessa oportunidade que, no início de 2018, a OnBoard Mobility lançou o *Bipay*. Desde então, a solução ajudou a vender mais de 240 mil passagens – número compartilhado entre as versões do aplicativo móvel e as configurações do *Bipay* no Messenger e no Facebook para computador.

Trata-se de uma decisão acertada do ponto de vista dos canais de venda, uma vez que 80% da população tem menos de 1 GB disponível de armazenamento, o que dificulta a permanência de aplicativos com finalidades específicas e de pouca recorrência em celulares com pouca capacidade de memória. Por outro lado, esses usuários dão preferência a aplicativos como as redes sociais, cujo uso diário justifica a integração realizada pela OnBoard Mobility via *Bipay*.

Repercussão nacional e disseminação da solução

Desde o seu lançamento, o *Bipay* tem gerado grande repercussão na mídia, com notícias sendo veiculadas nos principais jornais brasileiros, bem como na mídia especializada no segmento de transporte público. O apelo social e inovador da tecnologia tem gerado grande interesse da mídia nas localidades em que está presente.

Os *chatbots* também têm sido usados para a automatização de serviços do transporte público. O cartão Ótimo, por exemplo, da região metropolitana de Belo Horizonte, precisava de uma solução para o agendamento de atendimentos em seus postos. O processo, antes feito apenas por telefone, foi digitalizado e automatizado pela OnBoard Mobility e conta agora com apontamentos diretos na agenda dos postos. O serviço está disponível na página do cartão Ótimo no Facebook.

Em São Paulo, por sua vez, o *Bipay* começou em 2019 a viabilizar o pagamento da taxa de revalidação dos cartões de estudante. Antes da implantação da solução via *Bipay*, a SPTrans – empresa responsável pelo gerenciamento do transporte público em São Paulo – disponibilizava apenas um boleto bancário em seu site. O *Bipay* veio para oferecer uma versão amigável a celulares e para permitir o pagamento do serviço por meio do cartão de crédito.

Outro fator importante nos resultados do *Bipay* foi a economia percebida pelos usuários: em pesquisa realizada pela OnBoard Mobility com sua base de clientes, 99% dos respondentes afirmaram que gastam menos tempo com o processo de recarga do que utilizando as opções anteriores de comprar créditos.

Visão de futuro

O *Bipay* é o primeiro de vários serviços que vêm sendo desenvolvidos pela OnBoard Mobility com o objetivo de melhorar a experiência do usuário do transporte público no Brasil. Com o desenvolvimento da carteira virtual de pagamentos, evolução do serviço atualmente disponível, a OnBoard Mobility pretende integrar diferentes modais e serviços de transporte urbano e facilitar o pagamento de créditos por meio de uma só aplicação.

A ferramenta pretende ser o mais seguro sistema de acesso e otimização de transporte do Brasil – substituindo cartões, bilhetes, tíquetes e passes –, devolvendo a competitividade para o transporte público. Dessa forma, otimiza o deslocamento individual ou público e permite melhor planejamento, aumento da eficiência e redução de custo e tempo nos deslocamentos diários.

Referências

ALALWAN, A. A.; RANA, N. P.; DWIVEDI, Y. K.; ALGHARABAT, R. Social media in marketing: a review and analysis of the existing literature. *Telematics and Informatics*, vol. 34, n. 7, Nov. 2017, p. 1177-1190. Disponível em: <https://www.sciencedirect.com/science/article/abs/pii/S0736585317301077>. Acesso em: 25 jan. 2022.

BAST, E. Empresas pedem senha de perfil em redes sociais para candidatos a vagas. *Jornal da Globo*, 29 mar. 2012. Atualizado em 30 mar. 2012. Disponível em: <http://g1.globo.com/jornal-da-globo/noticia/2012/03/empresas-pedem-senha-de-perfil-em-redes-sociais-para-candidatos-vagas.html>. Acesso em: 26 jan. 2022.

BINGHAM, T.; CONNER, M. *The new social learning:* a guide to transforming organizations through social media. Alexandria: ASTD Press; San Francisco: Berrett-Koehler Publishers, Inc., 2010.

BLOCH, F. Social networks, employment, and insurance. *CESifo Economic Studies*, vol. 57, n. 1, Mar. 2011, p. 183-202. Disponível em: <https://academic.oup.com/cesifo/article-abstract/57/1/183/433548>. Acesso em: 25 jan. 2022.

CRESCITELLI, E. Crise de credibilidade da propaganda: considerações sobre seu impacto na eficácia da mensagem. *Revista FACOM – Faculdade de Comunicação da FAAP*, 2004.

FIGO, A. Procon multa Empiricus por publicidade enganosa de Bettina, a milionária. *Exame*, 03 abr. 2019. Disponível em: <https://invest.exame.com/mf/procon-multa-empiricus-por-publicidade-enganosa-de-bettina-a-milionaria>. Acesso em: 31 jan. 2022.

FIGUEIRÓ, T. Empresas aderem a redes sociais sem envolver departamentos de TI. *ComputerWorld*, 25 jan. 2010. Disponível em: <http://www.computerworld.com.pt/2010/01/25/empresas-aderem-a-redes-sociais-sem-envolver-departamentos-de-ti/>. Acesso em: 25 jan. 2022.

KAPLAN, A. M.; HAENLEIN, M. Users of the world, unite! The challenges and opportunities of Social Media. *Business Horizons*, vol. 53, 2010, p. 59-68.

KOPSCHITZ, I. Analista de redes sociais, um profissional do presente. *O Globo*, 27 set. 2011. Disponível em: <http://oglobo.globo.com/emprego/analista-de-redes-sociais-um-profissional-do-presente-2747776>. Acesso em: 26 jan. 2022.

LAM, C. Qual é o perfil ideal de um analista de redes sociais? *Exame PME*, 27 dez. 2012. Disponível em: <http://exame.abril.com.br/pme/dicas-de-especialista/noticias/qual-e-o-perfil-ideal-de-um-analista-de-redes-sociais>. Acesso em: 26 jan. 2022.

LEEFLANG, P. S. H.; VERHOEF, P. C.; DAHLSTRÖM, P.; FREUNDT, T. Challenges and solutions for marketing in a digital era. *European Management Journal*, vol. 32, n. 1, Feb. 2014, p. 1-12. Disponível em: <https://www.sciencedirect.com/science/article/abs/pii/S0263237313001576>. Acesso em: 25 jan. 2022.

LEVY, P. *Cibercultura*. São Paulo: Editora 34, 2001.

LUCAS JUNIOR, D.; MANTOVANI, D. M. N. Comunicação nas redes sociais: um estudo com usuários das comunidades do Orkut. *Análise (PUCRS)*, vol. 21, 2010, p. 30-41.

LUCAS JÚNIOR, D.; ORNELLAS, R. S. Using social networking sites (SNS) for environmental scanning: an analysis of content monitoring tools. *In*: Americas Conference on Information Systems, 18, 2012, Seattle. *Proceedings...* Seattle: Association for Information Systems, 2012.

LUCAS JÚNIOR, D.; SOUZA, C. A. de. Estabelecendo estratégias de comunicação integrada de marketing nas redes sociais: análise de uma instituição financeira brasileira. *Revista Pensamento e Realidade*, São Paulo, vol. 26, n. 3, 2011.

LUCAS JÚNIOR, D; TOKIYOSHI, B. F.; INARRA, R. P. O uso do Facebook como instrumento de vendas para PMEs: uma proposta de esquema de avaliação. *In*: *TMS Algarve 2016 – Tourism and Management Studies International Conference*, 2016.

MCAFFEE, A. *Empresas 2.0:* a força das mídias colaborativas para superar grandes desafios empresariais. Rio de Janeiro: Elsevier, 2010.

SAAD, B. *Estratégias para a mídia digital:* internet, informação e comunicação. São Paulo: SENAC, 2003.

SOUZA, C. *Desafios, Estratégias e Tendências em Gestão e Novas Tecnologias de Informação e Comunicação.* Faro: Universidade do Algarve, Escola Superior de Gestão, Hotelaria e Turismo, vol. 1, 2016, p. 407-427.

WILSON, H. J.; GUINAN, P. J.; PARISE, S.; WEINBERG, B. D. What's your social media strategy? *Harvard Business Review*, July-Aug. 2011, p. 23-25. Disponível em: <https://hbr.org/2011/07/whats-your-social-media-strategy>. Acesso em: 25 jan. 2022.

4. Aspectos sociais, legais e éticos

Mônica Mancini

Conceitos apresentados neste capítulo

4.1 Aspectos sociais, legais e éticos
4.2 Tipos de ameaças nas empresas
4.3 Leis de Proteção de Dados e o Marco Civil da Internet

Objetivos do capítulo

1. Discutir as questões sociais, legais e éticas em sistemas de informação e o seu impacto na sociedade e nas organizações.
2. Relacionar os tipos de ameaças enfrentadas pelas empresas e como resolvê-las no contexto organizacional.
3. Apresentar as Leis de Proteção de Dados e o Marco Civil da Internet.
4. Mostrar como as empresas e indivíduos devem estar preparados para enfrentar os novos desafios organizacionais.

Introdução

O uso da Tecnologia da Informação (TI) está causando um grande impacto na sociedade local, global e nas organizações. De um lado, a TI permitiu automação, melhoria e maior agilidade nos processos organizacionais, surgimento de novos empregos, melhoria na qualidade da informação, diagnósticos de saúde e agilidade nas informações e condições de trabalho. Por outro lado, percebem-se maior desemprego global, dependência econômica e tecnológica, racionalização dos processos, fraudes tecnológicas, crimes eletrônicos, roubo de informações, guerra cibernética etc. Diante desse descompasso, é necessário reforçar o papel dos executivos nas organizações referente às **questões sociais** e suas implicações **legais** e **éticas** no mundo dos negócios e na sociedade sobre o uso da TI (MANCINI, 1999). Para reforçar esse papel, as organizações precisam lembrar e aprender com os problemas do passado, que causaram um grande impacto na vida das organizações e das pessoas, a fim de não causarem esses mesmos problemas no futuro.

4.1. Aspectos sociais, legais e éticos

4.1.1. Crise nas organizações

Em 08 de novembro de 2001, a **Enron Corporation**, uma das maiores empresas dos Estados Unidos da década de 90, utilizou práticas contábeis ilícitas durante quatro anos para aumentar artificialmente seu lucro em cerca de 586 milhões de dólares, mesmo com um rombo na empresa de cerca de 30 bilhões de dólares. Nos primeiros meses de 2000, o Departamento de Justiça dos Estados Unidos iniciou uma investigação criminal contra a diretoria executiva da Enron para identificar se eles sabiam da real situação financeira da empresa. A Diretoria induziu os seus funcionários a não venderem suas ações, porém essa regra não foi seguida por eles – os executivos venderam suas ações, com ganhos superiores a um milhão de dólares. Por fim, a empresa faliu, o fundo de pensão dos funcionários foi arruinado, milhões de investidores perderam quase 60 bilhões de dólares e 30 mil trabalhadores perderam os seus empregos (SILVEIRA, 2021).

Em março de 2002, Dennis Kozlowski, diretor executivo da **Tyco**, foi acusado de sonegar um milhão de dólares em impostos sobre vendas de obras de arte e alguns outros itens com recursos financeiros da empresa para si mesmo. Investigações posteriores apuraram que ele e dois executivos da mesma empresa ganharam ilicitamente quase 600 milhões de dólares (SILVEIRA, 2021).

Em 21 de julho de 2002, a **WorldCom**, segunda maior empresa dos EUA e responsável pela metade do tráfego de internet no país e e-mails do mundo, declarou o maior pedido de proteção contra falência da história, após ter revelado que contabilizou indevidamente US$ 7,68 bilhões em seus balanços. Em 2004, durante o processo de auditoria, a empresa reconheceu a fraude e decretou falência. Bernie Ebbers, presidente da empresa, foi processado na justiça e absolvido após recorrer da sentença. Scott Sullivan, diretor financeiro, confessou e foi preso (SILVEIRA, 2021).

E no Brasil, como estão as questões sociais, legais e éticas em sistemas de informação?

Em junho de 2005, a direção da **Schincariol**, segunda maior cervejaria brasileira, foi presa e autuada por sonegação fiscal, evasão de divisas, lavagem de dinheiro, corrupção de funcionários públicos e formação de quadrilha, sendo expedidos 77 mandados de prisão. A investigação da Polícia Federal identificou empresas de fachada que emitiam notas fiscais frias, pagamento de propinas para fiscais da Receita Federal, emissão de notas fiscais com ICMS menor que o real, uso repetido da mesma nota fiscal, vendas subfaturadas ou sem emissão da nota fiscal, exportações fictícias e importações com declaração falsa de conteúdo (COSTA; FERNANDES, 2012).

Outro exemplo foi a crise na **Daslu**, a loja mais luxuosa do Brasil com foco na classe AA+, que começou em julho de 2005 com a operação Narciso da Polícia Federal e da Receita Federal. A Daslu foi acusada de formação de quadrilha, fraude em importações e falsidade ideológica. Em dezembro de 2005, a Receita Federal apreendeu R$ 1,7 milhão em bolsas das marcas Chanel e Gucci importadas pela Colômbia. Etiquetas da *trading* estavam sobrepostas às da Daslu no contêiner fiscalizado pela Receita Federal. Dessa forma, a Daslu não recolhia o Imposto sobre Produtos Industrializados (IPI) de 10% sobre o valor da venda do produto, o que chega a R$ 330 mil de sonegação de impostos (COSTA; FERNANDES, 2012).

Em agosto de 2011, o Banco Central, o Ministério Público Federal e a Polícia Federal investigaram o **banco Schahin**, e os resultados apontaram um rombo de 1,1 bilhão de reais, em virtude de fraudes e outras irregularidades semelhantes à do Banco Cruzeiro do Sul. O banco também adulterava suas informações contábeis, inflando os balanços com créditos duvidosos para fingir um balanço financeiro saudável e concedia empréstimos às empresas do Grupo Schahin, o que é proibido por lei (COSTA; FERNANDES, 2012).

4.1.2. Questões sociais, legais e éticas organizacionais

O que os casos citados anteriormente têm em comum? **Questões sociais, legais e éticas** têm permeado o mundo dos negócios há muito tempo. A adoção de práticas ilícitas de gestão e manipulação financeira coloca a empresa em risco, causando um grande impacto ético, legal e social: trabalhadores perdem seus empregos, acionistas perdem os seus investimentos, crise financeira e econômica etc. (SROUR, 2008)

A palavra **ética** origina-se do grego *ethos*, que significa caráter distintivo, costumes, hábitos e valores de uma determinada coletividade ou pessoa. No latim, foi traduzido por *mos* – ou *mores* no plural –, que significa um conjunto de costumes ou normas adquiridas por hábito (SÊMOLA, 2003).

Várias correntes explicam a **ética empresarial**:

Teoria das partes interessadas. Os gerentes são agentes das partes interessadas (*stakeholders*) e sua responsabilidade ética é aumentar os lucros dos negócios obedecendo às leis vigentes, sem fraudes, e administrar a empresa em benefício de todas as partes interessadas, tais como: investidores, clientes, colaboradores, fornecedores, sociedade, concorrentes, agências governamentais, grupos de interesses, entre outros (SILVEIRA, 2015).

Teoria do contrato social. Propõe a responsabilidade ética com todos os membros da sociedade, e a existência da empresa deverá ser baseada em um contrato previamente definido e aceito por todos.

As empresas têm a responsabilidade de promover o uso ético da tecnologia da informação em seu local de trabalho, conhecido como:

Tripé da sustentabilidade ou ***triple bottom line*** (*people, planet, profit)*. Este conceito corresponde aos resultados de uma organização medidos em termos sociais, ambientais e econômicos e apresentados nos relatórios corporativos das empresas comprometidas com o desenvolvimento sustentável (FERRELL; FERRELL, 2010).

As três dimensões do tripé da sustentabilidade são:

1. **Dimensão econômica.** Vendas, lucros, retorno sobre investimento, impostos, satisfação e retenção do cliente, geração de emprego, satisfação e retenção dos colaboradores.
2. **Dimensão ambiental.** Uso de recursos e energia, programas de gestão de resíduos, qualidade do ar e da água, integridade da cadeia de fornecedores, respeito aos padrões ambientais, tais como ISO 14000 etc.
3. **Dimensão social.** Práticas trabalhistas, respeito aos direitos humanos, impactos na comunidade, responsabilidade pelos produtos e serviços.

A Figura 4.1 retrata o relacionamento dessas dimensões.

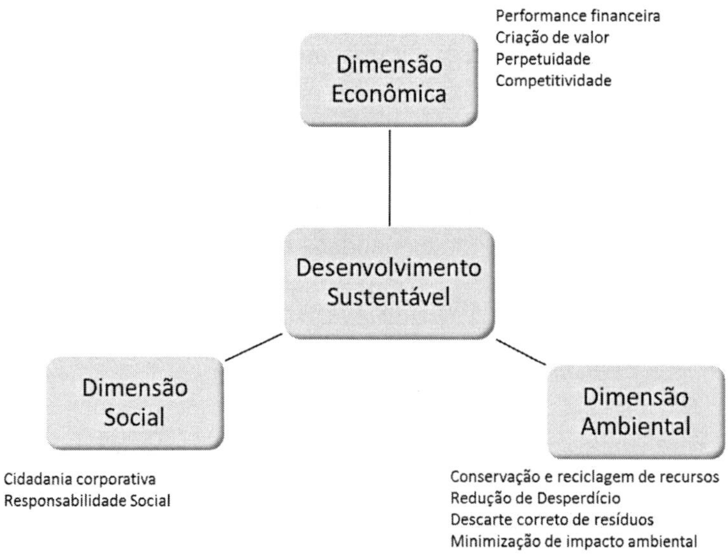

Figura 4.1 – Visão do *triple bottom line*.
Fonte: adaptado de Ferrell; Ferrell (2010).

Uma organização ética sabe o que é certo ou errado, de acordo com os princípios e valores da empresa e da sociedade, além do gerenciamento de riscos, que protege a empresa das crises e colabora para o seu sucesso financeiro. Por exemplo: a área de marketing deverá elaborar estratégias de vendas e divulgar anúncios publicitários honestos e confiáveis. Profissionais da área de contabilidade deverão fornecer informações contábeis lícitas. Sem uma correta identificação de riscos, liderança e apoio à conduta ética pela organização, a ilegalidade na conduta dos processos de negócios pode permear toda a empresa, comprometendo o seu futuro.

Ética empresarial
Exerce um grande impacto nos fornecedores, acionistas, indivíduos, sociedade e no modelo de gestão da empresa nas suas decisões diárias ou na condução dos seus negócios em momentos de crise financeira. A adoção de uma **postura ética empresarial é a essência do sucesso sustentável e da longevidade da empresa**. Temas como o **papel e a responsabilidade** dos dirigentes, executivos e funcionários e o **impacto de suas decisões e ações no meio ambiente e da sociedade determinam o futuro das empresas** (PARODI, 2008).

A implantação e a execução de uma postura ética consistente na organização trazem vantagens comerciais tangíveis, sobretudo na redução de riscos, na melhoria do desempenho organizacional e na ampliação de perspectivas no mercado, entre os quais: maior envolvimento dos colaboradores, satisfação dos clientes, investimentos dos acionistas e maiores lucros. Funcionários que trabalham em um ambiente ético tendem a ser mais satisfeitos, superam expectativas de desempenho, reagem às mudanças do mercado e dedicam-se com maior afinco aos clientes, pois estão concentrados na criação de relacionamentos de longo prazo, o que eleva a satisfação do consumidor e incentiva novos contratos com a empresa. A presença da ética promove a confiança, melhorando a qualidade do relacionamento. Os integrantes de uma equipe confiam mais uns nos outros, o que permite uma tomada de decisão com maior eficácia e eficiência.

A ética empresarial difere da ética pessoal. Valores pessoais como honestidade, justiça, equidade, bom senso e transparência são importantes na tomada de decisões éticas no trabalho, mas são apenas um dos elementos que norteiam as ações estratégicas organizacionais. As decisões da empresa envolvem complexas deliberações de ordem social, legal, econômica, tecnológica, política e cultural para compreender os riscos e comportamentos de um setor econômico. Empresas que agem de forma correta têm um código ético com princípios e valores que orientam e regem a conduta das pessoas por meio da sua missão, visão e modelo de negócio.

No atual contexto organizacional, a adoção de padrões éticos e a criação de um relacionamento positivo da empresa com a comunidade constituem uma parte central do sucesso da longevidade da empresa. As responsabilidades das empresas podem ser vistas na Figura 4.2.

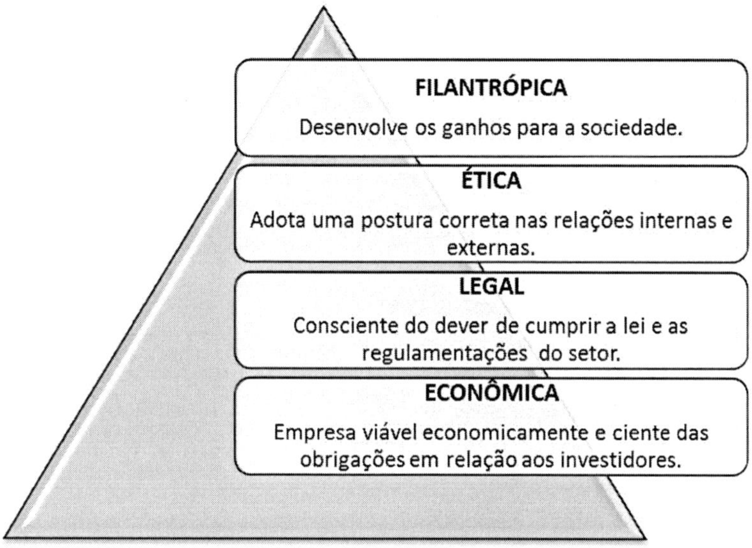

Figura 4.2 – Responsabilidade social das empresas.
Fonte: adaptado de Ferrell; Ferrell (2010).

- **Econômica.** Compreende responsabilidades e contribuições econômicas. Isso significa que uma empresa precisa gerar lucro aos acionistas e proprietários, impulsionando a economia.
- **Legal.** As empresas devem adotar e respeitar a legislação vigente que rege o seu negócio.
- **Ética.** Não é apenas o cumprimento das leis vigentes, mas o que a empresa e a sociedade julgam o que é certo ou errado, justo ou injusto em seus modelos e processos de negócios e o impacto que suas ações podem causar aos acionistas, proprietários, funcionários, fornecedores e clientes.
- **Filantrópica.** As empresas têm como responsabilidade melhorar a comunidade e o bem-estar geral. As pessoas e comunidade esperam que as organizações dediquem algum tempo e esforço às causas filantrópicas, melhorando a vida das pessoas, apoiando causas sociais, minimizando o impacto do desemprego, entre tantas outras ações.

Outro fator a ser considerado é a **ética digital**. Com o advento das novas tecnologias, é necessário desenvolver a cidadania e ética digital por meio de educação, cartilhas, *games*, vídeos, palestras, *workshops*, cursos, entre outros. A base dessa educação é reforçar questões como a segurança da informação e o comportamento ético no mundo real *versus* virtual. Isso significa preparar as pessoas, desde a tenra idade, para serem cidadãos globais e trabalhadores do conhecimento (PARODI, 2008).

Além disso, existem questões **éticas, legais e sociais nos sistemas de informação** (BALTZAN, 2012). Com o advento de sofisticadas ferramentas tecnológicas, há uma ameaça crescente à segurança nacional e mundial à medida que a espionagem cresce pela internet, passando de uma mera curiosidade para operações bem financiadas, articuladas e organizadas, a fim de obter vantagens financeiras, políticas, econômicas e técnicas. Outro ponto é a crescente ameaça aos serviços *on-line* e o aumento da sofisticação das técnicas de ataque na internet (CASTRO; ANDREOLLI; SOBRINHO, 2009).

Questões éticas, legais e sociais nos sistemas de informação (BALTZAN, 2012)

- **Ética.** Necessário definir políticas de acesso às informações para todos os colaboradores da empresa, evitando que informações sejam acessadas por pessoas não autorizadas.
- **Legal.** A não adoção das leis vigentes nos sistemas de informação pode trazer sonegação de impostos, manipulação dos dados nos sistemas de informação, entre tantos outros problemas.
- **Social.** Uma conduta antiética nos negócios, como manipulação de números e das informações, causa prejuízo financeiro, desemprego, perda de credibilidade e problemas sociais.

Enfim, as empresas precisam reger os seus modelos de negócios com base em princípios e valores éticos, legais e sociais, a fim de garantir a sustentabilidade e longevidade da empresa. Nesse contexto, o papel da TI é extremamente importante, pois é a base de controle, agilidade e segurança dos processos de negócios. Com o apoio da TI e com as ações éticas empresariais, a organização evita fraudes, mostra credibilidade no mercado e aumenta a segurança nos sistemas de informação.

4.2. Tipos de ameaças nas empresas

4.2.1. Fraudes

Desde os tempos mais remotos da humanidade, golpistas colocam em prática esquemas, fraudes e armadilhas para enganar e roubar o próximo a fim de obter vantagem (financeira ou não). Por exemplo: antigos egípcios vendiam falsos gatos e outros animais sagrados embalsamados para suas cerimônias fúnebres, fraudando ricos e nobres. Esses animais somente tinham gravetos, algodão ou pedaços de ossos de outros animais. Já na Idade Média (séculos V e XV), as fraudes mais comuns eram adulterar pesos e medidas de alimentos e bebidas. Esses exemplos mostram que a ocorrência de fraudes é muito antiga. No decorrer dos séculos, os golpes evoluíram de forma criativa e se tornaram, em alguns casos, complexos. No mundo contemporâneo, os fraudadores atuais são bem informados, flexíveis e utilizam sofisticadas ferramentas tecnológicas. Com a globalização, as fraudes também se globalizaram. Os mesmos esquemas de golpe podem ser replicados em vários países do mundo, com poucas adaptações (PARODI, 2008).

Assim sendo, **fraude** é:

> **Fraude**
> qualquer ato ardiloso, enganoso, de má-fé, com intuito de lesar ou ludibriar outrem, ou de não cumprir determinado dever; logro (FERREIRA, 2010).

Os motivadores da fraude são:

- **Motivação de golpistas.** Carências de alternativas econômicas, sociais, políticas para determinadas classes sociais, ineficiência de leis, pouca fiscalização e desemprego.
- **Vítimas vulneráveis.** Desconhecimento sobre segurança da informação.
- **Ausência de regras ou órgãos controladores eficazes.** Problemas oriundos de fraudes tratados como não prioritários, despreparo das autoridades competentes, inexistência ou ineficiência de leis de combate à fraude.

A fraude pode ocorrer de três maneiras (PARODI, 2008):

- **Fraudes *advance fee*.** Com alguma desculpa, o fraudador pede algum sinal adiantado para algum objetivo para conseguir, em favor da vítima, um suposto benefício. O objetivo é ficar com o dinheiro e deixar a vítima na mão.
- **Fraudes *capital vanish*.** Com alguma desculpa, o fraudador toma posse ou controle direto ou indireto de um valor (normalmente em dinheiro) de propriedade da vítima, por meio da promessa de conseguir uma vantagem (juros elevados, lucro comercial elevado), e desaparece com esse valor.
- **Fraudes documentais.** Obter informações da vítima seja por meio de contrato, cartas etc. Essa fraude é comumente utilizada quando a vítima é uma pessoa respeitada e conhecida ou uma empresa de porte e renome. As ferramentas utilizadas pelos golpistas são: engenharia social, falsificação de documentos, roubo ou criação de "identidades" (pessoas e empresas), marketing ativo, simulação de situações e fatos, representação "teatral", técnicas neurolinguís-

> ticas e de persuasão, técnicas de sedução, disfarce, mentira e sonegação de informações, ações legais de "contenção" ou "terrorismo", ameaças e medo, uso extensivo da internet para criar "referências" (COSTA; FERNANDES, 2012).

Alguns exemplos de fraudes são:

- **Fraudes financeiras e comerciais.** Sugestões via internet para investir em ações de empresas em crescimento.
- **Fraudes em operações ilícitas ou suspeitas.** Cartas da Nigéria.
- **Fraudes tecnológicas.** Sites falsos de bancos; sorteio vencedor na loteria federal; e-mails com vírus.
- **Fraudes no comércio.** Cartões de crédito falsos; cartões de crédito roubados ou clonados; dinheiro falso; identidade falsa; fraudes com cheques.
- **Fraudes em operações imobiliárias.** O adiantamento ou sinal ao "corretor"; locação com documentos falsos.
- **Pequenos golpes populares.** Empréstimo com depósito em conta corrente; consórcios sorteados; solicitação de senha por telefone.
- **Fraudes em sistemas.** Fraudes em sistemas contábeis; fraudes em sistemas de informação.

A fraude aproveita a ingenuidade e vulnerabilidade de pessoas que, muitas vezes, estão em situações difíceis ou frágeis para extorqui-las ou enganá-las. Nesse contexto, é necessária a divulgação de políticas de combate à fraude, seja por meio de leis, ações de entidades governamentais ou não governamentais, políticas de segurança, programas de conscientização, entre tantas outras ações. Essas ações são muito mais complexas, críticas e sofisticadas à medida que a sociedade global e suas relações também forem mais complexas, o que pode comprometer o futuro das empresas e lesar a sociedade.

4.2.2. *Hacking*

O avanço tecnológico proporcionou uma agilidade muito grande no cotidiano das pessoas e das organizações, tais como compras *on-line* em sites de comércio eletrônico, acesso a serviços financeiros pelo *internet banking*, serviços ao e-cidadão (governo eletrônico), busca de emprego, Educação à Distância (EaD), *e-learning* e acesso a informações do mundo inteiro etc. Por conta desse avanço, a segurança da informação é um dos fatores de maior preocupação da sociedade e de governos no uso dessas tecnologias. Ao se conectar a um computador na internet, uma pessoa mal-intencionada com conhecimento das técnicas de *hacker* pode ter acesso a informações sigilosas ou promover um ataque cibernético a qualquer pessoa ou organização ao redor do mundo (LEVY, 2010; WENDT; JORGE, 2012).

> ***Hacking***
> "uso obsessivo de computadores ou acesso e uso não autorizados de sistemas de computadores de redes" (MITNICK, 2005).

Os motivos que levam à prática do *hacking* são:

a) **Insatisfação de funcionários com a empresa em que trabalham.** A maior parte das invasões ocorre ou é planejada na própria empresa ou entre empresas, que contratam *crackers* para praticar espionagem.
b) **Busca pela fama.** O invasor não visa lucro a curto prazo, porém ele pode ser considerado um *expert* e ser contratado, posteriormente, por grandes empresas de segurança ou ter sua própria empresa. Ele busca respeito na comunidade de *hackers*.
c) **Ganhar dinheiro.** Este trabalho pode ser de um *hacker white hat* ou *cracker black hat*. O *hacker white hat* utiliza seu conhecimento em invasão para proteger os sistemas das empresas que o contratam. O *hacker black hat* usa seu conhecimento para chantagear ou espionar sistemas das empresas.

Os tipos de *hackers* são (CERT.BR, 2012; COSTA; FERNANDES, 2012):

- ***White hat* (chapéu branco).** Este *hacker* tem como princípio que todo o sistema de informação possui falhas e sua função é encontrá-la, porém respeitando os princípios da ética *hacker*. Quando a falha é encontrada, este *hacker* comunica o problema aos responsáveis pelo sistema para as devidas providências. Muitos *hackers white hat* desenvolvem suas pesquisas como professores de universidade ou empregados de empresas de informática. São *hackers* bem-intencionados e não buscam acesso a informações privilegiadas para fins ilícitos.
- ***Black hat* (chapéu preto).** É um *hacker* que não respeita a ética *hacker* e usa seu conhecimento para fins criminosos (extorsão ou chantagem financeira) ou maliciosos; ou seja, um *cracker* (*to crack* – quebrar códigos de segurança).
- ***Gray hat* (chapéu cinza).** É um *hacker* intermediário entre *white* e *black*. Por exemplo: um *hacker* que invade sistemas por diversão, mas não causa danos sérios e não copia dados confidenciais.
- ***Hacktivists*.** *Hackers* que agem por motivos ideológicos. O representante mais famoso é o *Anonymous*, que age para proteger as liberdades individuais e civis

dos internautas. Os *hacktivists* são os principais responsáveis por quedas de sites de governos, órgãos e empresas multinacionais.

- ***Phreakers.*** São especializados em telefonia. Utilizam programas e equipamentos para fazer ligações de forma gratuita. O primeiro *phreaker* foi John Draper, conhecido como *Captain Crunch*. Ele descobriu que o som do apito da caixa de cereais matinais da marca *Captain Crunch* produzia a mesma frequência de 2.600 Hz dos orelhões da AT&T, o que o permitia fazer ligações gratuitas para qualquer lugar do mundo.
- ***Newbie* (novato).** É o termo usado para designar um *hacker* principiante.
- ***Lammers.*** Considera-se *hacker*, porém é pouco competente e usa ferramentas desenvolvidas por outros *crackers* para demonstrar sua suposta capacidade ou poder.
- ***Wannabes* ou *script-kiddies.*** Sabem um pouco mais do que um *lammer*, porém ainda não possuem o conhecimento necessário sobre invasão de computadores. Os *wannabes* são aqueles que acham que sabem tudo, dizem para todos que sabem e se promovem ou divulgam abertamente suas "façanhas". Os *wannabes* atacam sem uma razão ou objetivo, apenas para testar ou treinar suas descobertas. Aproveitam-se das ferramentas encontradas na internet, como *scripts* e *exploits* já conhecidos.
- ***Carder.*** É um especialista e *expert* em fraudes com cartões de crédito. O *carder* conhece os meios de invasão de computadores para obter listas de cartões válidos nos sites de comércio eletrônico, roubar e clonar cartões verdadeiros.
- ***War drivers.*** Um tipo recente de *cracker*. Sabem como invadir as vulnerabilidades das redes sem fio – ou redes *wireless*. Um exemplo são os *war drivers* europeus que criaram o *war chalking*, que consiste em desenhar símbolos no chão com giz para indicar a melhor posição de conexão para outros *war drivers*.
- **Funcionários.** São funcionários insatisfeitos que utilizam o conhecimento adquirido na empresa para obter dados do sistema, copiar informações do seu interesse ou instalar jogos na rede, que podem comprometer a segurança do sistema, pois não se preocupam em utilizar softwares antivírus. Utilizam *trojans*, *scanners* e *sniffers* para obter as informações que lhes interessam.

Anonymous: um dos grupos de _hacktivists_ mais famosos no Brasil

O *Anonymous*, "anônimo" em inglês, é formado por piratas de computador. Seu símbolo é uma máscara representada por um rebelde inglês do século XVII que queria explodir o parlamento inglês com o rei. O lorde virou símbolo de resistência ao poder, por isso é usado como símbolo pelos *hackers*. Seu objetivo é atacar sites, empresas e governos para se "vingar" de algo que consideram errado.

Em meados de 2003, foi criado o grupo *Anonymous*. Seu objetivo é proporcionar entretenimento, ciberativismo e vigilantismo na internet. Em 2008, o grupo ganhou notoriedade por se associar ao hacktivismo, engajando-se em protestos para promover a liberdade de expressão e conteúdo *on-line*. O grupo *Anonymous* é formado por usuários de fóruns de discussões, como o *Internet Relay Chat* (IRC).

Exemplo: campanhas #OpPedoChat e #OpDarkNet 2012
O grupo *Anonymous* tem a intenção de mitigar – ou mesmo erradicar – a pedofilia da internet. Para tanto, lançou duas megaoperações de busca aos pedófilos. Foram lançadas as campanhas #OpPedoChat e #OpDarkNet e diversos sites utilizados para tais fins saíram do ar. O grupo também divulgou nomes e perfis de supostos pedófilos que circulavam pela internet.

Fonte: Adami (s.d.); Barros; Vicentin (2021)

4.2.3. Ameaças virtuais

Malware é uma palavra proveniente do inglês que significa ***Malicious software***. É um programa malicioso que se infiltra em um sistema de computador de forma ilícita, acessa dados armazenados e executa ações em nome dos usuários, conforme suas permissões. Os *malwares* podem infectar ou comprometer um computador de diversas formas, entre elas: exploração de vulnerabilidades nos programas instalados; autoexecução de mídias removíveis infectadas, como *pen drives*; acesso a páginas web maliciosas utilizando navegadores vulneráveis; ação direta de *hackers* que, após invadirem o computador, incluem arquivos com códigos maliciosos; execução de arquivos infectados obtidos por meio de anexos de e-mails, mídias removíveis, páginas web ou outros computadores.

Os *hackers* desenvolvem e propagam os *malwares* com vistas a obter vantagens financeiras, coletar informações confidenciais e se promover. Muitas vezes, os *malwares* são usados como intermediários e possibilitam a prática de golpes eletrônicos, realização de ataques e a disseminação de *spam* (CERT.BR, 2012).

Os principais tipos de *malwares* são (CERT.BR, 2012): vírus, *worm, bot, botnet, spyware, backdoor*, cavalo de troia, *rootkit, defacement, hijacker, hoax, sniffer* e *phishing scam*. Os *malwares* roubam informações particulares, clonam computadores, instalam e propagam vírus, entre tantas outras ações que comprometem a privacidade das pessoas, das organizações e da própria sociedade.

Como a sociedade é cada vez mais digital, é necessário criar mecanismos para orientá--la no uso e na conduta do mundo virtual de forma ética. Para tanto, a educação digital deverá ser incentivada desde tenra idade, com apoio da escola, da sociedade e dos governos, com políticas para incentivar o uso da tecnologia de forma ética e legal, sem danos pessoais e profissionais.

4.2.4. Engenharia social

Engenharia social é um termo utilizado para descrever um método de ataque no qual alguém faz uso da persuasão, muitas vezes abusando da ingenuidade ou confiança do usuário, para obter informações que podem ser utilizadas para ter acesso não autorizado a computadores ou informações.

A engenharia social é aplicada em diversos setores da segurança da informação e independentemente de sistemas computacionais, software e/ou plataforma utilizada. O elemento mais vulnerável de qualquer sistema de segurança da informação é o **ser humano**, que o torna suscetível a ataques de engenharia social.

> **Engenharia social**
> "Conjunto de métodos e técnicas que tem como objetivo obter informações sigilosas e importantes através da exploração da confiança das pessoas, de técnicas investigativas e psicológicas, de enganação etc." (PARODI, 2008)

Os golpes dessa natureza podem ser feitos por telefone, e-mail ou pessoalmente. Existem dois tipos de ataques de engenharia social: ataque direto e ataque indireto (PARODI, 2008).

- **Ataque direto.** O estelionatário contata diretamente a vítima por e-mail, telefone ou pessoalmente. O estelionatário sabe exatamente quem, como e por que atacar a vítima. Vejamos um exemplo.

> **Ataque direto: como conseguir dados do cliente**
> (E.: Estelionatário V.: Vítima)
> E. – Bom dia, sou o sr. Fulano, gerente de relacionamento do banco XYZ. Falo com o sr. Sicrano, titular da conta corrente 11111-1? (o golpista pode ter obtido o número da conta corrente através de fila de banco, papéis jogados em cesta de lixo, extratos, saldos de conta corrente, suborno etc.)

V. – Sim, eu mesmo...

E. – Sr. Sicrano, por razões de sigilo e segurança, essa ligação será gravada. Estamos em uma campanha para recadastro dos dados de nossos clientes no novo sistema de atendimento ao consumidor do banco XYZ. Gostaria de confirmar se os seus dados estão corretos. O senhor nasceu em 05/05/1955, mora na Rua dos Montes, 555, telefone (11) 1234-5678, CPF 987.654.321-00 e RG 12345678? (esses dados podem ter sido obtidos por diversas fontes externas pelo estelionatário). O sr. confirma esses dados?

V. – *Sim, confirmo. Minhas informações estão corretas.* (a vítima ouviu todos os dados corretos, portanto tem certeza de que está conversando com o gerente do banco XYZ).

E. – Por gentileza, o sr. poderia confirmar o número do seu cartão de crédito?

V. – Sim, lógico. O número é 2468024680-00.

E. – Muito obrigado. Todos os seus dados foram atualizados no novo sistema do banco. Por favor, para concluirmos o processo de atualização, essa ligação será transferida para a central de atendimento ao cliente, que solicitará a digitação da senha do seu cartão de débito no seu aparelho de telefone para confirmação. O banco XYZ agradece a preferência e muito obrigado.

V. – *De nada. Muito obrigado por entrar em contato* (a ligação é transferida, o sistema solicita a digitação da senha do cartão de débito e a senha de acesso ao *internet banking*).

Fonte: adaptado de Parodi (2008)

Ou seja, a vítima confirmou seus dados a um golpista extremamente hábil, usando técnicas de engenharia social. O golpista poderá ainda usar as informações para criar documentos falsos e aplicar golpes, sujando o nome da vítima. Portanto, é necessário adotar algumas práticas de segurança básicas, tais como: destruir papéis jogados no lixo que possuam informações pessoais, prestar atenção no comportamento de funcionários de lojas ou outras empresas que solicitem seus dados, bloquear eventuais visitas ou acesso de pessoas estranhas ou não autorizadas em seu local de trabalho ou em sua casa etc.

- **Ataque indireto.** São ataques sem alvo ou vítima definida. Um exemplo é um trecho adaptado do livro de Mitnick, "A Arte de Enganar" (2005).

Ataque indireto: procurando a próxima vítima

Você está no elevador quando, de repente, um *pen drive* cai no chão. Você olha e vê que tem o logotipo de uma grande empresa. Você, curioso para olhar as informações, pega o *pen drive* e o leva para sua casa. Ao colocá-lo no computador e clicar na planilha Excel contendo os dados do histórico salarial e bônus, aparece a seguinte frase: "ocorreu um erro ao tentar abrir o arquivo X".

Você não sabe, porém um *backdoor* ou um *keylogger* foi instalado na sua máquina. Você, por medida de segurança, entrega o *pen drive* diretamente para o responsável na empresa. Ao devolvê-lo, a área responsável também abrirá o *pen drive* e dará a mesma mensagem. Agora o *hacker* tem acesso a dois computadores...

Fonte: Mitnick (2005)

É importante frisar que é necessário sempre tomar algumas precauções de segurança, independentemente de qual ataque esteja ocorrendo. Desconfie de tudo o que é fácil ou bom demais ou de qualquer atitude suspeita, para que informações importantes não sejam disponibilizadas para *hackers* mal-intencionados que poderão fazer uso indevido delas, provocando muitos problemas às suas vítimas, sejam elas empresas ou indivíduos.

4.2.5. Ciberterrorismo

O ciberterrorismo é considerado um dos crimes mais perigosos da internet. Além de comprometer o funcionamento de sites governamentais, afeta também o funcionamento de aparelhos tecnológicos e da base de dados de uma organização federal.

Ciberterrorismo

Uso de computadores para ataques e invasão a computadores e suas redes para obter informações armazenadas de serviços essenciais ou infraestrutura, como telecomunicações, sistema bancário, fornecimento de água e energia elétrica, usinas nucleares, refinarias de petróleo etc. que impliquem em pânico, mortes, acidentes, contaminação ambiental ou perdas econômicas.

Um dos exemplos mais expressivos foi o ataque de 12 de maio de 2017 (ALMEIDA; CUNHA, 2017). O mundo sofreu um ciberataque de grandes proporções que causou muitos transtornos. No Reino Unido, o Serviço Nacional de Saúde foi afetado, o que provocou grande prejuízo ao seu adequado funcionamento. Na Rússia, os computadores do Ministério do Interior e os sistemas de estação ferroviária e de instituição bancária foram atingidos e pararam. Na França, a Renault suspendeu a produção de automóveis por medida de segurança. Na Alemanha, a rede ferroviária parou. Por fim, no Brasil, na cidade do Rio de Janeiro, o Instituto Nacional do Seguro Social (INSS) e a Petrobras interromperam suas atividades como medida de segurança. Em São Paulo, o Tribunal de Justiça e o Ministério Público retiraram os seus sites do ar e desligaram preventivamente os equipamentos de informática.

4.2.6. Ciberespionagem

Na sociedade atual, o ciberespaço é de suma importância na estrutura da sociedade global. Organizações, indivíduos e sociedade interagem no espaço virtual de forma tão intensa e dependente que a segurança da informação se torna um fator primordial. A segurança do ciberespaço deve garantir a proteção da identidade digital de cidadãos, empresas e dos estados; os conteúdos e serviços de todas as transações eletrônicas; a privacidade de pessoas, famílias e empresas; a autenticidade das transações no comércio eletrônico e o combate a todas as formas de ciberespionagem, cibercrime, ciberterrorismo ou outros ataques e ameaças à segurança.

Ciberespionagem

Prática de obter informações secretas ou confidenciais sobre governos, organizações ou indivíduos sem autorização destes, para alcançar vantagem militar, política, econômica, tecnológica ou social através das redes de computadores. Esta prática ocorre por meio de uma ação de um grupo governamental ou empresarial (BARROS; VICENTIN, 2021).

Por exemplo: durante o ano de 2018, os Estados Unidos acusaram a China de ciberespionagem. Segundo o governo norte-americano, em 2006 foi criado um grupo *hacker* de ciberespionagem denominado *Advanced Persistent Threat 10* (APT10) para defender interesses do governo chinês. Eles atingiram órgãos do governo e companhias de países como Estados Unidos, Japão e potências europeias. Os EUA acusam a China, em um processo legal contra os *hackers* chineses, pois estes teriam participado de invasões e roubo de dados de, pelo menos, 45 empresas e organizações governamentais, dentre elas NASA, HP, IBM e órgãos do próprio governo americano. As acusações formais são de invasão de computadores, conspiração de fraude eletrônica e roubo de identidade (TACIO, 2018).

4.2.7. Uso da internet no local de trabalho

O monitoramento e o controle do uso da **internet** no local de trabalho são de suma importância para as organizações. Como as pessoas passam mais tempo no ambiente de trabalho do que em seus lares, elas podem utilizar os equipamentos da empresa para fins pessoais em detrimento do seu trabalho na empresa. O empregador oferece recursos necessários para o desenvolvimento do trabalho do colaborador, tais como softwares, computadores, aparelhos de telefones, acesso à internet, entre outros. O colaborador recebe esses recursos para execução do seu trabalho na empresa, porém alguns os utilizam para fins pessoais, como o acesso a conteúdo não relacionado ao seu trabalho: filmes, fofocas, notícias, música, vídeos, envio de e-mails (CASTRO; ANDREOLLI; SOBRINHO, 2009). Outros ainda podem utilizar esses recursos e cometer delitos como: assédio digital e pedofilia, concorrência desleal, *download* de softwares e arquivos não autorizados ou não homologados, fraudes eletrônicas, ofensa à honra e à reputação, plágio, quebra de sigilo profissional por e-mail ou na internet, responsabilidade civil por mau uso da ferramenta de trabalho, furto de dados, uso indevido de senha por colaborador, uso não autorizado da marca na internet, uso não autorizado de imagens e vazamento de informações confidenciais, entre outros.

Esses delitos ocorrem porque o colaborador acredita que suas ações jamais serão descobertas pela empresa. Assim sendo, faz-se necessário que as empresas implantem e divulguem uma **Política de Segurança da Informação.**

Política de Segurança da Informação

Fornece os subsídios necessários à "implementação de um conjunto de controle adequado, incluindo políticas, processos, procedimentos, estruturas organizacionais e funções de software e hardware. Esses controles precisam ser estabelecidos, implementados, monitorados, analisados criticamente e melhorados onde necessário, para garantir que os objetivos de negócios e de segurança da informação sejam atendidos" (PINHEIRO, 2018).

4.2.8. Pirataria de software

No Brasil, pirataria de software é considerada crime pela Lei nº 9.609/98, que estabelece violação de direitos autorais de programas de computador, com pena de detenção de 6 meses a 4 anos e multa, além de ser passível de ação cível indenizatória.

Pirataria de software
Prática de reproduzir ilegalmente um programa de computador, sem a autorização expressa do titular da obra e sem a sua licença de uso (ORRICO JR, 2004).

Os tipos de pirataria de software mais comuns são (ORRICO JR. 2004):

- A **pirataria do usuário final** está relacionada a usuários que possuem cópias do software sem a sua licença para uso. Isso inclui cópia e distribuição informal sem licença original para uso das pessoas ou empresas.
- A **pirataria do software pré-instalado** é quando um fabricante de computador utiliza uma cópia de software para instalá-lo em mais de um computador, porém este computador não possui o selo de Certificado de Autenticidade *Certificate of Authenticity* (COA), que identifica que o software instalado é original.
- A **pirataria pela internet** é o uso de cópias não autorizadas instaladas no computador, via internet, sem a autorização do proprietário.
- A **falsificação do software** refere-se a cópias ilegais de software distribuídas em embalagens falsificadas, imitando a embalagem original do software do fabricante. Estes pacotes de software normalmente incluem cartões de registro falsificados, com números de série não autorizados.
- A **pirataria por meio de leilões *on-line*** pode ocorrer por meio de revendas de produtos de software que violam os termos originais da venda ou a venda de produtos de distribuidores *on-line* com ofertas especiais. Esses argumentos são utilizados para iludir os consumidores, fazendo-os acreditar que estão recebendo produtos originais com desconto.

4.2.9. Pirataria de propriedade intelectual

As empresas de tecnologia têm um grande desafio no combate à pirataria nos sistemas de informação, pois esses sistemas podem ser copiados ou distribuídos pelas redes de computador de forma fácil, ágil e até sem controle.

A definição de **propriedade intelectual** (ABPI, 2021), segundo o artigo 2º da Convenção de Estocolmo de 1967, que estabeleceu a Organização Mundial da Propriedade Intelectual (OMPI) e foi alterada em 1979, é:

Propriedade intelectual

A expressão "propriedade intelectual" abrange os direitos relativos às invenções em todos os campos da atividade humana, às descobertas científicas, aos desenhos e modelos industriais, às marcas industriais, de comércio e de serviço, aos nomes e denominações comerciais, à proteção contra a concorrência desleal, às obras literárias, artísticas e científicas, às interpretações dos artistas intérpretes, às execuções dos artistas executantes, aos fonogramas e às emissões de radiodifusão, bem como os demais direitos relativos à atividade intelectual no campo industrial, científico, literário e artístico.

Fonte: ABPI (2021)

A propriedade intelectual possui três variedades de proteção:

- **Segredo comercial** é qualquer produto do trabalho intelectual, fórmula, dispositivo, compilação de dados, entre outros, de domínio privado e classificado como um segredo comercial, desde que não haja informações de domínio público. A lei do segredo comercial protege as ideias do autor. Por outro lado, funcionários e clientes que estão sob contrato dessas ideias devem assinar um termo de confidencialidade que proíbe divulgação das informações ao mercado.
- **Direito autoral** é uma concessão regida por lei que protege os autores da propriedade intelectual contra a cópia de seu trabalho por outras pessoas para qualquer finalidade. Segundo a Lei brasileira nº 9.610, de 19 de fevereiro de 1998, a obra literária entra em domínio público setenta anos após o ano subsequente ao falecimento do autor, sendo que os sucessores do autor da obra perdem os direitos autorais adquiridos.
- **Patente** é uma concessão pública conferida pelo estado que garante exclusividade ao seu autor para explorar comercialmente a sua criação, porém somente é disponibilizado conhecimento dos pontos importantes ao domínio público. Os direitos exclusivos garantidos pela patente referem-se ao direito de prevenção de outras pessoas de fabricar, usar, vender, oferecer ou importar a invenção do autor.

As tecnologias atuais de informação, sobretudo o software, propõem um grande desafio sobre a propriedade intelectual, criando significativas questões éticas, sociais e legais. O meio digital é diferente do mundo físico pela facilidade de duplicação, transmissão e alteração, o que facilita o roubo, o furto e as fraudes informatizadas. Com a proliferação da internet, proteger a propriedade intelectual tornou-se um grande desafio. Antigamente, as cópias de software, livros, artigos de revista ou filmes eram armazenadas em meios físicos, como papel, discos de computador ou fitas de vídeo, o que dificultava sua distribuição. Com o advento das redes eletrônicas, a informação pode ser reproduzida e distribuída amplamente e rapidamente, e às vezes até sem controle. Por exemplo, com o uso da internet, é possível copiar e distribuir qualquer material digital, seja e-book, e-mails, arquivos PDF, Word, Excel, PowerPoint, entre outros, utilizando diferentes sistemas de informação de forma lícita ou ilícita e distribuindo para outros sistemas e redes, mesmo que as pessoas não participem de forma voluntária da infração.

Além disso, outro desafio consiste na propriedade intelectual referente a informações obtidas na web. Isso significa que páginas web podem ser elaboradas com partes de textos gráficos, som, texto ou vídeo de diversas fontes. Cada parte pode pertencer a um autor diferente, o que cria complicadas questões de ordem ética, social e legal no gerenciamento da propriedade intelectual.

Uma das principais **questões éticas** relacionadas à proteção de propriedade intelectual de softwares, livros digitais, música digital ou vídeo digitalizado é avaliar a necessidade de proteger a propriedade intelectual desses itens, que podem ser copiados e distribuídos facilmente e rapidamente pela internet.

Na **questão social**, as leis da propriedade intelectual vigentes não estão adequadas e aderentes à nova realidade e ordem social. A *Business Software Alliance* (BSI) divulgou o "Estudo Global de Pirataria de Software BSA 2018", que revelou que o uso de softwares não licenciados, embora tenha tido uma leve queda em 2018, ainda é muito abrangente. O software não licenciado ainda está sendo usado em todo o mundo, respondendo por 37% dos softwares instalados em computadores pessoais (BSA, 2018).

Por fim, na **questão legal**, é necessária a criação de novas medidas de proteção da propriedade intelectual destinadas aos criadores de novos softwares, livros digitais e entretenimento digital. A Microsoft, por exemplo, divulga informações sobre como combater a pirataria de seus produtos em seu site, a fim de conscientizar as pessoas e esclarecer dúvidas (PARODI, 2008).

4.3. Leis de proteção de dados e o Marco Civil da Internet

4.3.1. Direito de privacidade

A TI permite coletar, armazenar, processar, integrar, trocar e recuperar dados e informações com rapidez, facilidade e eficiência. Entretanto, quando mal utilizados e mal legislados pela sociedade, esses benefícios podem ser transformados em malefícios ao direito de privacidade das pessoas.

Direito de privacidade

É o direito de uma pessoa e sua propriedade de não ser exposta à escrutinização ou exposição pública (FERRELL; FERRELL, 2010).

Por exemplo: o monitoramento pelas empresas de mensagens de e-mails dos funcionários; informações pessoais coletadas ao acessar um site na internet; ou informações de pessoas contidas em bancos de dados de agências do governo.

E-mails ou redes sociais são meios abertos, inseguros e não possuem regras rígidas sobre obter e coletar informações de usuários com ou sem a sua autorização. A internet é um alvo fácil para ataques de *hackers* que desejam obter informações e utilizá-las de forma ilícita. Diante desse cenário, faz-se necessário criar e adotar mecanismos de segurança e conduta para prevenir essas invasões de privacidade.

4.3.2. Lei Sarbanes-Oxley (2002)

A **Lei Sarbanes-Oxley**, também conhecida como Sarbanes-Oxley, Sarbox ou SOX, é uma lei federal norte-americana promulgada em 30 de julho de 2002. Foi uma iniciativa do senador Paul Sarbanes e do deputado Michael G. Oxley criada como uma resposta a diversos problemas de governança corporativa ocorridos em 2001-2002 em grandes empresas americanas, entre as quais Enron, WoldCom, Adelphia, Peregrine Systems e Tyco. Esses escândalos financeiros causaram grandes falências, enormes prejuízos aos *stakeholders* (acionistas, fornecedores, clientes etc.) e perda de emprego, o que abalou a confiança do público nos mercados de valores mobiliários do país. Os escândalos envolveram fraudes contábeis, negociação de ações por pessoas de posse de informações privilegiadas e empréstimos fraudulentos (SILVEIRA, 2015).

Lei Sarbanes-Oxley, apelidada de Sarbox ou SOX

Garantir a criação de mecanismos de auditoria e segurança confiáveis nas empresas, incluindo regras para a criação de comitês encarregados de supervisionar suas atividades e operações, de modo a mitigar riscos para os negócios, evitar a ocorrência de fraudes ou assegurar que haja meios de identificá-las, caso ocorram, e garantir a transparência na gestão das empresas.

Fonte: Gitman (2015)

A adoção da Lei SOX pelas organizações traz alguns benefícios, dentre os quais um maior aprimoramento dos controles internos das empresas e maior elevação nos preços das ações. Por outro lado, existe um alto custo de implantação e perda de competitividade em relação à bolsa de Londres em função da busca por mercados com obrigações mais tênues de governança (SILVEIRA, 2015).

Independentemente dos aspectos positivos ou negativos, a Lei SOX foi um marco muito grande na gestão das empresas, pois sua função primordial é proteger os investidores por meio do aprimoramento da precisão e confiabilidade das informações divulgadas pelas empresas.

4.3.3. Lei nº 12.797/2012 – Carolina Dieckmann

O aumento de crimes eletrônicos no Brasil e no mundo é devido a alguns fatores. O primeiro deles é o número crescente de usuários de internet e de acesso a meios eletrônicos como celulares, ATMs, *tablets, netbooks,* entre outros, sobretudo das classes C e D, que se tornam vítimas de pessoas mal-intencionadas por não terem uma cultura e conhecimento de segurança da informação. O segundo fator é consequência do primeiro, ou seja, quanto mais pessoas usam os meios digitais, mais pessoas mal-intencionadas surgem, o que permite um aumento crescente de número de incidentes e da falta de segurança. E, por último, a falta de conscientização sobre segurança de informação. Muitas pessoas emprestam suas senhas, deixam computadores abertos, entram em qualquer site ou acham que esse tipo de problema nunca irá ocorrer com elas (PINHEIRO, 2015).

Lei cibernética

Expressão usada para descrever leis que regularizam atividades via internet ou o uso de comunicações eletrônicas de dados. Essa lei engloba uma grande variedade de questões legais e políticas relacionadas à internet e outras tecnologias de comunicação que incluem propriedade, privacidade, liberdade de expressão e jurisdição (CGI.BR, 2013).

Um exemplo importante foi a aprovação da Lei nº 12.797/2012 no final do ano de 2012 pela presidente Dilma Rousseff (DILMA, 2012). Essa lei ficou nacionalmente conhecida como "Lei Carolina Dieckmann", após o vazamento de fotos íntimas da atriz pela internet. Essa lei traz inovações necessárias à sociedade e às organizações, levando-se em conta as constantes inovações e mudanças tecnológicas que o mundo vive atualmente. Essa lei dispõe sobre a tipificação criminal de delitos de informática, permitindo responsabilizar penalmente os infratores.

Legislar sobre esses temas não é fácil em um contexto socioeconômico, político, cultural e tecnológico de grandes e rápidas mudanças. O desafio da sociedade é adequar as leis vigentes ou criar leis que estejam adequadas a essas mudanças que vivemos atualmente.

4.3.4. Lei nº 12.965/2014 – Marco Civil da Internet

O Marco Civil da Internet é uma lei que visa orientar os direitos e deveres dos usuários, provedores de serviços e conteúdos e demais partes interessadas no uso da internet no Brasil. O Marco Civil da Internet é o nome popular da Lei nº 12.965, de 23 de abril de 2014, conhecida como "Constituição da internet" (CERT.BR, 2012).

Lei nº 12.965, de 23 de abril de 2014

Estabelece princípios, garantias, direitos e deveres para o uso da Internet no Brasil.

Art. 8º. A garantia do direito à privacidade e à liberdade de expressão nas comunicações é condição para o pleno exercício do direito de acesso à internet.

Fonte: Brasil (2014)

Esta lei é responsável por estabelecer princípios, garantias, direitos e deveres para o uso da internet no Brasil e determina as diretrizes para atuação da união, dos estados e dos municípios em relação à internet.

O Marco Civil da Internet é uma referência fundamental da governança no século XXI, para o Brasil e o mundo. Esta lei tem dez princípios desenvolvidos pelo Comitê Gestor da Internet (CGI) brasileiro, dando importantes direitos aos cidadãos *on-line* e *offline* (Quadro 4.1):

Quadro 4.1 – Dez princípios para a governança e uso da internet no Brasil. Fonte: adaptado de (CGI.BR, 2009)

Nro	Princípio	Descrição
1	Liberdade, privacidade e direitos humanos	Orientar o uso da internet pelos princípios de liberdade de expressão, de privacidade do indivíduo e de respeito aos direitos humanos, reconhecendo-os como fundamentais para a preservação de uma sociedade justa e democrática.
2	Governança democrática e colaborativa	Exercer a governança de forma transparente, multilateral e democrática, com a participação dos vários setores da sociedade, preservando e estimulando o seu caráter de criação coletiva.
3	Universalidade	Garantir o acesso universal à internet para proporcionar desenvolvimento social e humano, contribuindo para a construção de uma sociedade inclusiva e não discriminatória em benefício de todos.
4	Diversidade	Respeitar e preservar a diversidade cultural para estimular a sua expressão sem a imposição de crenças, costumes ou valores.
5	Inovação	Promover a contínua evolução e ampla difusão de novas tecnologias e modelos de uso e acesso.
6	Neutralidade da rede	Implementar filtragem ou privilégios de tráfego respeitando apenas critérios técnicos e éticos. Não admitir motivos políticos, comerciais, religiosos, culturais, ou qualquer outra forma de discriminação ou favorecimento.
7	Inimputabilidade da rede	Combater os ilícitos da rede a fim de atingir os responsáveis finais e não os meios de acesso e transporte, preservando os princípios maiores de defesa da liberdade, da privacidade e do respeito aos direitos humanos.
8	Funcionalidade, segurança e estabilidade	Preservar a estabilidade, segurança e funcionalidade globais da rede de forma ativa por meio de medidas técnicas compatíveis com os padrões internacionais e estímulo ao uso das boas práticas.
9	Padronização e interoperabilidade	Basear a internet em padrões abertos que permitam a interoperabilidade e a participação de todos em seu desenvolvimento.
10	Ambiente legal e regulatório	Preservar a dinâmica da internet como espaço de colaboração por meio do ambiente legal e regulatório.

A iniciativa e a proposição do Marco Civil da Internet tiveram uma grande repercussão nacional e internacional. O Brasil ocupou uma posição de destaque por sua organização de governança multissetorial e pela elaboração de um marco regulatório que definisse os princípios-chave da internet, livre e aberta (CGI.BR, 2013).

4.3.5. Lei nº 13.709/2018 – Lei Geral de Proteção de Dados Pessoais (LGPD)

A Lei Geral de Proteção de Dados Pessoais (LGPD), ou Lei nº 13.709/2018, foi promulgada pelo presidente Michel Temer no dia 14 de agosto de 2018, originária do PLC nº 53/2018. Esta lei é um novo marco legal brasileiro de grande impacto para as instituições privadas e públicas, pois legisla na proteção dos **dados pessoais** dos indivíduos e envolve o **tratamento dos dados** classificados em qualquer meio como dados pessoais, seja pessoa natural ou pessoa jurídica (PINHEIRO, 2018).

Tratamento dos dados. Toda operação realizada com algum tipo de manuseio de dados pessoais: coleta, produção, recepção, classificação, utilização, acesso, reprodução, transmissão, distribuição, processamento, arquivamento, armazenamento, edição, eliminação, avaliação ou controle da informação, modificação, comunicação, transferência, difusão ou extração.

Dados pessoais. Toda informação relacionada a uma pessoa identificada ou identificável viva, não se limitando, portanto, a nome, sobrenome, apelido, idade, endereço residencial ou eletrônico, podendo incluir dado de localização, placas de automóvel, perfis de compra, número do IP, dados acadêmicos, históricos de compra etc.

Fonte: Pinheiro (2018)

O Art. 1º da Lei nº 13.709/2018, que dispõe sobre a proteção de dados pessoais e altera a Lei nº 12.965, de 23 de abril de 2014 (Marco Civil da Internet), estabelece a proteção dos dados pessoais obtidos, inclusive por meios digitais, respeitando os direitos fundamentais de liberdade e de privacidade, que possam ser eventualmente violados pelo mau uso dessas informações. A nova lei começou a vigorar em agosto de 2020.

Os principais pontos da Lei Geral de Proteção de Dados Pessoais (LGPD) são:

- O **Art. 2º** explica os fundamentos da proteção de dados, que são: 1) o respeito à privacidade; 2) a autodeterminação informativa; 3) a liberdade de expressão, de informação, de comunicação e de opinião; 4) a inviolabilidade da intimidade, da honra e da imagem; 5) o desenvolvimento econômico e tecnológico e a inovação; 6) a livre iniciativa, a livre concorrência e a defesa do consumidor; e 7) os direitos humanos, o livre desenvolvimento da personalidade, a dignidade e o exercício da cidadania pelas pessoas naturais.

- O **Art. 3º** informa que esta lei é aplicada a qualquer operação de tratamento realizada por pessoa natural ou por pessoa jurídica de direito público ou privado, independentemente do meio, do país de sua sede ou do país onde estejam localizados os dados.
- O **Art. 4º** informa que esta lei não se aplica ao tratamento de dados realizado para fins exclusivamente particulares e não econômicos, jornalísticos, artísticos, acadêmicos, de segurança pública, de defesa nacional, de segurança do estado ou de atividade de investigação ou repressão de infrações penais, entre outras.
- O **Art. 5º** explora os seguintes conceitos de: a) dado pessoal: informação relacionada a pessoa natural identificada ou identificável, tais como nome, foto, endereço, localização, documentos, e-mail, características pessoais, entre outros; b) dado pessoal sensível: dado sobre origem racial ou étnica, convicção religiosa, opinião política, filiação a sindicato ou organização de caráter religioso, filosófico ou político, dado referente à saúde ou à vida sexual, dado genético ou biométrico, quando vinculado a uma pessoa natural; c) dado anonimizado: dado que não possa ser identificado, considerando a utilização de meios técnicos razoáveis e disponíveis; e) banco de dados: conjunto estruturado ou não de dados pessoais, estabelecido em um ou vários locais, em suporte eletrônico ou físico; f) relatório de impacto à proteção de dados pessoais: documentação do controlador que contém a descrição dos processos de tratamento de dados pessoais que podem gerar riscos aos direitos fundamentais, bem como medidas e salvaguardas de mitigação de risco. Este artigo institui as figuras do "controlador" e "operador", que são considerados agentes de tratamento.
- O **Art. 6º** trata sobre os princípios da proteção de dados, que são: 1) finalidade; 2) adequação; 3) necessidade; 4) livre acesso; 5) qualidade dos dados; 6) transparência; 7) segurança; 8) prevenção; 9) não discriminação; 10) responsabilização e prestação de contas.
- O **Art. 7º** informa sobre a autorização para o tratamento de dados. O consentimento será uma das dez possibilidades que legitimam o tratamento de dados pessoais.
- Os **Arts. 17 a 22** tratam dos direitos dos titulares que terão a informação, acesso, certificação, cancelamento, oposição, portabilidade, entre outros.
- Os **Arts. 11, 14 e 33** especificam regras para dados sensíveis, de menores e transferência internacional.
- O **Art. 37** trata sobre o mapeamento do tratamento dos dados que devem ser registrados em relatório.
- O **Art. 38** trata de *assessment* sobre o impacto do tratamento de dados.

- O **Art. 41** refere-se ao *Data Protection Officer* (DPO). Todo controlador de tratamento de dados pessoais e os operadores em casos apontados pela autoridade deverão nomear um Encarregado pelo Tratamento de Dados Pessoais.
- E, por fim, o **Art. 48** refere-se a notificações obrigatórias, em caso de incidentes de segurança envolvendo os dados, nas situações aplicáveis.

Assim sendo, o âmbito da aplicação da LGPD é muito abrangente, abarcando a maior parte dos projetos e atividades diárias das empresas, tais como: relações trabalhistas, relações de consumo, relação entre usuário e serviço de internet, negócios B2B, entre tantas outras aplicações. As áreas impactadas pela LGPD são: análise de dados, marketing, desenvolvimento de software e TI, gerenciamento de produtos, jurídico, *compliance*, recursos humanos, serviços e logística, segurança da informação, entre outras.

A LGPD representa importante marco legislativo e coloca o Brasil em posição de igualdade com muitos países que já possuem marco legal semelhante. Isso representará mais investimentos para o Brasil no âmbito da economia digital, além de trazer maior segurança jurídica a titulares de dados e empresas do setor privado (PINHEIRO, 2015).

Conclusão

A TI está provocando uma revolução em toda a sociedade global. Ela permite interligar as nações a qualquer momento, pois tempo e distância deixaram de ser fatores limitantes. Em qualquer hora e lugar, os acontecimentos e as mudanças mundiais são divulgados em qualquer parte do globo terrestre numa fração de segundos. A informação deixa de ser local e passa a ser compartilhada globalmente (MITNICK, 2005; ANONYMOUS BRASIL, s.d.).

O uso da tecnologia da informação alavanca grandes benefícios à sociedade, ajudando e contribuindo em várias áreas de conhecimento, tais como: medicina, educação, serviços ao cidadão, comércio eletrônico, comunicação, serviços financeiros, esportes, entre outros. O uso da TI é muito amplo e está mudando as relações pessoais, profissionais e sociais.

Entretanto, muitos dos efeitos nocivos da tecnologia da informação, como fraudes informatizadas, crimes eletrônicos, ciberterrorismo, entre outros, são causados por indivíduos ou organizações que **não adotam a responsabilidade ética, social e legal** em suas ações. Isso significa que na **ética** é necessário definir políticas de acesso às informações para todos os colaboradores na empresa, evitando que informações sejam acessadas por pessoas não autorizadas. Na parte **legal**, a não adoção das leis vigentes nos sistemas de informação pode levar a sonegação de impostos, manipulação dos dados nos sistemas de informação, entre tantos outros problemas. E, por final, na parte **social**, uma conduta antiética nos negócios, como manipulação de números e das informações, causa prejuízo financeiro, desemprego, perda de credibilidade e problemas sociais. Seu foco é burlar ou prejudicar as pessoas em benefício próprio.

A TI tem um potencial muito grande para ser um grande instrumento (ou não) de apoio em prol da humanidade. Porém, a questão não é a tecnologia em si, mas o **uso dessa tecnologia**, que pode ser tanto para o bem, melhorando a vida das pessoas ou das organizações, ou para o mal, prejudicando todos à sua volta. Nesse contexto, questões éticas, sociais e legais tornam-se preponderantes e assumem um papel de destaque. Somente com pessoas, sociedades e governos éticos, legislações e ações sociais eficientes e eficazes, faremos um mundo melhor com o uso dos sistemas de informação, proporcionando efetividade, ou seja, resultados duradouros.

Estudo de caso: gestão fraudulenta – o caso do Banco PanAmericano

Em 21 de fevereiro de 1969, o Grupo Silvio Santos assumiu o controle acionário da Real Sul S/A, uma empresa que atuava no mercado desde 1963 em São Caetano do Sul, mudando o seu nome para Baú Financeira S/A. Em 1990, o Banco Central autorizou a Baú Financeira S/A a atuar como banco múltiplo, mudando a razão social para Banco PanAmericano S/A., oferecendo produtos e serviços de financiamento ao varejo, financiamento de veículos, cartões de crédito, empréstimo pessoal e consignado, além de possuir 63 postos de atendimento em todas as capitais e principais cidades brasileiras (FERREIRA; LUSTOSA, 2012).

Em 08 de setembro de 2010, o Banco Central do Brasil identificou inconsistências contábeis nos valores publicados nos relatórios financeiros do Banco PanAmericano e solicitou esclarecimentos ao corpo diretivo da empresa. No dia 22 de setembro de 2010, o Presidente do Conselho de Administração do Banco PanAmericano redigiu um documento formalizando que a instituição estava ciente das inconsistências contábeis verificadas pela equipe do BACEN. Em novembro de 2010, o BACEN identificou um saldo contábil de inconsistências da ordem de R$ 2,5 bilhões. Posteriormente, com a continuação da investigação, o valor apurado atingiu R$ 4,3 bilhões (FERREIRA; LUSTOSA, 2012).

Por solicitação do Fundo Garantidor de Crédito (FGC), a PriceWaterhouseCoopers (PwC) e a Deloitte Touche Tohmatsu (Deloitte) realizaram análises contábeis do Banco PanAmericano e concluíram que os prejuízos detectados foram resultado da má gestão do seu corpo diretivo. As inconsistências nos balanços eram de proporção tão alta que não foi possível comparar com balanços anteriores, o que forçou a elaboração de um novo balanço contábil pelo Banco PanAmericano. Em novembro de 2010, o Banco PanAmericano obteve um empréstimo no valor de R$ 2,5 bilhões junto ao Fundo Garantidor de Crédito (FGC), para recompor sua situação patrimonial. Até aquele momento, o Banco PanAmericano não havia divulgado suas demonstrações financeiras relativas ao terceiro trimestre do ano (FERREIRA; LUSTOSA, 2012).

Após as investigações pelo Banco Central, o Ministério Público e a Polícia Federal abriram inquéritos relativos a crimes de colarinho branco e gestão fraudulenta no que tange a: fraudes contábeis nas carteiras cedidas; gestão fraudulenta na liquidação de carteiras antecipadas; fraudes contábeis na manipulação da Provisão de Devedores Duvidosos (PDD); prestação de informações falsas ao BACEN; fraude no pagamento a dirigentes do Banco PanAmericano; e fraude na transferência de recursos para a controladora Silvio Santos Participações Ltda (JUSTIÇA FEDERAL, 2018).

Em dezembro de 2009 a Caixa Econômica Federal (CEF) pagou R$ 739,2 milhões para adquirir parte do Banco PanAmericano. O banco estatal, por meio da Caixa Participações S.A. (Caixapar), adquiriu 35,54% do capital total do banco.

Em 29 de janeiro de 2011, Silvio Santos vendeu o Banco PanAmericano ao Grupo BTG Pactual sem receber nenhum valor em troca, pois este Grupo assumiu o valor total da dívida. Em 15 de maio de 2013, o nome do banco muda para Banco PAN. Segundo a nova diretoria, essa mudança foi estratégica, a fim de agilizar os processos, aumentar a eficiência do banco e mostrar uma nova imagem ao mercado (FERREIRA; LUSTOSA, 2012).

Em 19 de abril de 2017, a Polícia Federal deflagrou a Operação Conclave para investigar a aquisição fraudulenta de ações do Banco PanAmericano pela Caixa Participações S.A. O inquérito instaurado apura a responsabilidade de gestores da Caixa Econômica Federal na gestão fraudulenta e em prejuízos causados a correntistas e clientes. A investigação foi direcionada à atuação de agentes públicos responsáveis diretos pela assinatura dos pareceres, contratos e documentos para a compra e venda de ações do Banco PanAmericano pela Caixapar, com a posterior negociação do PanAmericano pelo Banco BTG Pactual S/A. Os investigados responderam por crime e gestão fraudulenta, entre os quais consultorias contratadas para formalizar os negócios e empresários (FERREIRA; LUSTOSA, 2012).

Em 07 de fevereiro de 2018 foi divulgada a sentença do caso. Dos 17 acusados de fraude financeira no Banco PanAmericano, 7 foram condenados por gestão fraudulenta da instituição financeira e apropriação indevida de desvio de dinheiro, título, valor ou qualquer outro bem móvel. A pena média variou de 2 a 12 anos de prisão entre regime fechado e semiaberto a estes acusados. Os outros 10 acusados foram absolvidos por falta de provas que confirmassem as acusações do Ministério Público Federal e da Polícia Federal (JUSTIÇA FEDERAL, 2018).

Referências

ABERGO. *O que é ergonomia?* Disponível em: <https://www.abergo.org.br/o-que-%C3%A9-ergonomia>. Acesso em: 24 maio 2022.

ABPI. Site. Disponível em: <https://abpi.org.br/>. Acesso em: 26 jan. 2022.

ADAMI, A. Grupo Anonymous. *InfoEscola*, s.d. Disponível em: <https://www.infoescola.com/atualidades/grupo-anonymous/>. Acesso em: 26 jan. 2022.

ALMEIDA, D. S. de; CUNHA, R. S. O ciberataque do dia 12 de maio: ciberterrorismo? *Meu Jurídico*, 16 maio 2017. Disponível em: <https://meusitejuridico.editorajuspodivm.com.br/2017/05/16/o-ciberataque-dia-12-de-maio-ciberterrorismo/>. Acesso em: 26 jan. 2022.

ANONYMOUS BRASIL. Site. Disponível em: <https://www.anonymousbr4sil.net/>. Acesso em: 26 jan. 2022.

BALTZAN, P. *Sistemas de informação.* Porto Alegre: AMGH, 2012.

BARROS, M.; VICENTIN, T. (ed.). De onde surgiu o Anonymous? Relembre 6 ações do grupo hacker. Olhar Digital, 13 ago. 2021. Disponível em: <https://olhardigital.

com.br/2021/08/13/tira-duvidas/de-onde-surgiu-o-anonymous-relembre-6-acoes-do-grupo-hacker/>. Acesso em: 26 jan. 2022.

BRASIL. *Lei nº 12.965, de 23 de abril de 2014*. Estabelece princípios, garantias, direitos e deveres para o uso da Internet no Brasil. Disponível em: <http://www.planalto.gov.br/ccivil_03/_ato2011-2014/2014/lei/l12965.htm>. Acesso em: 26 jan. 2022.

BSA. *2018 BSA Global Software Survey.* Software Management: Security Imperative, Business Opportunity. Business Software Alliance, June 2018. Disponível em: <https://gss.bsa.org/wp-content/uploads/2018/05/2018_BSA_GSS_Report_en.pdf>. Acesso em: 24 maio 2022.

CASTRO, M. C. A. R.; ANDREOLLI, C. P.; SOBRINHO, I. P. S. Ética na internet: uma abordagem sobre uso indevido de e-mail corporativo. *Revista de Administração da FATEA*, vol. 2, n. 2, jan./dez. 2009. Disponível em: <http://unifatea.com.br/seer3/index.php/RAF/article/view/638/676>. Acesso em: 24 maio 2022.

CERT.BR. *Cartilha de Segurança para Internet*. Versão 4.0. Comitê Gestor da Internet no Brasil: São Paulo, 2012. Disponível em: <https://cartilha.cert.br/livro/cartilha-seguranca-internet.pdf>. Acesso em: 24 maio 2022.

CGI.BR. *O CGI.br e o Marco Civil da Internet.* 17 mar. 2013. Disponível em: <https://cgi.br/publicacao/o-cgi-br-e-o-marco-civil-da-internet>. Acesso em: 26 jan. 2022.

CGI.BR. *Resolução CGI.br/RES/2009/003/P.* 2009. Disponível em: <https://www.cgi.br/resolucoes/documento/2009/CGI.br_Resolucao_2009_003.pdf>. Acesso em: 24 maio 2022.

COSTA, A. C.; FERNANDES, T. O Banco Central e o extraordinário mundo das fraudes. *Veja*, 04 nov. 2012. Disponível em: <http://veja.abril.com.br/noticia/economia/o-banco-central-e-o-extraordinario-mundo-das-fraudes>. Acesso em: 26 jan. 2022.

DILMA sanciona lei que pune com prisão quem pratica crime virtual. *G1*, 03 dez. 2012. Disponível em: <http://g1.globo.com/tecnologia/noticia/2012/12/dilma-sanciona-lei-que-pune-com-prisao-quem-pratica-crime-virtual.html>. Acesso em: 26 jan. 2022.

FERREIRA, A. B. H. *Novo Aurélio século XXI:* o dicionário da língua portuguesa. Rio de Janeiro: Nova Fronteira, 2010.

FERREIRA, B. L.; LUSTOSA, P. R. B. O caso do Banco PanAmericano sob o ponto de vista da ética. *Revista ambiente contábil,* Natal, vol. 4, n. 1, jan./jun. 2012, p.17-35. Disponível em: <http://periodicos.ufrn.br/ambiente/article/view/1906/1333>. Acesso em: 26 jan. 2022.

FERRELL, L.; FERRELL, O. C. *Negócios éticos*. São Paulo: Publifolha, 2010.

GITMAN, L. J. *Princípios de administração financeira*. 10.ed. São Paulo: Pearson Addison-Wesley, 2015.

JUSTIÇA FEDERAL. 6ª Vara Federal Criminal especializada em crimes contra o sistema financeiro nacional e em lavagem de valores. *Processo nº 0000310-82.2011.403.6181*. 2018. Disponível em: <https://www.conjur.com.br/dl/condenacao-panamericano.pdf>. Acesso em: 26 jan. 2022.

LEVY, S. *Hackers:* heroes of the computer revolution. Sebastopol, CA: O'Reilly Media, Inc., 2010.

MANCINI, M. *Globalização e tecnologia:* um estudo em instituições bancárias. Dissertação (Mestrado em Administração) – Pontifícia Universidade Católica de São Paulo, São Paulo, 1999.

MANCINI, M. Questões sociais, legais e éticas em Sistemas de Informação. *In*: PRADO, E. P. V.; SOUZA, C. A. de. (orgs.). *Fundamentos em Sistemas de Informação.* Vol. 1. Rio de Janeiro: Elsevier, 2014, p. 55-73.

MITNICK, K. D. *A arte de invadir:* as verdadeiras histórias por trás das ações de hackers, intrusos e criminosos eletrônicos. São Paulo: Pearson Prentice Hall, 2005.

MPF. *Caso Lava Jato*. Disponível em: <http://www.mpf.mp.br/grandes-casos/lava-jato>. Acesso em: 26 jan. 2022.

ORRICO JR., H. *Pirataria de software*. São Paulo: Ed. do Autor, 2004.

PARODI, L. *Manual de fraudes*. 2.ed. Rio de Janeiro: Brasport, 2008.

PINHEIRO, P. P. *Direito digital*. 6.ed. São Paulo: Saraiva, 2015.

PINHEIRO, P. P. *Proteção de dados pessoais:* comentários à Lei nº 13.709/2018 (LGPD). São Paulo: Saraiva Educação, 2018.

SÊMOLA, M. *Gestão da Segurança da Informação:* uma visão executiva. Rio de Janeiro: Elsevier, 2003.

SILVEIRA, A. M. *Governança corporativa no Brasil e no mundo*. Rio de Janeiro: Campus, 2015.

SILVEIRA, A. D. M. *Governança corporativa no brasil e no mundo:* teoria e prática. São Paulo: Virtuous Company, 2021.

SROUR, R. H. *Ética empresarial:* o ciclo virtuoso dos negócios. Rio de Janeiro: Elsevier, 2008.

TACIO, P. Governo dos EUA acusa hackers chineses de ciberespionagem. *Mundo dos Hackers*, 26 dez. 2018. Disponível em: <http://www.mundodoshackers.com.br/governo-dos-eua-acusa-hackers-chineses-de-ciberespionagem>. Acesso em: 26 jan. 2022.

WENDT, E.; JORGE, H. V. N. *Crimes cibernéticos:* ameaças e procedimentos de investigação. Rio de Janeiro: Brasport, 2012.

5. Banco de dados e informações gerenciais

Luciano Vieira de Araújo

Conceitos apresentados neste capítulo

5.1 Mas, afinal, o que é um dado?
5.2 Desafios para o gerenciamento de dados
5.3 Banco de dados
5.4 Modelo de dados
5.5 Tomada de decisão baseada em dados
5.6 Ferramentas OLAP
5.7 *Dashboard*
5.8 Conhecimento baseado em dados
5.9 *Business Intelligence* – Inteligência de negócios
5.10 *Big data* – Mudança no volume de dados
5.11 NoSQL – *Not Only SQL*

Objetivos do capítulo

1. Apresentar o conceito de dados, ressaltando implicações resultantes da mudança na origem ou fonte dos dados.
2. Apresentar diferentes abordagens para a utilização de dados em sistemas computacionais e na tomada de decisão.

Introdução

A informação tem ganhado papel de destaque nas organizações e na sociedade. A pandemia causada pelo novo coronavírus tornou isso mais evidente. A necessidade de informação atualizada e confiável ganhou ainda mais importância. Nesse sentido, empresas de tecnologia da informação como Google e Facebook, e mesmo novatas como a Zoom, são listadas entre as mais valiosas do mundo, superando empresas tradicionais que até pouco tempo não eram ameaçadas em sua liderança. Um dos fatores que contribuem para tal valorização é a ampla capacidade de produzir conhecimento por meio dos dados coletados enquanto usuários utilizam seus sistemas. Tal produção de conhecimento com base em dados surge como matéria-prima para a criação de uma variedade de produtos digitais com grande aceitação e valor agregado. Ou seja, os dados se tornaram um ativo capaz de produzir grande fluxo de receitas para as organizações. Por outro lado, o uso inapropriado desses mesmos dados pode implicar em graves consequências para organizações e indivíduos. O vazamento de dados, ou seu uso de forma que prejudique pessoas e organizações, tem levado empresas à falência e influenciadores digitais ao esquecimento. Durante a pandemia, vimos um conjunto de ações com o uso de tecnologia e dados que se mostraram interessantes pela perspectiva do combate à doença COVID-19, mas que podem gerar graves problemas de invasão de privacidade em uma situação cotidiana. É o caso do monitoramento dos sinais de *smartphone* para rastrear a movimentação da população e eventuais contatos com pessoas contaminadas. Como lidar com os dados produzidos por nossas ações no mundo digital? Esse tipo de pergunta motiva estudos relacionados à área de dados.

A gestão dos dados é uma disciplina que vai além dos conhecimentos técnicos computacionais. À medida que sua importância cresce, principalmente como um diferencial competitivo, ela se torna multidisciplinar e abrange toda a estrutura organizacional e mesmo a sociedade. Portanto, a gestão dos dados deve ser compreendida de forma global.

O uso correto dos dados tem se tornado tema central em nossa sociedade, e diversos países, incluindo o Brasil, criaram leis responsáveis por regular a forma como as organizações podem utilizar e gerir dados produzidos ou coletados. Neste capítulo, abordaremos desde a definição de dados até as diferentes abordagens utilizadas para sua utilização em sistemas computacionais.

5.1. Mas, afinal, o que é um dado?

Dado pode ser definido como uma representação simbólica desprovida de significado (TURBAN et al., 2007). Ou seja, podemos usar símbolos, como letras e números, para representar alguma observação feita. Como exemplo, o número 4 é um símbolo com uma grande variedade de significados possíveis. Podemos dizer que o 4 é um algarismo ou mesmo que é um número inteiro positivo. Entretanto, quando associado a um significado, o dado pode expressar características distintas, como: o número máximo de dependentes de um funcionário é 4. A média final do aluno João em português é 4. Ou ainda que foram vendidos 4 sapatos ontem. Portanto, o dado sozinho não é capaz de expressar todo o conhecimento por ele representado. Nesse sentido, o conceito de informação pode ser definido como o significado atribuído ao dado (ACKOFF, 1989). Ou seja, a informação somente pode ser obtida dos dados, se estes puderem ser relacionados a diferentes contextos ou valores semânticos. Essa abrangência permite oferecer uma visão ampla do cenário representado pelos dados e, assim, suportar de forma efetiva as necessidades de informação das organizações.

O uso da informação também está vinculado à capacidade de relacioná-la ao contexto ao qual ela pertence. Frequentemente, a informação precisa ser associada a uma ação ou regra. Por exemplo, saber que um funcionário pode ter no máximo 4 dependentes direcionará as ações de cadastramento de novos dependentes. Possuir média final 4, em qualquer disciplina, pode indicar a necessidade de cursar a disciplina novamente. Para ser capaz de analisar a venda diária, não basta conhecer quanto foi vendido. Essa informação precisa estar vinculada a outras informações, como a meta de venda para o dia ou o histórico de vendas. Isso mostra que a obtenção da informação não é a etapa final da utilização do dado. Ainda é necessário vincular o conhecimento ou a capacidade de reagir perante a informação apresentada. Por sua vez, o conhecimento obtido também consiste em um bem valioso para as organizações e, portanto, deve ser não somente armazenado, mas também gerido. Ou seja, as experiências, positivas ou negativas, obtidas como resultado de ações tomadas podem e devem ser registradas para que possam ser utilizadas no aperfeiçoamento do processo de tomada de decisão. Com essa estratégia, o conhecimento se torna novamente dado, o que caracteriza o ciclo de aquisição e uso do conhecimento, apresentado na Figura 5.1.

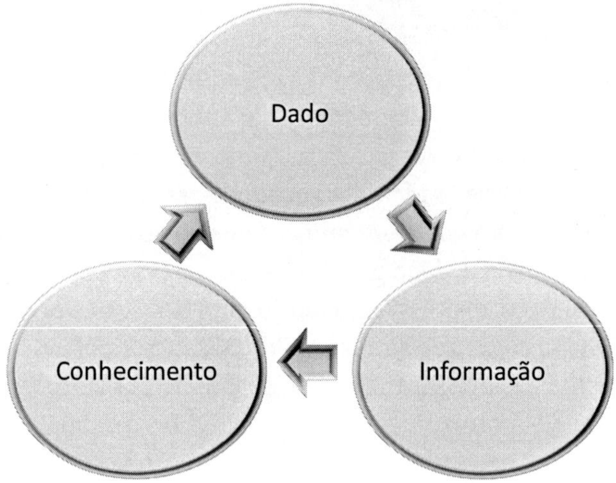

Figura 5.1 – Ciclo de representação dos dados.
Fonte: o próprio autor.

A constante análise e reflexão sobre a relação entre dados, informação e conhecimento deve ser considerada pelas organizações como uma importante estratégia administrativa. Pois, apesar de os sistemas computacionais estarem presentes **em grande parte das organizações, nem todas** conseguem usufruir dos benefícios oferecidos pela análise dos dados e pela manutenção dinâmica desse ciclo. Muitas organizações concentram a maior parte de seus esforços no armazenamento de dados e negligenciam tanto a análise como o acompanhamento da evolução do conhecimento baseado em suas experiências.

A coleta de dados sem que exista um recurso computacional para sua análise pode criar a sensação de que os dados estão disponíveis para serem analisados quando a organização estiver preparada para realizar essa tarefa. Entretanto, a qualidade dos dados só pode ser aferida por meio de análise. Ou seja, acumular dados sem analisá-los pode implicar no acúmulo de dados sem qualidade e que provavelmente não fornecerão o conhecimento desejado. Portanto, a exploração completa do ciclo de dados deve ser realizada também para garantir a qualidade dos dados coletados.

5.1.1. Mudança de contexto de dados

Outro desafio presente nas organizações é a mudança na origem ou fonte dos dados. Durante o século XX, a principal fonte de dados era a organização. Ela produzia, controlava e usava os dados de acordo com suas estratégias. Esse quadro começa a mudar com a consolidação da internet e em especial com o crescimento das redes sociais, quando um enorme volume de dados passa a ser produzido fora dos domínios das organizações, em grande parte de forma pública e com acesso fácil, rápido e ilimitado.

Apesar de as organizações continuarem a produzir seus dados diariamente, elas não são mais as únicas geradoras de dados e conhecimento. Essa mudança pode ser percebida no comportamento de clientes e usuários que passaram a buscar alternativas aos serviços e sistemas oferecidos pelas organizações. Como exemplo, um número crescente de pessoas prefere apresentar suas dúvidas, reclamações e comentários sobre produtos e serviços em sites especializados e redes sociais, em vez de recorrer aos canais oficiais das organizações.

Lidar com dados externos é uma tarefa que tem se tornado cada vez mais importante para as organizações e mesmo influenciadores digitais. As informações postadas em redes sociais, *blogs* e páginas de reclamações permitem perceber como determinados produtos ou serviços, tanto de empresas quanto de indivíduos, têm sido recebidos por seguidores ou consumidores. Mesmo falhas em produtos ou procedimentos podem ser detectados de forma quase instantânea, quando tais fontes de informação são utilizadas. Dessa forma, informações que antes eram desconhecidas ou demandavam grande investimento para serem coletadas passam a ficar disponíveis, de forma pública e de fácil acesso, a todos. Tal cenário apresenta um desafio que nenhuma organização, independentemente do seu tamanho, pode negligenciar – o desafio de cuidar continuamente das informações divulgadas a seu respeito.

O Quadro 5.1 apresenta uma comparação das características dos dados internos e externos à organização. Essa comparação mostra que os dados internos são bem organizados e seguem uma estrutura definida pela própria organização. Já os dados externos podem ser representados de forma variada. Como exemplo, uma reclamação armazenada nos sistemas de uma empresa segue uma estrutura definida, normalmente composta por áreas para armazenamento de textos, datas, vídeos ou imagens. O uso de uma estrutura predefinida é justificado, pois conhecer previamente a forma como o conteúdo é coletado permite processamento rápido e preciso. Por outro lado, as redes sociais não utilizam um formato ou ordem predefinida para publicação de conteúdo. Todos os temas e opiniões são publicados de acordo com a vontade do usuário e no formato por ele escolhido. Essa falta de estrutura demanda processamento para identificação do conteúdo desejado. Com isso, os resultados obtidos podem não possuir a mesma precisão de quando são utilizados dados estruturados, e ocorre um aumento no tempo de recuperação da informação. Essas diferenças devem direcionar a forma como os dados serão gerenciados.

Quadro 5.1 – Comparação das características dos dados produzidos dentro e fora das organizações. Fonte: o próprio autor.

Dados internos	Dados externos
Fonte de dados única	Múltiplas e heterogêneas fontes de dados
Formato conhecido	Sem formato específico
Banco de dados	Redes sociais, *blogs*, sites
Fácil processamento	Demanda análise avançada
Evolução lenta	Evolução rápida e dinâmica
Representa os processos da organização	Representa como os processos e produtos impactaram os clientes
Produzidos pela própria organização	Produzidos por qualquer pessoa
Qualidade do dado definida pela empresa	Qualidade do dado a ser validada por fontes externas

Quanto ao formato de representação, os dados podem ser:

1. **Dados estruturados** – Dados coletados conforme uma estrutura previamente estabelecida. Eles são organizados em conjuntos semânticos. Ou seja, os dados relacionados ao cliente são representados de forma conjunta. A estrutura proposta define qual o dado coletado, seu tipo e o relacionamento com os demais dados. Dessa forma, o conjunto de dados possui estrutura comum para as instâncias de dados coletados. Por sua vez, os dados estruturados apresentam várias facilidades para o seu processamento, como o conhecimento prévio do tamanho e tipo de cada um dos atributos a serem coletados. Uma planilha com valores diversos é um tipo de dado estruturado. Ela possui uma estrutura organizada em colunas e linhas. Cada coluna reúne todos os valores atribuídos a cada característica acompanhada. Por exemplo, uma coluna com as notas de uma disciplina. Todas as linhas, usadas para representar os alunos, possuem espaço para as respectivas notas. Caso o aluno ainda não possua uma nota, o espaço ficará vazio. Ou seja, a estrutura garante o espaço para armazenar a característica, mesmo que não seja utilizada.
2. **Dados semiestruturados** – O dado coletado não possui a obrigatoriedade de conter um conjunto de atributos previamente definidos. Entretanto, o dado coletado deve ser representado de acordo com a estrutura. Dessa forma, uma instância do dado pode conter atributos diferentes de outra instância, porém os atributos são representados de forma organizada e que simplifica o seu processamento. Como exemplo, o cadastro de pacientes pode conter pacientes representados por diferentes atributos. Entretanto, cada atributo usado deve ser representado de acordo com uma estrutura que apoie seu processamento. Frequentemente,

dados semiestruturados são representados em arquivos XML e JSON, que utilizam marcadores para indicar qual atributo está sendo representado. Assim, um paciente pode ser representado por diferentes conjuntos de atributos, como nome e telefone, e outro paciente com registro, e-mail, cidade.

3. **Dados não estruturados** – Eles são caracterizados pela falta de estrutura, por não possuir uma organização específica. Por exemplo, arquivos com texto, e-mail, postagens em redes sociais, vídeos, áudios e imagens não possuem um formato para representação de conteúdo. Algumas vezes alguns desses exemplos podem conter um conteúdo que segue alguma ordem, porém essa ordem não é obrigatória para os demais arquivos do mesmo tipo. Como exemplo, um e-mail pode conter uma estrutura formal, iniciada com uma saudação, seguida pelo conteúdo e terminada com as despedidas. Entretanto, o formato do arquivo não obriga esse tipo de representação. Com a internet e as redes sociais, o crescente volume de dados não estruturados surge como um desafio para a gestão da informação.

5.2. Desafios para o gerenciamento de dados

O cenário heterogêneo formado por múltiplas fontes de dados e diferentes possibilidades de representá-los apresenta alguns desafios para o gerenciamento de dados. Entre eles:

- **Qualidade:** garantir que os dados armazenados estejam corretos, completos, documentados e atualizados.
- **Representação adequada:** oferecer o dado no formato apropriado para uso.
- **Flexibilidade:** armazenar o dado em formato que permita sua evolução, adaptação e integração.
- **Documentação:** possuir descrições do contexto a qual se refere o dado.
- **Rastreabilidade:** conhecer os caminhos percorridos e as transformações sofridas.
- **Integração:** permitir que dados de diferentes sistemas possam ser utilizados em conjunto.
- **Disponibilidade:** ofertar recursos para que o dado esteja disponível sempre que necessário.
- **Volume de dados:** a infraestrutura disponível para gestão do dado deve ser adequada para lidar com o seu crescimento em volume armazenado.
- **Segurança e privacidade:** garantir que os dados sejam utilizados da maneira correta pelas organizações e pessoas autorizadas.
- **Evolução:** proporcionar recursos para a análise de dados e sua constante evolução.

5.3. Banco de dados

Um banco de dados pode ser definido como um conjunto de dados semanticamente relacionados (RAMAKRISHNAN; GEHRKE, 2008). Essa definição é bastante genérica e não se limita ao contexto digital. Ou seja, um caderno com anotações pode ser considerado um banco de dados. Porém, o termo banco de dados é comumente utilizado para definir um conjunto de dados digitais ou os dados coletados por um sistema de informação.

5.3.1. Sistemas Gerenciadores de Banco de Dados

Os SGBDs (Sistemas Gerenciadores de Banco de Dados) são formados por um conjunto de programas que oferecem funcionalidades para manusear dados digitais. O SGBD possui sistemas responsáveis por tarefas como:

- Gerenciamento de dados.
- Processamento de consultas.
- Gerenciamento de usuários.
- *Backup* de dados.
- Recuperação de falhas.
- Controle de concorrência.
- Controle de armazenamento de dados.

Os programas presentes em um SGBD, além de manter base de dados e metadados, também proporcionam uma infraestrutura que auxilia na criação de softwares diversos e oferecem as seguintes vantagens:

- **Maior velocidade no desenvolvimento de softwares** – Pois apresenta os recursos necessários para gerir os dados.
- **Gerenciamento padronizado** – Os dados armazenados obedecem a um padrão específico.
- **Qualidade dos sistemas** – Os SGBDs são amplamente testados por seus usuários e os erros corrigidos sistematicamente.
- **Independência dos dados** – Os dados ficam separados dos sistemas de informação que os utilizam. Com a independência de dados, é possível que alterações no sistema não impliquem em modificação dos dados e vice-versa.
- **Compartilhamento de dados** – Diferentes sistemas podem utilizar o mesmo conjunto de dados.

Os SGBDs são desenvolvidos baseando-se em um modelo de dados e, portanto, oferecem recursos para gerir dados que se enquadram nesse modelo. Por exemplo, existem SGBDs especializados em dados estruturados, outros em dados semiestruturados e cresce o número dos especializados em dados não estruturados. Esse cenário mostra a importância de conhecer as diversas opções de SGBDs e aplicações para lidar com os dados.

5.4. Modelo de dados

Define a forma como os dados serão coletados, armazenados e gerenciados. Ele é formado por um conjunto de regras e conceitos que descrevem a estrutura de representação dos dados (ELMASRI; NAVATHE, 2019). O uso de um modelo de dados permite abstrair detalhes de como os dados serão armazenados fisicamente e focar na sua descrição (RAMAKRISHNAN; GEHRKE, 2008). Os modelos de dados são definidos para explorar determinadas características dos dados, forma de acesso e utilização. Portanto, a escolha de um modelo dependerá da forma como tais características poderão favorecer o processamento do dado.

A seguir, uma lista com modelos de dados populares:

- Modelo relacional.
- Modelo multidimensional.
- Modelo documento.
- Modelo grafo.

5.4.1. Modelo relacional

O modelo relacional foi criado em 1970 por Edgar Frank Codd (1970) e as primeiras versões comerciais de SGBDs relacionais surgiram em 1980. Desde então uma grande quantidade de sistemas computacionais passou a adotá-lo para representar e armazenar seus dados. Devido a sua ampla utilização, ele continua a ser um dos principais modelos de dados no mercado. Portanto, conhecer suas vantagens e limitações é um requisito importante para planejar a gestão do dado.

O modelo relacional é composto por três conceitos principais (GARCIA-MOLINA et al., 2001):

- **Entidade** – Representação de objetos do contexto a ser modelado, para os quais é necessário manter dados.

- **Atributo** – Característica comum às instâncias de uma entidade e que indicam os dados que serão armazenados.
- **Relacionamento** – Descrição das associações entre entidades. Estabelece uma ligação semântica entre duas ou mais entidades.

5.4.1.1. Modelagem Entidade-Relacionamento – MER

Uma das etapas de criação de um sistema de informação é a definição do projeto de dados ou do banco de dados. Os projetos são criados com base nas regras de uma modelagem específica e utilizam seus diagramas para representar as necessidades de dados. Devido à abrangência do modelo relacional, a Modelagem Entidade--Relacionamento (MER) (SILBERCHATZ et al., 2012; ULLMAN; WIDOM, 2007) é frequentemente usada para representar o conjunto de dados de um sistema. Ela é uma representação visual do modelo relacional. Portanto, incorpora os conceitos de entidade, atributos e relacionamentos e sua representação gráfica é feita com o uso do DER (Diagrama de Entidade-Relacionamento).

Ser capaz de entender um modelo de dados é importante para facilitar a comunicação entre a pessoa que define os requisitos de um sistema e o especialista em banco de dados.

A Figura 5.2 apresenta um exemplo de modelagem de dados com o uso do DER. Ela apresenta o modelo conceitual de um sistema de controle de medicamentos. As entidades Paciente e Medicamento são representadas por retângulos, o que indica que o sistema deverá armazenar dados referentes a cada uma dessas entidades. Por sua vez, o relacionamento entre as entidades é representado pelo losango. O nome "Usa", atribuído ao relacionamento, visa indicar qual o relacionamento existente entre as relações. Os símbolos *1..n* e *0..n* são conhecidos como cardinalidade e indicam as quantidades mínimas e máximas de relacionamentos entre as instâncias das entidades, que podem ser ***0***, ***1*** ou ***n***. A cardinalidade mínima define se o relacionamento entre as instâncias das entidades é opcional ou obrigatório. A cardinalidade com valor 0 representa um relacionamento opcional e com valor 1 implica em relacionamento obrigatório.

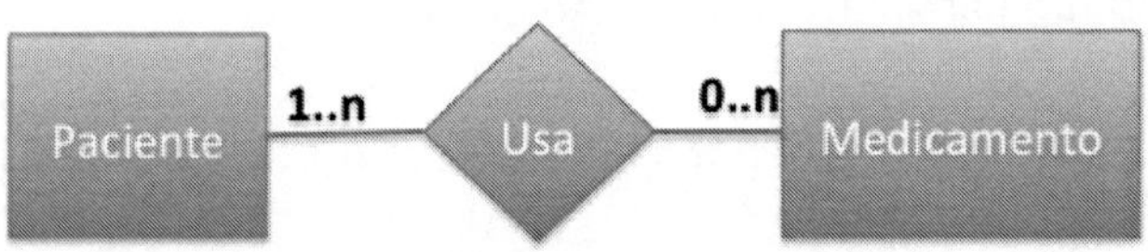

Figura 5.2 – Modelo conceitual de sistema de controle de medicamentos com o uso do DER (Diagrama Entidade-Relacionamento).
Fonte: o próprio autor.

No exemplo da Figura 5.2, um paciente pode usar no mínimo 0 e no máximo ***n*** medicamentos. Por sua vez, um medicamento deve ser usado por no mínimo 1 e no máximo ***n*** pacientes. Ou seja, o sistema permitirá o cadastramento de pacientes mesmo que estes não estejam usando medicamentos. Porém, os medicamentos só poderão ser cadastrados quando pelo menos um paciente o estiver utilizando. Assim, a cardinalidade é um tipo de restrição garantida pelo SGBD e que auxilia na manutenção da qualidade do dado armazenado.

A decisão sobre a criação de entidades, relacionamentos e cardinalidade é baseada no cenário a ser atendido pelo sistema.

5.4.2. Limites do modelo relacional

Apesar de utilizado de maneira ampla, o modelo relacional (e, por consequência, os SGBDs relacionais) apresentam limitações. Conhecer os limites de um modelo de dados é fundamental para decidir qual modelo de dados melhor se adequa às características dos dados do sistema de informação em desenvolvimento.

De maneira geral, a evolução dos modelos de dados é motivada pela busca por soluções para as limitações dos modelos atuais. Vale lembrar que todos os modelos de dados possuem limitações associadas a cenários específicos. Logo, bons resultados podem ser obtidos fora dessas situações limitantes. Como exemplo, o modelo relacional, apesar de não ser adequado para gerenciar dados não estruturados, apresenta bom desempenho com dados estruturados, o que tem resultado no seu uso na maioria dos sistemas transacionais, como ERPs, comércio digital, bancos, indústrias etc.

A seguir são apresentadas limitações que têm motivado o desenvolvimento e uso de novas abordagens para representação de dados.

- **Necessidade de normalização** – Os SGBDs relacionais não são adequados para lidar com redundância de dados. Para evitar esse problema, é necessário que as tabelas sejam normalizadas, tarefa que decompõe tabelas não normalizadas em tabelas menores e sem redundâncias. Ou seja, uma tabela não normalizada pode originar várias tabelas menores. E quanto mais tabelas, mais complexo o banco de dados e maior o custo para recuperar os dados em várias tabelas.
- **Necessidade de junção** – A consulta aos dados armazenados em várias tabelas demanda a recuperação dos dados armazenados nas tabelas usadas para sua representação. Essa operação é conhecida como junção de tabelas e exige processamento computacional que cresce junto com o volume de dados.

- **Falta de recursos para trabalhar com dados semi ou não estruturados** – A internet tornou popular arquivos com dados semi ou não estruturados, como fotos, vídeos e postagens em redes sociais. A falta de ferramentas para processar tais dados reduz a praticidade de uso dos SGBDs relacionais.

5.5. Tomada de decisão baseada em dados

Uma característica importante dos sistemas de informação é a capacidade de produzir dados que, uma vez analisados, forneçam subsídios para a tomada de decisão. Assim, quanto mais simples e barato se torna o processo de armazenamento de dados, maiores o volume de dados e as expectativas de sua utilização para obter conhecimento útil para apoiar o processo de tomada de decisão.

Durante muito tempo, os relatórios gerenciais eram as únicas fontes para apoiar a tomada de decisão. Algumas empresas imprimiam dia a dia relatórios de vendas, recebimentos, contas a pagar e receber, entre tantos outros. Em seguida, os responsáveis por cada área faziam suas análises e tomavam decisões. Entretanto, com o aumento do volume de dados, essa forma de análise ficou impraticável. Atualmente, as organizações produzem diariamente milhões de transações, o que torna a análise manual inviável. Ao considerarmos grandes volumes de dados, a única alternativa é buscar técnicas que permitam resumi-los e que produzam resultados em formato compreensível para os usuários.

A Figura 5.3 resume o ciclo de representação dos resultados de análise de dados. À esquerda são apresentadas as bases de dados disponíveis. Após seu processamento e análise são criados indicadores a serem utilizados para a tomada de decisão. Por fim, os resultados das decisões são coletados. Durante cada etapa do ciclo, os indicadores, as decisões e os resultados gerados necessitam ser armazenados como dados para que possam continuar a ser analisados e apoiar a tomada de decisão de forma contínua. Ou seja, o aperfeiçoamento do processo de tomada de decisão também depende da capacidade dos sistemas de informação de coletar os resultados das decisões e de permitir sua análise.

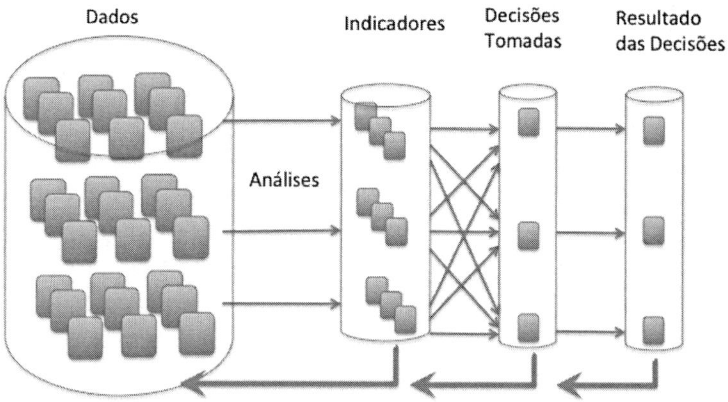

Figura 5.3 – Ciclo de representação dos resultados das análises de dados.
Fonte: o próprio autor.

5.5.1. Desafios da análise de dados

A análise de dados, apesar de agregar valor para as organizações, é uma etapa muitas vezes negligenciada pelos sistemas de informação. Frequentemente, ela é considerada uma etapa avançada ou mesmo um bônus. Esse quadro é resultado da complexidade tanto da execução das análises quanto da interpretação de seus resultados. A seguir são apresentados alguns desafios relacionados às tarefas de análise de dados:

- **Integração de dados** – Os dados de uma organização normalmente se encontram distribuídos em diferentes bases de dados, sejam dados internos ou externos à organização. A integração desses dados demanda recuperação e adaptação para um formato apropriado para a análise.
- **Qualidade dos dados** – Garantir a qualidade dos dados é um ponto essencial para a obtenção de resultados válidos. Com dados oriundos de variadas fontes, inclusive redes sociais, a verificação da qualidade de dados se mantém como um desafio constante para os processos de análise de dados.
- **Consulta e processamento dos dados** – Normalmente, tais tarefas consomem grandes recursos computacionais, seja pela necessidade de junção entre dados ou pelo processamento necessário para consolidá-los e agregá-los. Executadas em grandes volumes de dados, essas tarefas implicam aumento de tempo e custo.
- **Visualização dos resultados** – A forma como os resultados das análises são apresentados pode afetar diretamente a sua compreensão e aplicação. Simplificar a apresentação dos resultados é uma tarefa necessária, porém complexa de ser realizada.

Considerada a necessidade de processamento, o compartilhamento de servidores tanto para a execução dos sistemas de informação quanto para a análise de dados por eles produzidos pode resultar em lentidão para os sistemas. Para evitar esse problema, os ambientes para execução de sistemas e análises são mantidos em servidores separados. Dessa forma, os sistemas podem funcionar de forma paralela e apenas com conexões para troca e atualização dos dados, como ocorre nos *data warehouse*.

5.5.2. *Data warehouse* – Armazém de dados

Uma funcionalidade desejada para a área de análise de dados é a capacidade de avaliar qualquer dado da organização, independentemente de onde esteja armazenado e de qual sistema é responsável por ele. Entretanto, essa não é uma tarefa simples. Além da complexidade dos diferentes modelos de dados, os sistemas em produção não devem ter seu desempenho afetado pelas atividades de análise. Uma alternativa para atender a esses requisitos é armazenar os dados de interesse em uma base de dados distinta, que funcione como um armazém de dados.

O conceito de DW (*data warehouse*) ou armazém de dados é atribuído a Inmon e Hackathorn (1997), que o definem como uma coleção de dados integrada, orientada por assunto, não volátil, que varia no tempo e que apoia a tomada de decisão empresarial.

A criação de um armazém de dados também permite integrar dados de diferentes sistemas. Criar um local e uma forma de armazenar todos os dados de uma organização, ou, pelo menos, um conjunto de dados de interesse, para obter uma visão global se mostrou uma alternativa com maior viabilidade de execução do que alterar os diversos sistemas de uma organização.

A Figura 5.4 apresenta a arquitetura de um *data warehouse*. No topo da figura estão representados os diversos bancos de dados de uma organização. Para a criação de um DW esses dados passam por um processo conhecido como ETL, do inglês *Extract, Transform, Load*. O processo é composto por três etapas. A primeira, chamada de extração, é responsável por selecionar e coletar os dados de interesse nas distintas bases de dados. Em seguida, os dados passam pela etapa de transformação. Nessa fase, eles são analisados para identificar possíveis erros e inconsistências. Os erros encontrados podem indicar necessidade de ajustes ou evolução dos sistemas, portanto são incluídos em uma base de erros e inconsistências para posterior avaliação. Na terceira etapa, os dados são armazenados no DW em formato apropriado para consulta.

Figura 5.4 – Arquitetura de um *data warehouse*.
Fonte: o próprio autor.

Uma vez que as consultas são as operações majoritárias em um DW, uma das possíveis transformações sobre os dados é sua desnormalização. Ao contrário da normalização, a desnormalização leva a uma redução do número de tabelas no banco de dados e, consequentemente, diminui a necessidade de junções, o que aumenta a eficiência das consultas.

A criação de DW também pode ser impactada pela quantidade e complexidade das fontes de dados. Nem sempre é possível criar um DW com os dados de toda a organização, dentro de um prazo aceitável. Para lidar com esse cenário, Kimball (1996) propõe a criação de *data marts* – DWs focados em áreas, departamentos ou processos das organizações. Por abordarem uma parte da organização por vez, os *data marts* podem ser mais fáceis de entender e mais ágeis para construir, o que implica na produção de resultados mais rápidos. Kimball define um DW como o conjunto de *data marts* de uma organização. Ou seja, assim que todos os *data marts* forem criados, a organização terá seu DW. Entretanto, a integração de *data marts* pode não ser uma tarefa simples e implicar em grande consumo de recursos, e em alguns casos apenas parte do processo pode ser reaproveitada. Esse cenário alimenta um amplo debate sobre qual a melhor abordagem a ser utilizada: a criação de um *data warehouse* ou de *data marts* conforme a necessidade. Uma forma de gerenciar essas alternativas é conhecer as vantagens e desvantagens de cada uma das abordagens e utilizá-las dentro do contexto mais apropriado.

A Figura 5.5 apresenta as opções para criação de um repositório analítico de dados. O processo pode ser planejado para criar um DW e a partir dele os *data marts* necessários. A vantagem dessa alternativa é manter os dados da organização integrados, permitir análises mais amplas e facilitar a evolução do modelo. Nesse caso, os *data marts* são utilizados para apoiar análises mais especializadas e para delimitar o acesso aos dados analisados. Como desvantagem, a construção do DW pode retardar a obtenção dos resultados iniciais.

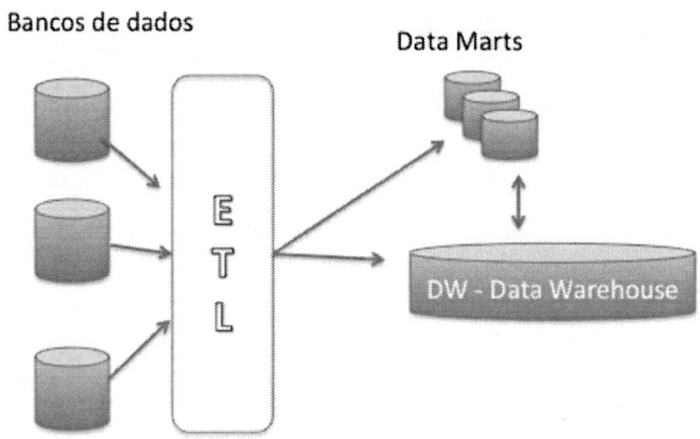

Figura 5.5 – Opções para criação de um repositório de dados analítico, *data warehouse* x *data marts*.
Fonte: o próprio autor.

A segunda alternativa é a criação dos *data marts* e depois integrá-los para formar um DW (INMON; HACKATHORN, 1997). A vantagem imediata dessa opção é a possibilidade de priorizar áreas com maior necessidade de monitoramento. Além disso, devido à repetição do ciclo de criação de *data marts* e do aperfeiçoamento da equipe, novos *data marts* poderão ser obtidos em menor tempo e produzir resultados mais abrangentes. Algumas desvantagens dessa opção surgem quando é necessário integrar os *data marts* ou usá-los na construção de novos *data marts* ou de um DW. Com o uso de transformações e agregações dos dados, nem sempre os dados se encontram representados com a quantidade de detalhes exigidos pelas novas análises. Nesses casos, novo processo de ETL deve ser implementado. Além disso, para não afetar os sistemas atendidos pelos *data marts* anteriores, pode ser necessário manter os *data marts* existentes.

Considerando o objetivo de análise de forma eficiente, os DW ou *data marts* podem ser construídos com base em modelos de dados mais apropriados para a análise, como o modelo multidimensional, apresentado a seguir.

5.5.3. Modelo multidimensional

Trata-se de uma representação de dados cujo objetivo é otimizar as operações de consulta aos dados. Portanto, ele é uma das alternativas para representação dos dados em um DW. Para melhorar o desempenho das consultas, o modelo multidimensional utiliza três estratégias.

- **Dados representados por afinidade** – Os dados são escolhidos para compor o modelo de acordo com sua afinidade para consulta ou análise.
- **Desnormalização** – Os dados do modelo podem ser representados em uma única estrutura desnormalizada, o que evita junções para recuperar os dados.
- **Agregação** – Operações de totalização de dados são calculadas e armazenadas previamente na estrutura de dados. Dessa maneira, as totalizações não precisam ser recalculadas a cada consulta ou possuem seus cálculos simplificados. Com a agregação, a soma das vendas de um determinado produto em um período de tempo como dia, mês ou ano pode ser obtida sem a necessidade de recuperação de milhares ou milhões de linhas com itens vendidos para que a soma seja realizada.

O modelo multidimensional é composto por dois tipos de entidades: fato e dimensão. A entidade ou tabela "Fato" representa um evento ou ocorrência que a organização deseja analisar para monitorar suas atividades. Assim, a modelagem multidimensional pode ser iniciada pela identificação de indicadores a serem oferecidos para análise. Uma boa prática na modelagem multidimensional é definir e priorizar o desenvolvimento dos indicadores mais importantes para gerenciar o desempenho de uma organização. Tais indicadores são conhecidos como KPI (Key *Performance Indicator* ou indicador-chave de desempenho). No modelo multidimensional, os indicadores ou fatos são formados por métricas a serem avaliadas. As métricas são elementos que descrevem um indicador e que podem ser totalizados. Como exemplo, para algumas empresas, o desempenho de suas vendas deve ser acompanhado de perto. Para essas empresas, o fato "Venda" deve ser oferecido como opção de análise. Algumas métricas utilizadas para descrever as vendas são: quantidade, valor e margem de lucro. Dessa forma, as análises realizadas utilizando o fato "Venda" poderão totalizar a quantidade de produtos vendidos, o valor recebido e a margem de lucro.

Uma vez definidos quais fatos serão oferecidos para análise, o passo seguinte é estabelecer as dimensões relacionadas a cada um deles. Uma dimensão (ou tabela "dimensão") apresenta uma perspectiva para a análise do fato ao qual ela está relacionada. Portanto, o relacionamento entre um fato e suas dimensões representa as possibilidades que serão oferecidas para a análise de um fato específico. A representação da relação entre fato e dimensão é descrita em um modelo estrela, como explicado a seguir.

5.5.4. Limites do modelo multidimensional

Apesar de oferecer uma forma eficiente para armazenar dados e tornar consultas mais rápidas, o modelo multidimensional apresenta algumas limitações, entre elas:

- **Análise restrita aos fatos e às dimensões previamente definidos** – A análise fica limitada a uma percepção prévia dos negócios. Logo, os relacionamentos que não foram previstos não estão disponíveis no cubo.
- **Número de combinações para análise** – A grande quantidade de combinações entre as dimensões e suas estruturas hierárquicas pode se tornar um obstáculo para a análise. Entender ou visualizar a combinação de várias dimensões não é uma tarefa simples, seja pela dificuldade para analisá-las de forma individual ou pela complexidade de avaliar combinações com múltiplas dimensões relacionadas.
- **Desnormalização** – Mesmo colaborando para tornar as consultas eficientes, a desnormalização demanda maior espaço para armazenamento – em especial, quando consideradas as agregações e totalizações das combinações entre dimensões e as métricas dos fatos. Além disso, a desnormalização torna a atualização dos dados mais complexa.
- **Pré-processamento dos dados** – O tempo gasto para criação de estruturas como cubos cresce junto com o volume de dados e a complexidade do modelo. Caso apenas algumas das opções de análise sejam utilizadas, esse processamento pode ser desperdiçado.

5.6. Ferramentas OLAP

A visualização de dados é uma etapa importante da análise dos dados. Quanto mais fáceis de utilizar forem as ferramentas que oferecem análise e visualização dos dados, mais pessoas poderão contribuir com o processo de análise de dados.

As ferramentas OLAP (*On-Line Analytical Processing*) oferecem recursos para acessar, navegar e visualizar dados. Elas podem ser do tipo:

- **MOLAP (*Multidimensional OLAP*)** – Voltada para análise de dados multidimensionais.

- **ROLAP (*Relational OLAP*)** – Usada para análise de dados relacionais.
- **HOLAP (*Hybrid OLAP*)** – Para análise de dados relacionais e multidimensionais.

As ferramentas OLAP facilitam a utilização e análise de dados para os usuários sem conhecimentos técnicos sobre banco de dados. Com elas é possível acessar os dados em cubos e combinar de forma dinâmica dimensões e métricas para a geração de tabelas e gráficos.

5.7. *Dashboard*

A tomada de decisão é um processo complexo que pode envolver várias áreas de uma organização. Portanto, ser capaz de visualizar, de forma integrada, as informações que apoiam a tomada de decisão pode tornar o processo mais eficiente. Nesse sentido, o uso de representações que integram e simplificam a apresentação de informações críticas é uma ação desejada e estimulada. Isso pode ser observado em diferentes instrumentos presentes no nosso dia a dia, como painéis de aviões, carros, equipamentos médicos e máquinas industriais. Seguindo esses princípios de simplicidade, integração e disponibilidade, os *dashboards* ou painéis de controle permitem reunir informações críticas para o monitoramento de eventos de interesse.

Um *dashboard* pode reunir indicadores de diversas áreas de uma organização e de fontes externas que influenciam as situações monitoradas, como indicadores financeiros, climáticos, trânsito, valores de moedas, entre outros.

A Figura 5.6 apresenta um *dashboard* com o uso de variados elementos para representar indicadores, como: gráficos, mapas, relógios, tabelas de dados, barras de evolução e contadores. A escolha dos indicadores e dos elementos para representá-los é orientada pelas necessidades do contexto monitorado e deve oferecer simplicidade de interpretação.

Figura 5.6 – Representação de um *dashboard* com indicadores variados.
Fonte: o próprio autor.

5.8. Conhecimento baseado em dados

O processo de descoberta de conhecimento com o uso de dados visa identificar novos relacionamentos e características que sejam úteis (FAYYAD et al., 1996). Para tanto, esse processo faz uso de técnicas estatísticas que permitem identificar relacionamentos não triviais ou desconhecidos, tendências, padrões de comportamento, classificações e similaridades. Em especial, essa abordagem é útil em um contexto em que a complexidade ou o volume torna inviável a análise manual dos dados, mesmo com uso de ferramentas OLAP ou *dashboards*.

Diferentemente da modelagem relacional ou multidimensional, onde existe um conhecimento prévio do que se deseja modelar, o processo de descoberta de conhecimento não possui uma referência sobre o que será encontrado. Como consequência, os resultados obtidos precisam ser interpretados. Caso não sejam compreendidos, os resultados não podem ser utilizados e serão considerados inúteis.

A Figura 5.7 apresenta o ciclo de descoberta de conhecimento em banco de dados. O ciclo começa com a seleção dos dados que serão analisados. Em seguida, os dados passam por um pré-processamento, onde são removidos dados inconsistentes que podem causar ruídos na análise, como dados incompletos ou com valores espúrios. O processo seguinte prepara os dados para a análise, seja com o ajuste do formato dos dados ou com a escolha das características a serem avaliadas. Com os dados prontos, as técnicas de mineração de dados – *data mining* – são utilizadas de acordo com o tipo de conhecimento a ser investigado. Por fim, os resultados obtidos devem ser avaliados, compreendidos e assim contribuir para a formação do conhecimento sobre o contexto representado pelos dados.

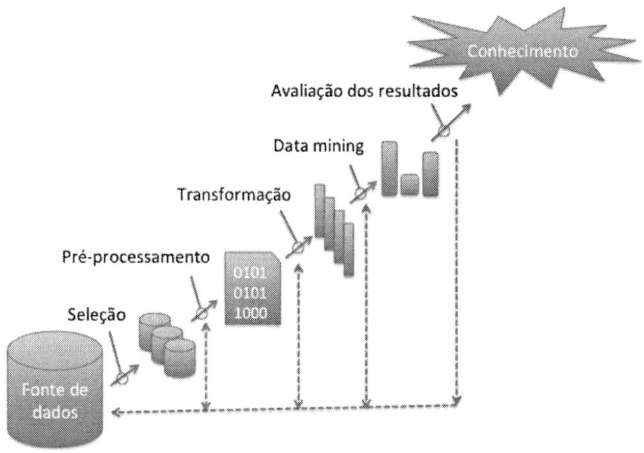

Figura 5.7 – Ciclo de descoberta de conhecimento.
Fonte: adaptado de Fayyad et al. (1996).

5.8.1. *Data mining* – Mineração de dados

A mineração de dados, do inglês *data mining*, é um processo de análise de dados que faz uso de uma ou mais técnicas estatísticas para extrair informações dos dados. A seguir são apresentadas algumas classes de técnicas utilizadas para a mineração de dados (WITTEN; FRANK, 2000; HAN; KAMBER, 2001):

- **Regras associativas** – Identificam elementos que ocorrem de forma conjunta. Um exemplo clássico é a identificação de produtos que são vendidos juntos. A base de dados de vendas é analisada para identificar os produtos com tendência a ser vendidos juntos. Ou seja, produtos que com uma determinada frequência estão presentes na mesma nota fiscal. Essa informação é útil para planejamento de vendas, propaganda e disposição de itens.
- **Classificadores** – Técnica utilizada para analisar dados que representam um evento conhecido e descrito por um rótulo. Os algoritmos de classificação identificam características que ajudam a definir os eventos descritos pelos rótulos. Essa fase é conhecida como treinamento do classificador. Uma vez treinados, os classificadores poderão inferir qual o rótulo de um item a ser inserido no banco de dados. Como exemplo, os classificadores são utilizados para avaliar uma base de dados de clientes que possuem um rótulo informando se são bons ou

maus pagadores. Após o treinamento e a criação do classificador, ele avaliará novos clientes cadastrados para identificar a tendência de honrar pagamentos. Os classificadores podem ser utilizados para realizar várias tarefas similares, como identificar transações fraudulentas, clientes com interesse de compra por determinado produto, pacientes predispostos a determinadas doenças, identificação de categorias de textos, produtos, fotos e vídeos. A limitação para o uso dos classificadores é a existência de uma base de dados com rótulo confiável a ser utilizada para a criação dos classificadores.

- **Agrupamento** – Os algoritmos de agrupamentos são utilizados para avaliar dados que não possuem rótulo ou classe definidos. Os dados são reunidos em grupos de acordo com a similaridade ou semelhança entre eles. Assim, cabe ao analista identificar o significado do agrupamento e como utilizá-los.

Cada classe de técnicas possui um conjunto de algoritmos que realizam a análise proposta por sua classe, porém com foco em uma característica ou otimização específica. Portanto, a avaliação de cada uma delas deve ser feita para determinar qual é mais apropriada ao dado analisado.

Novas abordagens surgem para atender à demanda por análise de dados específicos, como som, vídeos e imagens, postagens nas redes sociais, entre outros. Essas técnicas devem ser utilizadas à medida que produzam conhecimento útil para as organizações e seus gestores possuam conhecimento para compreender e utilizar seus resultados.

5.9. *Business intelligence* – Inteligência de negócios

O termo *business intelligence* (BI) ou inteligência de negócios descreve o processo que visa gerir os dados desde sua forma original, coletados pelos sistemas transacionais, até torná-los informações úteis (RUD, 2009).

A Figura 5.8 resume o processo de BI, no qual os dados, estruturados ou não, são submetidos ao processo de análise para obtenção de conhecimento que apoie o desenvolvimento da organização. O acesso aos dados pode ser feito pela construção de *data marts*, DW ou por acesso direto. Por sua vez, o conhecimento obtido deve ser tratado como um ativo importante da empresa e deve ser gerido como informação.

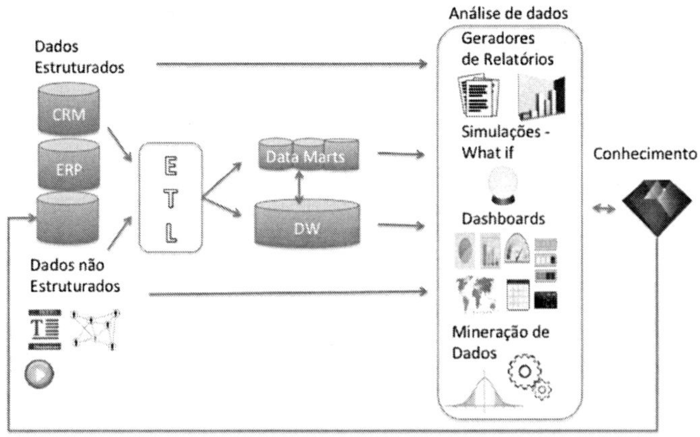

Figura 5.8 – Processo de *business intelligence* (BI).
Fonte: adaptado de RUD (2009).

Devido a sua amplitude e complexidade, o processo de BI é apoiado por um conjunto de ferramentas que auxiliam em sua implantação. Novas tecnologias são constantemente oferecidas pelos pacotes de aplicativos para BI. Entretanto, o conceito de integração e análise de dados para obtenção de conhecimento não é alterado.

5.10. *Big data* – Mudança no volume de dados

Como já abordado neste capítulo, uma importante perspectiva da gestão dos dados está relacionada ao seu volume. O crescimento acelerado do volume de dados tem demandado atenção especial dos gestores dos dados. A proliferação de dispositivos capazes de coletar e armazenar dados, como *smartphones* e diferentes tipos de sensores e câmeras, a redução do custo de armazenamento de dados e o sucesso de aplicativos sociais têm proporcionado um enorme crescimento no volume de dados. Novas escalas de volume de dados têm se tornado populares. O Quadro 5.2 apresenta escalas de dados que começam com o *kilobyte* (KB) e vai até o *yottabyte* (YB). Sem considerar a complexidade dos dados e focando somente em seu volume, os desafios de análise se encontram nas escalas apresentadas na coluna à esquerda.

Quadro 5.2 – Escala de dados em *bytes*.
Fonte: o próprio autor.

Escala de dados tradicional	Escala de dados *big data*
Kilobyte (KB) – 10^3	*Petabyte* (PB) – 10^{15}
Megabyte (MB) – 10^6	*Exabyte* (EB) – 10^{18}
Gigabyte (GB) – 10^9	*Zettabyte* (ZB) – 10^{21}
Terabyte (TB) – 10^{12}	*Yottabyte* (YB) – 10^{24}

Esse fenômeno de acúmulo de dados deu origem ao conceito de *big data*. As definições de *big data* são variadas e buscam mostrar o desafio imposto pelo crescimento do volume de dados. O termo *big data* tem sido utilizado para definir um conjunto de dados caracterizado por um grande volume que demanda tratamento especializado.

A seguir, são listadas três características conhecidas como os "3 Vs" do *big data*:

- **Volume** – A quantidade de dados gerada atinge escalas que necessitam de estrutura especializada para sua armazenagem e processamento. Os dados chegam a grandezas como *terabytes*, *petabytes* e caminham para *zettabytes*.
- **Velocidade** – Os dados são produzidos em grande velocidade. Volumes de dados que antes eram acumulados ao longo de anos já podem ser obtidos em poucas horas ou minutos.
- **Variadas fontes de dados** – Os dados são obtidos de várias fontes, como: sistemas computacionais, banco de dados, sensores etc. E possuem diferentes formatos e modelos de dados.

O grande volume de dados inviabiliza o uso de software e soluções tradicionais. Consequentemente, é necessário o desenvolvimento de novas ferramentas e técnicas que ofereçam recursos para gerenciar tamanho volume de dados. Lidar com grandes volumes de dados não é um desafio somente para empresas de redes sociais, buscas na internet ou serviços de vídeos e músicas. A quantidade de produtos e serviços oferecidos por empresas de *e-commerce* cresce juntamente com as informações agregadas a eles, como imagens e vídeos com descrições, comentários em redes sociais e *blogs*, demonstrações de uso, manuais, propagandas em diferentes mídias e comparações de características e preços. Entre tantas outras informações disponíveis, também se gera um grande volume de dados, o que se tornou tendência nas mais diferentes áreas.

Uma alternativa para trabalhar com *big data* é o uso de processamento paralelo e distribuído, também conhecido como computação em nuvem. Ela tem se consolidado por oferecer processamento em escala e com custos flexíveis. Ou seja, o processamento pode ser usado à medida que surge a demanda e na quantidade necessária. Assim, não há gasto com infraestrutura que não está sendo utilizada.

O processamento de distribuição de dados é possível devido ao surgimento de grandes empresas de processamento de dados – que oferecem os serviços de processamento em nuvem – e pelo surgimento de softwares – como o Hadoop – que facilitam a distribuição do processamento. Para alcançar os benefícios do processamento de dados em nuvem, os dados devem permitir um processamento ou análise disjuntos. Ou seja, os dados podem ser divididos e analisados de forma separada e os resultados parciais podem ser combinados para produzir o resultado final. Dessa maneira, cada parcela do dado pode ser analisada em um processador diferente. Além do ganho de desempenho, caso alguma falha ocorra, a fração do dado atingida pode ser analisada novamente sem grandes prejuízos.

5.11. NoSQL - *Not Only SQL*

A perspectiva de trabalhar em um contexto de *big data* requer eficiência para lidar com os dados. Para tanto, diversas abordagens podem ser utilizadas. Frequentemente, a alternativa escolhida é aumentar o poder de processamento da organização, principalmente com a popularização da computação em nuvem, que oferece elasticidade para tratar com variados volumes de processamento e preços acessíveis. Porém, conforme apresentado neste capítulo, se o dado estiver representado de forma não apropriada, o seu gerenciamento pode se tornar caro ou até mesmo inviável. Nesses casos, nem mesmo o aumento no poder de processamento produzirá os resultados desejados. A alternativa que surge é encontrar uma representação para os dados, onde suas características não sejam obstáculos e sim promovam eficiência. Com esse enfoque, os modelos de dados não relacionais proporcionam alternativas para trabalhar com determinados tipos de dados. Assim como o modelo relacional, os modelos não relacionais também apresentam limitações. Portanto, conhecer os pontos fortes e fracos de cada modelo é essencial para a escolha da melhor abordagem para uma determinada aplicação e um tipo de dado.

Os bancos de dados NoSQL (*Not Only SQL*) apresentam alternativas para o gerenciamento de dados quando a representação relacional não proporciona uma exploração adequada de seus recursos. O termo NoSQL não define um modelo ou banco de dados específico, mas um conjunto de alternativas para representação e gerenciamento dos dados (TIWARI, 2011).

5.11.1 Banco de dados orientado a colunas

Como já apresentado anteriormente, nos SGBDs relacionais tradicionais os dados são armazenados em tabelas formadas por linhas e colunas. Por sua vez, as consultas são realizadas com uma perspectiva de dados armazenados em linhas. Ou seja, o SGBD recupera as linhas que atendem às condições de uma consulta, mesmo que a maioria delas não seja de interesse do usuário. Apesar de o usuário receber somente os dados das colunas solicitadas, os dados armazenados nas demais colunas são recuperados.

Essa abordagem não permite recuperar somente as colunas solicitadas. Portanto, quanto maior a quantidade de colunas e o volume de dados em uma tabela, mais evidente se torna esse desperdício.

Os bancos de dados orientados a colunas, ou banco de dados colunares, apresentam uma alternativa de representação de dados para aplicações que podem se beneficiar de uma maior flexibilização na representação e utilização das colunas de uma tabela.

A parte superior da Figura 5.9 apresenta a entidade Paciente representada como uma tabela tradicional. Nessa tabela, caso seja solicitada somente a data de nascimento de todos os clientes nascidos a partir do ano de 1970, as demais colunas serão recuperadas durante o processo de preparação da resposta. Entretanto, com uma representação em forma de coluna, conforme mostra a parte inferior da Figura 5.9, bastaria recuperar os dados da coluna "Data_Nasc" para responder à consulta, pois, na representação colunar, cada coluna é armazenada de forma independente e possui ponteiros que definem o relacionamento entre as colunas e seus dados.

Tabela Paciente – SGBD relacional tradicional

Id	Nome	Data_Nasc	Email	Telefone
121	Luíza	02/06/1986	luiza@comp.com.br	21-32432145
245	Maria	05/05/1975	maria@xpto.com.br	11-22223344
318	João	01/02/1982	joao@kyz.com.br	11-22225566
...	...	...	...	...

Paciente representado de forma colunar

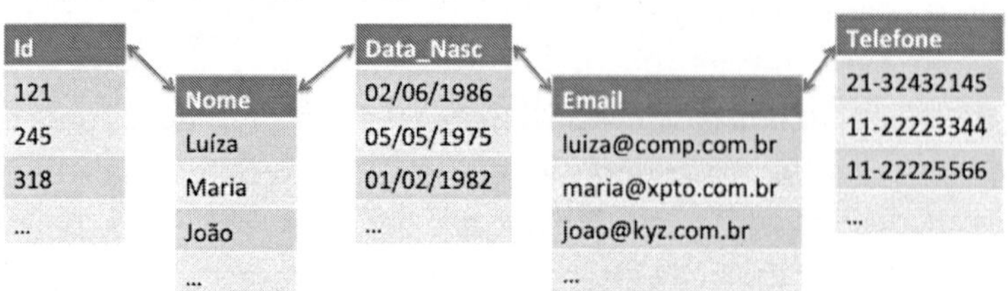

Figura 5.9 – Entidade Paciente representada em forma de tabela e em forma de coluna. Fonte: o próprio autor.

Aplicações baseadas em modelos multidimensionais e análise OLAP apresentam características favoráveis à representação colunar, uma vez que as dimensões do modelo multidimensional podem ser entendidas como colunas.

5.11.2. Banco de dados Chave/Valor

É considerado o modelo NoSQL com representação mais simples. Ele não possui um esquema de dados ou controles. Ou seja, os pares Chave/Valor são criados à medida da necessidade. Sua estrutura simples facilita a compreensão e o gerenciamento dos dados armazenados e, com isso, apresenta bom desempenho para trabalhar com grandes volumes de dados. Além do mais, essa representação possui maior flexibilidade do que uma tabela relacional, uma vez que cada item possui sua própria chave e pode ser recuperado de forma independente.

O modelo Chave/Valor é útil para a representação de dados com estrutura simples e que não demandam controle de restrições e de transações, como em aplicações baseadas em listas de itens. A Figura 5.10 apresenta um desses exemplos, formado por chaves que indicam um conjunto de comandos HTML, uma lista de identificadores de produtos excluídos e um conjunto de cores.

Chave	Valor
Pagina:index.html	<html>..<body>..</body>..</html>
Produtos_excluidos	27, 132, 478, 3298
318	Vermelho, amarelo, verde

Figura 5.10 – Representação de dados no formato Chave/Valor.
Fonte: o próprio autor.

5.11.3. Banco de dados orientado a documentos

Os modelos orientados a documentos permitem representar dados como uma coleção de documentos, onde um documento pode representar arquivos – como páginas web, textos, apresentações etc. – ou um conjunto de atributos, como os campos encontrados em formulários e cadastrados. Por tratar os documentos de forma independente, a representação do documento, como de seu conteúdo, pode ser mais flexível.

A Figura 5.11 mostra um exemplo de uma coleção de documentos que possuem conteúdos diferentes. Cada um dos três documentos é formado por um conjunto de atributos variados e podem representar domínios diferentes. Mesmo dados originários de um mesmo domínio, como o cadastro de um paciente, podem apresentar conteúdos diferentes. Caso os mesmos dados, com atributos diferentes, tivessem que ser integrados em um modelo relacional, seria necessário incluir todos os atributos disponíveis, o que levaria ao surgimento de diversos atributos sem valor. Ou, ainda, escolher os atributos comuns a todos os documentos, o que implicaria na perda de dados. Com a abordagem orientada a documentos essa limitação não existe e os documentos podem possuir estruturas complexas e distintas.

Id	121
Nome	Luíza
Data_Nasc	02/06/1986
Email	luiza@comp.com.br
Telefone	21-32432145

Id	318
Nome	Rodrigo
Login	r_adm
Perfil	Administrador

Id	245
Nome	Antônia
Email	antonia@xpto.com.br

Figura 5.11 – Representação orientada a documentos que descreve pessoas.
Fonte: o próprio autor.

5.11.4. Banco de dados de grafos

Os grafos são estruturas formadas por vértices, representados por círculos, e arestas, representadas por linhas. Os vértices são ligados entre si por arestas e essa conexão representa um relacionamento entre os vértices. A cada novo relacionamento entre vértices, uma nova aresta é usada para representar essa relação. Dessa forma, um grafo cresce de forma dinâmica, criando a quantidade necessária de arestas e vértices, sem precisar de definição prévia. Os grafos apresentam uma forma de representação bem genérica, o que permite representar os mais variados cenários. Como exemplo, as peças de um carro podem ser representadas por vértices e as arestas indicarem alguma ligação entre peças, como: peças equivalentes, peças que devem ser trocadas simultaneamente, peças com o mesmo preço, peças vendidas juntas etc.

A estrutura de representação simples e dinâmica, em conjunto com características que facilitam a execução de operações sobre sua estrutura, torna os grafos uma boa alternativa para representação de dados que ilustram relacionamentos dinâmicos, como as redes sociais. Nesse caso, os membros de uma rede social podem ser modelados como vértices e o tipo de relacionamento entre eles por arestas, como: amizades, laços familiares ou ligações profissionais.

O modelo de dados de grafos é formado pelos seguintes elementos (ROBINSON et al., 2013):

- **Nós** – Representam os vértices de um grafo.
- **Relacionamentos** – Representam as arestas.
  - São nomeados.
  - Possuem um nó de início e fim.
  - Possuem direção.
- **Propriedade** – Características de um nó ou de um relacionamento.

Os bancos de dados para grafos oferecem recursos para explorar as características dos relacionamentos que compõem um grafo e proporcionam vantagens como:

- **Desempenho em consultas** – A maioria das consultas é realizada em uma região do grafo. Portanto, o crescimento do banco de dados tem pouco impacto no tempo de resposta das consultas, uma vez que determinadas regiões possuem tamanho com pouca variação.
- **Flexibilidade de representação** – Novos conceitos e relacionamentos podem ser inseridos no modelo de forma simples. A criação de novos nós e relacionamentos não interfere nos já existentes.

5.11.5. Banco de dados NoSQL

Além da variedade de modelos considerados NoSQL, como Chave/Valor, colunar, documentos e grafos, existem também várias alternativas de sistemas gerenciadores para cada um desses modelos de dados e produtos tradicionais, como PostgreSQL, Oracle etc., que buscam oferecer alternativas para gerenciar dados não relacionais.

O Quadro 5.3 apresenta alguns exemplos de produtos voltados para lidar com cada um dos modelos de dados apresentados neste capítulo.

Quadro 5.3 – Gerenciadores de dados NoSQL especializados em cada tipo de modelo de dados.
Fonte: o próprio autor.

Modelo de dados	SGDBs
Chave/Valor	Riak, Redis
Documentos	MongoDB, CouchDB
Colunar	Hbase
Grafos	Neo4J

A escolha de qual produto utilizar segue o mesmo caminho dos SGBDs relacionais. Ou seja, os produtos que apresentarem mais simplicidade, eficiência e confiabilidade tendem a se consolidar no mercado.

Conclusão

Durante este capítulo foram apresentados modelos de dados, técnicas de análises e visualização, além de conceitos relacionados ao mundo que envolve os dados. Esse conjunto de conceitos pode ser utilizado de forma isolada para gerenciar dados em contextos específicos, porém melhores resultados são obtidos quando a gestão dos dados é realizada dentro de um planejamento que abranja toda a organização. A utilização de sistemas ou bases de dados isolados limita a obtenção do conhecimento. Entretanto, a criação de ilhas de dados pode ocorrer de forma gradual, quase imperceptível, à medida que surgem novas demandas e tecnologias são incorporadas pelas organizações. O surgimento de sistemas para controle de produção, relacionamento com cliente, apoio à tomada de decisão, vendas pela internet, *smartphones* e *big data* caracteriza ciclos dos sistemas de informações. A cada novo ciclo, novas oportunidades e desafios surgem. Esses ciclos devem ser explorados dentro de uma perspectiva de integração global dos dados e de uma política de gestão da informação. A adoção das novas tecnologias deve fazer parte um planejamento que identifique suas contribuições, limitações e potencial de contribuição para a organização. Caso contrário, o surgimento de ilhas de informação pode comprometer o desempenho da organização e limitar o retorno que pode ser obtido com o uso adequado e coordenado dos dados.

Revisão dos conceitos apresentados

A gestão de dados tem ganhado mais importância para as organizações, à medida que os recursos computacionais para obter informações e conhecimentos a partir de dados se tornam mais comuns. Para se beneficiar dos dados, as organizações precisam de uma política de gestão que passe pela integração não somente dos dados produzidos por seus sistemas, mas também de dados obtidos de fontes externas como a internet. Esse contexto apresenta o desafio do gerenciamento de dados estruturados, semiestruturados e mesmo os não estruturados, cuja representação no formato relacional é inadequada e ineficiente. Ser capaz de armazenar dados não é suficiente; também é preciso analisá-los. Entretanto, o modelo relacional não apresenta bom desempenho para atender às aplicações analíticas, o que gera a necessidade de mapear os dados para modelos alternativos que favoreçam atividades de análises, como os modelos multidimensionais e os armazéns de dados que integram os dados oriundos dos diversos sistemas organizacionais. Uma base de dados integrada e ampla pode ser utilizada para descoberta de conhecimento sobre uma organização, o que visa identificar conhecimentos novos, úteis e que não são obtidos com consultas e relatórios simples, mas demandam o uso de técnicas de visualização de dados e abordagens estatísticas para minerar dados em busca de informações e conhecimentos que apoiem o processo de tomada de decisão. Esse processo de obtenção, tratamento, análise de dados e geração de conhecimento é denominado de inteligência de negócios (*business intelligence*) e tem como objetivo aproveitar o potencial oferecido pelos dados e oferecer um diferencial competitivo para as organizações. A possibilidade de obter benefícios por meio da análise de dados em conjunto com a facilidade de obter dados por meio da internet e sensores fomenta o interesse em armazenar e analisar um volume de dados que cresce de forma acelerada – o denominado *big data*. Com esse volume de dados surge a necessidade de utilização de abordagens alternativas para representação e gerenciamento dos dados. Algumas dessas alternativas, chamadas de NoSQL, vem se tornando popular devido à flexibilidade e eficiência para trabalhar com grandes escalas de dados. Como conclusão, a representação, gestão e análise dos dados são atividades dinâmicas e que devem ser utilizadas para proporcionar o bem-estar de todos e não somente das organizações.

Glossário

Big data – Conjunto de dados caracterizado por um grande volume que demanda tratamento especializado.

***Business intelligence* (BI)** – Processo que visa tornar os dados úteis para apoiar decisões estratégicas de uma organização.

Dashboard – Termo em inglês que pode ser traduzido para painel de controle. Estrutura para visualização gráfica e dinâmica de indicadores estratégicos para o processo de tomada de decisão.

Data mart – Estrutura para integração e armazenamento de dados similar a um *data warehouse*, porém com abrangência menor, focada em um departamento ou processo.

***Data Mining* ou mineração de dados** – É o processo de análise de dados que faz uso de uma ou mais técnicas estatísticas para extrair informações dos dados.

***Data warehouse* (DW)** – Estrutura para integração e armazenamento de dados utilizada para apoiar processos analíticos. Abrange dados da organização como um todo.

DER – Diagrama Entidade-Relacionamento. É um tipo de fluxograma que descreve os relacionamentos entre objetos de dados.

Hadoop – Software que facilita a distribuição do processamento.

HOLAP – *Hybrid OLAP.* Oferece recursos para análise de dados armazenados em bancos de dados relacionais ou multidimensionais.

Inteligência de negócios – O mesmo que *business intelligence* (BI).

***Knowlegde Discovery in Database* (KDD)** – Descreve o processo de tratamento de dados para descoberta de conhecimento.

Modelo estrela – Modelo clássico para representação de dados usado pela modelagem multidimensional.

Modelo multidimensional – Modelagem usada para representação de análise de dados, formada por tabelas de fato e dimensão. Utilizada para representar dados.

Modelo não relacional – Modelo de dados utilizado para dados cuja representação relacional não é viável ou eficiente.

Modelo relacional – Modelagem clássica utilizada para definir modelos de dados e que é formada pela definição de entidade, relacionamentos e atributos.

MOLAP – *Multidimensional OLAP.* Oferece recursos para análise de dados multidimensionais.

NoSQL – *Not Only SQL*. Usada para referenciar bancos de dados não relacionais.

OLAP – Sigla em inglês para *On-Line Analytical processing* ou processamento analítico *on-line.* Oferece recursos para acessar, navegar e visualizar dados.

ROLAP –*Relational OLAP.* Usado para análise de dados relacionais.

SGBDs – Sistemas Gerenciadores de Banco de Dados. Sistemas especializados em armazenamento, gerenciamento e recuperação de dados. Eles são formados por um conjunto de programas que oferecem funcionalidades para manusear dados digitais.

SQL – *Structured Query Language* ou linguagem estruturada de consulta. Linguagem utilizada em SGBDs relacionais para criação, gerenciamento e consulta de estruturas e dados dos bancos de dados relacionais.

Referências

ACKOFF, R. L. From data to wisdom. *Journal of Applied Systems Analysis*, vol. 16, n. 1, 1989, p. 3-9.

CODD, E. F. A relational model of data for large shared data banks, *CACM*, vol. 13, n. 6, jun. 1970.

ELMASRI, R.; NAVATHE, S. B. *Sistemas de Banco de Dados*. 7.ed. São Paulo: Pearson Education, 2019.

FAYYAD, U.; PIATETSKY-SHAPIRO, G.; SMYTH, P. From data mining to knowledge discovery: An overview. *In:* FAYYAD, U.; PIATETSKY-SHAPIRO, G.; SMYTH, P.; UTHURUSAMY, R. (eds.) *Advances in Knowledge Discovery and Data Mining.* Menlo Park, CA: AAAI Press, 1996.

GARCIA-MOLINA, H.; ULLMAN, J. D.; WIDOM, J. *Database Systems:* the complete book. Upper Saddle River, NJ: Prentice Hall, 2001.

HAN, J.; KAMBER M. *Data Mining:* concepts and techniques. San Francisco, CA: Morgan Kaufman Publishers, 2001.

INMON, W. H.; HACKATHORN, R. D. *Como usar o Data Warehouse.* Rio de Janeiro: IBPI Press, 1997.

KIMBALL, R. *The data warehouse toolkit*. Hoboken, NJ: John Wiley & Sons, 1996.

RAMAKRISHNAN, R.; GEHRKE, J. *Sistemas de Gerenciamento de Dados.* 3.ed. New York, NY: McGraw-Hill, 2008.

ROBINSON, I.; WEBBER, J.; EIFREN, E. *Graph Databases.* Sebastopol, CA: O'Reilly, 2013.

RUD, O. *Business Intelligence Success Factors:* tools for aligning your business in the global economy. Hoboken. N.J: John Wiley & Sons, 2009.

SILBERCHATZ, A.; KORTH, H. F.; SUDARSHAN, S. *Sistemas de Banco de Dados.* Rio de Janeiro: Campus, 2012.

TIWARI, S. *Professional NoSQL*. Indianapolis, IN: John Wiley & Sons Inc., 2011.

TURBAN, E.; RAINER JR, R.; POTTER, R. *Introdução a Sistemas de Informação:* uma abordagem gerencial. Rio de Janeiro: Campus, 2007.

ULLMAN, J. D.; WIDOM, J. *A first course in database systems*. 3rd.ed. Upper Saddle River, NJ: Pearson, 2007.

WITTEN, I.; FRANK, E. *Data Mining:* practical machine learning tools and techniques with Java implementations. San Diego, CA: Academic Press, 2000.

6. Governança de dados

André Montoia Barata
Fabio Henrique Souza Prando

Conceitos apresentados neste capítulo

6.1 Cultura de dados
6.2 Governança de dados
6.3 Governança de dados no contexto de cultura de dados
6.4 Relacionamento da cultura de dados com *big data* e *analytics*

Objetivos do capítulo

1. Apresentar conceitos, metodologias e *frameworks* de governança de dados.
2. Descrever a estratégia de implantação de uma governança de dados, no contexto de cultura de dados.
3. Destacar a importância de uma governança de dados nos projetos em um cenário de *big data* e *analytics*.

Introdução

O homem depara com tomadas de decisões desde os primórdios de sua existência, e com a evolução da humanidade elas se tornaram mais complexas e muito mais frequentes.

Executivos e gestores que estavam à frente de seus negócios há poucas décadas contavam com seu profundo conhecimento do negócio e com uma parcela significativa de intuição e bom senso para basear suas decisões.

Com a popularização dos sistemas de gestão que foram criados para registrar as principais transações das operações dos negócios, estes sistemas passaram a ser grandes fornecedores de dados que suportavam a tomada de decisão. Em pouco tempo, vivenciamos a bolha do *business intelligence* (BI) e a popularização de ferramentas de análise e visualização de dados históricos.

Até pouco tempo atrás, o uso de BI já trazia vantagem competitiva para as empresas e indiscutivelmente foi capaz de realizar grandes resultados de crescimento para os negócios, mas, com a evolução das ferramentas e a redução dos custos de implantação de projetos de BI, praticamente todas as companhias tiveram acesso à tecnologia, esvaindo todo o potencial da vantagem competitiva esperada. A evolução do modelo BI era inevitável.

Em paralelo, o mundo começou a gerar dados como nunca visto antes. Hoje temos absurdos 33 *zettabytes* e uma projeção em 2025 de 175 *zettabytes*, de acordo com estudo do *International Data Corporation* (IDC) (REINSEL et al., 2018). Desde os anos 2000, a humanidade gera mais dados do que a capacidade do próprio homem de consumi-los. Sim, agora o gargalo no consumo de dados não é mais o espaço em disco ou o potencial de processamento de dados; é o homem.

A resposta a esse contexto foi o uso de ferramentas cujo foco da arquitetura é a leitura rápida dos dados (ex.: Hadoop) e a criação de algoritmos estatísticos e inteligentes (ex.: Python ou R) capazes de processar esse volume imenso de dados, ou *big data*. Não à toa, é muito comum vermos gurus e meios de comunicação especializados dizendo que "dado é o novo petróleo" e que "*big data* é a tecnologia que trará novamente a tão desejada vantagem competitiva aos negócios".

Atualmente estamos surfando nessa nova onda do *big data* – profissões que eram majoritariamente acadêmicas, como matemáticos, estatísticos e especialistas em inteligência artificial, ganharam destaque no mercado e passaram a ser disputadas pelas companhias, que oferecem vultuosos salários e benefícios. Artigos, fóruns, eventos e notícias sobre os êxitos e resultados de *big data* ocupam lugar de destaque.

Como no mundo dos negócios tempo é dinheiro, há uma busca frenética pela implementação de *big data*. Empresas adquirem os softwares de *big data* na nuvem, contratam matemáticos, estatísticos e cientistas de dados, gastam fortunas construindo seu *data lake* com dados estruturados e não estruturados, começam a desenvolver seus *analytics* – algoritmos estatísticos e de inteligência artificial –, mas onde estão os resultados? Onde estão os *insights* que mudarão a regra do jogo nos negócios? Por que as provas de conceitos que foram realizadas não entram em produção? Ou, se entram, por que não têm a perenidade necessária para trazer os resultados esperados?

Abordar *big data* apenas como a implementação de uma nova tecnologia, a exemplo da implementação de um BI na sua época, é provavelmente um grande equívoco. O volume, a variedade, a veracidade e o valor que os dados possuem elevam significativamente a complexidade da implementação de um projeto de *big data*. Não é tão raro equipes se perderem ao longo do projeto ou não chegarem a um resultado efetivo.

O sucesso da implementação de *big data* está umbilicalmente ligado à mudança da cultura da companhia. A implementação da cultura de dados, suportada pelos pilares da governança de dados, análise de dados e gestão de mudanças habilitará as companhias a implementar programas robustos de *big data* com maiores chances de êxito e consequentemente os retornos e resultados esperados dessa fabulosa tecnologia.

Como toda mudança de cultura, essa é uma jornada longa que requer preparação prévia, método, estratégia e monitoramento, mas certamente há um potencial enorme para bons resultados.

Que venha a era da cultura de dados!

6.1. Cultura de dados

Cultura de dados não consiste em um *framework*, tampouco em uma metodologia com passos a serem seguidos. Cultura de dados consiste em comportamentos e costumes que uma organização precisa enraizar para possuir uma cultura orientada a dados. Possuir uma cultura orientada a dados vai além de possuir um ecossistema de *big data* implantado com modelos preditivos e prescritivos avançados e técnicas de visualização de dados. Possuir uma cultura de dados é enraizar na organização o comportamento cultural baseado em dados, ou seja, tomada de decisões baseada em dados, pensamentos estratégicos baseados em dados, *brainstorms* baseados em dados etc. Com uma cultura orientada a dados enraizada, a organização se torna *data-driven*, ou seja, todos os direcionamentos, tomadas de decisão e gestão da empresa se baseiam em dados e não em *feeling*, ou seja, tomada de decisões baseada na experiência e suposição de colaboradores com grande tempo de organização. Uma organização que possui uma cultura de dados possivelmente já sofreu uma grande transformação digital e atualmente está colhendo os frutos dessa transformação. Mas como enraizar a cultura de dados na organização? Quais os comportamentos e costumes que uma organização precisa ter para possuir uma cultura orientada a dados? Para implantar uma cultura de dados, uma organização deve pensar na implantação de três pilares: governança de dados, análise de dados e gestão de mudanças. Nos próximos tópicos vamos dissertar sobre como a governança de dados suporta uma cultura orientada a dados e o relacionamento destas com os ecossistemas de *big data* e *analytics*.

6.1.1. Integração entre governança de dados, análise de dados e gestão de mudanças

As funções de governança de dados, análise de dados e gestão de mudanças são complementares entre si e contribuem significativamente para o sucesso dos projetos de *analytics* nas companhias.

A governança de dados tem como objetivo garantir que os dados sejam coletados, armazenados, curados e distribuídos de maneira consistente e com significado para os consumidores de dados, cientistas de dados, analistas funcionais, entre outros.

A análise de dados deve identificar problemas/necessidades de negócio, estudá-los formulando hipóteses, análises exploratórias, modelos matemáticos e análises preditivas e prescritivas utilizando os dados fornecidos e gerenciados pela área de governança de dados. Os resultados desses estudos são os famosos *insights* que são considerados ouro no mundo digital.

A gestão de mudanças deve suportar a adoção dos *insights* nos processos da empresa, como, por exemplo, implementar o uso de um modelo matemático preditivo no processo de compras de *commodities*, que anteriormente era feito apenas com base na experiência do comprador analisando indicadores de desempenho.

Podemos traçar um paralelo entre a cultura de dados e uma cirurgia médica. A governança de dados é toda a infraestrutura do hospital (física e funcional), incluindo o instrumentista, que fornece tudo o que for necessário para o ato cirúrgico. A análise de dados são os médicos especializados que fazem uso de toda essa estrutura para estudar, diagnosticar e operar o paciente. E a gestão de mudanças são todas as práticas de pós-operatório que cuidam do paciente até que ele esteja 100% restabelecido.

Neste capítulo, vamos nos aprofundar apenas na governança de dados, a fundação para que toda a mágica dos *insights* aconteça.

6.2. Governança de dados

Desde 2013 muitos entusiastas do tema já mencionavam que dado é o ativo mais importante das empresas (RÊGO, 2013). Outros afirmam que o dado é o novo petróleo. Entretanto, as empresas ainda enfrentam grandes problemas de qualidade de dados e de falta de uma governança eficiente e eficaz desses dados. Empresas estão buscando cada vez mais implantar um *big data* ou um *analytics* e durante esse processo de implantação deparam com a falta de qualidade dos dados e da governança para mantê-los e consumi-los, sendo praticamente uma utopia o sucesso do *big data* e do *analytics*.

Segundo a Forbes (PRESS, 2016), os cientistas de dados gastam aproximadamente 80% do seu tempo com a preparação dos dados, sendo 60% organizando e limpando os dados e 19% coletando os dados.

Isso significa que um cientista de dados passa grande parte do seu tempo realizando trabalhos relacionados à preparação dos dados e não desenvolvendo algoritmos e modelos analíticos, que seria efetivamente sua função. Muito desse esforço em preparação de dados se deve à falta de uma governança de dados nas empresas, que não possuem suas fontes de dados mapeadas, com qualidade e íntegras para um efetivo trabalho de *analytics*. Empresas que investem diretamente na transformação digital, com foco em *analytics* e *big data*, e que almejam obter sucesso nessa transformação necessitam investir também em governança de dados, a fim de aprimorar a qualidade dos dados e organizá-los de maneira consistente para torná-los insumos adequados para o sucesso da aplicabilidade do *big data* e do *analytics*.

Governança de dados transcende uma base de dados centralizada na qual a organização pode confiar; transcende também processos, pessoas e tecnologia bem definidos no que tange a dados. A governança de dados deve ser enraizada na organização de maneira que todos os envolvidos, direta e indiretamente, com essa governança estejam treinados e aptos a participar de uma nova cultura de dados desenhada para a organização.

6.2.1. Motivação e conceitos

Governança de dados consiste em estruturar procedimentos e processos para que os dados da organização sejam governados e conduzidos de maneira que estes gerem informações confiáveis e objetivas para a tomada de decisão da alta gestão (BARATA, 2015). Entretanto, como realizar uma governança de dados eficiente? Quais pilares devem ser conduzidos em uma implantação de governança de dados?

Muitas são as metodologias e os *frameworks* para suportar as organizações em uma implantação de governança de dados. Entretanto, um número muito reduzido de organizações possui uma área de governança implantada com elevada maturidade. Mas por que um tema amplamente discutido nos últimos anos ainda não possui um número elevado de adoção pelas empresas? Neste capítulo vamos fornecer nosso ponto de vista sobre por que as empresas não estão preparadas para uma eficiente governança de dados, e, quando as implantam, a dificuldade de condução dessa governança é bem elevada.

6.2.2. Metodologias e *frameworks*

Existem diversos *frameworks* de governança de dados que são estudados por alguns autores na literatura. Dentre os principais *frameworks* atuais do mercado, destacam-se o DAMA DMBOK (DAMA, s.d.), o *DGI Data Governance Framework* (DGI, s.d.) e o DMM (*Data Management Maturity*) (ISACA, s.d.).

- **DAMA DMBOK** – A DAMA (*Data Management Association*) é uma instituição internacional sem fins lucrativos composta por profissionais que buscam disseminar os conceitos e técnicas de governança de dados. A DAMA é a criadora do DMBOK (*Data Management Body of Knowledge*), que está na sua segunda edição (2017) e consiste em um "corpo de conhecimento" responsável por estabelecer metodologias, procedimentos e padrões de boas práticas de governança de dados.

O DMBOK possui 11 áreas de conhecimento que detalham o que deve ser feito para cada área no que tange a boas práticas de governança de dados. Esse *framework* detalha o que fazer para atingir uma governança de dados e não o como fazer. As 11 áreas de conhecimento do DMBOK são:

1) Governança de Dados
2) Arquitetura de Dados

3) Modelagem e Projetos de Dados
4) Operações e Armazenamento de Dados
5) Segurança de Dados
6) Integração e Interoperabilidade de Dados
7) Dados Mestres e Referência
8) DW e BI
9) Gerenciamento de Documentação e Conteúdo
10) Gerenciamento de Metadados
11) Qualidade dos Dados

- ***DGI Data Governance Framework*** – O *Data Governance Institute* (DGI) é um dos maiores institutos no mundo que disseminam conhecimentos e melhores práticas para governança de dados. O DGI é responsável pelo *DGI Data Governance Framework*, que consiste em um sistema que suporta as organizações nas tomadas de decisões estratégicas descrevendo quem deve realizar cada ação, com qual informação, sobre quais circunstâncias e utilizando quais métodos.

Esse *framework* é subdividido em 12 áreas para governar como os dados devem ser utilizados, quando estes dados devem ser utilizados e por quem esses dados devem ser utilizados.

- **DMM** – *Data Management Maturity* consiste em um *framework* que fornece as melhores práticas para suportar as organizações em construir, melhorar e medir a maturidade da gestão e governança de dados. Este *framework* é subdividido em seis categorias para identificar pontos de melhorias no que tange à gestão de dados, bem como potencializar as correções de *gaps* de maturidades para aprimorar a performance do negócio. Essas categorias possuem um conjunto de *capabilities* que auxiliam na identificação da maturidade da governança dos dados. As seis categorias do *framework* e suas *capabilities* são:
  1. *Data Strategy*
     a. *Data Management Strategy*
     b. *Communications*
     c. *Data Management Function*
     d. *Business Case*
     e. *Funding*
  2. *Data Governance*
     a. *Governance Management*
     b. *Business Glossary*
     c. *Metadata Management*

3. *Data Quality*
    a. *Data Quality Strategy*
    b. *Data Profiling*
    c. *Data Quality Assessment*
    d. *Data Cleansing*
4. *Data Operations*
    a. *Data Requirements Definition*
    b. *Data Lifecycle Management*
    c. *Provider Management*
5. *Platform & Architecture*
    a. *Architectural Approach*
    b. *Architectural Standards*
    c. *Data Management Platform*
    d. *Data Integration*
    e. *Historical Data & Archiving*
6. *Supporting Processes*
    a. *Measurement and Analysis*
    b. *Process Management*
    c. *Process Quality Assurance*
    d. *Risk Management*
    e. *Configuration Management*

Para cada uma das seis categorias o *framework* fornece uma lista de tópicos e direcionadores de maturidade a nível de *capabilities* que vão de 1 até 5, permitindo um nivelamento dos conhecimentos e *gaps* da organização para cada um dos tópicos e categorias (ISACA, s.d.).

Independentemente do *framework* escolhido para a implantação de uma governança de dados, as organizações devem buscar estruturar seus processos e capacitar as pessoas envolvidas na nova governança de dados a ser implantada. Uma boa governança de dados transcende *frameworks* e deve ser focada na catequização das pessoas que irão utilizá-la e disseminá-la para toda a organização a fim de fomentar uma nova cultura voltada a dados.

6.3. Governança de dados no contexto de cultura de dados

Tornar uma empresa *data-driven* é um objetivo constante das organizações nos últimos anos. A transformação digital é um tema amplamente discutido pelas empresas, e os investimentos em tecnologias emergentes (*analytics*, *big data*, *blockchain*, internet das coisas – IoT) vêm aumentando a cada ano. Para atingir esse objetivo, as organizações buscam cada vez mais transformar os dados em um ativo da organização e fomentar uma cultura organizacional orientada a dados. Sabe-se que transformar uma empresa para um pensamento *data-driven* é algo moroso e custoso e requer uma mudança de cultura. Uma pesquisa de janeiro de 2019 da *NewVantage Partners* demonstra que as organizações não estão preparadas para uma cultura *data-driven*. A pesquisa foi realizada com 65 executivos de tecnologia e negócios de grandes empresas globais, como, por exemplo, American Express, Ford Motor, General Electric, General Motors e Johnson & Johnson. Os principais alarmantes resultados levantados pela pesquisa foram:

1. 72% dos entrevistados responderam que ainda não possuem uma cultura de dados.
2. 69% responderam que não criaram uma organização *data-driven*.
3. 53% afirmam que não tratam os dados como um ativo de negócio.

Adicionalmente, a percentagem de organizações que se identificam como *data-driven* reduziu nos últimos três anos: de 37,1% em 2017 para 32,4% em 2018, e em 2019 apenas 31% das organizações entrevistadas se consideram *data-driven*. Em contrapartida a esses números, os entrevistados revelam que os investimentos em tecnologias emergentes estão aumentando: 92% dos entrevistados afirmaram que os investimentos em *big data* e inteligência artificial (IA) estão acelerados e 55% das organizações entrevistadas disseram que os investimentos em *big data* e IA ultrapassam os 50 milhões de dólares, número 40% maior que o último ano (NVP, 2019). Mas o que isso significa e qual o impacto do investimento em tecnologias emergentes sem uma cultura orientada a dados? O investimento acelerado em tecnologias emergentes trabalhando na contramão da cultura *data-driven* fará com que as organizações esbarrem em requisitos básicos de qualidade e governança de dados.

Em setembro de 2017 a *Harvard Business Review* realizou um estudo (NAGLE et al., 2017) com 75 executivos de diferentes setores e apenas 3% destes afirmaram considerar a qualidade de seus dados aceitável. Essa falta de qualidade de dados das organizações está diretamente relacionada à falta de governança de dados. Elas buscam investimentos em tecnologias emergentes e, por não possuírem requisitos mínimos de qualidade e governança, não conseguem obter resultados expressivos em seus ecossistemas *big data* e *analytics*. Uma cultura *data-driven* com uma governança de dados estruturada, eficiente e enraizada na organização possibilitará que a transformação digital buscada pelas organizações gere valores mais expressivos e em um período factível para a realidade do negócio. Mas como implantar uma governança de dados com uma cultura *data-driven*? Quais são os pilares necessários e qual abordagem deve ser utilizada? Nos próximos tópicos mostraremos nosso ponto de vista sobre a estratégia de implantação de uma governança de dados *data-driven*.

6.3.1. Estratégia de implantação da governança de dados

Existem muitos *frameworks* e metodologias de governança de dados (neste capítulo mencionamos três), e uma boa implantação de governança de dados deve seguir as práticas e os princípios dissertados nesses *frameworks*. Entretanto, apenas seguir os direcionamentos de *frameworks* e metodologias não garantirá o sucesso da governança de dados na organização, pelo contrário: se toda a organização não estiver engajada e disposta a mudar a sua cultura, essa governança de dados não atingirá os resultados esperados.

A implantação de uma governança de dados deve transcender práticas e técnicas tradicionais, buscando implantar uma cultura de dados na organização de modo que a governança de dados seja uma base estruturada para toda a transformação digital pela qual a organização passará, fazendo com que todas as decisões da organização sejam *data-driven*. Algumas características são cruciais para uma organização *data-driven* (PEREGUD, 2018):

1. **Executivos criativos que lideram a organização com paixão e curiosidade.** Uma gestão *data-driven* requer uma mudança de cultura e *mindset*. A organização deve possuir líderes que estejam dispostos a aderir a essa nova cultura, por meio de profunda interação e análises de dados que serão cruciais para as tomadas de decisões estratégicas da organização.
2. **Democratização dos dados.** A organização deve democratizar os dados para todos os funcionários, independentemente de cargo e atribuição. Todos os funcionários da organização devem ser orientados a dados e utilizar os dados para realizar suas atribuições diárias e suas decisões *data-driven*.
3. **Alfabetização de dados (*data literacy*).** Os funcionários da organização devem ser alfabetizados em dados, ou seja, devem possuir habilidades de leitura, trabalho, análise e argumentação com dados.
4. **Automatização das análises de dados.** As organizações devem buscar aprimorar sua automatização das análises de dados. Por exemplo: transformar uma decisão ou melhoria orientada a dados em um *insight* e aperfeiçoamento para o negócio.
5. **Cultura de dados para toda organização.** A cultura de dados transcende tecnologias e ferramentas. A organização deve possuir acesso aos dados de maneira objetiva, intuitiva, com qualidade e os funcionários devem tornar suas rotinas de

trabalhos *data-driven*. Todos devem ser catequizados em dados e dia após dia a maturidade da cultura de dados na organização deve ser aprimorada.

Segundo Hippold (2018), até 2020 80% das organizações iniciariam o trabalho de alfabetização de dados de seus funcionários, reconhecendo a grande deficiência no assunto. Nos dias atuais, início de 2021, observamos uma movimentação das organizações nesse tema; entretanto, a dificuldade de engajamento das pessoas ainda é muito alta. A governança de dados e a cultura *data-driven* devem ser trabalhadas em conjunto. A governança de dados, com a estruturação de procedimentos e processos, é fator crítico de sucesso para a obtenção de dados com qualidade para a tomada de decisões *data-driven*. Para que a governança e a cultura de dados tenham sucesso em uma organização, ambas devem ser implementadas em conjunto, para que se completem, ou seja, ao implementar uma governança de dados se deve estruturar também uma cultura *data-driven* para a organização, proporcionando a democratização, alfabetização e automatização dos dados. A governança de dados é um dos principais pilares dentro de uma implantação de uma cultura de dados.

Para a implantação de uma governança e cultura de dados, deve-se sempre começar pequeno e pensar grande, ou seja, delinear quais serão os dados que farão parte de um piloto de governança de dados. Como a implantação envolve a mudança de uma cultura na organização e toda mudança gera impactos, estes devem ser mitigados reduzindo e escolhendo um cenário de dados a ser aplicado à governança. Entretanto, deve-se sempre possuir um plano de implantação da governança e cultura para todos os dados da organização. Uma abordagem estratégica para a implantação da governança de dados é o modelo de trabalho ágil, que permite a estruturação em ondas (*Sprints*) a fim de delimitar os dados que serão governados e estruturá-los em um modelo de geração de valor para a organização. Mas como escolher os dados que farão parte da primeira *Sprint* da implantação da governança e cultura de dados? Devemos sempre voltar para a necessidade do negócio e qual melhoria o negócio deseja obter, assim delimitamos quais são os dados cruciais para que o negócio obtenha uma governança de sucesso. Esses dados governados e estruturados serão primordiais para a tomada de decisões *data-driven* do negócio. No próximo tópico abordaremos técnicas do modelo ágil para implantação da governança de dados.

6.3.2. Modelo ágil para implantação da cultura de dados

Segundo Carl Anderson (2015), "*Data-drivenness* é a construção de ferramentas, habilidades e, mais crucialmente, uma cultura que age sobre os dados". Portanto, se uma organização busca ser *data-driven*, esta precisa implantar uma cultura de dados que deve ser amplamente difundida e enraizada em toda organização. Na nossa visão, para a implantação de uma cultura de dados, são necessários cinco pilares, como mostra a Figura 6.1.

Figura 6.1 – Pilares da cultura de dados.
Fonte: o próprio autor.

1. **Governança de dados:** o pilar mais importante de uma cultura de dados consiste na governança de dados. Neste pilar a organização irá estruturar os processos, as pessoas e as tecnologias para suportar a cultura dos dados. Este pilar proporcionará uma gestão de dados eficiente para a organização, com qualidade e objetividade, para que a organização se torne *data-driven* e inicie a tomada de decisões orientada a dados.
2. **Democratização dos dados:** neste segundo pilar a organização deve democratizar os dados para todos os funcionários, independentemente de cargo ou atribuição. Após uma governança de dados estruturada, com dados com qualidade, acurácia e consistência e um processo bem definido e estruturado, o próximo passo é democratizar esses dados para toda a organização, de maneira clara, objetiva e eficiente. Com todos os funcionários da organização com acesso a dados, a cultura *data-driven* começará a ser estruturada.
3. **Alfabetização dos dados:** com os dados governados e democratizados, o próximo passo é alfabetizar toda a organização na utilização dos dados. Todos devem possuir habilidades de leitura, trabalho, análise e argumentação com dados, para que as tomadas de decisões sejam *data-driven*. Um primeiro passo seria realizar *workshops* para as principais áreas estratégicas da organização. Após esses *workshops*, implantar uma política de disseminação dos conhecimentos adquiridos por essas áreas. Assim a alfabetização dos dados começará a ser enraizada em toda a organização, durante o dia a dia de trabalho.

4. **Consumo dos dados:** o quarto passo será o consumo dos dados governados e democratizados para toda a organização. O consumo automático de dados deve ser uma rotina do negócio da organização, ou seja, deve-se praticar todo o aprendizado adquirido durante a alfabetização em dados, e a área de governança de dados implantada deve ser a área suporte para o negócio durante o consumo desses dados. Neste pilar se inicia a necessidade de preparação de um ecossistema de *analytics*, por meio de criação de modelos prescritivos, preditivos e técnicas de visualizações de dados para suportar o negócio.
5. **Evangelização da cultura:** o último pilar, não menos importante, é a evangelização dessa cultura de dados implantada. Após a governança, democratização e alfabetização dos dados, a organização *data-driven* deve ser evangelizada, ou seja, a cada dia o número de áreas e funcionários catequizados nessa nova cultura deve aumentar, bem como a maturidade *data-driven* da organização como um todo. O sucesso de uma implantação de cultura de dados está na objetividade da implantação desse pilar em conjunto com uma gestão de mudanças direcionada para toda a organização.

Uma implantação de uma cultura de dados deve percorrer esses cinco pilares. Entretanto, por se tratar de uma mudança cultural em toda a organização, as dificuldades de implantação e a morosidade que ela pode enfrentar são grandes. Por esse motivo recomenda-se a utilização de técnicas de modelos ágeis para uma implantação de cultura de dados mais objetiva.

Para uma implantação de cultura de dados ágil, uma organização deve percorrer quatro etapas de desenvolvimento, como mostra a Figura 6.2.

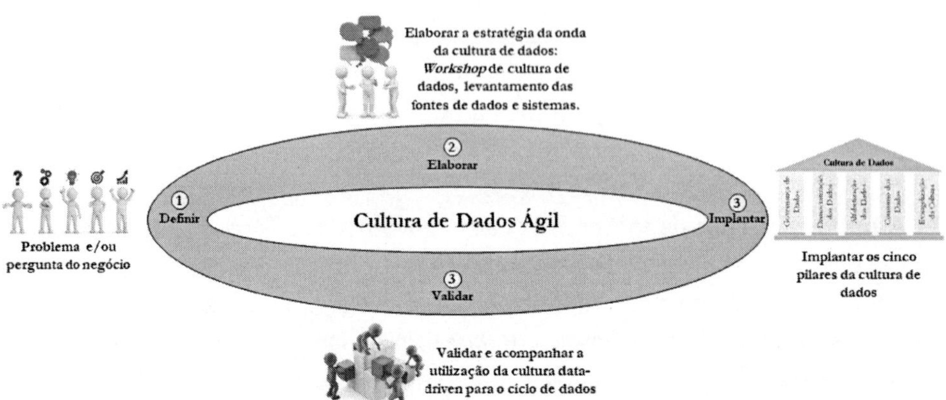

Figura 6.2 – Cultura de dados ágil.
Fonte: o próprio autor.

1. **Definir**: a primeira etapa da implantação de uma cultura de dados ágil é a definição de um problema ou pergunta de negócio. A cultura de dados deve suportar sempre a melhora de tomada de decisões do negócio, portanto o objetivo principal é resolver um problema de negócio.
2. **Elaborar**: a segunda etapa consiste na elaboração da estratégia da implantação da cultura de dados, ou seja, quais os dados que farão parte da onda de implantação, quais as fontes desses dados, quais os sistemas e integrações, quais as áreas envolvidas etc. Para realizar esse levantamento, recomenda-se um *workshop* com os principais *stakeholders* do negócio e técnicos para elaboração da estratégia de implantação da cultura de dados.
3. **Implantar**: a terceira etapa consiste na implantação da cultura de dados por meio do modelo apresentado neste capítulo, que consiste na implantação de cinco pilares: governança de dados, democratização dos dados, alfabetização dos dados, consumo dos dados e evangelização da cultura. Como estamos trabalhando com uma implantação ágil, esses pilares devem ser implantados apenas para os dados definidos na fase de elaboração.
4. **Validar**: a quarta etapa consiste na validação do modelo de cultura de dados implantado, ou seja, validar se todos os pilares da cultura de dados foram efetivamente implantados e a organização está utilizando um novo modelo *data-driven* para tomada de decisões. Essa fase é de extrema importância para comprovar que o modelo implantado obteve sucesso e garantir os próximos passos de uma implantação ágil para cultura de dados.

O modelo ágil para a implantação de uma cultura de dados permite que a organização realize essa mudança de maneira gradativa e facilita o processo de gestão de mudanças e transformação cultural da organização. O ciclo ágil possibilita maior objetividade no processo de implantação, fazendo com que os funcionários beneficiados com esse novo modelo possam ser apoiados de maneira próxima pela organização – e, em caso de sucesso, estes se tornarão evangelizadores dessa cultura para os próximos ciclos.

6.4. Relacionamento da cultura de dados com o *big data* e *analytics*

Governança de dados é a rocha da fundação de todos os projetos de digitalização das companhias, como *analytics*, *big data*, *blockchain*, robotização e automação (RPA). As tecnologias aplicadas nesses projetos não são novas, é possível identificar aplicações rudimentares delas nas academias ou até mesmo nas empresas. Ao longo dos anos, elas foram se aprimorando nas comunidades de software e se defrontaram com uma série de desafios até atingir as condições atuais que, sem sombra de dúvida, são muito mais propícias para a aplicação e uso em larga escala.

O primeiro desafio foi o custo de infraestrutura e capacidade de processamento dos dados, que foi superado ao longo dos anos, ou seja, armazenar e processar dados ficou muito mais acessível.

Com o desafio de infraestrutura sendo endereçado ao longo dos anos, o próximo desafio estava em ferramentas que fossem capazes de extrair ao máximo a capacidade computacional e processar bilhões de informações colocando muitos computadores para trabalhar em equipe (processamento paralelo – *MapReduce*).

Em seu artigo "The history of Hadoop: From 4 nodes to the future of data", Derrick Harris (2013) descreve a história do Hadoop desde a primeira semente em 2002 até a sua adoção como tecnologia básica para processamento de dados em meados de 2006 pelo Yahoo. Hoje dificilmente você encontrará serviços de larga escala na web que não use essa tecnologia. Nos dias atuais, temos um ambiente perfeito para adoção da tecnologia, pois temos:

a) necessidade de as companhias criarem diferenciais competitivos por meio do uso de *analytics*;
b) custo de processamento de dados muito acessível em ambiente de *cloud*, que é escalável, seguro, flexível e completo do ponto de vista das ferramentas disponíveis;
c) profissionais cada vez mais preparados para o uso da tecnologia;
d) dados cada vez mais abundantes e de fácil acesso.

Como era de se esperar, as companhias aumentaram significativamente o investimento em *big data* e, de acordo com Louis Columbus (2018), em seu artigo "10 Charts That Will Change Your Perspective Of Big Data's Growth", os investimentos em *big data* crescerão de US$ 42 bi em 2018 para US$ 103 bi em 2027.

À medida que as companhias adotam a tecnologia, elas vão acumulando histórias de sucesso e fracasso e estão aprendendo e amadurecendo. Teresa Nick (2017), em seu artigo "4 Pain Points of Big Data and how to solve them", aponta os principais desafios encontrados pelas companhias na jornada do *big data*:

1. Os dados são de alta qualidade?
2. Os dados são adequados para o modelo?
3. O negócio tem confiança nos dados?
4. Responder todas as questões realmente ajuda a companhia?

Com base na lista anterior, três dos quatro principais tópicos estão relacionados a dados. Acredita-se que este será o terceiro desafio que *big data* terá de superar. Mas esse desafio é bem diferente dos dois primeiros. Para superar os dois primeiros desafios, as companhias puderam contar com o empenho e os esforços de empresas de hardware e software, ou seja, elas se beneficiaram de soluções de terceiros.

O desafio da qualidade dos dados tem outra dimensão. A responsabilidade será da própria companhia de superar o terceiro desafio. Não haverá soluções de software e hardware milagrosas que poderão sanar o problema. É exatamente nesse ponto que entra a governança de dados. Ela vem com o papel de atacar e mitigar os impactos que a qualidade de dados tem sobre os projetos de *big data*. Na figura a seguir, demonstramos de forma gráfica a integração da governança de dados com os projetos digitais (Figura 6.3).

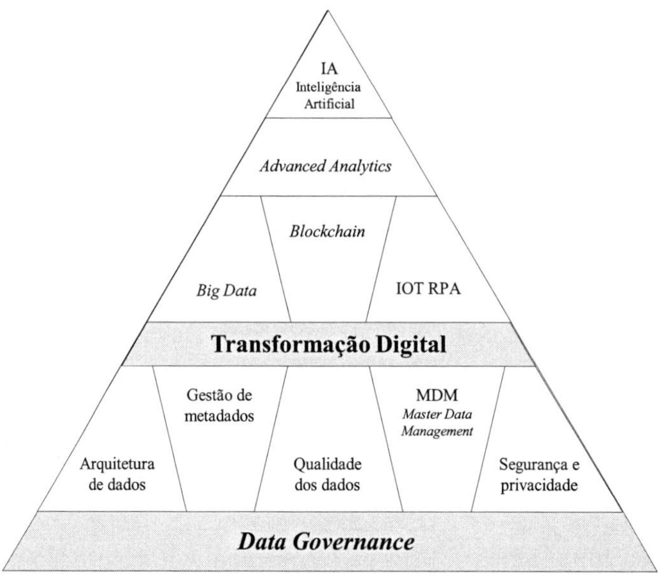

Figura 6.3 – Integração da Governança de Dados com a transformação digital. Fonte: adaptado de DAMA, (s.d.).

A governança de dados é composta por uma série de pilares com seus processos que visam proporcionar dados de melhor qualidade em todo o ciclo de existência na companhia.

Arquitetura de dados: em um ambiente de *big data* são esperados muitos conjuntos de dados (*datasets*) de origens, contextos e propósitos diferentes. O pilar de arquitetura de dados suporta a gestão desses conjuntos de dados. Garante a catalogação e documentação e o contexto que esses dados possuem na companhia.

Gestão de metadados: gestão técnica das estruturas que armazenam os dados (tabelas). O foco é controlar a criação das tabelas, incentivar o reúso e suportar o time técnico que consome os dados. Normalmente, há um processo constante de atualização do catálogo dos dados e das integrações existentes no ambiente *big data*.

Qualidade de dados: é o processo de monitoramento da qualidade dos dados disponibilizados aos consumidores de dados. Do ponto de vista técnico, identifica anomalias e inconsistências nos dados e define plano de ação para correção com o apoio dos donos dos dados. Do ponto de vista do negócio, este é o processo que fornece a confiança necessária aos consumidores de dados para utilizá-los.

***Master Data Management* (MDM):** é o processo que permite que os dados mestres, que, por sua natureza, são mais suscetíveis a inconsistências, nasçam e permaneçam com qualidade durante todo o seu ciclo de vida nos sistemas e banco de dados. Normalmente este é o pilar pelo qual as companhias iniciam sua jornada em governança de dados.

Segurança e privacidade: democratização de dados significa que todos os integrantes de uma companhia podem ter acesso a todos os dados. Entretanto, esse acesso deve ser controlado e gerenciado com segurança e privacidade. Este pilar suporta o processo de fornecer os dados adequados aos consumidores considerando a real necessidade do acesso ao dado, o perfil do consumidor e o risco da informação. Novas legislações como LGPD (Lei Geral de Proteção de Dados) demandam muito mais controle sobre as informações pelo lado da companhia, tornando este pilar crucial para a continuidade dos negócios.

Como vimos anteriormente neste capítulo, é possível implementar e tornar cada vez mais robustos os processos e controles da governança de dados à medida que cresce o uso dos dados nos projetos digitais da companhia. A implantação de governança de dados deve buscar os seguintes benefícios:

1. **Qualidade de dados:** fornecer dados com qualidade e confiáveis para o uso nos projetos digitais.
2. **Ambiente *big data* saudável:** fornecer um ambiente de *big data* com controles balanceados (não muito rígido que trave o processo, não muito frágil para perder o controle). O principal benefício é um ambiente longevo e sustentável por muito tempo.
3. **Aceleração:** com as informações devidamente atualizadas, é possível acelerar significativamente os projetos de *analytics*, facilitando a identificação dos dados, a convergência de conceitos, o reuso dos dados etc.

4. **Segurança:** dados seguros, apoio ao atendimento de políticas internas de segurança da informação e *compliance* com as legislações vigentes.

Esses benefícios são buscados por todas as grandes organizações que querem se tornar *data-driven*; porém, a grande maioria das organizações busca esses benefícios de maneira desestruturada. Um desenho de um bom *roadmap* de implantação de governança de dados deve ser buscado pelas organizações que querem implantar uma governança de dados e se tornar *data-driven*.

Revisão dos conceitos apresentados

Governança de dados – Disciplina que estrutura procedimentos e processos para que os dados da organização sejam governados e conduzidos de maneira que estes gerem informações confiáveis e objetivas para a tomada de decisão da alta gestão.

Cultura de dados – Comportamentos e costumes que uma organização precisa enraizar para possuir uma cultura orientada a dados.

Data-driven – Tomadas de decisões orientadas a dados, ou seja, uma organização *data-driven* realiza todo seu planejamento estratégico e toma decisões por meio de análises de dados.

Democratização dos dados – Disponibilizar o acesso a dados para todos os funcionários, independentemente de cargo ou atribuição. Essa democratização deve ser realizada de maneira clara, objetiva, eficiente, com segurança e privacidade.

Alfabetização dos dados – Possuir habilidades de leitura, trabalho, análise e argumentação com dados, para que as tomadas de decisões sejam *data-driven*. Alfabetização em dados é crucial para que a democratização seja eficiente e a cultura *data-driven* seja implantada com sucesso.

Evangelização da cultura – A cultura de dados deve ser evangelizada na organização, ou seja, a cada dia o número de áreas e funcionários catequizados nessa nova cultura deve aumentar, bem como a maturidade *data-driven* da organização como um todo.

Conclusão

A busca por construir um ambiente *big data* e executar modelos e metodologias de *analytics* está cada vez mais em alta nas organizações, que vêm reservando uma fatia considerável do orçamento anual para investimentos nessa área. Entretanto, os resultados alcançados muitas vezes não são satisfatórios. É comum encontrarmos executivos e *C-Levels* da organização mencionando que os *dashboards* analíticos apresentados estão em discordância ou são menos objetivos que as antigas "planilhas" de controles com as quais a organização estava acostumada. Muitas vezes podemos observar que a falta de uma governança de dados, potencializada pela falta de uma cultura de dados e de *mindset data-driven* da organização pode ser a causa-raiz da insatisfação e/ou insucesso na implantação de *big data* e *analytics*.

Este capítulo tem como objetivo principal despertar a importância e evangelizar a população para a necessidade da governança de dados e quais os métodos e metodologias para uma correta implantação dessa governança. Implantar uma governança sem possuir um *mindset* de cultura de dados e sem proporcionar uma mudança na organização é aumentar as chances do insucesso. A governança de dados é um tema relativamente novo; entretanto, está cada vez mais sendo analisado pelos executivos das empresas. O sucesso da governança deve estar diretamente relacionado à cultura de dados *data-driven*. Organizações que enxergarem esse relacionamento de maneira direta e buscarem uma mudança cultural se posicionarão estrategicamente e possibilitarão uma alavancagem nos negócios perante os seus concorrentes. Governança de dados está diretamente relacionada às pessoas: independentemente do *framework* a ser utilizado, o pilar de pessoas deve ser trabalhado e desenvolvido de maneira estratégica dentro de um projeto de implantação de governança de dados.

Estudo de caso: *case* de implantação de uma cultura de dados para *big data* em uma empresa brasileira de *utilities*

Apresentação da empresa

Referência no segmento de *utilities*, a empresa de capital aberto deste *case* está presente em mais de 80 municípios brasileiros e atende a mais de 2,1 milhões de clientes. Sua receita líquida para o ano de 2020 foi de R$ 8,7 bilhões, com lucro líquido de R$ 1,1 bilhão.

Contexto do projeto

A empresa possui um sistema *Enterprise Resource Planning* (ERP) e executou um projeto de criação de um *data lake* (base de dados brutos centralizada) composto maioritariamente por informações financeiras para consumo, inicialmente para *dashboards* e posteriormente para modelos preditivos. A tecnologia utilizada foi de ponta, com dados disponíveis no *data lake Near-Real-Time*.

A construção do *data lake* foi realizada em ondas (*Sprints*), por meio das rotinas de integração de dados, as quais foram priorizadas por relevância de dados e com base nos relatórios já existentes, sem um escopo claro para cada uma das ondas.

Ao longo do projeto foram encontradas inconsistências de dados na origem da informação, ou seja, nos dados mestres dos sistemas de origem, que causaram uma série de intempéries na implementação do projeto.

À medida que os dados eram disponibilizados para consumo no *data lake*, as diferentes subáreas financeiras (faturamento, crédito, contas a pagar, contas a receber, tesouraria) começaram a criar alguns conjuntos de dados derivados dos originais sem um controle adequado do ambiente de *big data*, aumentando significativamente o *Total Cost of Ownership* (TCO) do ambiente. Isso ocorreu por conta dos seguintes aspectos:

a) Dificuldade em encontrar os dados e falta de documentação de suporte.
b) Falta de treinamento adequado nas ferramentas de análise e visualização dos dados.
c) Falta de confiança nos dados devido às inconsistências identificadas.
d) Falta de um conceito universal dos dados (exemplo: o que é vendas? O que é cliente? Etc.).

O projeto foi tecnicamente entregue, ou seja, os dados mestres e transacionais relacionados a finanças estavam disponíveis no ambiente para uso, mas não houve uma adoção por parte dos consumidores conforme o planejado, colocando em risco o investimento efetuado pela companhia.

Solução

Considerando a experiência adquirida no primeiro projeto relatado anteriormente, com uma lista enorme de novos conjuntos de dados a serem migrados para o *data lake* e a incorporação de novas áreas como consumidores, a companhia sentiu necessidade de estruturar os processos internos e de controle e investir na estruturação dos pilares da cultura de dados. Foi desenvolvido um *framework* com base nas boas práticas de mercado e metodologias de gestão de dados como DAMA-DMBOK, detalhadas neste capítulo, alinhado com a cultura da empresa, conforme segue:

Figura 6.4 – *Framework* de cultura de dados construído para a organização.
Fonte: o próprio autor.

Foram definidos pontos focais para cada um dos tópicos da Figura 6.4, com papéis, responsabilidades e metas para o desenvolvimento de cada pilar à medida que o *data lake* crescia. Os dados foram priorizados por relevância e foi criada toda a linhagem dos dados para os dez principais conjuntos de dados. Essa linhagem dos dados proporcionou a visibilidade necessária para a origem dos dados, as transformações que eles sofriam ao longo do caminho até o *data lake*, os critérios de qualidade de dados e os processos de monitoramento com plano de ação para correção.

Os processos implementados foram primários, mas deram o suporte suficiente para a evolução do modelo. Foi definido um *roadmap* de fortalecimento dos controles e processos alinhados com o crescimento do *data lake*.

Adicionalmente, foi instituído um comitê de gestão de dados que tem o objetivo de monitorar o desempenho da nova área de governança de dados criada e de definir as prioridades e os direcionamentos dos projetos que envolvam consumo ou melhoria da qualidade dos dados. Após a implementação do projeto de cultura de dados, a percepção foi de que a empresa tinha a estrutura necessária para crescer e manter a sustentação do *data lake*.

Referências

ANDERSON, C. *Creating a Data-Driven Organization:* practical advice from the trenches. Sebastopol, CA: O' Reilly, 2015. 283p.

BARATA, A. M. *Governança de dados em organizações brasileiras:* uma avaliação comparativa entre os benefícios previstos na literatura e os obtidos pelas organizações. 2015. 154f. Dissertação (Mestrado em Ciências) – Escola de Artes, Ciências e Humanidades, Universidade de São Paulo, São Paulo, 2015.

COLUMBUS, L. 10 Charts That Will Change Your Perspective Of Big Data's Growth. *Forbes,* May 23, 2018. Disponível em: <https://www.forbes.com/sites/louiscolumbus/2018/05/23/10-charts-that-will-change-your-perspective-of-big-datas-growth/#1e5fceb02926>. Acesso em: 26 jan. 2022.

DAMA. *Body of Knowledge.* Disponível em: <https://dama.org/content/body-knowledge>. Acesso em: 26 jan. 2022.

DGI. *DGI Data Governance Framework.* Disponível em: <https://datagovernance.com/the-dgi-data-governance-framework/>. Acesso em: 24 maio 2022.

HARRIS, D. The history of Hadoop: From 4 nodes to the future of data. *Gigaom,* Mar. 04, 2013. Disponível em: <https://gigaom.com/2013/03/04/the-history-of-hadoop-from-4-nodes-to-the-future-of-data/>. Acesso em: 26 jan. 2022.

HIPPOLD, S. Build a Data-Driven Organization. *Gartner,* Sep. 20, 2018. Disponível em: <https://www.gartner.com/smarterwithgartner/build-a-data-driven-organization/>. Acesso em: 26 jan. 2022.

ISACA. *Data Management Maturity (DMM).* Disponível em: <https://cmmiinstitute.com/data-management-maturity>. Acesso em: 26 jan. 2022.

NAGLE, T.; REDMAN, T. C.; SAMMON, D. Only 3% of Companies' Data Meets Basic Quality Standards. *Harvard Business Review,* Sep. 11, 2017. Disponível em: <https://hbr.org/2017/09/only-3-of-companies-data-meets-basic-quality-standards>. Acesso em: 26 jan. 2022.

NICK, T. 4 Pain Points of Big Data and how to solve them. *McKinsey Digital Insights,* 2017. Disponível em: <https://medium.com/digital-mckinsey/4-big-paint-points-of-big-data-59e9c2fef360>. Acesso em: 26 jan. 2022.

NVP. *Big Data and AI Executive Survey 2019:* executive summary of findings. NewVantage Partners, 2019. Disponível em: <https://www.tcs.com/content/dam/tcs-bts/pdf/insights/Big-Data-Executive-Survey-2019-Findings-Updated-010219-1.pdf>. Acesso em: 26 jan. 2022.

PEREGUD, I. Five Characteristics of a Data-Driven Company. *TDWI,* Sep. 26, 2018. Disponível em <https://tdwi.org/Articles/2018/09/26/PPM-ALL-Five-Characteristics-Data-driven-Company.aspx>. Acesso em: 26 jan. 2022.

PRESS, G. Cleaning Big Data: Most Time-Consuming, Least Enjoyable Data Science Task, Survey Says. *Forbes*, Mar. 23, 2016. Disponível em: https://www.forbes.com/sites/gilpress/2016/03/23/data-preparation-most-time-consuming-least-enjoyable-data-science-task-survey-says/?sh=452fa7906f63>. Acesso em: 26 jan. 2022.

RÊGO, B. L. *Gestão e governança de dados:* promovendo os dados como ativo de valor nas empresas. Rio de Janeiro: Brasport, 2013. 312p.

REINSEL, D.; GANTZ, J.; RYDNING, J. The Digitization of the World From Edge to Core. *IDC White Paper*, Seagate, 2018.

THE HAMILTON PROJECT. *One Dollar's Worth of Computer Power, 1980-2010*. Feb. 19, 2015. Disponível em: <http://www.hamiltonproject.org/charts/ one_dollars_worth_of_computer_power_1980_2010>. Acesso em: 26 jan. 2022.

7. Internet das coisas e aplicações *mobile*

Mônica Mancini
Ilana de Almeida Souza Concilio

Conceitos apresentados neste capítulo

7.1 Internet das coisas
7.2 Aplicações *mobile*

Objetivos do capítulo

1. Apresentar os conceitos de internet das coisas (IoT), sua evolução e seus fundamentos e diferentes visões.
2. Discutir as principais aplicações e os desafios encontrados pelos gerentes de projetos de IoT.
3. Descrever a evolução da comunicação móvel sem fio e as formas de monetização de aplicações *mobile*.
4. Apresentar as modalidades de desenvolvimento de aplicativos móveis, destacando as diferenças entre aplicações nativas e híbridas.

Estudo de caso 1: Android Things: plataforma de IoT para desenvolvimento de sistemas embarcados da Google

O Android Things é um sistema operacional para aplicações em *Internet of Things* (IoT) ou internet das coisas desenvolvido pela Google. É uma plataforma para desenvolvimento rápido e de baixo custo e permite a utilização de diversas APIs dos serviços Google, como Google Cloud Platform, Google Play Services, Firebase e o Android Studio para desenvolvimento de suas aplicações.

O Android Things é uma extensão do núcleo do Android Tradicional e permite aos desenvolvedores de software inserirem novos tipos de hardware não encontrados em *smartphones.* Como resultado, a criação e o desenvolvimento de dispositivos de internet das coisas são agilizados em larga escala. A plataforma fará o trabalho mais complexo em relação a hardware, APIs e atualizações de segurança, para que os desenvolvedores possam se concentrar na criação de seus produtos. Essa plataforma utiliza conceitos de ciclos de vida de desenvolvimento de software, agilizando a entrega do produto a um baixo custo de desenvolvimento.

A Google trabalhou com parceiros como LG, Lenovo e JBL para implementar produtos no Android Things e para disponibilizar ao mercado, criando dispositivos com recursos como o Google Assistente e o Google Cast.

Introdução

A internet das coisas ou *Internet of Things* (IoT) desponta como uma evolução da internet e um novo paradigma tecnológico, social, cultural e digital. A internet das coisas revolucionará os modelos de negócios e a interação da sociedade com o meio ambiente, por meio de objetos físicos e virtuais, cujos limites se tornam cada vez mais tênues (LACERDA; LIMA-MARQUES, 2015).

A internet das coisas permite que objetos do dia a dia, com capacidade computacional e de comunicação, se conectem à internet. Essa conexão viabiliza controlar remotamente os objetos e acessá-los como provedores de serviços, tornando-se objetos inteligentes ou *smart objects*. Os objetos inteligentes possuem capacidade de comunicação e processamento aliada a sensores.

Atualmente não só computadores convencionais estão conectados à internet, como também uma grande heterogeneidade de equipamentos, tais como TVs, *laptops*, geladeira, fogão, eletrodomésticos, automóveis, *smartphones,* entre outros. Nesse novo cenário, a pluralidade é crescente e previsões indicavam que mais de 50 bilhões de dispositivos estariam conectados até 2021 (EVAN, 2011).

Até o lançamento dos primeiros *smartphones*, os aparelhos celulares funcionavam apenas para ligações telefônicas e envio de mensagens de texto. Desde esse marco na evolução na tecnologia da telefonia móvel, o termo "aplicativos móveis" começou a se popularizar. A princípio, os aplicativos eram disponibilizados apenas pelos próprios fabricantes e responsáveis pelos sistemas operacionais, mas passaram a ser implementados por qualquer pessoa com familiaridade com programação.

Com a evolução das redes de comunicação móvel sem fio e dos dispositivos e o crescimento do mercado de software e serviços de TI (Tecnologia da Informação), o uso de aplicativos tornou-se rotineiro, ganhando notória importância em diferentes casos de uso. Várias empresas de renome investem milhões nesse mercado, como Apple, Google e Microsoft, e houve um considerável aumento de *startups* sendo criadas com foco no desenvolvimento de aplicativos móveis, como Uber, Cabify e Instagram.

Além disso, será possível detectar o contexto e controlar objetos inteligentes, viabilizando troca de informações uns com os outros, acessando serviços da internet e interagindo com as pessoas. Em paralelo, uma gama de novas possibilidades de aplicações surge, como, por exemplo, cidades inteligentes (*smart cities*); saúde (*smart healthcare*); casas inteligentes (*smart homes*); e desafios emergentes (regulamentações, segurança, padronizações etc.). Essas novas habilidades dos objetos inteligentes gerarão muitas oportunidades de pesquisas e projetos no âmbito acadêmico e empresarial.

7.1. Internet das coisas

7.1.1. História da internet das coisas

Na década de 1960, a internet dá seus primeiros passos. Nasce a ARPANET – uma rede operacional de computadores precursora da internet, criada nos EUA para fins militares. A *Advanced Research Projects Agency NETwork*, ou Rede da Agência para Projetos de Pesquisa Avançada (em português), foi uma rede de comutação de pacotes e a primeira rede implementada com um conjunto de protocolos TCP/IP. Ambas as tecnologias se tornaram a base técnica da internet. Inicialmente, a ARPANET foi financiada pela Agência de Projetos de Pesquisa Avançada (ARPA), do Departamento de Defesa dos Estados Unidos.

Em 1980-1990, surge a *World Wide Web*. Em 1990, John Romkey criou o primeiro dispositivo na internet das coisas, que era uma torradeira que poderia ser ligada e desligada pela internet. Dan Lynch, presidente da Interop na época, prometeu a John Romkey que, se a torradeira fosse ligada pela internet, o aparelho seria colocado em exposição durante a conferência. Diante desse desafio, John Romkey conectou a torradeira a um computador com rede TCP/IP e foi um tremendo sucesso. Porém, durante esse teste, o pão foi incluído manualmente na torradeira. Após um ano, esse requisito foi corrigido e apresentado na mesma conferência, por meio de um pequeno guindaste robótico no sistema. Esse robô – controlado pela internet – pegou a fatia de pão e a colocou na torradeira, automatizando, dessa forma, o sistema de ponta a ponta (DEORAS, 2016).

Em 1991, Weiser (1991) escreveu o artigo "The Computer for the 21st Century", que aborda o futuro da internet das coisas. Esse autor chama de "computação ubíqua". No artigo, o autor afirma que os dispositivos serão conectados em todos os lugares de forma tão transparente para o ser humano que se tornará "invisível", possibilitando, de forma natural, a realização das atividades sem haver preocupação em instalar, configurar e manter os recursos computacionais (WEISER, 1991; GALEGALE et al., 2016). Esse artigo é um **marco na pesquisa sobre internet das coisas** e é citado praticamente em toda a literatura sobre esse assunto (SINGER, 2012).

Em 1996, Venkatesh também estudou o uso da computação no ambiente de trabalho e no lar, parecido com o conceito de internet das coisas. Ele previu que as tarefas da casa (por exemplo, preparação de alimentos ou compras para reposição de estoques) seriam realizadas através de casas especializadas. Outra possível origem do termo internet das coisas é encontrada no trabalho de Greenfield (2006). A autora delineou um cenário no qual objetos processam informação. Outro autor também de destaque foi Gershenfeld (1999), que publicou o livro "When things start to think". Esse livro prevê e descreve algumas experiências de computação, nanotecnologia e preocupações relacionadas a emoções numa realidade de integração com os objetos que geram informação.

Em setembro de 1999, Kevin Ashton, cofundador e diretor executivo do Auto-ID Center, proferiu uma palestra para a Procter & Gamble e apresentou uma nova ideia do sistema RFID para a rastreabilidade do produto na cadeia de suprimentos. Para chamar a atenção dos executivos, ele colocou no título da apresentação a expressão *internet of things*. Os objetos do mundo físico poderiam se conectar à internet, criando um mundo mais inteligente (ASHTON, 2009; FINEP, 2015). **Esse termo foi utilizado primeiramente por Kevin Ashton, considerado o criador desse termo** (POSTSCAPES, 2019b).

Após 1999, a tecnologia RFID se destacou sobretudo nas aplicações de cadeia de abastecimento. Seu prestígio aumentou no lançamento oficial do *Network Electronic Product Code* (NPC), ou Código Eletrônico do Produto, criado pelo Auto-ID Center em setembro de 2003. O código eletrônico do produto permite a identificação automática dos objetos, mesmo de forma semelhante, possibilitando seu monitoramento na cadeia de suprimentos e gerenciando inventários.

Em janeiro de 2005, Walmart e o Departamento de Defesa dos Estados Unidos exigiram que os fornecedores utilizassem as etiquetas RFID nos paletes de seus produtos para o controle do estoque. Esse foi o marco do início do conceito da internet das coisas, com o uso do sistema RFID em massa na cadeia de suprimentos.

Em junho de 2000, durante um evento na Coreia do Sul, a LG apresentou uma geladeira inteligente conectada à internet e gerenciada por meio de um sistema próprio. Na época, o presidente da LG dos Estados Unidos, Simon Kang, disse que a geladeira esfriava os alimentos, mas que também os consumidores poderiam usá-la como televisão, rádio, *bulletin board*, agenda e câmera digital (SINGER, 2012; MCCARTHY, 2008).

A partir de 2005, a discussão sobre internet das coisas se generalizou e ganhou atenção dos governos em relação à privacidade e segurança de dados. Nesse ano, a *International Telecommunications Union* (ITU) publicou um relatório com o conceito de internet das coisas, com uma visão abrangente e holística. No seu ponto de vista, internet das coisas poderia conectar qualquer objeto, por meio de tecnologias como RFID, sensores, rede de sensores sem fio, sistemas embarcados e nanotecnologia, além de transpor alguns desafios importantes como padronização, privacidade, espectro de frequência e questões sociais e éticas (DIAS, 2016).

Ainda em 2005, ocorreu o lançamento do *Nabaztag*, um objeto com forma de coelho conectado à internet que poderia ser programado para receber previsão do tempo, ler e-mails etc. **O *Nabaztag* foi o primeiro objeto inteligente comercializado em larga escala** (SINGER, 2012).

Em 2008-2009, segundo a Cisco IBSG (*Internet Business Solutions Group*), havia mais objetos conectados, tais como *smartphones*, *tablets* e computadores, do que a população mundial. Por isso, esse **período é considerado o ano do nascimento da internet das coisas** (POSTSCAPES, 2019a; ALI et al., 2015).

Em 2008, Rob Van Kranemburg publicou o livro "The Internet of Things", que aborda um novo paradigma em que os objetos produzem informação. Esse livro é uma das grandes referências teóricas sobre internet das coisas (SINGER, 2012).

Ainda em 2011, o termo internet das coisas foi adicionado ao *Gartner Hype Cycle 2011* e em 2014 (GARTNER, 2014).

Também em 2011 foi discutida a criação de padrões internacionais para a criação de objetos conectados no panorama global. O *International Telecommunications Union* (ITU) vem reunindo especialistas para a consolidação de um padrão global.

Em março de 2012, a União Europeia propôs uma consulta pública para que os cidadãos apontassem suas necessidades, incluindo a melhoria da segurança em internet das coisas. Em 16 e 17 de junho, Londres sediou o primeiro *Open IoT Assembly*.

A partir de 2015, a internet das coisas já é uma realidade e cerca de 4,9 bilhões de coisas estão conectadas e em uso, um aumento de 30% em relação a 2014, e que atingiria 25 bilhões até 2020. A internet das coisas tornou-se uma força poderosa para a transformação dos negócios e seu impacto disruptivo em todas as indústrias e na sociedade (REDAÇÃO, 2018).

Atualmente a internet das coisas recebe atenção e suporte da Comissão Europeia (CE) por meio do *Horizon 2020*, o maior programa de Pesquisa e Inovação da União Europeia, com cerca de 80 milhões de euros de financiamento disponíveis ao longo de sete anos – período de 2014-2020 (HORIZON 2020, s.d.).

7.1.2. Internet das coisas no Brasil

Em 2010, Salvador sediou o primeiro evento sobre internet das coisas, conhecido como "1º Congresso de Tecnologia, Sistemas e Serviços com RFID", organizado pelo CIMATEC SENAI e Saint Paul Etiquetas Inteligentes. A segunda edição ocorreu em Búzios, em 2011, e mudou o nome para "Congresso Brasileiro de Internet das Coisas e RFID". Ainda em 2010, a cidade do Rio de Janeiro operava com tecnologia de cidades inteligentes da IBM, por meio de um telão com o mapa da cidade e imagens de câmeras, que permitiam visualizar o trânsito e diversas ocorrências.

Em junho de 2011 foi criado o **Fórum Brasileiro de Internet das Coisas**. Seu objetivo é mostrar a importância da internet das coisas para a sociedade, as novas tecnologias e como o Brasil pode ser um participante global nesse segmento (FÓRUM BRASILEIRO

DE IOT, s.d.). Em 2016 o Fórum organizou o 1º Congresso Brasileiro e Latino-Americano em Internet das Coisas com o tema "*Smart Word:* a IoT como base de um mundo melhor", em parceria com grupo BMComm. Em 2017 foi realizado o 2º Congresso Brasileiro e Latino-Americano em Internet das Coisas (TECHNOLOGY HUB, s.d.). Em 2018, ocorreu o 3º Congresso em 29 e 30 de agosto de 2018. Em 2021, foi realizado o 6º Congresso Brasileiro e Latino-Americano de IoT, Congresso Brasileiro e Latino-Americano de IoT, cujo tema foi "A Internet das Coisas na Era do 5G".

Em dezembro de 2015 foi fundada a **Associação Brasileira de Internet das Coisas (ABINC)**, cujo propósito é representar o mercado perante a Anatel, o Ministério das Comunicações, autoridades constituídas e outros órgãos reguladores setoriais ou de fomento de pesquisa, por meio de seus associados (ABINC, s.d.).

A partir de 2017 o governo brasileiro abriu uma consulta pública para realizar diagnóstico e propor políticas públicas sobre o tema internet das coisas, estimulando a cooperação e articulação entre empresas, poder público, universidades e centros de pesquisa (PARTICIPA.BR, 2017).

Em janeiro de 2017, o BNDES (2017), em parceria com o Ministério da Ciência, Tecnologia, Inovações e Comunicações (MCTIC), apoiou a realização de um estudo para o diagnóstico e a proposição de plano de ação estratégico para o país em internet das coisas. Esse estudo foi dividido em quatro partes:

- **Fase 1 – Diagnóstico e Aspiração Brasil (jan. 17 – mar. 17).** Obter visão geral do impacto da IoT no Brasil; entender competências de TIC do país e aspirações iniciais para IoT no Brasil.
- **Fase 2 – Seleção de verticais e horizontais (jun. 17 – set. 17).** Definir critérios-chave para seleção e priorizar verticais e horizontais de estudo de IoT.
- **Fase 3 – Investigação de verticais, elaboração da visão e plano (jun. 17 – set. 17).** Aprofundar-se nas verticais escolhidas; elaborar visão para IoT para cada vertical e elaborar plano de ação 2018-22.
- **Fase 4 – Suporte à implantação do plano de ação (out. 17 – mar. 18).** Detalhamento dos três projetos mobilizadores do plano de ação; desenho de modelo de governança para o PNIoT e desenho da estrutura de monitoramento (PMO).

Como resultado desse trabalho, foram gerados vários produtos (documentos), sendo o produto 8 um plano de ação para o desenvolvimento de IoT no país, com seus objetivos estratégicos e específicos, e as iniciativas mapeadas no referido estudo.

Ainda em 2017, outras iniciativas também surgiram. Nasce a comunidade **Tudo Sobre IOT**, que reúne *experts*, profissionais renomados, pesquisadores, estudantes, empresas e entusiastas para educar e potencializar as oportunidades da internet das coisas. Atualmente possui sócios fundadores que geram valor e compartilham experiências. A empresa promove eventos *on-line*, congressos, *webinares*, artigos, e-books, pesquisas e compartilha conteúdo na internet de forma gratuita. O objetivo é **tornar o Brasil referência em internet das coisas na América Latina**. Esse projeto foi idealizado por Thelma Troise, quando percebeu um expressivo interesse e várias dúvidas sobre internet das coisas, e assumiu o compromisso de potencializar oportunidades, atraindo a atenção de profissionais e empresas, para que a economia do Brasil tivesse participação significativa nessa área nos próximos anos (TROISE, 2018).

7.1.3. Internet das coisas: diferentes visões e conceitos

O termo internet das coisas é um pouco confuso, não está bem definido nas pesquisas científicas, conferências realizadas no mercado e na academia, e está sujeito a debate filosófico (RAIWANI, 2013; KRANENBURG, 2011).

Muitas vezes, esse termo é chamado de *physical internet*, *ubiquitous computing*, *ambient intelligence*, *machine to machine* (M2M), *industrial internet*, *web of things*, *connected environments*, *smart cities*, *spimes*, *everyware*, *pervasive internet*, *connected world*, *wireless sensor networks*, *situated computing*, *future internet*, *physical computing*, *ambient technology*, *ubiquitous technology*, *sensor web*, *sensor*, *network*, *wireless*, *sensor networks*, *smart dust*, *smart data*, *smart grid*, *cloud data*, *web 3.0*, *Object Naming System* (VAN KRANENBURG et al., 2011).

O Quadro 7.1 mostra alguns conceitos de internet das coisas encontrados na literatura.

As definições expostas no Quadro 7.1 incluem apenas as tecnologias, não se preocupando com o fator humano nesse relacionamento tecnológico entre as coisas. A definição do CERP IoT (VERMESAN et al., 2009) reúne diversos fatores que são a base da internet das coisas: uma rede global composta de objetos conectados que agem com ou sem supervisão humana (MCCARTHY, 2008).

Quadro 7.1 – Definições de IoT.
Fonte: (POSTSCAPES, 2019b)

Autor	Definição
Atzori et al. (2011, p. 2787)	A ideia básica desse conceito é a presença generalizada à nossa volta de uma variedade de coisas ou objetos – como *tags* de identificação por radiofrequência (RFID), sensores, atuadores, telefones celulares etc. – que, por meio de esquemas exclusivos de endereçamento, são capazes de interagir uns com os outros e cooperar com outros objetos para alcançar objetivos comuns.
CASAGRAS (s.d.), Amazonas (2011)	Uma infraestrutura de rede global, interligando objetos físicos e virtuais por meio da exploração de captura e comunicação de dados e capacidades de comunicação. Essa infraestrutura inclui a internet existente e em evolução, bem como os desenvolvimentos de rede. Ela oferecerá identificação de objetos específica e capacidade de sensoriamento e de conexão como base para o desenvolvimento de aplicações e serviços independentes cooperativos. Estes serão caracterizados por elevado grau de captura autônoma de dados, transferência de eventos, conectividade e interoperabilidade de rede.
ETSI oneM2M (POSTCAPES, 2019b)	Comunicação máquina-máquina é a comunicação entre duas ou mais entidades que não precisam necessariamente de uma intervenção humana direta. Os serviços M2M pretendem automatizar o processo de decisão e comunicação.
IEEE – 2014 (POSTCAPES, 2019b)	Uma rede de itens – cada um incorporado com sensores – que estão conectados à internet.
ITU-T *Study Group Group* 13 (POSTSCAPES, 2019b)	Uma infraestrutura global para a sociedade da informação, permitindo serviços avançados por meio da interligação das coisas (físicas e virtuais) baseada na interoperabilidade das tecnologias de informação e comunicação existentes e em evolução. NOTA 1 – Por meio da exploração das capacidades de identificação, captura de dados, processamento e comunicação, a IoT faz pleno uso das coisas para oferecer serviços a todos os tipos de aplicações, garantindo o cumprimento dos requisitos de segurança e privacidade. NOTA 2 – A partir de uma perspectiva mais ampla, a IoT pode ser compreendida como uma visão com implicações tecnológicas e sociais.
Friedewald e Raabe (2011)	Ubiquidade, computação pervasiva, ambiente inteligente e internet das coisas são conceitos praticamente idênticos. Ubiquidade é a contínua otimização e promoção de processos sociais e econômicos por inúmeros microprocessadores e sensores integrados ao ambiente.
CERP IoT (2009)	Uma infraestrutura de rede dinâmica e global com capacidade de autoconfiguração baseada em protocolos de comunicação padronizados e interoperáveis nos quais as 'coisas' físicas e virtuais têm identidades, atributos físicos, personalidades virtuais, usam interfaces inteligentes e são completamente integradas na rede de informação. Na IoT é esperado que as 'coisas' se tornem participantes ativas dos negócios e dos processos informacionais e sociais nos quais eles são capazes de interagir e comunicar-se entre eles e com o ambiente através da troca de dados e informação percebida sobre o ambiente, enquanto reagem de forma autônoma aos eventos do 'mundo físico/real' e o influenciam ao iniciar processos que engatilham ações e criam serviços com ou sem intervenção humana direta. (VERMESAN et al., 2009, tradução nossa).

7.1.4. Aplicações da internet das coisas

As aplicações da internet das coisas são inúmeras e diversas, e permeiam praticamente a vida diária das pessoas, das empresas e da sociedade como um todo, transformando o mundo em *smart world* (DIAS, 2016; PATEL; PATEL, 2016). O *smart world* permite que a computação se torne "invisível" aos olhos do usuário, por meio da relação entre homem e máquina, deixando o mundo mais eficiente e eficaz. A Figura 7.1 a seguir mostra um panorama da atuação da internet das coisas (ALI et al., 2015):

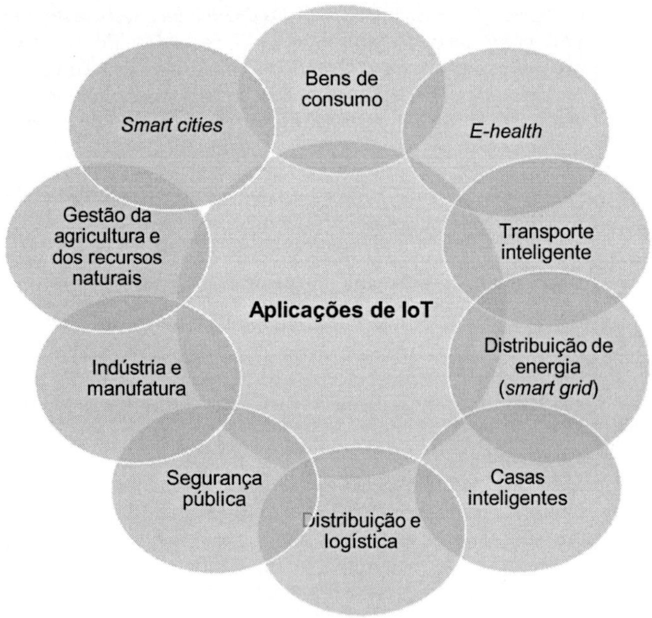

Figura 7.1 – Aplicações de IoT.
Fonte: o próprio autor.

- **Bens de consumo**. Bens adquiridos pelos consumidores, tais como *smartphones, smart house, smart car e smart TV.*
- ***E-health.*** *Fitness*, bioeletrônica e cuidados com saúde. Por exemplo: monitoramento e controle da frequência cardíaca durante os exercícios; monitoramento das condições dos pacientes em hospitais e em casas de idosos.
- **Transporte inteligente.** Notificação das condições de tráfego, controle inteligente de rotas, monitoramento remoto do veículo, coordenação das rodovias e integração inteligente de plataformas de transporte.
- **Distribuição de energia (*smart grid*).** Acompanhamento de instalações de energia, subestações inteligentes, distribuição de energia automática e medições remotas de relógios residenciais.

- **Casas inteligentes.** Medições remotas de consumo, economia de energia, controle inteligente de equipamentos residenciais e segurança residencial.
- **Distribuição e logística.** *Smart e-commerce*, rastreabilidade, gerenciamento na distribuição e inventário.
- **Segurança pública.** Monitoramento no transporte de cargas perigosas e químicas, monitoramento da segurança pública, monitoramento das estruturas de construções de utilidade pública.
- **Indústria e manufatura.** Economia de energia, controle da poluição, segurança na manufatura, monitoramento do ciclo de vida dos produtos, rastreamento de produtos manufaturados na cadeia de abastecimento, monitoramento de condições ambientais e controle de processos de produção.
- **Gestão da agricultura e dos recursos naturais.** Segurança e rastreabilidade de produtos agrícolas, gerenciamento da qualidade, monitoramento ambiental para produção e cultivo, gerenciamento no processo de produção, utilização de recursos para a agricultura.
- ***Smart cities*.** Monitoramento estrutural: monitoramento de vibrações e condições dos materiais em edifícios, pontes e monumentos históricos. Energia elétrica: iluminação inteligente e adaptável conforme a rua. Segurança: monitoramento por meio de vídeo digital, gerenciamento de controle de incêndio e sistemas de anúncio público. Transporte: estradas inteligentes com avisos, mensagens e desvios de acordo com as condições climáticas e eventos inesperados como acidentes ou engarrafamentos. Estacionamento: monitoramento em tempo real da disponibilidade de espaços de estacionamento, sendo possível identificar e reservar vagas disponíveis. Gestão de resíduos: detecção de níveis de lixo em recipientes para otimizar a rota de coleta de lixo.

7.1.5. Desafios para a área de gerenciamento de projetos

As organizações estão sempre à procura de melhores resultados e lucratividade, com projetos bem executados. Se por um lado existe demanda pelo gerente de projetos, por outro ele tem que estar preparado para os novos desafios empresariais. Esse novo paradigma, conhecido como internet das coisas, abre uma grande oportunidade de projetos que podem beneficiar as organizações, os indivíduos e a sociedade.

Para os projetos relacionados à internet das coisas, os gerentes de projetos têm grandes desafios, entre os quais (FÓRUM BRASILEIRO DE IOT, s.d.):

- **Formas diferentes de conduzir os modelos de negócio e fluxos de gestão.** Em virtude da complexidade da segurança, exigirá maior disponibilidade das informações, demandando altos investimentos e novos modelos de negócios.

- **Novas maneiras de se relacionar com o mercado.** Aperfeiçoar produtos e serviços será importante para enfrentar a concorrência e responder mais agilmente às tendências do mercado.
- **Maior preocupação com segurança da informação.** Crescente digitalização e automação dos milhares de dispositivos exigirão novos desafios de segurança.
- **Padronização de protocolos/tecnologia.** *Big data*, servidores, redes, protocolos, sensores, atuadores e demais componentes serão importantes para o desenvolvimento de uma plataforma de internet das coisas com custo acessível.
- **Demanda de profissionais.** Necessário investimento em educação para formar, capacitar e treinar profissionais de TI para atuar no mundo da internet das coisas.

Um projeto de internet das coisas é multidisciplinar, pois engloba várias áreas, desde engenharia, software, banco de dados, data, redes, segurança, governança, gestão, projetos, liderança de equipes multidisciplinares, visão de negócio, mudanças de processos, entre outras. A internet das coisas **não pode ser tratada como UMA tecnologia, mas como uma mudança de paradigma tecnológico e social, que transformará completamente a forma de relacionamento da sociedade e das organizações.** Para tanto, o papel do gerente de projetos torna-se crucial para que esses projetos sejam desenvolvidos no escopo, prazo e custo planejados, avaliando os riscos inerentes ao projeto, buscando qualidade e fornecedores aptos a enfrentar esses novos desafios, gerenciando os *stakeholders*, comunicando a todos os envolvidos o andamento do projeto, liderando equipes e gerindo conflitos, tudo isso aliado a uma visão estratégica mercadológica, que traga benefícios para as empresas e os cidadãos.

7.2. Aplicações *mobile*

7.2.1. Evolução da comunicação móvel sem fio

A evolução tecnológica dos últimos anos promoveu uma transformação notável nos meios de comunicação. O conceito de celular, concebido pela Bell Laboratories em 1947 (ABREU, 2004), foi o passo inicial para o estabelecimento de comunicação sem fio. Mas apenas em 1973 surgiu o primeiro telefone celular a ser comercializado, o DynaTAC 8000X, da Motorola . A partir desse marco, os aparelhos passaram de simples dispositivos de comunicação a equipamentos de informática de última geração.

De acordo com Vora (2015), geração móvel sem fio (G) geralmente se refere a uma mudança na natureza do sistema, melhorias de velocidade, diferentes capacidades, novas técnicas e novas funcionalidades. São elas:

- **1G** – Primeiros aparelhos celulares a serem usados, introduzidos em 1982. Atualmente inativa, esta geração introduziu a tecnologia AMPS (*Advanced Mobile Phone System* – em português, sistema avançado de telefonia móvel). Os aparelhos usavam sinal analógico e tinham uma capacidade limitada, oferecendo serviços de voz sem suporte para dados sem segurança, numa velocidade de 2,4 kbps.
- **2G** – Também conhecida como **GSM** (*Global System for Mobile Communications* – em português, sistema global para comunicação móvel), foi a geração responsável pela introdução da tecnologia digital. Numa velocidade de 64 kbps, permitia a manipulação de dados como o envio de mensagens de texto e imagens. Apesar das melhorias na qualidade, a capacidade desses serviços ainda possuía limitações, como a necessidade de uma boa cobertura de rede com sinais digitais fortes o suficiente para manter a comunicação.
- **GPRS** – Considerada 2.5G, o GPRS (*General Packet Radio Service* – em português, serviços gerais de pacotes por rádio) ofereceu uma melhor taxa na transferência de dados em relação à GSM.
- **EDGE** – *Enhanced Data Rates For GSM Evolution*. Em português, taxas de dados ampliadas para a evolução do GSM. Apesar de já ser considerada uma tecnologia da terceira geração, alguns especialistas a conhecem como a geração 2.75G, com uma capacidade de transmissão de dados de até 236 Kbps (CARNIEL, G.; SALUTES, 2021).
- **3G** – Lançada em 2000 e baseada em GSM, esta geração foi um marco, com a introdução dos *smartphones*. Conhecida também na Europa como UMTS (*Universal Mobile Telecommunication System* – em português, sistema de telecomunicação móvel universal) e CDMA2000 nos Estados Unidos, proporcionou maior taxa de transmissão de dados (até 14 Mbps), maior capacidade e suporte multimídia. Também ofereceu acesso a televisão/vídeo e novos serviços como o *global roaming*.
- **4G** – Além dos recursos do 3G, oferece serviços adicionais e é capaz de fornecer velocidade de 10Mbps-1Gbps. O padrão de redes de comunicação móvel **LTE** (*Long Term Evolution* – em português, evolução de longo prazo) é considerado uma tecnologia 4G. De acordo com Vora (2015), 4G foi desenvolvido para atender aos quesitos de QoS (*Quality of Service* – Qualidade do Serviço) e com taxa de transmissão necessária para o uso de aplicativos, serviço de mensagens multimídia (MMS), bate-papo por vídeo, TV móvel, conteúdo para TV de alta

definição (HDTV), dentre outros serviços. Já oferece também recursos para **IoT** (VORA, 2015).

- **5G** – Anunciada em 2010, esta geração encontra-se em fase de desenvolvimento. É uma tecnologia proposta para ir além dos aparelhos móveis atuais (*notebooks*, *tablets* e *smartphones*), ampliando a capacidade de **IoT** do 4G. Tende a ser uma revolução no mercado de telefonia móvel.

7.2.2. Monetização de aplicações *mobile*

Com o lançamento da tecnologia 3G, surgiram os primeiros *smartphones* – aparelhos móveis inteligentes que oferecem mais serviços e recursos além da transmissão de voz e do envio de mensagens – e, consequentemente, a necessidade de softwares para realizar funções específicas, conhecidos como aplicativos. A partir daí, grandes empresas fabricantes de sistemas operacionais desses dispositivos começaram a investir no desenvolvimento de aplicativos considerados utilitários aos seus usuários.

Esses aparelhos e seus aplicativos foram atraindo a atenção de desenvolvedores de todo o mundo e não demorou muito para que essas empresas criassem suas lojas *on-line* (App Store, da Apple, Google Play e Microsoft Store) e permitissem que novos aplicativos criados por qualquer usuário fossem oferecidos, de forma gratuita ou não. Atualmente, dispositivos como relógios, televisores (*smart TV*) e outros aparelhos também passaram a ser fabricados de forma a permitir o uso de aplicativos com objetivos diversos.

No relatório "The State of Mobile 2019", do site App Annie (2019), são apresentadas três fases de padrões de comportamento dos usuários quanto ao uso de aplicativos nos *smartphones*:

- **Experimentação:** a monetização é discreta. A tendência é os novos usuários fazerem *download* de muitos aplicativos com propósitos diferentes e descobrirem os mais úteis e de seu interesse.
- **Adoção:** nesta fase os usuários já se encontram mais confortáveis e familiarizados com determinados aplicativos, formando hábitos de uso, enquanto também testam outras novas opções.
- **Ubiquidade:** com o amadurecimento dos usuários, neste momento existe um forte engajamento dos usuários com certos aplicativos, o que promove um maior gasto com versões e/ou recursos.

Segundo Anna Tobin (2018), da revista Forbes, o número total de *downloads* de aplicativos tanto na App Store quanto na Google Play no ano de 2018 aumentou 10%

em relação a 2017, ultrapassando 113 bilhões e gerando uma receita de mais de US$ 76 bilhões, sendo o mercado de *games* o que mais se destacou e cresceu em 2018.

O desenvolvedor pode oferecer seus aplicativos nas lojas das seguintes formas (HAMANN, 2016):

- **Grátis:** os aplicativos são oferecidos sem custo aos usuários finais. Geralmente são apresentadas propagandas (*ads*) que podem promover algum retorno monetário ao desenvolvedor.
- ***Premium***: os usuários precisam pagar para fazer o *download* e utilizar os aplicativos.
- ***Freemium***: neste modelo, os usuários podem baixar um aplicativo gratuitamente, mas não podem acessar o conjunto completo de recursos sem atualizar para a versão paga. É uma forma de monetização inteligente: você permite que o usuário use seu aplicativo e o estimula a comprar a versão completa.
- ***Paymium***: modelo muito utilizado em jogos. Como uma combinação de *Premium* e *Freemium*, um aplicativo *paymium* é pago e, além disso, oferece recursos extras via compras *in-app*.
- **Por assinatura:** com uma taxa mensal, este modelo permite construir relações significativas com os usuários, e o desenvolvedor precisar gerar melhorias constantes nos recursos e ferramentas.

7.2.3. Desenvolvimento de aplicações *mobile*

Segundo Matos e Silva (2016), ao desenvolver aplicações *mobile*, algumas particularidades devem ser consideradas, mostradas na Figura 7.2.

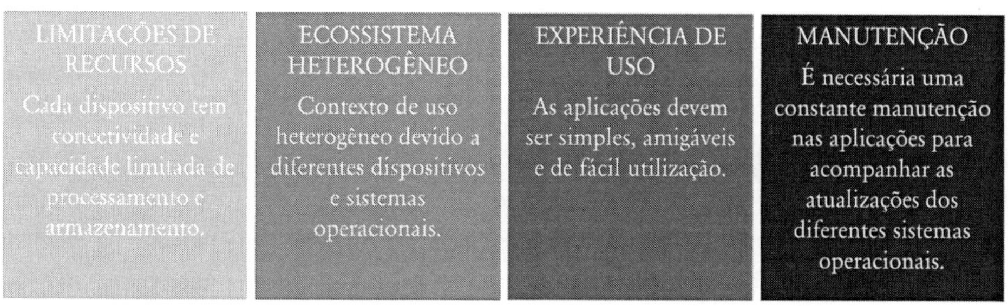

Figura 7.2 – Aspectos a serem considerados no desenvolvimento mobile.
Fonte: adaptado de Matos e Silva (2016).

Outro fator importante é se serão desenvolvidos diferentes aplicativos para vários sistemas operacionais distintos, chamados nativos, ou um mesmo aplicativo para ser executado em várias plataformas diferentes (web ou multiplataforma), como mostra a Figura 7.3.

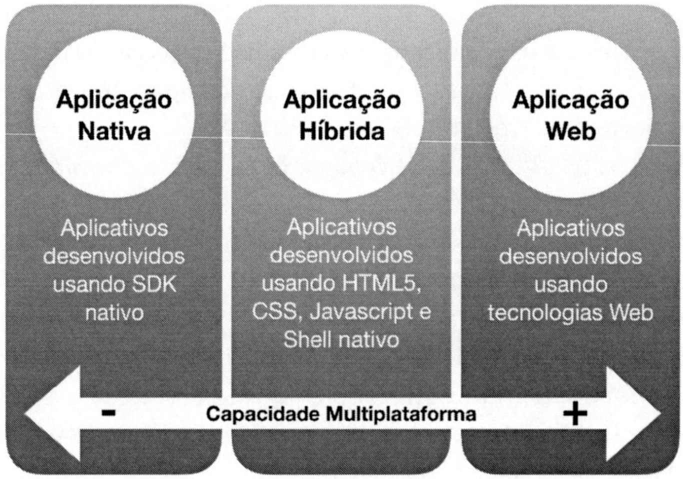

Figura 7.3 – Estratégias para o desenvolvimento de aplicações mobile.
Fonte: traduzida de Microsoft (2014).

As aplicações nativas necessitam do desenvolvimento de vários aplicativos, um para cada plataforma de dispositivo móvel, como iOS, Android e Windows Phone, e, consequentemente, são utilizados *frameworks* e APIs específicas para cada sistema operacional. Apesar das aplicações serem mais rápidas e capazes de utilizar todos os recursos do dispositivo, isso aumenta consideravelmente o custo de desenvolvimento e manutenção.

O desenvolvimento de aplicativos web, também conhecidos como *progressive web apps*, consiste na criação de uma página web, normalmente utilizando HTML5 (*HyperText Markup Language*), CSS (*Cascade Style Sheets*), JavaScript e PHP.

O desenvolvimento multiplataforma (*cross-platform*), também conhecido como híbrido, consiste também na criação de uma página web que é posteriormente envolvida em uma *shell* nativa, permitindo o acesso às características específicas das plataformas *mobile* (MICROSOFT, 2014).

7.2.3.1. Desenvolvimento de aplicações nativas

Plataforma iOS

O iOS é o sistema operacional dos dispositivos móveis iPhone e iPad da Apple Inc. Os aplicativos dessa plataforma eram desenvolvidos em Objective-C, mas em 2014 a empresa lançou a linguagem de programação Swift.

O desenvolvimento de aplicações nativas para iOS é feito utilizando o XCode, ambiente gratuito na App Store que oferece recursos e ferramentas para a criação de aplicativos não só para iOS mas também para macOS, watchOS e tvOS.

A arquitetura iOS, mostrada na Figura 7.4, consiste em camadas, estabelecendo uma comunicação dos aplicativos com o hardware (APPLE, 2015):

- ***Cocoa (Aplicação)*** – Nesta camada encontram-se os principais *frameworks* para a criação de um aplicativo iOS. Inclui tecnologias para criar interface do usuário, responder a eventos do usuário e gerenciar o comportamento do aplicativo.
- ***Media*** – Esta camada engloba tecnologias especializadas para reproduzir, gravar e editar mídia audiovisual (gráficos, áudio e vídeo) e para renderizar e animar gráficos 2D e 3D.
- ***Core Services*** – Contém muitos serviços e *frameworks* fundamentais aos aplicativos, mas sem influenciar diretamente a interface do usuário da aplicação. Um dos *frameworks* disponíveis nesta camada é o HomeKit (APPLE, s.d.), uma estrutura para comunicação e controle de acessórios de automação residencial conectados que suportam o *HomeKit Accessory Protocol* da Apple. Suporta acesso remoto a acessórios, vários dispositivos do usuário, vários usuários e lida com segurança e privacidade.
- ***Core OS*** – Esta camada define interfaces de programação relacionadas a hardware e rede, incluindo interfaces para executar tarefas de computação de alto desempenho na CPU e na GPU de um computador. Segundo Rocha e Finzi Neto (2011), o desenvolvedor pode utilizar os *frameworks* desta camada para lidar com segurança ou comunicação com acessório de hardware externo.
- ***Kernel e Drivers*** – Esta camada consiste no ambiente do Mach (micronúcleo para sistemas operacionais), drivers de dispositivos, funções da biblioteca BSD e outros componentes de baixo nivel.

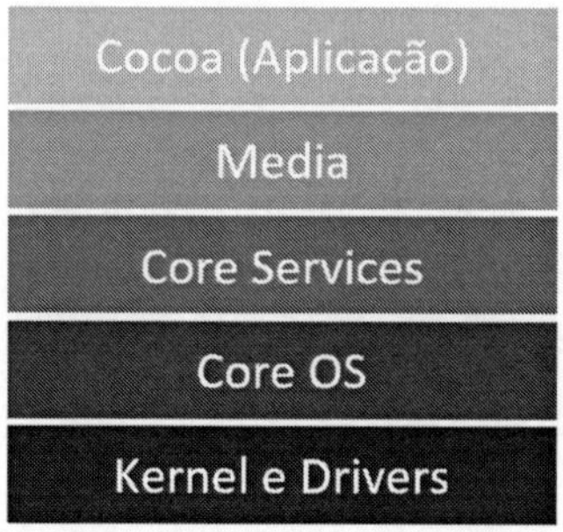

Figura 7.4 – Arquitetura em camadas do iOS.
Fonte: adaptado de Apple (2015).

Um aplicativo iOS passa por vários estados (Quadro 7.2), e o sistema move seu aplicativo de estado para estado em resposta a ações que ocorrem em todo o sistema (APPLE, s.d.).

Quadro 7.2 – Estados do aplicativo iOS.
Fonte: traduzido de Apple (s.d.).

Estado	Descrição
Not running **(Parado)**	**O aplicativo não foi iniciado ou estava em execução, mas foi encerrado pelo sistema.**
Inactive **(Inativo)**	**O aplicativo está sendo executado em primeiro plano, mas atualmente não está recebendo eventos (no entanto, pode estar executando outro código). Um aplicativo geralmente permanece nesse estado apenas brevemente, à medida que passa para um estado diferente.**
Active **(Ativo)**	**O aplicativo está sendo executado em primeiro plano e está recebendo eventos. Este é o modo normal para aplicativos em primeiro plano (*foreground*).**
Background **(Em segundo plano)**	**O aplicativo está em segundo plano e executando o código. A maioria dos aplicativos entra nesse estado por alguns instantes a caminho de ser suspenso. No entanto, um aplicativo que solicita tempo de execução extra pode permanecer nesse estado por um período de tempo. Além disso, um aplicativo sendo lançado diretamente no segundo plano entra nesse estado em vez de no estado inativo.**
Suspended **(Suspenso)**	**O aplicativo está em segundo plano, mas não está executando o código. O sistema move os aplicativos para este estado automaticamente e não os notifica antes de fazer isso. Enquanto suspenso, um aplicativo permanece na memória, mas não executa nenhum código.**

Plataforma Android

Em 2003, Andy Rubin (conhecido com o "pai do Android) e alguns sócios criaram a Android Inc., empresa adquirida pela Google em 2005. Esse sistema operacional foi criado com base em Linux e em 2007 foi formada a *Open Handset Alliance* para desenvolver, melhorar e aprimorar o Android. Em 2008 foi lançada a primeira geração de aparelhos celulares usando esse sistema operacional (DEITEL et al., 2015). Uma curiosidade é que cada nova versão do Android recebe um nome de sobremesa, em inglês, em ordem alfabética, iniciando em 1.5 – *Cupcake* estando atualmente em sua versão 12 – *Snow Cone*.

Atualmente existem inúmeras ferramentas para desenvolver aplicativos Android disponíveis de forma gratuita na internet, como o IDE Android Studio. Anunciado em 2013, este software parece ser o preferido entre os desenvolvedores. Com uma interface amigável *drag-and-drop*, ele permite programação, depuração e teste de código.

Em 2010 a empresa JetBrains criou uma linguagem de programação multiplataforma conhecida como Kotlin e, em 2017, a Google anunciou suporte oficial para seu uso no desenvolvimento de aplicativos Android (*AndroidPro*). A Kotlin é muito próxima da linguagem Java, apesar de mais funcional e intuitiva, e, dessa forma, permite ao desenvolvedor utilizar ambas no desenvolvimento de seus aplicativos.

A plataforma Android é formada pelos seguintes componentes (ANDROID DEVELOPERS, s.d.), mostrados na Figura 7.5:

- ***System Apps***: esta camada comporta o conjunto de aplicativos principais nativos do sistema operacional Android que fornecem funcionalidades básicas como calendários, navegador de internet, lista de contatos, e-mail etc.
- ***Java API Framework***: este componente contém os recursos de programação da linguagem Java necessários para o desenvolvimento de aplicativos, permitindo a reutilização de módulos de serviços e acesso às funcionalidades principais do sistema operacional.
- ***Native C/C++ Libraries***: os componentes HAL e ART são implementados por código nativo e usam bibliotecas programadas em C e C++. O desenvolvedor pode utilizar o Android NDK (*kit* para desenvolvimento de aplicações nativas) quando seu aplicativo exigir algum código C ou C++.
- ***Android Runtime* (ART)**: o ambiente de tempo de execução gerenciado é a camada onde são executados aplicativos e alguns serviços do sistema. Antes do Android versão 5.0 (API nível 21), o Dalvik era a máquina virtual utilizada, mas para dispositivos com versões mais recentes, cada aplicativo executa o próprio processo com uma instância própria do ART. É projetado para facilitar a depuração, geração de relatório de erros e diagnóstico, além de compilar arquivos DEX (*Dalvik Executable* – formato de *bytecode* exclusivo do Android), que permitem um consumo mínimo de memória.

- ***Hardware Abstraction Layer*** **(HAL):** A camada de abstração de hardware consiste em módulos de biblioteca que permitem o acesso ao hardware do dispositivo (como câmera e *bluetooth*), estabelecendo uma interface entre as capacidades do hardware e a estrutura Java API de maior nível.
- ***Linux Kernel*:** O *kernel* do Linux é a base da plataforma Android. É responsável por executar tarefas de baixo nível – mais próximas do hardware do dispositivo – e permite o aproveitamento dos recursos principais de segurança e o desenvolvimento de *drivers* de hardware para um sistema conhecido.

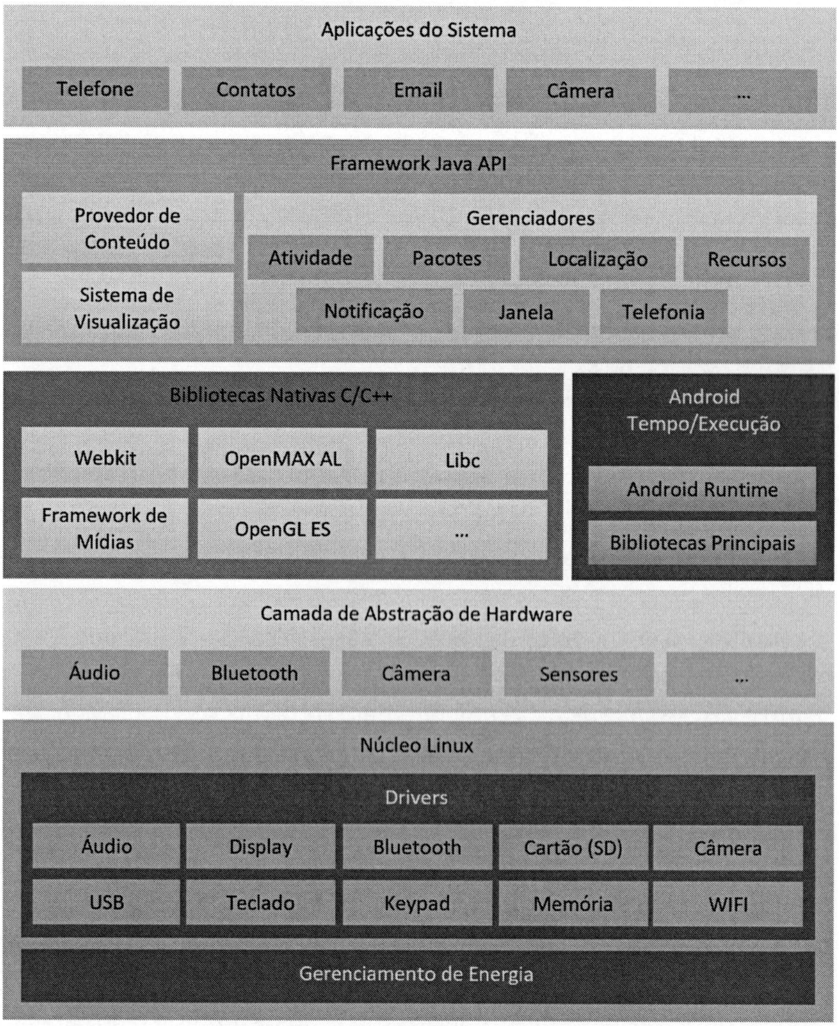

Figura 7.5 – Componentes da arquitetura Android.
Fonte: adaptado de Android Developers (s.d.).

7.2.3.2. Desenvolvimento de aplicações híbridas

As aplicações híbridas ou *cross-platform* são implementadas aproveitando o melhor do desenvolvimento de aplicações web e nativas: as aplicações são criadas usando linguagem de programação para desenvolvimento web como HTML5, JavaScript e CSS, mas que funcionam dentro de um *shell* nativo da plataforma *mobile,* normalmente uma WebView ou equivalente. React Native, Xamarin, Flutter, Ionic e Cordova são frameworks para desenvolvimento de aplicações híbridas (MAGGINI, 2019).

Conclusão

A internet das coisas é um grande desafio, tanto em seu nível conceitual como também tecnológico, pois são várias tecnologias embutidas num único sistema. Há muitos segmentos de mercado e verticais com aplicação de internet das coisas, e cada vez mais surgem novas aplicações (DIAS, 2016).

O impacto econômico da internet das coisas será de 3,9 a 11,1 trilhões de dólares por ano em 2025, significando 11% da economia mundial (MANYIKA et al., 2015). Nesse cenário, os usuários serão os mais beneficiados pela internet das coisas, pois eles terão melhor conveniência, melhores produtos e serviços prestados pelas empresas. Por outro lado, abre uma gama de oportunidades de projetos para as empresas. No mundo da internet das coisas, a tecnologia digital é parte da estratégia empresarial e serão necessários novos modelos de gestão empresarial e de negócios que vejam a tecnologia como fonte de vantagem competitiva e não apenas como função de suporte.

Para implementar as novas estratégias e transformações digitais, serão necessários novos princípios de governança, ferramentas, gestão de projetos e processos de forma eficiente e eficaz para gerir, coordenar e conectar os recursos necessários dentro e além dos limites de corporações individuais. Assim, abre-se uma gama de oportunidades para a atuação dos gerentes de projetos para implementar tais soluções e lidar com um novo ambiente de transformação de grande impacto organizacional, tecnológico, social e cultural.

No âmbito tecnológico, a popularização das redes sem fio e dos dispositivos móveis contribuiu para um maior interesse e investimento das indústrias em automação. O desenvolvimento de aplicativos móveis permite uma modernização da infraestrutura e uma transformação digital nos processos e projetos tanto empresariais quanto industriais. Aplicações móveis nativas ou híbridas estão sendo desenvolvidas em e para empresas/indústrias como estratégia de reinvenção de seus modelos de negócios e buscando maior abrangência de atuação.

Revisão dos conceitos apresentados

Internet das coisas. Uma infraestrutura de rede dinâmica e global com capacidade de autoconfiguração baseada em protocolos de comunicação padronizados e interoperáveis nos quais as 'coisas' físicas e virtuais têm identidades e atributos físicos, usam interfaces inteligentes e são completamente integradas à rede de informação. Na IoT é esperado que as 'coisas' se tornem participantes ativas dos negócios e dos processos informacionais e sociais. Elas são capazes de interagir e comunicar-se entre elas e com o ambiente através da troca de dados e informação percebida sobre o ambiente, enquanto reagem de forma autônoma aos eventos do 'mundo físico/real' e o influenciam ao iniciar processos que engatilham ações e criam serviços com ou sem intervenção humana direta (VERMESAN et al., 2011).

Aplicação da internet das coisas. As aplicações da internet das coisas são inúmeras e diversas, e permeiam praticamente a vida diária de pessoas, empresas e sociedade como um todo, transformando o mundo em *smart world*. As aplicações da internet das coisas são: bens de consumo, *e-health*, transporte inteligente, distribuição de energia, casas inteligentes, distribuição e logística, segurança pública, indústria e manufatura, gestão da agricultura e recursos naturais e *smart cities*.

Aplicativos *mobile*. Desde a criação dos *smartphones*, o número de aplicativos desenvolvidos para uso nesses dispositivos aumentou consideravelmente. São softwares que possuem funções específicas e estão disponíveis em lojas virtuais como App Store (da Apple), Google Play e Microsoft Store.

Aplicativos nativos. Os aplicativos considerados nativos são desenvolvidos exclusivamente para a plataforma na qual irá rodar. Para iOS utiliza-se a linguagem Swift, para Android temos Java e agora Kotlin.

Aplicativos web. Conhecidos também como *progressive web apps*, esses aplicativos são desenvolvidos para web nas linguagens HTML5, CSS, JavaScript e PHP, e posteriormente compilados nas plataformas *mobile*.

Aplicativos híbridos ou multiplataformas. Os aplicativos considerados multiplataformas (*cross-platform*) são aqueles desenvolvidos usando linguagens de programação para web e que funcionam em um *shell* de cada plataforma.

Estudo de caso 2: tecnologias móveis de internet das coisas (*mobile IoT*)

Este caso apresenta a aposta da Ericsson na otimização e melhoria de seus serviços e recursos em suas fábricas, com base no relatório de 2018 (GSMA, 2018). A empresa destaca que a indústria caminha na direção da rede móvel 5G e IoT, destacando o papel central dessas duas tecnologias nas fábricas inteligentes do futuro. O caso está descrito em três tópicos: apresentação da empresa; descrição da importância da *mobile* IoT na indústria; e exemplos de uso de *mobile* IoT em suas fábricas.

Descrição da empresa

A Ericsson é uma empresa sueca do ramo de infraestrutura de telecomunicações que atua no Brasil desde 1892. Em 2001, ao fechar uma parceria com a Sony Corporation, foi criada a Sony Ericsson para produção de telefonia móvel e fixa. Em 2016, a empresa abriu em Indaiatuba, interior do estado de São Paulo, um laboratório especializado na produção de tecnologias que usam internet das coisas. Atualmente, o Brasil é seu quinto principal mercado em vendas.

Tecnologias móveis de internet das coisas (*mobile IoT*)

De acordo com a GSMA (2018), a Ericsson afirma que as tecnologias móveis de internet das coisas devem desempenhar um papel central nas fábricas inteligentes do futuro (GSMA, 2018). A empresa está usando a conectividade das redes móveis de IoT para tornar suas fábricas na Suécia, Estônia e China mais eficientes e produtivas, otimizando seus processos de manufatura por meio de um único sistema de comunicação.

A Ericsson acredita que a tecnologia sem fio mais adequada para uso industrial é a celular, pois oferece um nível mais alto de confiabilidade e segurança e pode suportar maior quantidade de dispositivos. Uma rede celular pode ser usada para monitorar a localização de ativos críticos, estações de trabalho, níveis de estoque, fatores ambientais e o desempenho de equipamentos de teste e ferramentas de produção, como as chaves de fenda de alta precisão usadas na linha de produção.

Ao mesmo tempo, IoT pode aumentar a eficiência e a qualidade dos serviços que os fabricantes oferecem aos clientes. Juntamente com inteligência artificial e computação em nuvem, IoT é um dos principais facilitadores da indústria 4.0, considerada a próxima revolução industrial (GSMA, 2018). A indústria 4.0 será caracterizada por fábricas inteligentes, com alto nível de conectividade e que processam um fluxo contínuo de informações para se adaptar automaticamente a eventos como uma nova necessidade do cliente.

Testando em suas próprias fábricas, a Ericsson está explorando três categorias principais de casos de uso para a implantação do *mobile IoT* (GSMA, 2018):

1. **Automação** – A linha de produção é controlada remotamente usando sistemas cada vez mais inteligentes hospedados na nuvem.
2. **Monitoramento** – O desempenho do equipamento é continuamente monitorado para controle de qualidade e para permitir a manutenção preditiva.
3. **Rastreamento** – A disponibilidade, o volume e a localização do estoque e do equipamento são rastreados.

"Os requisitos de conectividade de uma fábrica são muito dependentes do caso de uso e do aplicativo, e, portanto, a rede também precisa suportar a diferenciação de serviços", afirma Sebastian Elmgren, gerente de portfólio da *Smart Manufacturing, Advanced Industries*, Ericsson. Segundo ele, uma versão evoluída da tecnologia 4G pode ser usada em alguns casos, mas existem serviços mais complexos, como otimização de produção e controle robótico, que exigem resposta rápida, o que só pode ser alcançado com a tecnologia 5G.

As fábricas da Ericsson em Estocolmo (Suécia), Tallinn (Estônia) e Nanjing (China) estão monitorando rapidamente a introdução de uma nova geração de tecnologias inteligentes de fabricação. Estão empregando a conectividade das tecnologias móveis de IoT para melhorar os processos em um ambiente de fabricação real de muitas maneiras diferentes:

Acompanhamento de equipamentos críticos

Sensores estão sendo usados para rastrear equipamentos críticos. Como resultado, os principais ativos podem ser localizados imediatamente, enquanto a burocracia é reduzida e há menos risco de desaparecerem equipamentos importantes.

Simplificando o sistema Andon

A Ericsson instalou Andon, um sistema sem fio para permitir que os operadores de máquinas em suas linhas de produção solicitem suporte técnico quando ocorrer um problema de qualidade. Antes da solução móvel, o sistema utilizado era o de telefonia fixa, no qual uma pessoa responsável recebia a ligação e precisava procurar manualmente o engenheiro certo para resolver o problema. A nova solução permite que seja realizada uma chamada diretamente para o engenheiro certo da linha, reduzindo o tempo de espera para a solução de problemas.

Monitorando o conteúdo das caixas de material

Sensores de pressão estão sendo colocados nas caixas de armazenamento para permitir o monitoramento em tempo real do quanto elas estão cheias. Anteriormente, o nível de material nas caixas tinha que ser medido manualmente e, em seguida, registrado pela digitalização de códigos de barras.

Monitorando o ambiente

Em algumas fábricas, as condições ambientais, tais como níveis de umidade e temperatura do ar, precisam ser mantidas dentro de certos parâmetros. Embora sensores com fio possam monitorar as condições climáticas, tornou-se rentável o uso de sensores sem fio, que podem ser implantados facilmente e movidos de um lugar para outro quando necessário.

Monitorando as estações de trabalho

A Ericsson adicionou sensores com conectividade para estações de trabalho em suas linhas de fabricação para permitir monitoramento em tempo real e análise de dados de produção e guiar ajustes no plano de produção.

Calibrando chaves de fenda de alta precisão

Em Nanjing, na China, a Ericsson Panda Communication, fábrica de equipamentos de rádio, emprega muitas chaves de fenda de alta precisão, que exigem calibração e lubrificação de rotina com base nos tempos de utilização. Antigamente, essa manutenção era um procedimento manual realizado periodicamente e documentado em registros manuscritos. Hoje, as chaves de fenda de alta precisão foram equipadas com sensores de movimento em tempo real acoplados a módulos de IoT.

A cada oito horas, os módulos IoT transmitem dados, indicando o quanto eles foram usados no período anterior. Esses dados são então capturados no sistema de nuvem privada da Ericsson Panda, que faz cálculos e análises automáticas sobre o estado de utilização e condição das ferramentas, realizando um monitoramento de qualidade e aumentando consideravelmente a vida útil dessas chaves de fenda caras.

Otimizando acessórios de teste

A Ericsson está usando IoT para monitorar o número de conexões sendo manipuladas pelos equipamentos de teste em sua fábrica 5G em Estocolmo, rastreando melhor a manutenção e executando a calibragem para otimizar o desempenho de radiofrequência (RF) dos equipamentos de teste.

Independentemente da conectividade 4G ou 5G, a Ericsson afirma que os mecanismos de qualidade de serviço (QoS) nas redes de telefonia celular se tornarão cada vez mais valiosos e que a importância disso aumentará à medida que os fabricantes aderirem à transformação digital e exigirem mais recursos de rede (GSMA, 2018).

"O sucesso dos produtos manufaturados no mercado depende do *feedback* contínuo do cliente e da cocriação. Colaboramos com nossas próprias fábricas e parceiros do setor para definir a base para a fabricação sem fio inteligente com 4G e em breve 5G" – Erik Josefsson, chefe da *Advanced Industries*, Ericsson.

Referências

ABINC. *Sobre a ABINC*. Disponível em: <https://abinc.org.br/sobre/>. Acesso em: 26 jan. 2022.

ABREU, L. M. *Usabilidade de Telefones Celulares com base em Critérios Ergonômicos*. Dissertação (Mestrado) – Rio de Janeiro: PUC-Rio, Departamento de Artes & Design, 2004.

ALI, Z. H.; ALI, H. H.; BADAWAY, N. N. Internet of things (IoT): definitions, challenges and recent research directions. *International Journal of Computer Applications* (0975 – 8887), vol. 128, n. 1, Oct. 2015.

ANDROID DEVELOPERS. *Arquitetura da plataforma*. Disponível em: <https://developer.android.com/guide/platform?hl=pt-br>. Acesso em: 26 jan. 2022.

APP ANNIE. *The State of Mobile 2019*. Disponível em: <https://s3.amazonaws.com/files.appannie.com/reports/1901_State_of_Mobile_Main_EN.pdf>. Acesso em: 26 jan. 2022.

APPLE. *About Developing for Mac*. Mac Technology Overview. Documentation Archive. Sep. 16, 2015. Disponível em: <https://developer.apple.com/library/archive/documentation/MacOSX/Conceptual/OSX_Technology_Overview/About/About.html>. Acesso em: 26 jan. 2022.

APPLE. *HomeKit*. Framework. Disponível em: <https://developer.apple.com/documentation/homekit>. Acesso em: 26 jan. 2022.

APPLE. *Managing Your App's Life Cycle*. Disponível em: <https://developer.apple.com/documentation/uikit/app_and_environment/managing_your_app_s_life_cycle>. Acesso em: 24 maio 2022.

ASHTON, K. That 'Internet of Things' Thing. *RFID Journal,* June 22, 2009. Disponível em: <http://www.rfidjournal.com/articles/view?4986>. Acesso em: 26 jan. 2022.

ATZORI, L.; IERA, A.; MORABITO, G. The internet of things: a survey. *Computer Networks*, vol. 54, n. 15, Oct. 2010.

BNDES. *Estudo "Internet das Coisas: um plano de ação para o Brasil"*. Banco Nacional de Desenvolvimento, 2017. Disponível em: <https://www.bndes.gov.br/wps/portal/site/home/conhecimento/pesquisaedados/estudos/estudo-internet-das-coisas-iot/estudo-internet-das-coisas-um-plano-de-acao-para-o-brasil>. Acesso em: 26 jan. 2022.

CARNIEL, G.; SALUTES, B. (ed.) 55G, 4G, LTE, GSM, EDGE e HPSA: entenda as siglas de cada conexão. *CanalTech,* 06 abr. 2021. Disponível em: <https://canaltech.com.br/telecom/gsm-edge-hpsa-lte-entenda-as-siglas-de-conexao-mobile/>. Acesso em: 24 mar. 2022.

CASAGRAS. *CASAGRAS:* an EU framework 7 project. Disponível em: <https://docbox.etsi.org/zArchive/TISPAN/Open/IoT/low%20resolution/www.rfidglobal.eu%20CASAGRAS%20IoT%20Final%20Report%20low%20resolution.pdf>. Acesso em: 26 jan. 2022.

DATABRICKS. Introduction to Data Lakes. Disponível em: https://databricks.com/discover/data-lakes/introduction. Acesso em: 21 abr. 2022.

DEITEL, P.; DEITEL, H.; DEITEL, A. *Android:* como programar. 2.ed. Porto Alegre: Bookman, 2015.

DEORAS, S. First ever IoT device – "the internet toaster". *AIM*, Aug. 05, 2016. Disponível em: <https://analyticsindiamag.com/first-ever-iot-device-the-internet-toaster/>. Acesso em: 22 jan. 2022.

DIAS, R. R. F. *Internet das coisas sem mistérios:* uma nova inteligência para os negócios. São Paulo: Netpress Books, 2016.

EVAN, D. A Internet das Coisas: Como a próxima evolução da Internet está mudando tudo. White paper. *Cisco*, abr. 2011. Disponível em: <http://www.cisco.com/c/dam/global/pt_br/assets/executives/pdf/internet_of_things_iot_ibsg_0411final.pdf>. Acesso em: 26 jan. 2022.

FINEP. *Kevin Ashton* – entrevista exclusiva com o criador do termo "Internet das Coisas". 13 jan. 2015. Disponível em: <http://finep.gov.br/noticias/todas-noticias/4446-kevin-ashton-entrevista-exclusiva-com-o-criador-do-termo-internet-das-coisas>. Acesso em: 26 jan. 2022.

FÓRUM BRASILEIRO DE IOT. *O Fórum*. Disponível em: <https://www.iotbrasil.org.br/oforum.php/>. Acesso em: 26 jan. 2022.

FRIEDEWALD, M.; RAABE, O. Ubiquitous computing: an overview of technology impacts. *Telematics and Informatics*, vol. 28, 2011.

GALEGALE, G. P; SIQUEIRA, E.; SILVA, C. B. H.; SOUZA, C. A. Internet das Coisas Aplicada a Negócios – Um Estudo Bibliométrico. *JISTEM – Journal of Information Systems and Technology Management*, vol. 13, n. 3, Sep./Dec. 2016, p. 423-438.

GARTNER. *Gartner's 2014 hype cycle for emerging technologies maps the journey to digital business*. August 11, 2014. Disponível em: <https://www.gartner.com/en/newsroom/press-releases/2014-08-11-gartners-2014-hype-cycle-for-emerging-technologies-maps-the-journey-to-digital-business>. Acesso em: 26 jan. 2022.

GERSHENFELD, N. *When Things Start to Think*. New York, NY: Henry Holt and Co., 1999.

GREENFIELD, A. *Everyware:* the dawning age of ubiquitous computing. New Riders: Berkley, 2006.

GSMA. *Mobile IoT Case Study:* Ericsson Smart Factory. Sep. 07, 2018. Disponível em: <https://www.gsma.com/iot/resources/ericsson-smart-industrial-factory/>. Acesso em: 26 jan. 2022.

HAMANN, R. Free, Lite, Freemium, Premium: quais as diferenças entre as licenças? *Tecmundo*, 09 mar. 2016. Disponível em: <https://www.tecmundo.com.br/apps/102015-free-lite-freemium-premium-diferencas-entre-licencas.htm>. Acesso em: 26 jan. 2022.

HORIZON 2020. *What is Horizon 2020?* Disponível em: <http://ec.europa.eu/programmes/horizon2020/en/what-horizon-2020>. Acesso em: 26 jan. 2022.

LACERDA, F.; LIMA-MARQUES, M. Da necessidade de princípios de arquitetura da Informação para a Internet das Coisas. *Perspectivas em Ciência da Informação*, vol. 20, n. 2, abr./jun. 2015, p. 158-171.

MACORATTI, J. C. Introdução a XAML (Extensible Application Markup Language). *iMaster,* 02 abr. 2009. Disponível em: <https://imasters.com.br/dotnet/introducao-a-xaml-extensible-application-markup-language>. Acesso em: 26 jan. 2022.

MAGGINI, G. Deciding between native and cross-platform mobile frontend programming frameworks. 02 jul. 2019. Disponível em https://developer.ibm.com/articles/deciding-between-native-and-cross-platform-mobile-frontend-programming-frameworks/. Acesso em: 21 fev. 2022.

MANYIKA, J.; CHUI, M.; BISSON, P.; WOETZEL, J.; DOBBS, R.; BUGHIN, J.; AHARON, D. *The internet of things:* mapping the value beyond the hype. Technical report. McKinsey Global Institute, June 2015.

MATOS, B. R. D.; SILVA, J. G. B. *Estudo comparativo entre o desenvolvimento de aplicativos móveis utilizando abordagem nativa e multiplataforma*. Trabalho de Conclusão de Curso. Universidade de Brasília – UnB, 2016.

MCCARTHY, Joe. What Would Your Toaster Say to Your TV? *Gumption*, May 18, 2008. Disponível em: <http://gumption.typepad.com/blog/2008/05/what-would-your.html>. Acesso em: 26 jan. 2022.

MINERVA, R.; BIRU, A.; ROTONDI, D. Towards a definition of the Internet of Things (IoT). Rev. 1. *IEEE Internet Initiative*, May 27, 2015. Disponível em: <https://www.researchgate.net/publication/317588072_Towards_a_definition_of_the_Internet_of_Things_IoT>. Acesso em: 03 fev. 2022.

PARTICIPA.BR. *Consulta Pública*: Plano Nacional de IoT. 2017. Disponível em: <http://www.participa.br/cpiot/objetivos-da-consulta>. Acesso em: 26 jan. 2022.

PATEL, K. K.; PATEL, S. M. Internet of Things-IOT: Definition, Characteristics, Architecture, Enabling Technologies, Application & Future Challenges. *International Journal of Engineering Science and Computing*, May 2016.

POSTSCAPES. *IoT Overview Handbook*. Jan. 11, 2019b. Disponível em: <https://www.postscapes.com/iot/#definition/>. Acesso em: 24 maio 2022.

POSTSCAPES. *Internet of Things (IoT) History*. Dec. 11, 2019a. Disponível em: <https://www.postscapes.com/iot-history/>. Acesso em: 24 maio 2022.

RAIWANI, Y. P. Internet of things: a new paradigm. *International Journal of Scientific and Research Publications,* vol. 3, n. 4, Apr. 2013.

REDAÇÃO. Gartner lista as 10 principais tendências para IoT em 2023. *TI inside*, 19 nov. 2018. Disponível em: <https://tiinside.com.br/19/11/2018/gartner-lista-as-10-principais-tendencias-para-iot-em-2023/>. Acesso em: 26 jan. 2022.

ROCHA, A. M.; FINZI NETO, R. M. Introdução à Arquitetura Apple iOS. *Anais do Enacomp 2011.* Disponível em: <https://www.enacomp.com.br/2011/anais/trabalhos-aprovados/pdf/enacomp2011_submission_58.pdf>. Acesso em: 26 jan. 2022.

SINGER, T. Tudo conectado: conceitos e representações da internet das coisas. *SIMSOCIAL – II Simpósio em tecnologias digitais e sociabilidade*, 11-12 set. 2012.

TECHNOLOGY HUB. Site. Disponível em: <https://technologyhub.com.br/>. Acesso em: 26 jan. 2022.

TOBIN, A. These Were The Most Downloaded And Profitable Games and Apps Of 2018. *Forbes,* Dec. 21, 2018. Disponível em: <https://www.forbes.com/sites/annatobin/2018/12/21/these-were-the-most-downloaded-and-profitable-games-and-apps-of-2018/#499857972dae>. Acesso em: 26 jan. 2022.

TROISE, T. *TudoSobreIoT.* [mensagem pessoal]. Mensagem recebida por monmancini@gmail.com em 24 nov. 2018.

VAN KRANENBURG, R.; ANZELMO, E.; BASSI, A.; CAPRIO, D.; DODSON, S.; RATTO, M. The internet of things. Paper. *1st Berlin Symposium on Internet and Society,* Oct. 25-27, 2011.

VENKATESH, A. Computers and other interactive technologies for the home. *Communications of the ACM,* vol. 39, n. 12, 1996.

VERMESAN, O.; FRIESS, P.; GUILLEMIN, P.; GUSMEROLI, S.; SUNDMAEKER, H.; BASSI, A.; JUBERT; I. S.; MAZURA, M.; HARRISON, M.; EISENHAUER, M.; DOODY, P. Internet of things Strategic Research Roadmap. *European Research Cluster on the Internet of Things*, Cluster SRA 2011. Disponível em: <http://www.internet-of-things-research.eu/pdf/IoT_Cluster_Strategic_Research_Agenda_2011.pdf>. Acesso em: 26 jan. 2022.

VORA, L. J. Evolution of Mobile Generation Technology: 1G to 5G and Review of Upcoming Wireless Technology 5G. *International Journal of Modern Trends in Engineering and Research*, vol. 2, n. 10, 2015, p. 281-290.

WEISER, M. The Computer for the 21st Century. *Scientific American,* Sep. 1991, p. 94-104.

8. Governança de TI

Ana Carolina Riekstin
Carlos Rodrigo Cordeiro Alves

Conceitos apresentados neste capítulo

8.1. Governança corporativa e governança de TI.
8.2. Governança de TI na prática.

Objetivos do capítulo

1. Apresentar os conceitos e diferentes modelos de governança de TI.
2. Apresentar uma comparação crítica entre os modelos de governança de TI.
3. Promover a discussão sobre como devem ser utilizados os modelos de referência, dadas as diferentes realidades das organizações.

Logicalis e a governança de TI

Uma empresa em plena expansão: ramo de integração e serviços de sistemas de tecnologia da informação e telecomunicações, presença em 11 países na América Latina, mais de 3.000 profissionais, criação de centros de excelência que podem alavancar serviços, vendas e receita de serviços de tecnologia crescendo consistentemente de um ano a outro.

Com o aumento do número de pessoas, os processos deveriam ser mantidos. A consistência da empresa depende muito deles. Porém, como comunicar a todas essas novas pessoas como e quando os seguir? Não basta um *link* na *intranet* ou um informe no primeiro dia de trabalho durante a ambientação. A prática de todos os dias é determinante na continuidade dessas informações e na manutenção do que funciona bem. Há modificações, claro, que nascem das novas discussões e ideias vindas de todos os participantes. Por isso é preciso se adaptar sempre, porém mantendo uma linha coerente com o funcionamento bem-sucedido da organização.

Ao gerar um maior número de propostas, o processo precisa ser adequado, criando caminhos diferentes que podem ser relacionados à classificação de propostas e à maneira de serem tratadas, planejadas e produzidas. Um jeito de crescer com eficiência é através de seus processos de governança de TI, ao manter a consistência de práticas e resultados esperados em suas atividades. A implantação de estruturas corretas também permite o compartilhamento de atividades de um país a outro, para que não seja necessário replicar estruturas em todas as partes.

A tecnologia aplicada internamente precisa ajudar os profissionais que estão dispersos geograficamente a encontrar outras pessoas e as informações necessárias a seu trabalho. Os sistemas têm que ser facilmente acessíveis de diferentes redes. Através de processos de governança de TI, é possível definir práticas e comunicar sobre atividades esperadas no trabalho, auxiliando os processos de decisão em diferentes locais. No caso da expansão para a América Latina, o suporte ao idioma espanhol também se torna uma questão fundamental. Mudanças nos sistemas causam um impacto muito maior que há alguns anos; portanto, seu planejamento, sua classificação e sua execução são ainda mais críticos, devendo ser bem respaldados pelos processos.

Externamente, a percepção dos clientes será reflexo direto da capacidade da entrega e coerência entre as diferentes localidades. Para os clientes antigos, é importante a manutenção da qualidade mesmo com a alta taxa de crescimento. Para os novos, a primeira venda é importante, mas o relacionamento de serviço pelos três anos subsequentes é um ponto de atenção. Os indicadores apresentados interna e externamente devem ter consistência e transparecer esses resultados.

Muitos desafios para continuar crescendo de maneira inteligente.

Introdução

A informação é, mais do que nunca, um ativo estratégico para as organizações. Com isso, a Tecnologia da Informação (TI) vem assumindo posições mais relevantes dentro das empresas. Quanto mais estratégica, mais importante é o alinhamento estratégico entre TI e negócios e o quanto a TI gera de valor para a empresa, seja como uma área interna, seja como uma atividade fim. Tanto a geração de valor para o negócio como seu alinhamento com o negócio e o atendimento a diferentes regulamentações são obtidos por meio de um sistema eficaz de governança de TI. O Brasil é um país emergente e tem um papel-chave no desenvolvimento da América Latina, tanto política quanto economicamente. Suas organizações são submetidas a regulações e movimentos de internacionalização vêm crescendo nos últimos anos.

Para entender os relacionamentos entre TI, negócio e governança, é importante entender o histórico sobre governança, o que é governança corporativa, o que é e como a governança de TI se insere nesse âmbito e que modelos estão relacionados. No Brasil, para empresas grandes e médias, 8% de seu lucro líquido é investido em TI (MEIRELLES, 2021). Em bancos, o mínimo é de 10%.

Observando as organizações brasileiras desde o final da década de 1960, nota-se o início da utilização da informática para automatização de processos empresariais. Inicialmente, nascida dentro da área financeira, TI tinha como principal objetivo aumentar o desempenho e diminuir erros em processamento de dados, tais como folhas de pagamento, faturamento e recebimento.

Com o avanço tecnológico e o barateamento dos processadores e componentes, a computação e o poder de processamento foram se aproximando do usuário final, descentralizando seu controle. As exigências e requerimentos sobre a infraestrutura da rede também começaram a crescer rapidamente. Outras tecnologias, antes de posse de diferentes áreas dentro da organização, também começaram a evoluir em direção à rede.

O acesso a ferramentas para desenvolvimento de aplicações também foi amplamente disseminado: não é mais preciso conhecer uma linguagem de programação a fundo para iniciar um código. Muitas organizações têm seus principais sistemas sendo executados em bases de planilhas eletrônicas, sem controle de disponibilidade ou gerenciamento apropriado de mudanças. E não tão raramente se encontram essas aplicações sendo executadas a partir de computadores sobre as mesas dos profissionais, sem gerenciamento apropriado de suas especificações de hardware ou do ambiente de *datacenter* que garanta disponibilidade da infraestrutura.

Essa mudança nas responsabilidades sobre equipamentos, aplicações e serviços de TI traz um desafio a ser tratado nas organizações para garantir o adequado funcionamento dos processos de negócio.

O crescimento da demanda pelos serviços permitiu também a criação de organizações especializadas em prestação de serviços de TI, cujo negócio-fim é a tecnologia.

As práticas de gerenciamento e governança de TI foram se especializando. Primeiramente atreladas somente aos controles da área financeira, passaram ao desenvolvimento de processos próprios. Para o processamento central, baseado em *mainframes*, procedimentos eram muito bem vistos e mudanças muito controladas, uma vez que um erro poderia causar sérias perdas de receita para o negócio.

No Brasil, as regulamentações da bolsa de valores melhoraram significativamente nos últimos vinte anos, exigindo maior transparência nos resultados e, para governança corporativa, planejamento, implantação e manutenção. As principais causas da demanda das empresas por essas práticas são as iniciativas de qualidade e processos que surgiram nos anos 1990 e regulações estabelecidas pela bolsa de valores BM&F Bovespa (CÂMARA DOS DEPUTADOS, 2018).

Hoje com processos de terceirização de serviços, é preciso saber gerenciar os contratos e fornecedores e estabelecer relações baseadas em acordos de níveis de serviço, nos quais as responsabilidades estão claramente definidas e a entrega pode ser objetivamente avaliada.

A herança de que TI nasceu para reduzir custos operacionais ainda é bastante forte no Brasil. Por um lado, isso pode atrasar ou até mesmo impedir projetos que façam com que a TI gere novas possibilidades de negócio ou atue de maneira decisiva e inovadora nos processos de negócio. Simplesmente automatizar para se fazer de modo mais eficiente é bastante comum nesse meio. Porém, propor modelos de negócio diferentes é uma grande oportunidade de gerar verdadeiro diferencial competitivo para uma organização, e isso pode ser feito através da TI.

A economia digital é um termo geralmente utilizado para caracterizar a nova economia da indústria da informação. Dentre as inovações produzidas por ela, estão esses novos modelos de negócios. Um modelo de negócios digital descreve como a empresa interage digitalmente com seus clientes e geralmente desafia o modelo de negócios corrente.

Como exemplos de inovação nesse campo são comumente citados o Google, que trouxe uma nova experiência ao cliente em buscas pela internet, além de ser líder em *links* patrocinados e outros serviços; a Apple, que trabalha em uma nova plataforma de equipamentos, desejados no mundo todo; e a Amazon, que inova em conteúdo, tanto aqueles que são vendidos, como os e-books, quanto conteúdo de resenhas, sendo uma grande base para pesquisa de opiniões de usuários em diferentes países do mundo, como EUA e Canadá. No Brasil, notam-se diversas iniciativas de *startups* que buscam criar soluções rápidas e especializadas utilizando recursos de *big data* e *analytics* para segmentos de negócios, como agronegócio, para melhoria da produtividade do campo, e para varejo, como mecanismos para personalizar a experiência do cliente com base na jornada do consumidor.

Uma vez que os modelos padronizados de governança de TI aplicados em organizações brasileiras são, tipicamente, desenvolvidos no exterior, é necessário entender como se dá a adaptação a essa realidade diferente. Esse contexto pode ser aplicado a outros mercados, tais como o asiático e outros países latino-americanos, que, dado seu momento de crescimento, necessitam de mais uso de padrões de mercado e internacionalização.

Quadro: no Brasil, hoje

O governo brasileiro continua apoiando o desenvolvimento e a pesquisa em tecnologia da informação. A Lei nº 13.674/18 (MINISTÉRIO DA ECONOMIA, 2018), sancionada em 2018, autoriza empresas de tecnologia da informação e comunicação a receberem isenções tributárias caso invistam em atividades de pesquisa, desenvolvimento e inovação. A proposição amplia de três para 48 meses o prazo para as empresas brasileiras de informática, beneficiadas com incentivos fiscais associados a investimentos em pesquisa e desenvolvimento (P&D), reinvestirem valores pendentes.

A Lei Geral de Proteção de Dados (LGPD) traz uma série de controles sobre a utilização de dados pessoais e a privacidade dos usuários de sistemas de informação. Para se adequar à regulamentação, as companhias precisam entender com profundidade que tipo de informação mantêm das pessoas e qual o propósito. Em suma, a lei busca defender a transparência sobre a utilização dos dados: ao coletá-los e armazená-los, é preciso deixar claro à pessoa os objetivos da empresa. O não cumprimento de seus requisitos pode levar a sanções muito severas.

Em resumo, a complexidade do ambiente de TI cresceu muito ao longo dos anos. Descentralização, penetração e ubiquidade, além de novas responsabilidades, trazem desafios importantes de gestão.

8.1. Governança corporativa e governança de TI

A governança corporativa é o sistema pelo qual empresas são dirigidas e controladas, que especifica a distribuição de direitos e responsabilidades entre os diferentes participantes na empresa e que define as regras e procedimentos para se tomarem decisões nos assuntos da empresa (WEILL; ROSS, 2006). Os ativos que devem ser considerados pela governança corporativa são: ativos humanos, financeiros, físicos, de propriedade intelectual, de informação e TI e de relacionamento (marca e reputação), conforme ilustra a Figura 8.1.

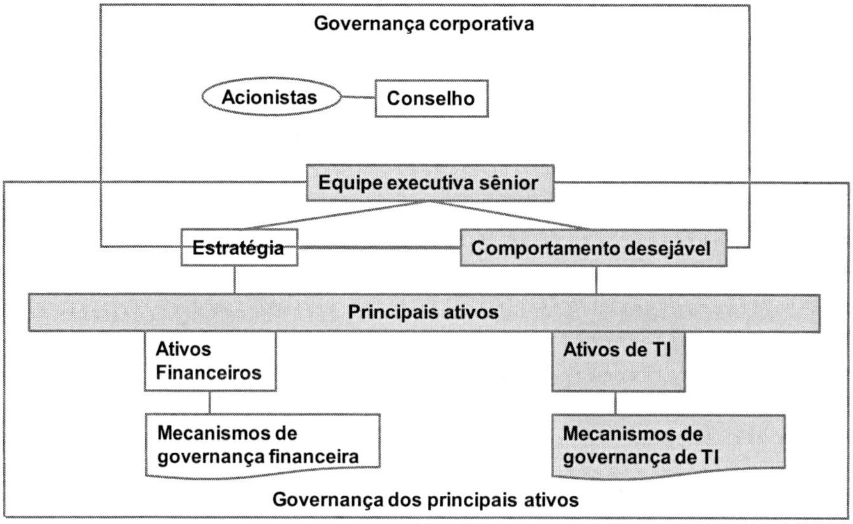

Figura 8.1 – Governança corporativa e dos principais ativos.
Fonte: adaptado de Weill; Ross (2006).

Nas últimas décadas, houve um crescimento de escândalos relacionados à falta ou má aplicação da governança corporativa: fraudes em relatórios, operações irregulares, enriquecimento ilícito, falta de controle sobre decisões da liderança e falta de transparência. Observando historicamente, tais crises são recorrentes e seguidas por aprimoramento na legislação dos países e regulamentação das instituições financeiras, tais como: leis internacionais (Sarbanes-Oxley dos EUA), acordos bancários (Basileia III) e regulamentações do mercado brasileiro (Novo Mercado da Bovespa).

Após o crescimento da importância de TI nas organizações, não necessariamente havendo mais seu controle direto por parte da área de finanças, ficou a questão de como essa área poderia ajudar verdadeiramente nos negócios. No final da década de 1990 e nos anos 2000, iniciou-se um tema bastante comum nas organizações: a busca do "alinhamento" de TI com o negócio. Esse ponto de vista nasceu por conta dos problemas enfrentados entre os líderes da organização e o gestor de TI: formas de diálogo e apresentação de resultados muito incompatíveis, uma vez que a organização estava preocupada com seus resultados e TI com tecnologia. Para sanar essas diferenças era preciso compatibilizar as ações de TI com as reais necessidades da empresa. Muitas organizações ainda buscam a solução para esse problema.

O modelo de Henderson e Venkatraman (1993) apresenta a relação entre o negócio e TI (Figura 8.2). A integração entre eles é necessária para que a empresa obtenha o melhor resultado possível. Enquanto os dois quadros de baixo tratam de questões mais técnicas, que devem estar presentes na organização, os de cima tratam do alinhamento entre negócios e TI, inclusive citando os modelos de governança.

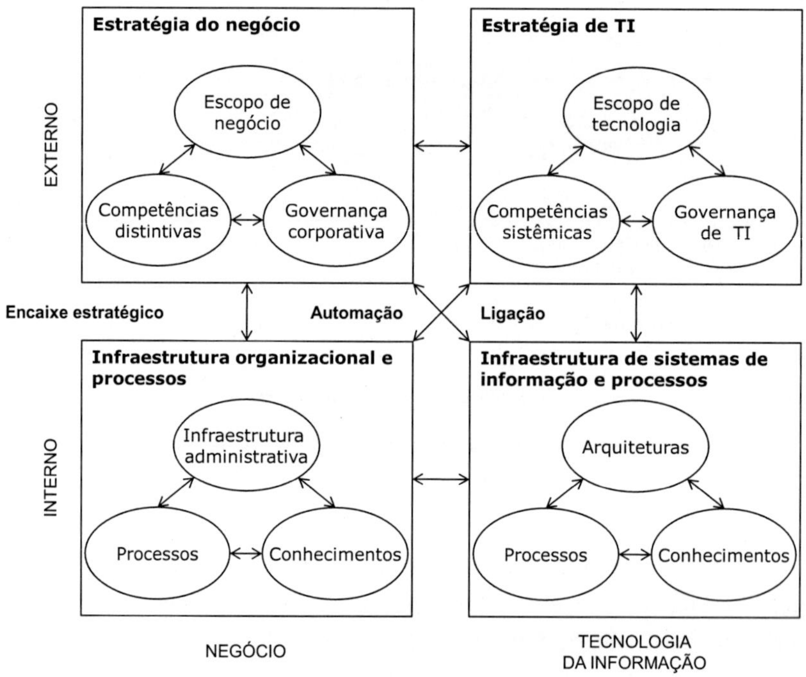

Figura 8.2 – Modelo de relacionamento entre estratégia e TI.
Fonte: Henderson; Venkatraman (1993).

Apesar de os riscos não estarem explicitados no modelo dos autores, seu trabalho cita que os riscos vêm da falta desse alinhamento e de problemas com o equilíbrio entre as entidades representadas nos quadros. Sem ajustar as capacidades internas da empresa com seus objetivos estratégicos, seja por falta de conhecimento, habilidades ou processos, ou ainda sem trabalhar os objetivos de negócio em conjunto com os de TI, há perda de eficiência na organização e os riscos operacionais aumentam.

Soma-se a esse aumento de exigências a dependência dos processos de negócio em relação à TI. As empresas dependem da TI para mostrar seus resultados operacionais com transparência e atingir seus resultados estratégicos e financeiros (LUFTMAN; BEN-ZVI, 2010).

Frente a esses investimentos e dependência da tecnologia, é preciso investigar mais detalhadamente a questão do risco para o negócio. Segundo a definição do IBGC (s.d.), os riscos podem ser de três tipos: estratégicos, financeiros e operacionais.

Especificamente, o gerenciamento da tecnologia da informação se relaciona diretamente com riscos operacionais (WEILL; ROSS, 2004). Esses riscos são sumarizados no Quadro 8.1.

Quadro 8.1 – Fatores de riscos.
Fonte: os autores.

Contexto	Fator de risco	Descrição
Externo	Decisão sobre investimentos	As decisões sobre os investimentos em TI mostram como a organização se comporta perante o cenário competitivo e as exigências do mercado.
	Segurança da informação	As perdas ocasionadas por invasões, roubos e fraudes causadas por agentes externos à organização podem ser evitadas por TI.
	Continuidade de serviços	De acordo com a dependência do negócio da TI, ações devem ser tomadas para garantir a continuidade dos serviços em caso de ocorrência de desastres ou falhas mais graves dos serviços.
Interno	Segurança da informação	As perdas ocasionadas por roubos e fraudes causadas por agentes internos à organização podem ser evitadas por TI.
	Operação de TI	- Falhas de hardware e de software, problemas de telecomunicações, interrupção no fornecimento de energia. - A tecnologia necessária para a mitigação de riscos deve estar presente ou disponível. - Falta de conhecimentos específicos dos profissionais, seja na nova tecnologia ou nos processos, coloca em risco os serviços de TI. - Interesses pessoais que podem influenciar negativamente na utilização de melhores práticas de governança de TI no dia a dia.
	Atitude perante o risco	A estratégia adotada pela organização para tratamento e gerenciamento de riscos influencia seus resultados.
	Salvaguarda de ativos	Os serviços de TI podem ser prestados aos clientes através dos ativos de TI, que devem ser preservados.
	Tomada de decisão baseada em informações	Para que os processos sejam mais maduros, é necessário que as métricas e informações geradas sejam utilizadas nas tomadas de decisão da organização.
	Gerenciamento das mudanças	Dado que a mudança é uma constante, seu controle é importante para a manutenção adequada das práticas, especialmente ao se tratar de um ambiente certificado em uma norma de referência.

Dessa forma, GRC (Governança, Risco e Conformidade) tem se mostrado um tópico emergente no mundo dos negócios e em TI (RACZ et al., 2010).

Hoje se deve discutir não o alinhamento de TI com o negócio, mas sim entender a primeira como parte intrínseca do segundo. Somente assim as decisões a serem tomadas podem ser coerentes e trazer benefícios para o negócio, fazendo com que os investimentos de TI deixem de ser vistos somente como custos e verdadeiramente ofereçam diferenciais competitivos para a organização.

8.1.1. Definições de governança de TI

Foram coletadas algumas definições de governança de TI publicadas em livros e artigos especializados nas áreas de TI e administração.

ISACA (s.d.) define a governança de TI como liderança, estruturas organizacionais e processos que buscam garantir que a TI sustente e aprimore os objetivos e a estratégia da organização, sendo de responsabilidade dos executivos e da alta direção.

Weill e Ross (2006) definem a governança de TI como a especificação dos direitos decisórios e do *framework* de responsabilidades para estimular comportamentos desejáveis na utilização da TI.

Albertin e Albertin (2010) definem a governança de TI como um "modelo de gestão, integrante da governança corporativa e da administração da TI, alinhado às estratégias, objetivos e metas organizacionais, que tem como função definir as diretrizes e efetivar o processo de decisão da TI, buscando uma entrega de valor, excelência operacional e otimização de resultados coerentes com as aspirações do negócio".

Teodoro, Przeybilovicz e Cunha (2014) definem governança de TI como o "termo usado para descrever a forma como as pessoas responsáveis pela governança de uma organização considerarão a TI em supervisão, monitoramento, controle e direção".

O COBIT (ISACA, s.d.) define governança como algo que "garante que as necessidades, condições e opções das partes interessadas sejam avaliadas a fim de determinar objetivos corporativos acordados e equilibrados; definindo a direção através de priorizações e tomadas de decisão; e monitorando o desempenho e a conformidade com a direção e os objetivos estabelecidos". A gestão, por outro lado, é "responsável pelo planejamento, desenvolvimento, execução e monitoramento das atividades", conforme o que foi definido pela governança para atingir os objetivos corporativos.

O Quadro 8.2 apresenta pontos relacionando as diferentes definições apresentadas.

Quadro 8.2 – Relação entre riscos corporativos e riscos de TI. Fonte: os autores.

Pontos comuns	Pontos divergentes
Relaciona-se a decisões e controle	Governança inclui processos?
Visa o relacionamento entre TI e negócios	Governança relaciona-se à liderança?
Gera valor	-

A governança de TI se apoia num tripé:

- **Processos:** formalização das atividades a serem realizadas, seja operacionalmente ou para controles estratégicos e gerenciais.
- **Recursos tecnológicos:** componentes de hardware, software, sistemas de telecomunicações e de gestão de dados e informações, utilizados para guarda, geração e uso da informação e do conhecimento (REZENDE, 2008).
- **Pessoas:** responsáveis pelo planejamento, operação, manutenção e utilização da tecnologia da informação. São aqueles que recebem e geram seus resultados, divididos em papéis, que por sua vez são mapeados nos processos. Do ponto de vista interno da organização prestadora de serviços de TI, devem possuir as competências necessárias para entender as necessidades do negócio, internalizá-las e implementá-las sobre uma base de recursos tecnológicos, tornando as atividades mais eficientes.

O desafio da governança é tratar de maneira equilibrada essas três dimensões. Caso se invista somente em ferramentas e tecnologia, faltarão as competências das pessoas para operá-las ou processos determinando como se relacionam com o negócio da empresa. Se o investimento é concentrado em processos, podem faltar sistemas para automatizar atividades repetitivas, ou que podem sobrecarregar as pessoas, aumentando a taxa de erros.

Ao final, é preciso considerar que os resultados do negócio e as atividades operacionais são feitas para e pelas pessoas. Compilando as definições vistas anteriormente, os autores chegam à seguinte definição para governança de TI:

> **Governança de TI** é o meio pelo qual uma organização de TI é dirigida, tratando de direitos de decisão, responsabilidades e mecanismos de monitoramento sobre pessoas, processos e tecnologias. Seu grande objetivo é a geração de valor pela TI, através do alinhamento estratégico da TI com o negócio, da avaliação e do gerenciamento de riscos da TI e da melhoria contínua.

Portanto, sendo a governança um sistema de alocação de responsabilidades e controle, a governança corporativa determina a necessidade por governança de TI, uma vez que as organizações dependem de TI (MEIRELLES, 2021) e devem estar em conformidade com requisitos regulatórios e de negócios (GUERRA et al., 2009). Em outras palavras, a governança de TI se enquadra nesse contexto uma vez que a organização depende de TI para entregar seus resultados ao mercado.

8.1.2. Modelos de governança de TI

Weill e Ross (2006) propõem um modelo de governança de TI que ilustra a necessidade de harmonização entre a estratégia e a organização da empresa. Os arranjos de governança de TI (arquétipo que deve dar subsídios e/ou tomar determinada decisão) e as metas de desempenho do negócio são postas em prática pela organização de TI. Devem ser definidos também os comportamentos desejáveis da equipe e métricas sob responsabilidades da área. O modelo é descrito na Figura 8.3. Outros modelos de governança podem ser encontrados em: Fernandes e Abreu (2012), Grembergen e De Haes (2008) e Albertin e Albertin (2010), entre outros.

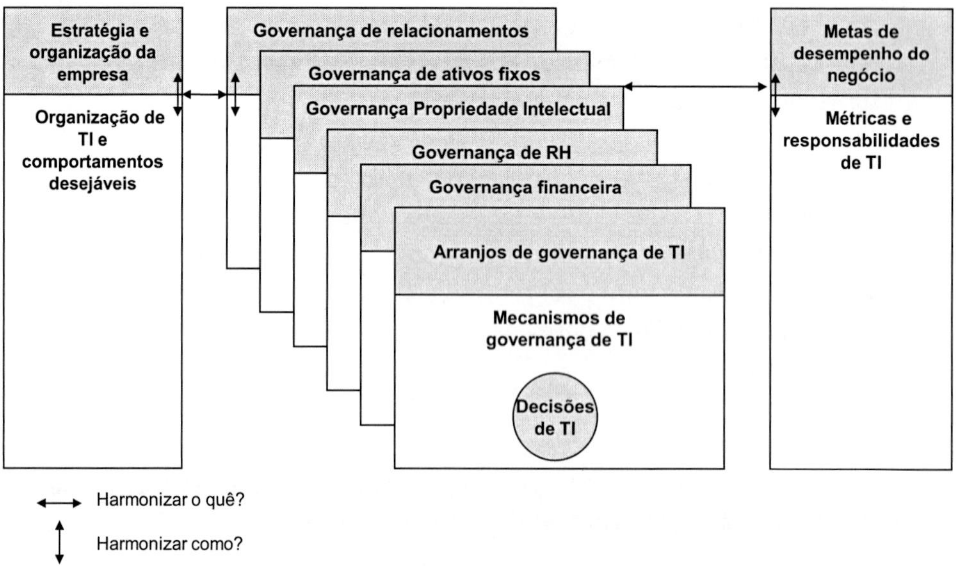

Figura 8.3 – *Framework* de governança de TI.
Fonte: Weill; Ross (2006).

Fazendo uma "ponte" entre governança e gestão, o COBIT (*Control Objectives for Information and related Technology*) (ISACA, s.d.) fornece um modelo que se alinha a outros padrões e modelos importantes (por exemplo, TOGAF, ITIL®, *PMBOK® Guide*,

PRINCE2®, ISO etc., descritos na próxima seção), e, de acordo com a ISACA, "pode servir como um modelo unificado para a governança e gestão de TI". O modelo se baseia em cinco princípios básicos: (i) atender às necessidades das partes interessadas; (ii) cobrir a organização de ponta a ponta; (iii) aplicar um modelo único e integrado; (iv) permitir uma abordagem holística; e, justamente, (v) distinguir a governança da gestão.

8.1.3. Modelos de gerenciamento de TI

Os modelos de gerenciamento de TI são mecanismos que colocam a governança de TI em prática. É importante entender que governança de TI e gerenciamento de TI são distintos: governança trata de quem toma cada tipo de decisão, quem executa e quem é responsável, de forma alinhada à estratégia do negócio para atender a demandas atuais e futuras do negócio (internamente) e aos clientes do negócio (externamente), enquanto o gerenciamento se refere à entrega de serviços e produtos de TI, visando atender a demandas atuais, com foco interno (PETERSON, 2004). O Quadro 8.3 resume os principais modelos (FERNANDES; ABREU, 2012). É sempre bom estar "de olho" em eventuais atualizações desses modelos, pois eles acompanham as necessidades do mercado.

Quadro 8.3 – Modelos e melhores práticas de mercado: descrição e aplicabilidade. Fonte: adaptado de Riekstin (2012).

Modelo	Descrição	Aplicabilidade
BSC	*Balanced Scorecard,* método de planejamento e gestão da estratégia.	Apoio ao planejamento estratégico da empresa, também aplicado ao planejamento estratégico de TI, metas e métricas.
COBIT	*Control Objectives for Information and related Technology,* modelo para governança e gestão de TI que busca ativamente o alinhamento com outros modelos de gerenciamento.	Sete categorias de "habilitadores" são definidas: (i) princípios, políticas e modelos; (ii) processos; (iii) estruturas organizacionais; (iv) cultura, ética e comportamento; (v) informação; (vi) serviços, infraestrutura e aplicativos; e (vii) pessoas, habilidades e competências, sendo esses três últimos classificados como "Recursos". Define objetivos de TI de acordo com as dimensões do BSC de TI.
Val IT	Modelo para gestão do valor e investimentos de TI.	Alinhamento da TI ao negócio, análise dos investimentos, geração de valor por meio dos domínios, gerenciamento de investimentos, gerenciamento do portfólio e gerenciamento de valor.
ISO 38500	Padrão internacional para governança de TI.	Norma de governança de TI que estabelece uma estrutura de princípios para avaliação, gestão e monitoramento de TI.

Modelo	Descrição	Aplicabilidade
ITIL® 4	*Information Technology Infrastructure Library*, conjunto de melhores práticas para gerenciamento de serviços de TI.	Desenvolvimento de serviços de TI e melhoria contínua. Descreve a cadeia de valor de serviços partindo da geração e identificação de demanda no mercado para chegar ao valor gerado conjuntamente com os clientes.
ISO 20000	Código de práticas internacionais para gerenciamento de serviços de TI.	Norma que estabelece requisitos para o entendimento, a definição e o gerenciamento de processos para prestação de serviços de TI.
ISO 27000	Código de práticas internacionais para a gestão da segurança da informação.	Modelo para estabelecer, implantar, operar, monitorar, rever, manter e melhorar um sistema de gestão da segurança da informação.
TOGAF	*The Open Group Architecture Framework*, modelo para desenvolvimento e implementação de arquiteturas de negócio, aplicações e tecnologia.	Modelo composto por um método detalhado e uma série de ferramentas de suporte para o desenvolvimento de arquiteturas de TI, permitindo o projeto, a avaliação e a construção das arquiteturas.
PMBOK® Guide	*Project Management Body of Knowledge*, base de conhecimento em gestão de projetos.	Implementação – gerenciamento de projetos. Conjunto de práticas geralmente aceitas que estimulam governança, transparência e que podem fortalecer os vínculos entre estratégia e operação.
OPM3	*Organizational Project Management Maturity Model*, um modelo de maturidade para o gerenciamento de projetos.	Avaliação da maturidade em gerenciamento de projetos (relacionado ao *PMBOK® Guide*).
PRINCE2®	*Project in Controlled Environments*, método de gerenciamento de projetos	Implementação – gerenciamento de projetos. A PRINCE2® é baseada nos princípios do *PMBOK® Guide* e complementar a ele: enquanto o *PMBOK® Guide* é uma base de conhecimentos e boas práticas de gerenciamento de projetos, PRINCE2® é um método de gerenciamento de projetos baseado em processos, orientando gerente e equipe na condução do projeto.
P3M3	*Portfolio, Programme & Project Management Maturity Model*, modelo de maturidade para o gerenciamento de projetos, programas e portfólio.	Avaliação da maturidade em gerenciamento de projetos (relacionado à PRINCE2®)
CMMi	*Capability Maturity Model Integration*, processos para desenvolvimento de produtos e projetos de software, para aquisição e serviços.	Processos de TI, desenvolvimento de software, aquisições e serviços.
eSCM-SP	*The eSourcing Capability Model for Service Providers*, trata de *outsourcing* em serviços que usam TI de forma intensiva.	Estratégia de *outsourcing*, operação e controle do fornecimento de serviços.
eSCM-CL	*The eSourcing Capability Model for Client Organization*, conjunto de práticas para que o cliente defina a estratégia e o gerenciamento do *outsourcing* de serviços de TI ou fortemente baseados em TI.	Estratégia de *outsourcing*, operação e controle de serviços de terceiros.

É importante entender como os modelos podem ser utilizados. Para tal, é necessário ter uma visão geral do âmbito de aplicação de cada um, conforme ilustra a Figura 8.4.

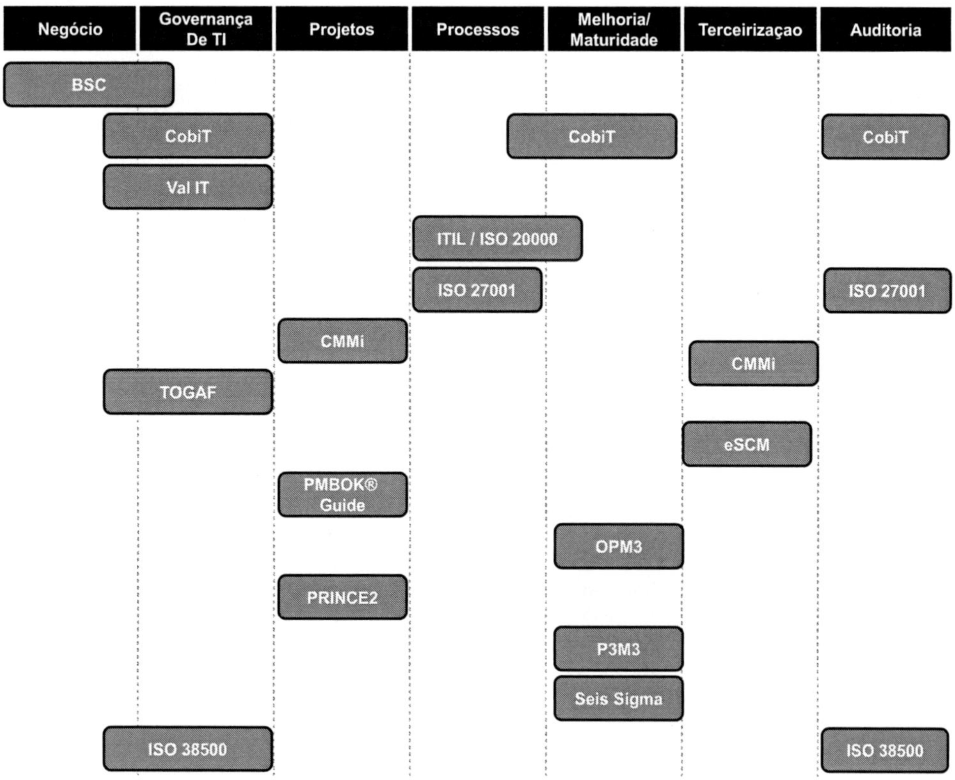

Figura 8.4 – Exemplo de combinação de modelos de governança de TI.
Fonte: Alves (2015).

Outsourcing de resultados

A governança, tanto corporativa, quanto a de TI por consequência, pode ser vista também além do âmbito de uma só empresa. Por exemplo, Kate Vitasek propõe o modelo "Vested Outsourcing" em seu livro homônimo (2013) (traduzido em português como "*Outsourcing* de Resultados"). A proposta é buscar melhorar as relações de terceirização entre as empresas que contratam tais serviços e as que fornecem, além de aumentar a eficiência e fomentar a inovação nos processos.

O trabalho trata da importância de soluções que busquem atingir um ponto ótimo global e não local, ou seja, que busquem apenas reduzir os custos do serviço ou, do ponto de vista dos provedores de serviço, que apenas maximizem os lucros. A definição de níveis de serviço de forma alinhada ao negócio como um todo é discutida e a falta de um processo formal de governança para monitorar o desempenho do relacionamento entre as empresas é listada como um dos grandes problemas em relações de terceirização.

Dentre as cinco regras para uma terceirização de resultados, a autora discute a importância da definição de estruturas de governança que provejam conhecimento, e não apenas supervisão. A definição de papéis e responsabilidades provê as bases e uma boa relação, e o alinhamento cuidadoso de objetivos de desempenho, responsabilidades e controle permite que o prestador de serviço assuma riscos controlados que trarão melhoras importantes nos serviços e lucros/custos.

8.1.4. Combinação dos modelos

Uma estrutura ótima e universal de governança de TI não existe (MAÇADA et al., 2019), mas algumas combinações genéricas entre modelos e melhores práticas podem ser desenvolvidas, adaptando-as a cada realidade. Diversos trabalhos buscam modelos combinados (ITGI, 2006; SEPG, 2008; VAN SANTE; ERMERS, 2013; VOON; SALIDO, 2009; SOTILLE, 2004; TOOMEY, 2008; CALDER, 2008; CLEMENTI, 2007), como o próprio COBIT. De maneira geral, as empresas precisam adaptar/criar seus próprios modelos ou adotar padrões combinados para atender às suas necessidades. Embora haja certa sobreposição entre os modelos, na maioria das vezes eles podem ser complementares (GAMA; MARTINELLO, 2006).

A organização pode escolher quais práticas se adequam mais a seu negócio e utilizá-las à medida que tragam valor às suas atividades. A adoção do modelo de governança de TI depende da noção da utilidade aparente dos processos: de acordo com as necessidades específicas de cada organização, que podem variar com seu momento financeiro, estratégia de crescimento, postura dos acionistas, tamanho e posicionamento – tanto geográfico quanto de postura de negócios – contra seus concorrentes e perante o mercado. A relação entre risco e desempenho varia, portanto, e pode ser ajustada utilizando o controle da governança de TI, preservando as características únicas da organização.

8.2. Governança de TI na prática

8.2.1. Governança e a relação risco *versus* desempenho

Riscos podem ser definidos como a chance de que um evento interfira no atingimento de objetivos (COSO, 2004), ou ainda como o "impacto negativo do exercício de uma vulnerabilidade, considerando tanto a probabilidade quanto o impacto de sua ocorrência" (STONEBURNER et al., 2002).

Desempenho é a forma de medir se uma organização atingiu seus objetivos e é capaz de se sustentar como negócio (MAXIMIANO, 2008), devendo ser avaliado através de métricas que estejam de acordo com os objetivos de negócio da organização (KOTLER; CASLIONE, 2009). No caso de TI não ser o negócio-fim da organização, a maior parte das publicações pesquisadas por Alves et al. (2013), por exemplo, aponta como um fator fundamental o alinhamento dos objetivos e da estratégia de TI com o negócio.

Desempenho e riscos definem uma relação de equilíbrio dinâmico, conforme ilustra a Figura 8.5. Em complemento, o ponto de equilíbrio é onde se colocam os processos: quanto maior o controle exercido pela organização, menores os riscos a serem assumidos e espera-se um desempenho menos expressivo. Há uma fronteira de eficiência defendida por pesquisadores na área financeira (BELMONT, 2004) e administrativa (SINGH, 2008): se há controle de riscos exagerado, o desempenho pode piorar, ao contrário do esperado, pois limita demais as atividades dos profissionais. Por outro lado, a liberdade exagerada de práticas faz com que os riscos sejam elevados em demasia, prejudicando os negócios.

Do mesmo modo, com menos controles presentes, a organização pode aumentar suas oportunidades para obter desempenho nos negócios. Por outro lado, os riscos aumentam e trazem mais ameaças à organização.

O ponto ótimo de controle, ou o quanto se aplicam os processos de governança de TI, depende da postura da organização perante os riscos e o quanto ela necessita de resultados de acordo com seu momento no mercado.

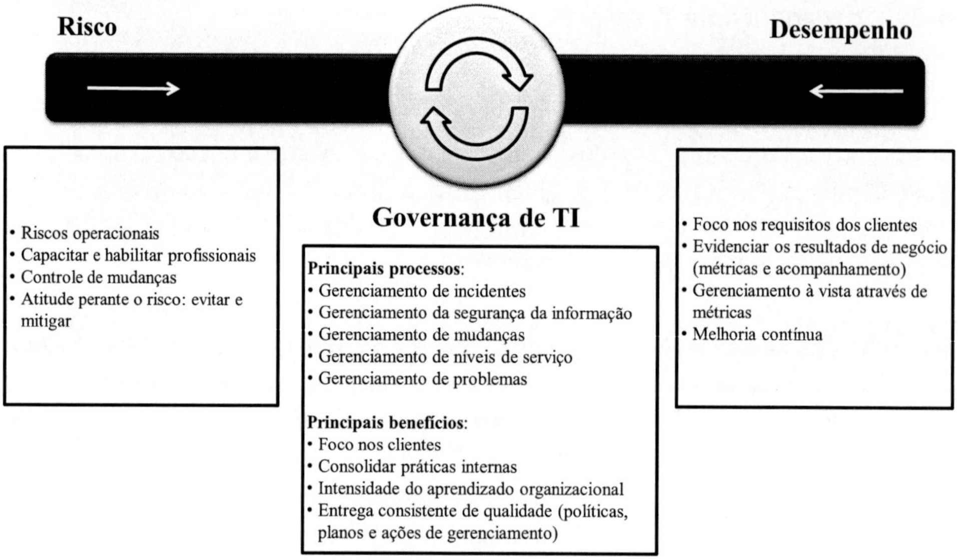

Figura 8.5 – Equilíbrio entre desempenho e riscos.
Fonte: Alves (2015).

O fator encontrado que contribui negativamente para a adoção das práticas de governança de TI como prescrito nas normas e nos modelos citados anteriormente é:

- Modelo de tomada de decisão sobre os investimentos de TI.

Os fatores encontrados que contribuem positivamente para a adoção das práticas de governança de TI como prescrito nas normas e nos modelos citados anteriormente são:

- Associação dos riscos aos negócios e operações de TI aos erros causados pelas pessoas.
- Melhoria contínua.
- Controle sobre as mudanças na operação de TI.

8.2.2. Implantação

A governança de TI pode ser desenvolvida utilizando uma combinação de diversas estruturas, processos e mecanismos, diferentes para cada organização. Antes de mais nada, é importante ter em mente que a governança de TI deve estar integrada à governança corporativa e o projeto deve contar com o apoio da alta administração da empresa, ter claros seus objetivos e ter as expectativas gerenciadas, como demanda todo grande projeto.

Não existe uma maneira única, ideal, para implementar e manter a governança de TI em uma organização, visto que cada uma possui diferentes estratégias de negócio. Em Carvalho (2009), foram consideradas algumas perguntas como guia para a melhoria dos processos de gestão de TI: onde estamos, aonde queremos chegar, como chegaremos lá e como saberemos que chegamos lá. A Figura 8.6 ilustra um passo a passo para a implantação.

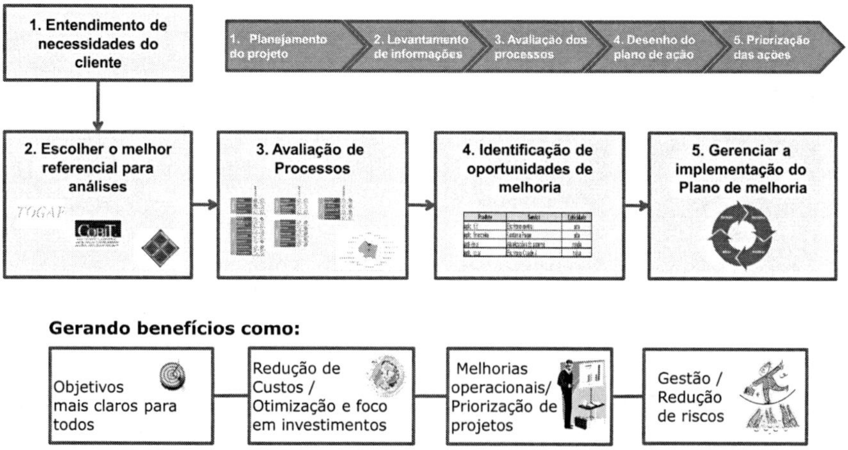

Figura 8.6 – Passo a passo para implantação da governança de TI. Fonte: o próprio autor.

Um dos pontos fundamentais para o sucesso da adoção de práticas de governança de TI é a comunicação constante de práticas, processos e políticas.

8.2.3. O papel do gestor de TI

Para fazer com que TI traga os diferenciais competitivos, é preciso entender o novo papel dos seus gestores. Podem-se classificar as organizações em dois tipos básicos. Esta divisão é importante para entender características diferentes necessárias nos gestores, de acordo com o ponto de vista com o qual lidam com a tecnologia da informação.

- **Empresas consumidoras de TI:** empresas que utilizam TI para realizar parte ou o todo de seus processos de negócio.
- **Empresas fornecedoras de TI:** empresas que prestam serviços de TI para outras como seu processo principal de negócio. Vale ressaltar que essas empresas também são consumidoras de TI, uma vez que se utilizam dela para operar processos de negócio.

Nas empresas consumidoras de TI, observa-se o comportamento inicial citado anteriormente: o objetivo principal é a redução de custos operacionais.

Nas empresas fornecedoras de TI, além das questões colocadas anteriormente, é necessário atentar-se para a maturidade dos processos de governança de TI. Não se deve admitir o velho ditado "casa de ferreiro, espeto de pau": a TI deve ser governada com processos maduros – e claro que devem ser levados em conta o tamanho da empresa e os requisitos de valor e entrega propostos em seu modelo de negócio.

Em ambos os cenários, com a evolução da tecnologia discutida anteriormente, muda também o papel do gestor de TI. Antes muito voltado para o lado técnico, sua atuação era comandar a área de profissionais especializados e conhecedores dos recursos sendo utilizados.

Gestores de TI (ou CIOs – *Chief Information Officers*) responderam a uma pesquisa (LOGICALIS, 2020) e mostraram suas principais preocupações:

- 61% apontaram redução no tempo usado com planejamento estratégico nos últimos 12 meses.
- 43% são avaliados por crescimento de receita.
- 49% sentiram diminuição na satisfação com seu trabalho nos últimos 12 meses.
- 29% disseram que o equilíbrio entre vida pessoal e trabalho piorou.

A gestão de TI deve entender a sua área como prestadora de serviços, seja interna ou externamente. Dessa maneira, busca-se valorizar o relacionamento com os usuários finais, com as outras áreas da empresa e o círculo de fornecedores. Portanto, o perfil do gestor passa de um profissional que conhece fortemente a tecnologia aplicada para entender os requisitos do negócio, dos resultados necessários para a companhia e como atendê-los de maneira eficaz e eficiente.

Nesse contexto de serviços, os principais pontos a serem observados por um gestor de TI são:

- **Acordos de níveis de serviço (SLA – *Service Level Agreements*)**: através de seu estabelecimento, é possível retirar parte da subjetividade do relacionamento entre a área de TI e seus clientes. Frases como "o sistema está lento", "mas a rede deveria funcionar de outro jeito" são enfraquecidas e tratadas de maneira adequada, uma vez que com os acordos é possível formalizar a relação descrevendo objetivamente o que deve ser entregue. Esses acordos podem ser estabelecidos entre TI e as outras áreas da organização, bem como com fornecedores e parceiros externos. Os níveis de serviço podem estar relacionados à disponibilidade da solução como um todo, bem como suas partes, e aos tempos necessários para restabelecimento dos serviços em caso de falhas. Definir a prioridade dos serviços de TI com relação à sua importância relativa ao negócio é fundamental para que sejam compatíveis com as necessidades da empresa cliente. Quanto mais agressivos esses níveis de serviços, maiores serão os custos para mantê-los interna ou externamente. Um exemplo é apresentado no Quadro 8.4.

Quadro 8.4 – Exemplo de acordo de nível de serviço (SLA). Fonte: os autores.

Acordo de níveis de serviço
Disponibilidade da rede: 99,9% Disponibilidade das aplicações críticas: 99,9% - Lista de aplicações críticas: notas fiscais, recebimento, produção A Disponibilidade das outras aplicações: 90% Tempo para resolução de chamado (por prioridade): - Crítico: 2h - Médio: 4h - Baixo: 1 dia útil Tempo de troca/reparo de *desktop*: 2 dias úteis.

- **Gerenciamento de contratos:** hoje é necessário contar com parceiros para a realização de atividades específicas de tecnologia da informação. A terceirização de serviços de TI pode ser parcial ou total. No modelo total (*full outsourcing*) todas as operações de TI são contratadas de um fornecedor. No modelo parcial, somente alguns serviços são repassados. Para tomar a decisão de quais serviços podem ser feitos por um fornecedor externo, o gestor deve conhecer quais são seus sistemas críticos, como afetam os negócios e como está a maturidade do mercado de prestadores de serviço para as atividades escolhidas. Porém, em nenhum desses modelos o gestor de TI renuncia à sua verdadeira responsabilidade: atender ao negócio. Terceirizar não é entregar a responsabilidade a um fornecedor. É estabelecer uma relação de confiança para a operação de serviços. A utilização do modelo de *multisourcing* – contar com diferentes fornecedores para diferentes serviços – pode trazer a perspectiva de ter o melhor de cada solução individualmente. Porém, a responsabilidade de integrar as soluções e fazê-las atender às necessidades do negócio aumenta para o gestor de TI. Seu perfil deve estar adequado para lidar com fornecedores e contratos, estabelecendo níveis formais de relacionamento. Estabelecer claramente as responsabilidades e minimizar as zonas cinzentas, para evitar indisponibilidades não programadas ou demoras exageradas para retorno dos serviços quando de suas falhas, é ponto fundamental para o sucesso da área.

- **Continuidade do negócio:** relacionada à gestão de riscos. Ao compreender a importância e dependência do negócio em relação à TI, necessitam ser mapeados quais serviços devem ter alta disponibilidade. Com isso, é preciso buscar alternativas para aumentar proativamente e mitigar riscos. Algumas ações possíveis são: eliminar pontos únicos de falha nas soluções, como servidores e equipamentos de rede sem redundância, contratação de um local para recuperação de desastres (*disaster recovery*) ou uma localidade alternativa para continuidade do processamento de informações. Tudo isso ponderando o investimento necessário e a perda potencial do negócio. Por exemplo, bancos criam estruturas próprias para *backup* e recuperação de desastres, pois a indisponibilidade de seus serviços por uma hora causa prejuízos enormes. Para uma corporação de vendas, que trabalha somente em horário útil, seria desperdiçar recursos contratar soluções continuadas de recuperação – em regime 24x7 –, ou seja, quando a indisponibilidade custaria pouco ao negócio.
- **Reatividade x proatividade:** ao avaliar o custo da indisponibilidade dos serviços de TI, o gestor deve analisar se os investimentos de sua área devem ser para recuperação rápida em caso de falhas ou evitá-las ao máximo. Essa decisão leva a caminhos bastante diferentes com relação às soluções a serem desenhadas e adotadas em TI.
- **Inovação x redução de custos:** a tecnologia da informação evolui constante e velozmente, por isso muitas vezes é vista como uma grande fonte de inovação. Nada mais coerente, portanto, que exigir da área de TI novas soluções para o negócio, novas formas de captura de receita, maneiras de interagir com clientes e fornecedores. Porém, pesquisas anuais realizadas pelo Logicalis (2021) com gestores de empresas brasileiras revelam que, apesar da cobrança constante por inovações, a área de TI é vista primeiramente como um centro de custos que tem como objetivo maior operar com o menor valor possível, retirando ônus da companhia. Os gestores de TI gastam a maior parte de seu tempo tratando e resolvendo problemas do dia a dia operacional, para manter os serviços disponíveis, e não propondo novas soluções ao negócio. Esse círculo vicioso não permite a mudança de percepção de outras áreas e clientes contratantes de serviços de TI que estes são apenas custos. Cabe ao gestor de TI conseguir equilibrar essas duas visões: de curto prazo, para manter o funcionamento e a disponibilidade do negócio dependente de TI, e de médio a longo prazo, para desenvolver sugestões e projetos de transformação para a empresa. São tarefas que exigem competências bem distintas, mas que precisam ser oferecidas à organização que utiliza tecnologia.

- **Indicadores:** devem ser estabelecidos para aumentar a transparência na gestão e facilitar o diagnóstico de problemas. Os indicadores de TI podem ser estratégicos, táticos e operacionais. A utilização de painéis (*dashboards*), respeitando esses diferentes níveis, é uma boa solução para comunicar os resultados da área de TI a diferentes públicos: operacionalmente ajuda a encontrar problemas cotidianos que precisam ser tratados e em termos estratégicos o painel comunica o quanto TI ajuda (ou atrapalha) os negócios da empresa. Por exemplo: um CFO não esperaria ver indicadores sobre o funcionamento de um *storage*, porém quer saber qual foi a disponibilidade da aplicação de geração de notas fiscais, ou quanto custou a sua indisponibilidade num determinado período. Um exemplo de painel que consolida indicadores é apresentado no Quadro 8.5.

Quadro 8.5 – Exemplo de painel de indicadores (*dashboard*).
Fonte: os autores.

Painel de bordo executivo

- Janeiro 2021 –
- Disponibilidade das aplicações financeiras: 99,9%
- Custo das indisponibilidades do mês: R$ 30.057,00 (perdas de receita da empresa)
- Principais causas: atualização indevida do sistema
- Número de paradas em sistemas críticos: 01
- Andamento dos principais projetos:
    - Ampliação da rede da matriz: 65% (atrasado: necessária ação de RH)
    - Abertura da filial Manaus: 40% (dentro do cronograma).

Com a crescente disponibilização e utilização de soluções de computação em nuvem (*cloud computing*), outros desafios surgem para o gestor de TI: quais serviços de TI podem ser levados para a nuvem? Poderia utilizar a nuvem pública com dados da empresa, ou seria melhor uma nuvem privada?

Questões como segurança da informação, privacidade, integração entre aplicações, cópias de segurança da informação e sua retenção, continuidade do legado (aplicações antigas) e continuidade do negócio devem ser levadas em conta no processo de decisão. Se for realizado um trabalho de mapeamento dos serviços de TI com relação a sua criticidade e relacionamento com os processos de negócio da organização, é possível escolher as soluções mais adequadas. Serviços não críticos e que demandam pouca integração poderiam operar no ambiente de nuvem pública (*public cloud*).

Soluções de nuvens privadas (*private cloud*) são uma extensão dos modelos de terceirização total de serviços de TI (*outsourcing*), mas com um modelo de contratação baseado na possibilidade de expansão ou retração, ou seja, o pagamento deve ser o mais proporcional possível à utilização de recursos de TI. Oferecem maior segurança e maior flexibilidade para integrações, porém são mais caras.

O que se vê atualmente no mercado é uma tendência de estudo das diferentes soluções, uma contínua diminuição nos preços de soluções de nuvens públicas (como máquinas virtuais e espaço em disco) e muita cautela dos gestores. As soluções de nuvens híbridas (*hybrid clouds*) devem ganhar espaço, uma vez que mesclam manter aplicações e dados críticos num ambiente dedicado e os serviços menos graves em ambientes compartilhados de menor custo.

Com relação à governança de TI, o gestor deverá ser capaz de controlar indicadores e níveis de serviço. Por sua vez, passa do papel de controlador das atividades inerentes ao funcionamento da TI para o papel de administrador de parceiros e fornecedores. Esses níveis de serviço devem estar bem especificados para ajustar as expectativas das diferentes partes envolvidas, fazendo com que o negócio da organização seja mantido com relação a seus requisitos de disponibilidade.

8.2.4. Indicadores

Independentemente do tipo de organização proposto na seção anterior, os indicadores do desempenho de TI são fundamentais para a correta avaliação de seu sucesso. Os indicadores podem ter três níveis, conforme a Figura 8.7.

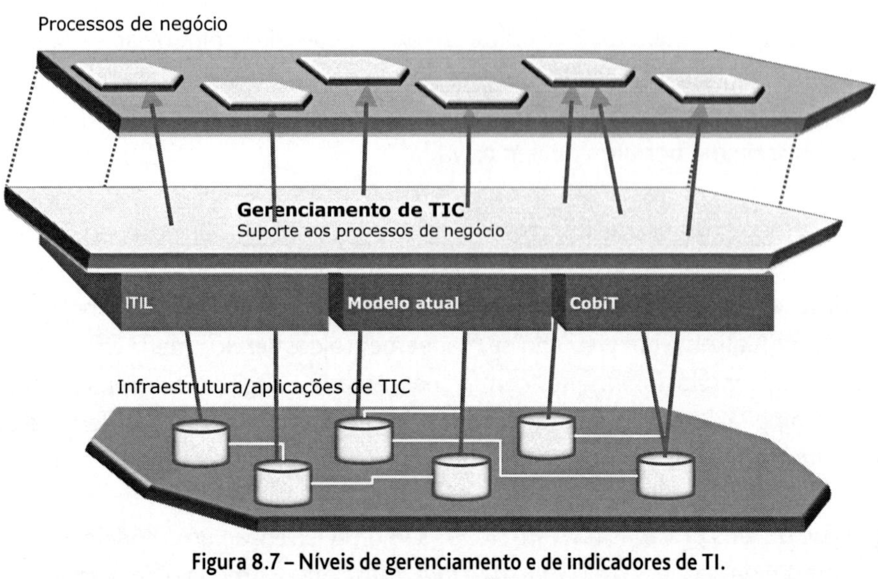

Figura 8.7 – Níveis de gerenciamento e de indicadores de TI.
Fonte: os autores.

Hoje, as melhores práticas mostram que os indicadores devem ser mostrados em painéis de controle (*dashboards*) para os gestores. Dessa forma, para estarem em um painel como esse, os indicadores precisam apresentar algumas características que podem ser testadas com as seguintes questões:

- O indicador pode ser medido usando as ferramentas disponíveis?
- O tratamento para apresentar o indicador é automático ou depende de intervenção humana?
- Quão simples é explicar o método de coleta e cálculo do indicador?
- É possível relacionar o desempenho do processo de governança de TI com sua importância para o negócio?
- É possível armazenar valores históricos e analisar sua evolução no tempo?

Os indicadores de governança de TI devem auxiliar a liderança da organização na busca de competitividade. A base de métricas pode fazer parte de sua inteligência competitiva, ao mostrar com maior clareza pontos fortes e oportunidades de melhoria. Ao tratar TI como um tema estratégico, a organização faz com que seu desenvolvimento seja orientado a inovações tecnológicas, que podem apoiar o negócio de maneira decisiva.

Ao se associar e participar de pesquisas de mercado, a organização pode conhecer melhor os níveis de maturidade de TI de outras do mesmo setor, ajudando em sua priorização das práticas a serem implantadas.

8.2.5. Certificações

As certificações relacionadas com governança de TI geralmente se aplicam às melhores práticas de mercado. Para os profissionais, a ISACA oferece a certificação mais completa de governança de TI, a *Certified in Governance of Enterprise IT* (CGEIT). Para se certificar, o interessado deve ter experiência de trabalho em governança de TI, comprovada através de projetos e anos de mercado, além de possuir outras certificações e/ou pós-graduações.

Também voltado aos profissionais, existem certificações em ITIL® e COBIT, desde níveis básicos, com treinamentos em aspectos fundamentais dos modelos conceituais, até especializações de carreira.

Para a organização, existem as certificações ISO 20000 (para gerenciamento de serviços de TI) e ISO 38500 (governança de TI).

E para empresas pequenas?

O Brasil apresentou nos últimos anos um crescimento da formalização de pequenas empresas (SEBRAE, 2021). Estas também se apoiam em tecnologia da informação para a execução de seus processos diários. Uma padaria pode controlar todo seu caixa e estoque a partir de um computador. Outros estabelecimentos começam a oferecer acesso à internet sem fio gratuitamente para atrair clientes.

Tudo isso demanda infraestrutura, tecnologia, pessoas e processos. Para ajudar a definir o caminho a seguir, Fernandes e Abreu (2012) sugerem que pequenas e médias empresas foquem nos riscos principais para a continuidade dos negócios (por exemplo, gestão da rede, *backups*, segurança e disponibilidade) e crescimento (por exemplo, planejamento de novos sistemas de TI e integração), tendo como principais fatores críticos de sucesso a "postura, as habilidades e as atitudes do responsável pela TI".

Uma alternativa é a contratação de serviços de TI de empresas especializadas ou das operadoras de telefonia. Mesmo assim, isso demanda um mínimo de processos internos de gerenciamento dos fornecedores e dos níveis de serviço para garantir o adequado funcionamento da TI; dos processos de negócio; e que a empresa esteja pagando um valor justo pelos serviços que contrata: devem ser proporcionais às suas necessidades e ao seu faturamento.

Governança de TI e sustentabilidade

A TI é crucial no suporte, crescimento e sustentabilidade do negócio. Nos últimos anos, o relacionamento entre TI e sustentabilidade tem ido além de oportunidades ambientais e de ganhos financeiros, chegando até a adoção da governança de TI para ajudar a atingir metas sustentáveis do negócio como um todo (CAPGEMINI, 2010; CINTRA, 2011).

Essa tendência alcançou também as melhores práticas. O COBIT 5.0, por exemplo, incorpora práticas ligadas à sustentabilidade, como otimização de recursos e garantia de transparência nos processos (ISACA, s.d.). Essa nova versão é fortemente ligada a outras práticas de mercado, como o Val IT, um modelo para gestão do valor e investimentos de TI.

Conclusão

Os modelos de governança trazem alternativas aos gestores de tecnologia para implementar processos e controles, de modo a estabilizar suas operações. É possível ao gestor manter suas operações e buscar inovação, desde que haja um equilíbrio entre os controles e a flexibilidade na execução, entre risco e desempenho.

A gestão de seu tempo é fundamental, pois assim é possível negociar com os níveis mais altos da organização para que os objetivos estejam coerentes com o planejamento e a entrega de tecnologia da informação.

Cabe a cada organização adaptar os modelos para suas práticas, de acordo com sua maturidade e prioridades de negócio. Os métodos ágeis e os modelos de governança têm trazido cada vez mais benefícios para as empresas prestadoras de serviços e os clientes, uma vez que é possível alinhar as entregas com maior frequência.

Num mundo voltado a aplicações de IoT (internet das coisas), contar com diversos parceiros para a elaboração e sustentação de soluções será inevitável. O ecossistema de ISV (*Independent Software Vendors*) é crescente e complexo. Os modelos de *multisourcing* são cada vez mais comuns, contando com parceiros especializados em cada parte da solução. O resultado final continua sendo de responsabilidade do gestor de TI.

Novos modelos de negócio, voltados ao consumo de tecnologia, são cada vez mais comuns e fazem parte da gestão: pagar pelo que se usa e estabelecer relacionamentos de confiança com os parceiros e prestadores de serviço. Técnicas ágeis e modelos de cocriação de valor devem ser utilizados com os parceiros, em vez de simplesmente especificar RFP (*Request For Proposals*) e buscar fornecedores. Cabe ao gestor de TI equilibrar as variáveis desse contexto para gerar valor para sua empresa e ser relevante para o negócio.

Revisão dos conceitos apresentados

- A descentralização do processamento dos sistemas de informação muda as relações de responsabilidade com relação à disponibilidade e aos serviços de TI.
- A TI está cada vez mais presente em diferentes âmbitos (pervasiva).
- A governança de TI é o sistema pelo qual uma organização de TI é dirigida, tratando de direitos decisórios, responsabilidades e mecanismos de monitoramento, visando o alinhamento estratégico da TI com o negócio, a avaliação e

o gerenciamento de riscos da TI e a melhoria contínua, equilibrando adequadamente os investimentos em pessoas, processos e tecnologias.

- Os modelos de governança de TI são referenciais de melhores práticas.
- O papel do gestor é trazer o valor de TI para o negócio e saber se comunicar com seus pares, através de indicadores objetivos do desempenho da TI.
- Para implantar a governança de TI é preciso adaptar as melhores práticas à realidade da organização.

Estudo de caso: o governo brasileiro e a governança de TI

Algumas instituições públicas brasileiras são conhecidas de longa data como referência em governança de TI, como o Banco Central do Brasil (s.d.). Dada a importância da TI e seu papel estratégico, o Tribunal de Contas da União (TCU) tem "reiteradamente se manifestado sobre esse tema".

Com o objetivo de mensurar a governança de TI nas diferentes instituições, o Tribunal estabeleceu o índice de governança de TI (iGovTI). Através de questionários enviados a cada dois anos, o cálculo do índice é feito e as organizações são agrupadas em três níveis (em 2010 e 2012, a classificação era diferente):

- **iGovTI-TCU < 0,40:** baixa maturidade em TI.
- **iGovTI-TCU entre 0,40 e 0,59:** maturidade intermediária.

Os resultados dos diferentes ciclos de avaliação podem ser encontrados no portal do Tribunal de Contas da União, na área relativa à Fiscalização de Tecnologia da Informação (TCU, 2016).

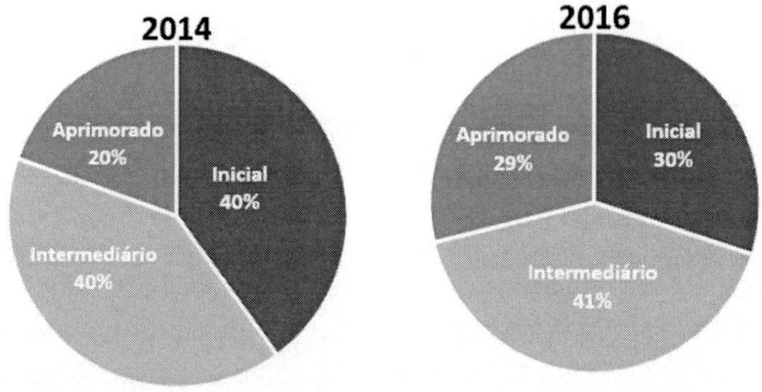

Figura 8.8 – Empresas públicas em cada nível de maturidade do iGovTI em 2014 e 2016.
Fonte: baseado na planilha anonimizada do TCU (2016).

iGovTI2016 por tipo de organização

Tipo de organização	Quantidade	Média de iGovTI2016	Desvio Padrão
Agência	10	0,58	0,10
Autarquia	26	0,52	0,14
Banco	6	0,72	0,17
Companhia de Energia	15	0,55	0,21
Companhia Docas	7	0,26	0,17
Específico Singular	8	0,39	0,19
Estatal	35	0,56	0,21
Fundação	15	0,44	0,21
Hospital	8	0,44	0,22
Instituição de Ensino	106	0,42	0,15
Ministério	26	0,52	0,16
Ministério Público	5	0,66	0,11
Organização Social	6	0,46	0,19
Órgão Executivo	18	0,50	0,16
Órgão Militar	10	0,62	0,13
Tribunal	65	0,54	0,12

Figura 8.9 – iGovTI 2016 por tipo de organização.
Fonte: TCU (2016).

O Banco do Brasil, por exemplo, ficou em primeiro lugar na lista de avaliados de 2016. Entre 2010 e 2016, a BB Tecnologia e Serviços "construiu políticas e processos; definiu papéis e responsabilidades e instituiu todo o arcabouço necessário para que, com transparência e foco nos objetivos estratégicos, conseguisse desenvolver tudo aquilo que pretendia", conforme apresentado no relatório individual da instituição para o ano de 2016 (BB TECNOLOGIA E SERVIÇOS, 2016).

Tabela 6. Notas do iGovTI2016

iGovTI2016		
Nota		**Nível de capacidade**
0,95		Aprimorado
Dimensões Avaliadas	**Nota**	**Nível de capacidade**
Liderança (D1)	0,97	Aprimorado
Estratégias e Planos (D2)	1,00	Aprimorado
Informações (D3)	0,95	Aprimorado
Pessoas (D4)	0,93	Aprimorado
Processos (D5)	0,96	Aprimorado
Resultados (D6)	0,87	Aprimorado
	Classificação 2016	
Grupo Estatal	**Segmento EXE-Sest**	**Geral**
1ª (de 35)	1ª (de 64)	1ª (de 368)

Figura 8.10 – Resultados da BB Tecnologia e Serviços no iGovTI de 2016.
Fonte: (BB TECNOLOGIA E SERVIÇOS, 2016)

As organizações com os menores índices devem trabalhar para melhorá-los e reportar o que está sendo feito para tal. Para ajudar essas empresas estatais nesse processo, a Secretaria de Coordenação e Governança das Empresas Estatais (SEST) elaborou, junto ao Centro de Desenvolvimento Tecnológico da Fundação Universidade de Brasília (CDT/FUB), uma série de *kits* de governança de TI, específicos para cada nível em que a empresa pública se encontra. Os *kits* podem ser encontrados na internet e incluem passo a passo, modelos e exemplos reais.

Os seguintes tópicos são contemplados nos *kits* (CANEDO et al., 2018):

- Comitê de TI
- Gestão de riscos de TI
- Portfólio de projetos e serviços
- Contratação de bens e serviços de TI
- Gestão de pessoas de TI (fortalecimento, desempenho, papéis e responsabilidades)
- Plano diretor de TI
- Comitê de segurança de TI
- Modelagem de processos de negócio
- Catálogo de sistemas computadorizados (catálogo de serviços de TI)
- Gerenciamento da continuidade dos serviços
- Gerenciamento de mudanças
- Processo de gerenciamento de incidentes e problemas
- Política de segurança da informação e comunicação
- Gestão de riscos da segurança da informação
- Processo de desenvolvimento de software (qualidade, configuração)
- Gerenciamento de projetos de TI
- Gerenciamento de contratos de TI
- Gerenciamento de ativos de TI (hardware, licenças, custos)

Os níveis de maturidade são avaliados com base em um modelo combinado COBIT/CMMI. Os *kits* propõem uma abordagem contínua de melhoria baseada no COBIT 5 e sugerem que a organização defina um programa para desenvolver e monitorar o trabalho de melhorar a governança de TI.

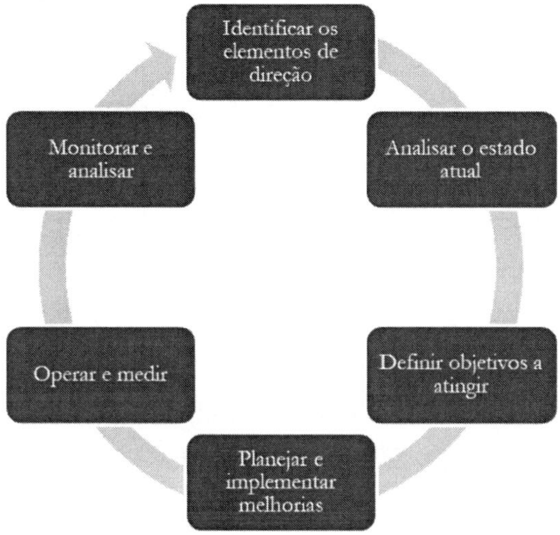

Figura 8.11 – Modelo combinado para avaliação de níveis de maturidade.
Fonte: adaptado de Canedo et al. (2018).

Referências

ALBERTIN, R. M. M.; ALBERTIN, A. L. *Estratégia de governança de tecnologia da informação:* estrutura e práticas. Rio de Janeiro: Elsevier, 2010. 232p.

ALVES, C. R. C. *Uma análise sobre a relação risco versus desempenho em governança de TI:* estudos de caso em organizações prestadoras de serviço de TI certificadas ISO 20.000. Tese (Doutorado em Administração de Empresas) – Faculdade de Economia, Administração e Contabilidade, Universidade de São Paulo, São Paulo, 2015.

ALVES, C. R. C.; RIEKSTIN, A. C.; CARVALHO, T. C. M. B.; VIDAL, A. G. R. IT governance frameworks: A literature review of Brazilian publications. *In*: International Conference on Information Resources, *Anais Conf-IRM*, Natal, 2013.

BANCO CENTRAL DO BRASIL. Site. Disponível em: <https://www.bcb.gov.br/?bc=>. Acesso em: 27 jan. 2022.

BB TECNOLOGIA E SERVIÇOS. *Plano Diretor de Tecnologia da Informação 2016-2017.* Jun. 1, 2016. Disponível em: <https://www.bbts.com.br/files/governanca_ti/pdti/2016_2017_pdti_bbts.pdf>. Acesso em: 25 maio 2022.

BELMONT, D. P. *Value added risk management in financial institutions:* leveraging Basel II & risk adjusted performance management. New York, NY: John Wiley & Sons, 2004.

CALDER, A. *The Calder-Moir IT Governance Framework:* overview. United Kingdom: IT Governance Publishing, 2008. 5p.

CÂMARA DOS DEPUTADOS. *Lei Sancionada dá incentivos fiscais a empresas de tecnologia que investirem em pesquisa e inovação.* 12 jun. 2018. Disponível em <http://www2.camara.leg.br/camaranoticias/noticias/CIENCIA-E-TECNOLOGIA/558885-LEI-SANCIONADA-DA-INCENTIVOS-FISCAIS-A-EMPRESAS-DE-TECNOLOGIA-QUE-INVESTIREM-EM-PESQUISA-E-INOVACAO.html>. Acesso em: 26 jan. 2022.

CANEDO, E. D.; COSTA, R. P. da; SOUSA JUNIOR, R. T. de; NZE, G. D. A. Best Practices Kits for the ICT Governance Process within the Secretariat of State-Owned Companies of Brazil and Regarding these Public Companies. *Information*, vol. 9, n. 6, 141, 2018.

CAPGEMINI. *Green ITIL.* Oct. 06, 2010. Disponível em: <http://www.capgemini.com/insights-and-resources/by-publication/green-itil/?d=D6A78946-FBDC-B693-2196-B0ECD1DA7C49>. Acesso em: 27 jan. 2022.

CARVALHO, T. C. M. B. TI *Tecnologia da Informação:* tempo de inovação. São Paulo: M. Books, 2009. 460p.

CINTRA, Y. *A integração da sustentabilidade às práticas de controle gerencial das empresas no Brasil.* Tese (Doutorado) – Faculdade de Economia, Administração e Contabilidade, Universidade de São Paulo, São Paulo, 2011. 200p.

CLEMENTI, S. *O modelo GSS-COBITIL para gerenciamento de suporte de serviços de tecnologia da informação.* Tese (Doutorado) – Escola Politécnica, Universidade de São Paulo, São Paulo, 2007. 201p.

COSO. *Enterprise Risk Management*: Integrated Framework. Committee of Sponsoring Organizations of the Treadway Commission, 2004.

FERNANDES, A. A.; ABREU, V. F. *Implantando a Governança de TI:* da estratégia à gestão dos processos e serviços. 3.ed. Rio de Janeiro: Brasport, 2012. 640p.

GAMA, F. de A.; MARTINELLO, M. Governança de Tecnologia da Informação: Um Estudo em Empresas Brasileiras. *In*: 4º Simpósio Fucape de Produção Científica. *Anais Eletrônicos.* Vitória: FUCAPE, 2006. Disponível em: <http://legado.fucape.br/simposio/4/artigos/fernanda.pdf>. Acesso em: 27 jan. 2022.

GREMBERGEN, W. V.; DE HAES, S. *Implementing Information Technology Governance:* models, practices and cases. Hershey: IGI Publishing, 2008. 350p.

GUERRA, S.; FISCHMANN, A.; MACHADO FILHO, C. A. An agenda for board research. *Corporate ownership & control*, vol. 6, n. 3, 2009, p. 196-202.

HENDERSON, J. C.; VENKATRAMAN, N. Strategic Alignment: Leveraging Information Technology For Transforming Organizations. *IBM Systems Journal*, vol. 32, n. 1, 1993, p. 4-16.

IBGC. Site. Disponível em: <http://www.ibgc.org.br>. Acesso em: 27 jan. 2022.

ISACA. Site. Disponível em: <https://www.isaca.org>. Acesso em: 27 jan. 2022.

ITGI. *Board Briefing on IT governance.* Rolling Meadows: Information Technology Governance Institute, 2006. 73p.

KOTLER, P.; CASLIONE, J. A. *Chaotics:* the business of managing and marketing in the age of turbulence. New York, NY: Amacom, 2009.

LOGICALIS. *The Changing Role of the CIO:* from the periphery to the core. Jan. 15, 2020. Disponível em: <https://www.au.logicalis.com/news/the-changing-role-of-the-cio/>. Acesso em: 27 jan. 2022.

LOGICALIS. *IT Snapshot 2021.* June 30, 2021. Disponível em: <https://imagine.la.logicalis.com/pt-br/logicalis-it-snapshot-2021>. Acesso em: 25 maio 2022.

LUFTMAN, J.; BEN-ZVI, T. Key Issues for IT Executives 2010: Judicious IT Investments Continue Post-Recession. *MIS Quarterly Executive*, vol. 9, n. 4, 2010, p. 263-73.

MAÇADA, A. C.; BRINKHUES, R.; FREITAS JUNIOR, J. C; LAJARA, T. T. Princípios e Fatores Motivadores para Adoção das Governanças Corporativa de TI e da Informação. *Revista Alcance*, vol. 26, n. 2, maio/ago. 2019, p. 131-147.

MAXIMIANO, A. C. A. *Teoria geral da administração.* 6.ed. São Paulo: Atlas, 2008.

MEIRELLES, F. de S. *Pesquisa Anual do Uso de TI.* FGV EAESP, maio 2021. Disponível em: <https://eaesp.fgv.br/producao-intelectual/pesquisa-anual-uso-ti>. Acesso em: 25 jan. 2022.

MINISTÉRIO DA ECONOMIA. *Governo federal lança nova Política Nacional de Segurança da Informação.* 28 dez. 2018. Disponível em: <https://www.gov.br/economia/pt-br/assuntos/noticias/planejamento/governo-federal-lanca-nova-politica-nacional-de-seguranca-da-informacao>. Acesso em: 27 jan. 2022.

MINISTÉRIO DA ECONOMIA. *Revista das Estatais*, n. 3, dez. 2017. Disponível em: <https://www.gov.br/economia/pt-br/assuntos/empresas-estatais-federais/publicacoes/arquivos/revista-das-estatais-3-edicao/view>. Acesso em: 27 jan. 2022.

PETERSON, R. R. Crafting Information Technology Governance. *Information Systems Management,* vol. 21, Autumn 2004, p. 7-23.

RACZ, N.; WEIPL, E.; SEUFERT, A. A frame of reference for research of integrated Governance, Risk & Compliance (GRC). *In*: 11th IFIP TC 6/TC 11 International Conference, *CMS 2010 Proceedings*. Berlin: Springer, 2010, p. 106-117.

REZENDE, D. A. *Planejamento de Sistemas de Informação.* São Paulo: Atlas, 2008.

RIEKSTIN, A. C. *Modelo de governança de tecnologia da informação do escritório ao chão de fábrica*. Dissertação (Mestrado em Sistemas Digitais) – Escola Politécnica, Universidade de São Paulo, São Paulo, 2012. Disponível em: <http://www.teses.usp.br/teses/disponiveis/3/3141/tde-03052012-123830/>. Acesso em: 27 jan. 2022.

SINGH, P. J. Empirical assessment of ISO 9000 related management practices and performance relationships. *International Journal of Production Economics*, vol. 113, 2008, p. 40-59.

SEBRAE. Abertura de empresas bate recorde no primeiro semestre de 2021. *Agência Sebrae de Notícias*, 26 ago. 2021. Disponível em: <https://www.agenciasebrae.com.br/sites/asn/uf/NA/abertura-de-empresas-bate-recorde-no-primeiro-semestre-de-2021,1ede5e105918b710VgnVCM100000d701210aRCRD>. Acesso em: 25 maio 2022.

SEPG. *Best of everything:* ITIL, CMMi & Lean Six Sigma. Tampa, FL, Software Engineering Process Group, Mar. 2008. Disponível em: <https://resources.sei.cmu.edu/asset_files/Presentation/2008_017_001_22517.pdf>. Acesso em: 27 jan. 2022.

SOTILLE, M. *PMBOK & CMM + CMMi:* resumo. 2004. Disponível em <http://www.pmtech.com.br/artigos/PMBOK&CMM+CMMI.pdf>. Acesso em: 22 mar. 2021.

STONEBURNER, G.; GOGUEN, A.; FERINGA, A. *Risk Management Guide for Information Technology Systems:* recommendations of the National Institute of Standards and Technology. Gaithersburg: National Institute of Standards and Technology, 2002.

TEODORO, A. N.; PRZEYBILOVICZ, É.; CUNHA, M. A. Governança de tecnologia da informação: uma investigação sobre a representação do conceito. *Rev. Adm.*, São Paulo, vol. 49, n. 2, jun. 2014, p. 307-321. Disponível em: <http://www.scielo.br/scielo.php?script=sci_arttext&pid=S0080-21072014000200008&lng=en&nrm=iso>. Acesso em: 27 jan. 2022.

TOOMEY, M. *Corporate Governance of IT:* ISO 38500 Case Study. Canberra: Infonomics, Sep. 02, 2008. Disponível em: <http://www.infonomics.com.au/

Web%20Content/Documents/itSMF_Canberra_Presentation_-_ISO_38500_Case_Study.pdf>. Acesso em: 27 jan. 2022.

TCU. *Fiscalização de Tecnologia da Informação.* 2016. Disponível em: <https://portal.tcu.gov.br/fiscalizacao-de-tecnologia-da-informacao/atuacao/perfil-de-governanca-de-ti/>. Acesso em: 27 jan. 2022.

VAN SANTE, T; ERMERS, J. *ITIL® and TOGAF® 9.1:* two frameworks. White paper. The Stationery Office, Aug. 2013. Disponível em: <https://citeseerx.ist.psu.edu/viewdoc/download?doi=10.1.1.395.9584&rep=rep1&type=pdf>. Acesso em: 25 maio 2022.

VITASEK, K. *Vested Outsourcing:* five rules that will transform outsourcing. 2nd.ed. London: Palgrave Macmillan, 2013.

VOON, P.; SALIDO, J. *MOF to COBIT/Val IT Comparison and Cross-Implementation Guide:* how to leverage MOF in a COBIT/Val IT Environment. Version 1.01. June 2009. Disponível em: <https://silo.tips/download/mof-to-cobit-val-it-comparison-and-cross-implementation-guide>. Acesso em: 27 jan. 2022.

WEILL, P.; ROSS, J. W. Governança de TIC, tecnologia da informação. São Paulo: M. Books, 2006. 290p.

WEILL, P.; ROSS, J. W. *IT Governance.* Boston, MA: Harvard Business School Press, 2004.

9. Gerenciamento de projetos de TI

Mônica Mancini
Edmir Parada Vasques Prado

Conceitos apresentados neste capítulo

9.1 Projeto: conceito e características
9.2 Programa e portfólio
9.3 Instituições de gerenciamento de projetos
9.4 Os processos e as áreas de conhecimento de um projeto
9.5 Modelos em gestão de projetos: do tradicional ao ágil
9.6 Evolução dos processos de gerenciamento de projetos

Objetivos do capítulo

1. Conceituar o que é um projeto, programa e portfólio.
2. Apresentar os processos e área de gerenciamento de projetos, bem como a relação entre eles.
3. Mostrar as principais metodologias de gestão de projetos usadas pelas organizações.
4. Apresentar tópicos relacionados à evolução do gerenciamento de projetos: escritório de projetos e modelos de maturidade.

Técnicas de gerenciamento mantêm o prazo e o orçamento do projeto

A Volkswagen recorreu a uma combinação de fábricas internacionais e fornecedores externos para produzir partes do novo motor Jetta. Uma das licitações foi vencida pela Volkswagen México (VWM) para produzir várias dessas peças. A equipe da fábrica da VW México tinha 21 meses e um orçamento de US$ 3,3 milhões para projetar e instalar a linha de montagem para produção em massa dessas peças.

Para vencer essa licitação a VWM propôs um custo fixo para a produção das peças. Isso significava que não haveria espaço para exceder o orçamento. Além disso, a equipe do projeto teria o desafio de desenvolver e introduzir processos internos que as futuras equipes seguiriam. Esse projeto foi um dos primeiros a ser gerenciado pelo escritório de projetos da VWM.

A equipe da VWM usou processos de gerenciamento descritos no Guia do Conhecimento em Gerenciamento de Projetos (*PMBOK® Guide*) para concluir o projeto da linha de montagem dentro do prazo e do orçamento.

Para supervisionar o projeto complexo, a VWM estabeleceu um escritório de gerenciamento de projetos (*Project Management Office* – PMO) responsável por monitorar e controlar o orçamento e o cronograma.

Para garantir que o projeto fosse concluído dentro do prazo, o gerente de projetos encontrou maneiras criativas de resolver problemas relacionados ao prazo do projeto, executando inclusive atividades simultaneamente.

O fechamento oficial do projeto ocorreu 12 semanas após a produção inicial das peças. Como resultado, a equipe da VW México alcançou e, em muitos casos, excedeu os objetivos do projeto de montagem, além de ter desenvolvido várias ferramentas e práticas para servir como padrão para futuros projetos na fábrica.

Fonte: adaptado de PMI (2012).

Introdução

Nas últimas décadas, o mundo tem passado por profundas transformações sociais, culturais, políticas e econômicas. Como consequência, têm crescido o acirramento e a competitividade no ambiente empresarial, que forçam as organizações a buscar constante inovação de seus produtos, serviços e processos, a fim de garantirem sua sobrevivência e obterem vantagem competitiva (TELES, 2005). Nesse cenário, a área de gerenciamento de projetos vem ocupando um papel de destaque nas organizações, propiciando respostas ágeis às questões estratégicas e organizacionais. Por essa razão, os projetos precisam ser administrados de forma eficaz e eficiente, o que força as organizações a buscarem as melhores práticas sobre gerenciamento de projetos.

Entretanto, a taxa de sucesso no gerenciamento de projetos não tem sido elevada. O relatório elaborado pelo *The Standish Group* (2015) apontou que apenas 29% dos projetos de TI foram finalizados com sucesso, ou seja, dentro do prazo, do custo e com a qualidade esperada. Os fatores considerados críticos para o sucesso dos projetos foram: maior envolvimento do usuário, adoção dos processos ágeis, experiência do gerente de projetos, definição clara dos objetivos e recursos humanos com perfil adequado.

Por outro lado, esse relatório apresentou uma taxa de sucesso melhor em comparação com anos anteriores. Uma importante razão contribuiu para essa melhoria: a adoção das metodologias ágeis, que tem crescido a uma taxa de 22%. Para as organizações que gerenciam projetos de TI, essa abordagem impulsionou projetos sem escopo rígido, evitando gastos desnecessários e cronogramas inadequados à realidade do processo de desenvolvimento de sistemas. Além disso, essa abordagem contribuiu para um alinhamento mais eficaz entre a área de TI e a área de negócio, frente às mudanças do ambiente organizacional. Um bom exemplo da influência que a adoção de metodologias de gerenciamento de projetos tem no sucesso do projeto pode ser observado no estudo de caso narrado anteriormente.

9.1. Projeto: conceito e características

O projeto pode ser definido como um processo único, que consiste em atividades coordenadas e controladas com datas para início e término, empreendido para alcançar um objetivo conforme requisitos específicos, incluindo limitações de tempo, custo e recursos. Vários autores e instituições têm definido o conceito de projeto, porém de forma semelhante, como indicado no Quadro 9.1.

Quadro 9.1 – Semelhança entre as definições de projeto.
Fonte: os autores.

Instituição ou autor	Caraterísticas principais				
	Único e exclusivo	Tem início e fim	Alcançar um objetivo	Restrições de recursos	Produto e serviço
ISO 10006: 2017 (ISO, 2017)	•	•	•	•	•
ISO 21500: 2012 (ABNT, 2012)	•	•	•	•	•
Kerzner (2011)	•		•	•	•
Dinsmore (2010)					•
PMI (2018)	•	•			•

Diferenças entre projeto e operação: o que um projeto NÃO É

Um projeto não pode ser confundido com uma atividade rotineira e repetitiva. Operações são esforços permanentes que geram saídas repetitivas, com recursos designados a realizar basicamente o mesmo conjunto de atividades de acordo com os padrões institucionais. Os projetos e operações diferem, principalmente, no fato de que os projetos são temporários e exclusivos, enquanto as operações são contínuas e repetitivas (PMI, 2017). O Quadro 9.2 mostra a diferença entre projetos e operações.

Quadro 9.2 – Diferenças entre projeto e operação.
Fonte: os autores.

Projetos	Operações
Temporário: tem começo e fim definidos. Resultado: desenvolve um produto, serviço ou resultado exclusivo e único. Exemplos: - Escrever um relatório de pesquisa - Desenvolver um sistema de informações para *call center* - Escrever uma música para piano - Construir uma casa	Repetitiva: mesmo processo é repetido várias vezes. Resultado: produz os mesmos resultados a cada execução do processo. Exemplos: - Tomar notas em sala de aula - Utilizar o sistema de informações de *call center* para atender aos clientes via telefone - Praticar escalas no piano - Limpar a casa

Características do projeto

Os projetos possuem seis características fundamentais (PMI, 2017; VALLE, 2010):

1. **Singularidade ou unicidade.** Cada projeto é diferente e único, de alguma maneira, de todos os projetos já realizados.
2. **Temporariedade.** Pode ser analisada por meio de três dimensões:

- **Prazo no desenvolvimento de um projeto.** Um projeto é um esforço temporário para criação de um produto ou serviço, mas isso não significa que um projeto seja sempre de curta duração. Exemplo: o Canal do Panamá demorou cerca de 44 anos para ficar pronto.
- **Temporariedade do produto desenvolvido como resultado do projeto.** Embora os projetos sejam temporários, o resultado do projeto poderá ser um produto ou serviço duradouro ou não. Exemplos: pirâmides do Egito (mais de 2.500 anos) e iPad terceira geração (7 meses) (VILICIC, 2012).
- **Oportunidade temporária do mercado para um projeto.** O projeto precisa ficar pronto em um prazo muito curto, caso contrário o produto resultante do projeto perderá ou não terá mais validade comercial. Exemplo: Samsung lança eletrodomésticos inteligentes e robô que faz comida na *Consumer Electronic Show* (CES) (FRANCISCO, 2020).

3. **Progressividade.** É desenvolvido em etapas e continua com implementações incrementais.
4. **Equipe do projeto.** O projeto é executado pela equipe do projeto sob a coordenação do gerente do projeto.
5. **Gerenciamento do projeto.** Deve ser gerenciado por processos que forneçam as melhores práticas de gerenciamento.
6. **Recursos do projeto.** Utilizam recursos humanos, materiais, financeiros, entre outros.

O grande desafio enfrentado pelas organizações não é ser *mais* uma empresa que gerencia atividades *repetitivas* baseadas em seu histórico de gerenciamento de projetos, mas ter a capacidade de gerenciar atividades *nunca* realizadas no passado e que podem *não* se repetir no futuro, pois, a cada dia, os projetos tornam-se maiores, diferentes e complexos (KERZNER, 2011).

9.2. Programa e portfólio

A área de TI de uma determinada organização, em geral, possui mais de um projeto. A forma como esses projetos são administrados, em conjunto ou não, remete aos conceitos de programa e portfólio.

Um programa pode ser definido como um grupo de projetos relacionados, gerenciados de modo coordenado para a obtenção de benefícios e controle que não estariam disponíveis se eles fossem gerenciados individualmente. Um projeto pode ou não fazer parte de um programa, mas um programa sempre terá projetos. Programas e projetos são ferramentas poderosas para o alcance dos objetivos estratégicos. Muitos projetos de um programa podem entregar benefícios incrementais antes que o programa seja concluído (Figura 9.1). Porém, todos os benefícios de um programa somente são alcançados ao final do programa (PMI, 2017).

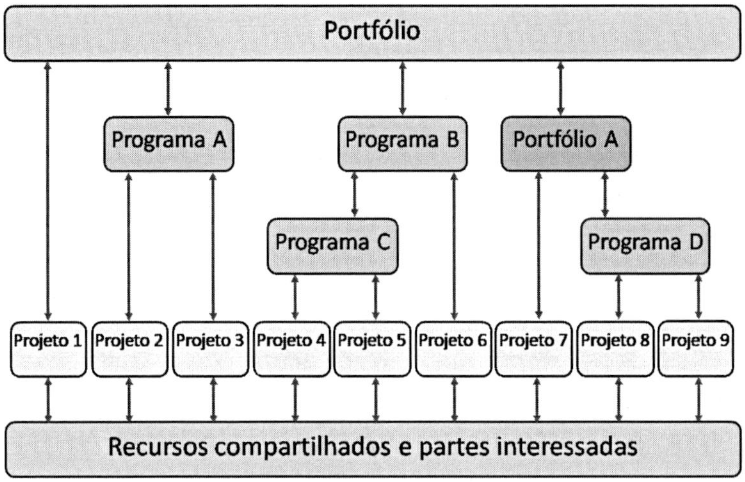

Figura 9.1 – Exemplo de programa e portfólio.
Fonte: adapto de PMI (2017).

O gerenciamento de programas envolve o alinhamento de múltiplos projetos para alcançar as metas do programa e permite a integração e otimização dos esforços relacionados a custos e cronogramas (PMI, 2017). Por outro lado, um portfólio pode ser definido como um conjunto de projetos ou programas agrupados para facilitar o gerenciamento eficaz desse trabalho a fim de atingir os objetivos de negócios. Os projetos ou programas do portfólio podem ou não ser interdependentes ou diretamente relacionados (PMI, 2017), conforme ilustra a Figura 9.1.

O gerenciamento de portfólios se refere ao gerenciamento centralizado de um ou mais portfólios, que inclui identificação, priorização, autorização, gerenciamento e controle de projetos, programas e outros trabalhos relacionados, para atingir objetivos estratégicos específicos de negócios (PRESSMAN; MAXIM, 2016).

9.3. Instituições de gerenciamento de projetos

Existem modelos de referência disponíveis na literatura que permitem que o gerenciamento seja feito de forma adequada. Esses modelos são desenvolvidos e publicados por instituições que congregam profissionais da área de projetos. Dois desses modelos estão entre os mais difundidos nas organizações.

***Project Management Institute* (PMI, EUA)**
O *Project Management Institute* (PMI) é a principal associação profissional na área de gerenciamento de projetos, e o seu modelo de referência para o gerenciamento de projetos (*A Guide to the Project Management Body of Knowledge – PMBOK® Guide*) (PMI, 2017) é o mais difundido entre as organizações. A associação foi fundada em 1969 e hoje tem presença em vários países.

***International Project Management Association* (IPMA, Suíça)**
A Associação Internacional de Gerenciamento de Projetos ou *Internacional Project Management Association* (IPMA) foi criada na Suíça em 1965. Esta instituição publica um modelo de referência para o gerenciamento de projetos conhecido como *Individual Competence Baseline* (ICB) (IPMA, 2015).

Outras instituições de gerenciamento de projetos
Além das instituições citadas, existem outras igualmente importantes e que desenvolvem padrões e publicações na área de gerenciamento de projetos, entre as quais destacam-se: (a) *Australian International Project Management* (AIPM) – Austrália; (b) *Association for Project Management* (APM) – Reino Unido; (c) *Engineering Advancement Association of Japan* (ENNA) – Japão; e (d) *Japan Project Management* (JPMF) – Japão.

9.4. Os processos e as áreas de conhecimento de um projeto

Um processo é um conjunto de ações e atividades inter-relacionadas, que são executadas para alcançar um produto, resultado ou serviço predefinido. Cada processo é caracterizado por entradas, ferramentas e técnicas que podem ser aplicadas, e as saídas resultantes (PMI, 2017). Isso significa que os processos de gerenciamento de projetos são aplicados a diferentes setores e o gerente de projetos e sua equipe definem quais processos de gerenciamento são mais apropriados em seus projetos, e qual o nível de rigor a ser adotado. Dessa forma, os processos são conhecidos como "melhor prática". Quando adotados, indicam que seu uso aumenta as chances de sucesso em um projeto.

9.4.1. Os cinco grupos de processos

Os cinco grupos de processos de gerenciamento de projetos estão ilustrados na Figura 9.2 e descritos a seguir (PMI, 2017):

1. **Iniciação.** Processos realizados para definir um novo projeto ou uma nova fase de um projeto existente. Para isso é necessário elaborar o documento "Termo

de Abertura do Projeto" (TAP ou *Project Charter*), que contém informações do escopo, recursos financeiros e a definição das partes interessadas. Este documento aprova o projeto formalmente e oficialmente.

2. **Planejamento.** Processos realizados para definir o escopo do projeto, refinar os objetivos e elaborar as ações necessárias para alcançar os objetivos do projeto. Para tanto, são necessárias a elaboração do documento "Plano de Gerenciamento do Projeto" e a definição dos documentos do projeto que serão usados para executá-lo.
3. **Execução.** Processos realizados para executar o trabalho definido no plano de gerenciamento de projetos. Envolvem coordenar pessoas, recursos e executar as atividades do projeto.
4. **Monitoramento e controle.** Processos necessários para acompanhar, revisar e regular o desempenho do projeto. É necessário identificar todas as áreas que precisarão de mudanças no plano e iniciar as mudanças correspondentes.
5. **Encerramento.** Processos executados para finalizar todas as atividades de todos os grupos de processos, que visam encerrar formalmente o projeto ou a fase de um projeto.

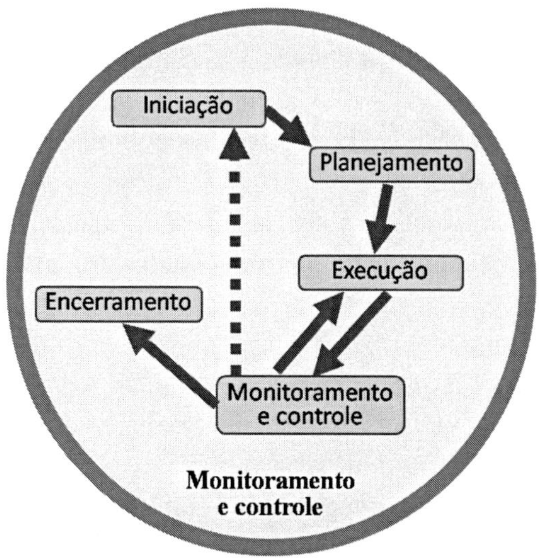

Figura 9.2 – Processos de gerenciamento de projetos.
Fonte: adaptado de PMI (2017).

Quando utilizados, esses processos são iterados, ou seja, repetido várias vezes, para cumprir os requisitos do patrocinador, do cliente e de outras partes interessadas. **Os grupos de processos não são as fases do projeto, pois todos os grupos de processos serão repetidos para cada fase do projeto**. Os cinco grupos de processos utilizam 49 processos de gerenciamento de projetos, distribuídos em 10 áreas de conhecimento (PMI, 2017).

9.4.2. As dez áreas de conhecimento de um projeto

As dez áreas de conhecimento e sua relação com os processos estão ilustradas no Quadro 9.3 (PMI, 2017). Conceitualmente, cada área de conhecimento desempenha um papel importante no projeto por meio de seus processos, conforme descrito a seguir:

1. **Integração.** Processos e atividades necessárias para identificar, definir, combinar, unificar e coordenar os diversos processos e atividades de gerenciamento de projetos entre todos os grupos de processos.
2. **Escopo.** Processos para garantir a definição e o controle do escopo a fim de entregar o projeto com sucesso.
3. **Cronograma.** Processos para entregar o projeto conforme o prazo acordado.
4. **Custos.** Processos envolvidos em estimativa, orçamento e controle dos custos a fim de que o projeto termine no orçamento aprovado.
5. **Qualidade.** Processos e atividades para o gerenciamento da qualidade através de uma política de procedimentos e atividades contínuas conduzidas desde o início do projeto até a sua finalização.
6. **Recursos.** Identificar, adquirir e gerenciar os recursos necessários para a conclusão bem-sucedida do projeto.
7. **Comunicações.** Processos necessários para garantir a geração, coleta, distribuição, armazenamento e recuperação das informações para todas as partes interessadas do projeto.
8. **Riscos.** Processos que identificam, analisam, atribuem respostas, monitoram, controlam e planejam o gerenciamento de riscos do projeto a fim de diminuir os eventos negativos e adversos para a conclusão do projeto.
9. **Aquisições.** Processos para comprar produtos, serviços ou resultados necessários, de fora da equipe do projeto, para realizar o trabalho por meio de gerenciamento de contrato.
10. **Partes interessadas.** Processos necessários para identificar todas as pessoas ou organizações que podem influenciar positivamente ou negativamente ou serem influenciadas pelo projeto, identificar e analisar suas expectativas e impactos no projeto, definir ações necessárias e avaliar sua eficácia.

O Quadro 9.3 mostra uma visão geral do relacionamento entre os cinco grupos de processos e as dez áreas de conhecimento.

Quadro 9.3 – Relação entre processos e áreas de conhecimento. Fonte: adaptado PMI (2017).

Área de Conhecimento	Iniciação	Planejamento	Execução	Monitoramento e controle	Encerramento
Integração	1. Desenvolver o Termo de Abertura do Projeto	2. Desenvolver o plano de gerenciamento de projetos	3.Orientar e gerenciar o trabalho do projeto 4. Gerenciar o conhecimento do projeto	5. Monitorar e controlar o trabalho do projeto 6. Realizar o controle integrado de mudanças	7. Encerrar o projeto ou fase
Escopo		1. Planejar o gerenciamento do escopo 2. Coletar os requisitos 3. Definir o escopo 4. Criar a EAP		5. Validar o escopo 6. Controlar o escopo	
Cronograma		1. Planejar o gerenciamento do cronograma 2. Definir as atividades 3. Sequenciar as atividades 4. Estimar a duração das atividades 5. Desenvolver o cronograma		6. Controlar o cronograma	
Custo		1. Planejar o gerenciamento dos custos 2. Estimar os custos 3. Determinar o orçamento		4. Controlar os custos	
Qualidade		1. Planejar a qualidade	2. Gerenciar a qualidade	3. Controlar a qualidade	
Recursos		1. Planejar o gerenciamento dos recursos 2. Estimar os recursos das atividades	3. Obter os recursos 4. Desenvolver a equipe do projeto 5. Gerenciar a equipe do projeto	6. Controlar os recursos	
Comunicações		1. Planejar o gerenciamento das comunicações	2. Gerenciar as comunicações	3. Monitorar as comunicações	

Área de Conhecimento	Iniciação	Planejamento	Execução	Monitoramento e controle	Encerramento
Riscos		1.Planejar o gerenciamento dos riscos 2. Identificar os riscos 3. Realizar a análise qualitativa dos riscos 4. Realizar a análise quantitativa dos riscos 5. Planejar respostas a riscos	6. Implementar respostas aos riscos	7. Monitorar os riscos	
Aquisições		1. Planejar gerenciamento das aquisições	2. Conduzir as aquisições	3. Controlar as aquisições	
Partes interessadas	1. Identificar as partes interessadas	2. Planejar o gerenciamento das partes interessadas	3. Gerenciar o engajamento das partes interessadas	4. Monitorar o engajamento das partes interessadas	

9.5. Modelos em gestão de projetos: do tradicional ao ágil

Na década de 70, o desenvolvimento do software carecia de uma melhor organização e planejamento, o que gerava um produto que não atendia por completo aos requisitos definidos pelo cliente. Essa era ficou conhecida como a "crise do software" (PRESSMAN; MAXIM, 2016). Nesse cenário, surgiu o Modelo Cascata ou *Waterfall* ou Modelo Tradicional, que é um modelo sequencial no qual a saída de uma fase é entrada para a outra. As fases do Modelo Cascata são: análise de requisitos, projeto, implementação, testes, implantação e manutenção de software.

Entretanto, nos últimos anos, com o advento de novas metodologias, surgiram os métodos ágeis popularizados pelo "Manifesto para o Desenvolvimento de Software Ágil". O movimento em prol do desenvolvimento de software ágil passou a valorizar os seguintes itens:

Indivíduos e iterações são mais importantes que **processos e ferramentas**

Software funcionando é mais importante que **documentação detalhada**

Colaboração dos clientes é mais importante que **negociação de contratos**

Resposta a modificações é mais importante que **seguir um plano**

Uma das principais diferenças dos processos ágeis em relação aos modelos tradicionais é o conceito denominado *barely sufficient*, ou seja, **mínimo necessário**. Enquanto os modelos tradicionais estabelecem o uso das "melhores práticas", os processos ágeis sugerem o uso de um conjunto reduzido dessas práticas, o que pode ser suficiente para projetos que envolvam pequenas equipes (KERZNER, 2011).

Assim sendo, a agilidade no desenvolvimento de software corresponde à capacidade da equipe do projeto em responder rapidamente às mudanças. O método ágil encoraja as equipes com proatividade, enfatiza a rápida entrega do software, dá menos importância para a elaboração da documentação, inclui o cliente como parte da equipe de desenvolvimento, reconhece que o planejamento em um mundo de constantes mudanças tem seus limites e que o plano do projeto deverá ser flexível para atender a essas mudanças. Apesar dos modelos ágeis terem nascido para o desenvolvimento de software, estes podem ser aplicados a qualquer tipo de projeto.

A seguir são descritos os principais modelos ágeis em gestão de projetos.

Lean

Originalmente, o *Lean* é um conjunto de princípios de manufatura que tem como objetivo eliminar o desperdício. No decorrer dos anos, alguns desses princípios foram introduzidos no processo de desenvolvimento de software.

O *Lean* não é uma metodologia ágil, mas os seus sete princípios estão alinhados com os valores ágeis: eliminar o desperdício, fortalecer a equipe, entregas rápidas, otimizar o todo, construir qualidade, adiar decisões e amplificar conhecimento.

Crystal

Crystal é uma família de metodologias para escalar e fornecer uma seleção de rigor metodológico com base no número de pessoas envolvidas e na criticidade do projeto.

Os membros da família *Crystal* são identificados por cores que indicam a intensidade do método, conforme ilustrado na Figura 9.3. Quanto mais escura a cor, maior é a complexidade do projeto. Algumas características são comuns à família *Crystal*, tais como: desenvolvimento incremental com ciclos de no máximo quatro meses, ênfase maior na comunicação e cooperação das pessoas, não limitação de quaisquer práticas de desenvolvimento, ferramentas ou produtos de trabalho e incorporação de objetivos para reduzir produtos de trabalho intermediários e desenvolvê-los como projetos evoluídos.

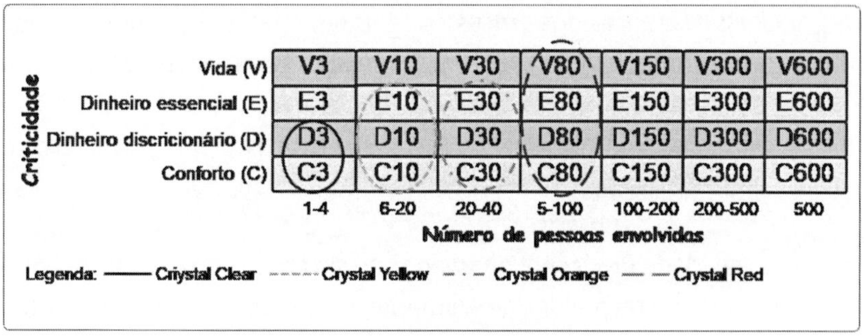

Figura 9.3 – A família de metodologias *Crystal*.
Fonte: adaptado de PMI (2018).

Dynamic Systems Devlopment Method (DSDM)

Dynamic Systems Development Method (DSDM) ou Metodologia de Desenvolvimento de Sistemas Dinâmicos é uma metodologia ágil para desenvolvimento de software de propriedade da *Agile Alliance*. É baseada no Desenvolvimento Rápido de Aplicação (*Rapid Application Development* – RAD) e tem um ciclo de vida iterativo e incremental, que enfatiza o envolvimento constante do usuário e a entrega orientada a restrições. Este *framework* estabelece custo, qualidade e prazo, e prioriza o escopo para atender às restrições (Figura 9.4).

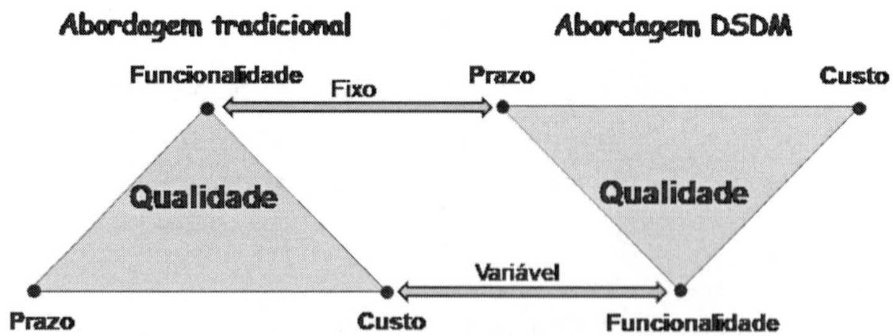

Figura 9.4 – Abordagem DSDM para agilidade orientada a restrições.
Fonte: adaptado de PMI (2018).

Seu objetivo é entregar o software no prazo e com custos estimados e ajustados ao longo do desenvolvimento.

Os oito princípios que guiam o uso deste *framework* são: 1) foco na necessidade de negócio; 2) entrega no prazo; 3) colaboração; 4) nunca comprometer a qualidade; 5) construir incrementalmente; 6) desenvolvimento iterativo; e 7) comunicar-se de forma contínua e clara; e 8) demonstrar controle sobre o assunto.

Extreme Programming (XP)

O *eXtreme Programming* (XP) é um dos métodos ágeis que preconizaram o Manifesto Ágil em 2001. Ele é composto por cinco valores e 13 princípios (Figura 9.5):

Valores:

1. Simplicidade
2. Comunicação
3. *Feedback*
4. Coragem
5. Respeito

Princípios:

1. Equipe inteira ou equipe unida
2. Jogos de planejamento
3. Entregas curtas
4. Testes de cliente
5. Propriedade coletiva do código
6. Padronização do código
7. Ritmo sustentável
8. Metáfora
9. Integração contínua
10. Desenvolvimento orientado a testes
11. Refatoração
12. Design simples
13. Programação em par

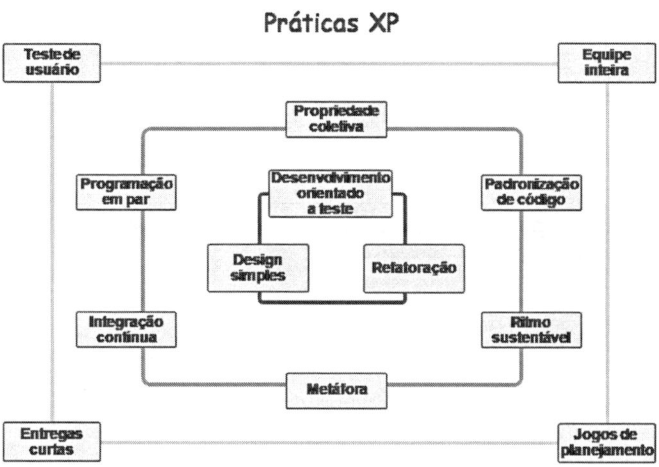

Figura 9.5 – Práticas do XP.
Fonte: adaptado de Massari (2016).

O XP é considerado uma proposta de desenvolvimento de software simples para entregar o produto no prazo acordado com o cliente. Esse modelo considera que gerentes, clientes e desenvolvedores devem formar uma equipe única, dedicada e destinada a entregar software com mais qualidade (AUDY; PRIKLANDNICKI, 2007). Como em outras metodologias ágeis, o desenvolvimento com XP ocorre com base em curtas iterações (de três semanas ou menos) (HIGHSMITH, 2004).

Feature Driven Development (FDD)

O *Feature Driven Development* (FDD), ou desenvolvimento dirigido por funcionalidade, também é um dos métodos ágeis baseado no "Manifesto Ágil" e consiste em: desenhar um protótipo do produto; montar uma lista de funcionalidades desse produto; e planejar e desenvolver por funcionalidade. Por outro lado, o FDD é composto por:

1. **Funcionalidade.** *Feature* é uma pequena funcionalidade que gera valor ao cliente no seu negócio. Tem uma iteração, ou seja, não poderá ultrapassar 80 horas ou duas semanas de desenvolvimento.
2. **Equipe.** Trabalha por meio de processos bem estabelecidos ou não, sobretudo pela interação entre pessoas, processos e tecnologias, entregando a funcionalidade acordada.
3. **Processos.** O FDD é baseado em duas fases e cinco processos principais, descritos no Quadro 9.4.

Quadro 9.4 – Fases e processos do FDD.
Fonte: adaptado de Massari (2006).

Fases	Processos
Inicialização. Prover o entendimento geral e elaborar o plano inicial do projeto	Desenvolver modelo abrangente. Criar um modelo abrangente de requisitos
	Construir lista de funcionalidades. Detalhar requisitos e funcionalidades
	Planejar por funcionalidade. Priorizar, categorizar e definir a funcionalidade
Construção. Entregar as funcionalidades de forma iterativa e constante ao cliente	Detalhar por funcionalidade. Detalhar um conjunto de funcionalidades que será desenvolvido
	Construir por funcionalidade. Desenvolver, construir, testar, inspecionar e compilar a funcionalidade

4. **Práticas fundamentais.** O FDD recomenda as seguintes práticas: exploração do ambiente de negócio do problema a ser solucionado; desenvolvimento por funcionalidades com entregas curtas; propriedade individual de código; equipe montada por funcionalidade; inspeções para garantia da qualidade; gerenciamento de configuração; compilação frequente; e visibilidade do progresso e do resultado.

Scrum

O *Scrum* é um *framework* de uma única equipe para gerenciar o desenvolvimento de produtos. O *Scrum* compreende papéis, eventos, artefatos, regras e ciclo de vida iterativo e incremental para entregar um produto potencialmente utilizável. O *Scrum* é executado em *timeboxes* de um mês ou menos chamados *Sprints*. O *Scrum* é fácil de ser entendido, porém sua implantação é difícil e pode ser utilizado com outras práticas de desenvolvimento de software (PMI, 2018).

O *Scrum* adota uma abordagem **empírica**, isto é, trabalha com base na experiência e nas evidências do time do projeto. Normalmente, o *Scrum* é utilizado para **trabalhos complexos**, onde não há definição de todos os requisitos funcionais e não funcionais, os prazos são apertados, há mudança constante de escopo, a criticidade é alta e ocorre frequente comunicação e *feedback* do cliente. Nos primórdios, o *Scrum* foi desenvolvido para gerenciar e desenvolver produtos de software, mas atualmente é aplicado nos mais diversos tipos de projetos nos quais existem **problemas complexos e adaptativos**.

As principais características do *Scrum* são:

1. Princípios.

- Formação de pequenas equipes de trabalho para maximizar a comunicação, minimizar a supervisão e compartilhar o conhecimento.
- Processo de desenvolvimento de software adaptável às modificações técnicas e de negócios para desenvolver o melhor produto.
- Produz incrementos de software que podem ser inspecionados, ajustados, testados, documentados e expandidos.
- A equipe é dividida para atender a um determinado requisito.
- Testes e documentações do projeto são realizados à medida que o produto é construído.

2. Pilares.

- **Transparência.** Aspectos significativos do processo e do projeto devem estar visíveis para os responsáveis pelos resultados.
- **Inspeção.** Aspectos do processo devem ser inspecionados com frequência suficiente para que variações inaceitáveis no processo possam ser detectadas. Exemplo: reuniões diárias, revisão da *Sprint*.
- **Adaptação.** Sempre que um desvio não desejado ocorre, deve-se adaptar o que for necessário para que ele não ocorra novamente. Exemplo: reunião de planejamento da *Sprint*, reunião diária, revisão da *Sprint*, retrospectiva da *Sprint*.

3. Estrutura.

A estrutura *Scrum* é composta por três entregáveis, cinco cerimônias e três papéis (Figura 9.6).

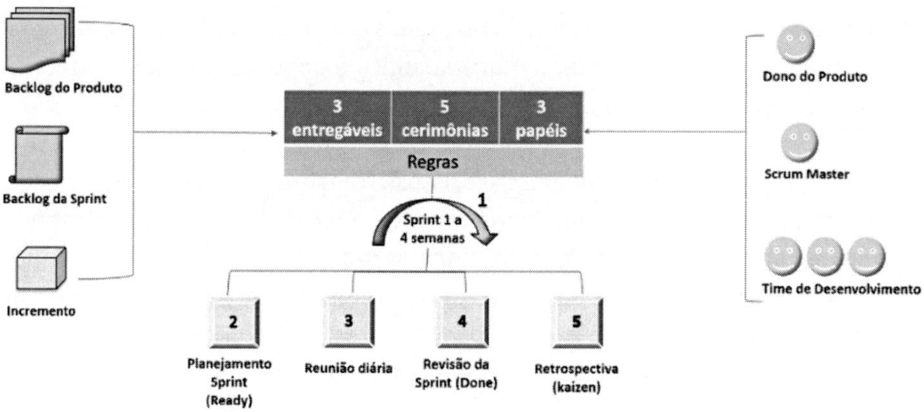

Figura 9.6 – A estrutura *Scrum*.
Fonte: os autores.

4. Papéis.

- **Dono do Produto ou *Produt Owner* (PO).** Pessoa responsável pela definição, priorização dos itens do escopo e maximização do *Return of Investment* (ROI) ou retorno do investimento do produto.
- ***Scrum Master*.** Responsável por garantir os processos *Scrum* e remover impedimentos. Atua como *coach*.
- **Time de Desenvolvimento.** Profissionais que fazem todo o trabalho para entregar um incremento potencialmente utilizável ao final de cada *Sprint*, por meio da produção dos requisitos, entendimento das regras de negócio, desenvolvimento, análise, construção e testes.

5. Cerimônias.

- **Planejamento da *Sprint* (*Sprint Planning*).** Reunião de planejamento com o time do projeto para definir o escopo da *Sprint*. O resultado da reunião é criar o *Backlog* da *Sprint*.
- **Reunião diária (*Daily Scrum*).** Reuniões de acompanhamento das atividades do time de desenvolvimento.
- **Revisão da *Sprint* (*Sprint Review*).** Reunião para demonstração do que foi desenvolvido ao longo da *Sprint*.
- **Retrospectiva da *Sprint* (*Sprint Retrospective*).** Reunião de lições aprendidas com o time do projeto.

6. Entregáveis.

- ***Backlog* do Produto (*Product Backlog*).** Priorização dos requisitos que agregam valor ao negócio do cliente. A qualquer momento, itens podem ser adicionados e priorizados pelo Dono do Produto ou *Product Owner* (PO).
- ***Backlog* da *Sprint* (*Sprint Backlog*).** Lista de tarefas técnicas que deverão ser feitas na *Sprint* para atingir a meta de responsabilidade do time de desenvolvimento.
- **Incremento.** Entrega do incremento potencialmente utilizável de software para avaliação pelo cliente, conforme a definição de "**pronto**" (*done*). O propósito de cada *Sprint* é entregar incrementos adequados à definição de "pronto". Assim, o dono do produto tem a possibilidade de escolher liberá-lo ou não mediante a verificação e validação.

Kanban

O *Kanban* é uma palavra de origem japonesa que significa "tabuleta". Na manufatura, *Kanban* é um sistema de agendamento de controle de estoque e reabastecimento *just-in-time* (MASSARI, 2016). No mundo ágil, o *Kanban* é usado como um grande quadro branco na qual as tarefas são escritas em *post-its* e passam por vários estágios (Figura 9.7).

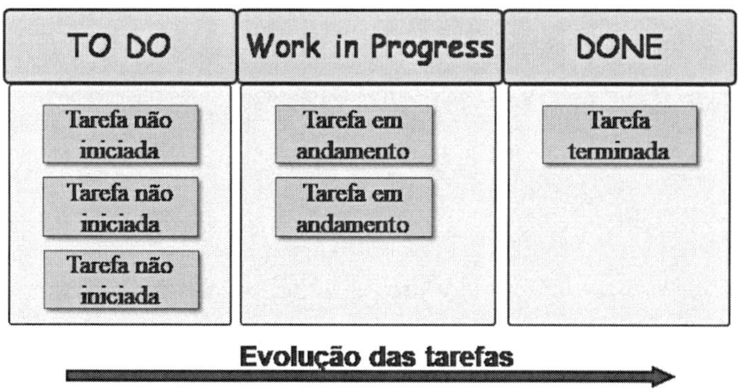

Figura 9.7 – Exemplo de quadro *Kanban*.
Fonte: os autores.

Os princípios básicos do *Kanban* são: fluxo de trabalho deve ser visível; limitar o *Work In Progress* (WIP); gerenciar o fluxo para identificar problemas e melhorias; e colaborar para a melhoria do processo. Além disso, o *Kanban* promove a visualização do fluxo contínuo de trabalho por todo o sistema e é um excelente irradiador de informações e valor para o cliente.

Scrumban

O *Scrumban* é uma metodologia de desenvolvimento ágil que, sendo um modelo híbrido, compreende o *Scrum* e o *Kanban*. O *Scrumban* combina as melhores características de ambos os métodos. Ele unifica as melhores práticas do *Scrum* e a capacidade de melhoria dos processos do *Kanban*, permitindo que as equipes cheguem ao desenvolvimento ágil para melhorar constantemente seus processos. No *Scrumban*, o trabalho é organizado em pequenas *Sprints* por meio do quadro *Scrumban* (Figura 9.8).

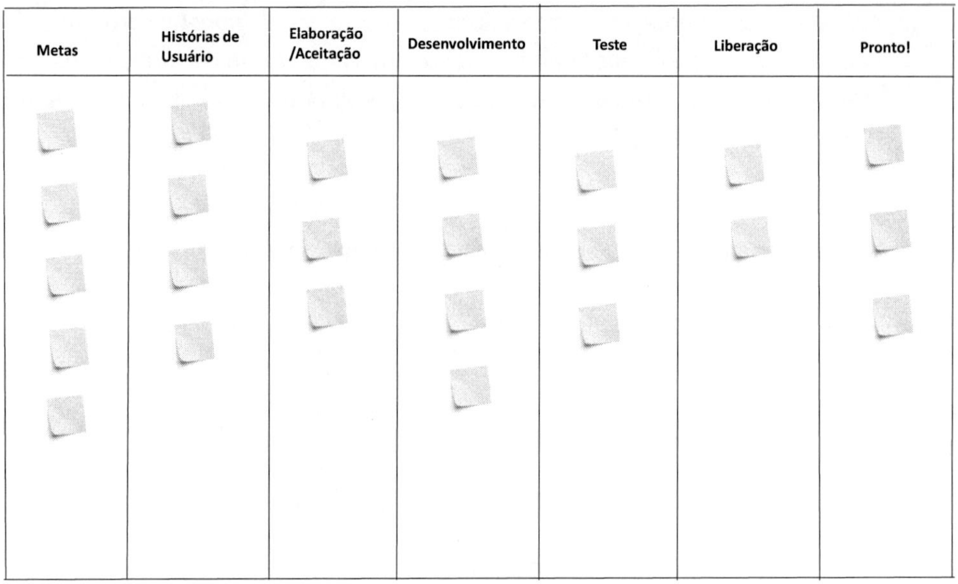

Figura 9.8 – Quadro *Scrumban*.
Fonte: adaptado de Sotille (2018).

O Quadro *Scrumban* fornece uma visão geral do fluxo contínuo de trabalho *Work In Progress* (WIP), informando o número de tarefas que estão em andamento pela equipe e o número de tarefas já finalizadas, melhorando a prestação de contas, responsabilidade, comunicação e os resultados do desempenho. Durante a execução do projeto, são realizadas reuniões diárias para manter a colaboração da equipe e remover os impedimentos.

Agile Unified Process ou *AgileUP*

AgileUP ou Processo Ágil Unificado é uma ramificação do Processo Unificado para projetos de software. Este *framework* tem ciclos mais acelerados e processos menos pesados. A intenção é realizar ciclos iterativos nas sete disciplinas e nos sete princípios para incorporar o *feedback* antes da entrega formal (Quadro 9.5).

Quadro 9.5 – Os principais processos do *AgileUP*.
Fonte: adaptado de PMI (2018).

Disciplinas de uma *release*	Princípios orientadores das disciplinas
- Modelo - Implementação - Teste - Implantação - Gerenciamento de configuração - Gerenciamento de projetos - Ambiente	- A equipe sabe o que está fazendo - Simplicidade - Agilidade - Foco em atividades de alto valor - Independência de ferramenta - *Tailoring* para ajuste - Específico para a situação

Os principais benefícios do *framework AgileUP* são: mitigação dos riscos; visibilidade do progresso desde o início; *feedback*; envolvimento do usuário; e administração da complexidade; pois o aprendizado obtido em uma iteração pode ser usado para melhorar o próprio processo de desenvolvimento.

Test Driven Development (TDD)

O *Test Driven Development* (TDD) surgiu como prática dentro de outro método ágil – e*Xtreme Programming* (XP) –, que utilizava o TDD como parte integrante do método. Porém, inicialmente, o TDD era chamado de *teste a priori*, ou seja, significava testar o código antes mesmo de desenvolvê-lo. Para o TDD, a automação dos testes é uma característica fundamental. É possível executar testes automatizados de forma simples e constante, por isso é comum para o TDD a execução de testes diversas vezes (PRIKLADNICKI et al., 2014).

O TDD passa por três etapas bem características conhecidas como vermelho-verde-refatore (Figura 9.9): vermelho significa escrever um teste que não funciona e talvez nem compile; verde significa fazer o teste funcionar rapidamente; e refatore significa eliminar as duplicações feitas para o teste funcionar.

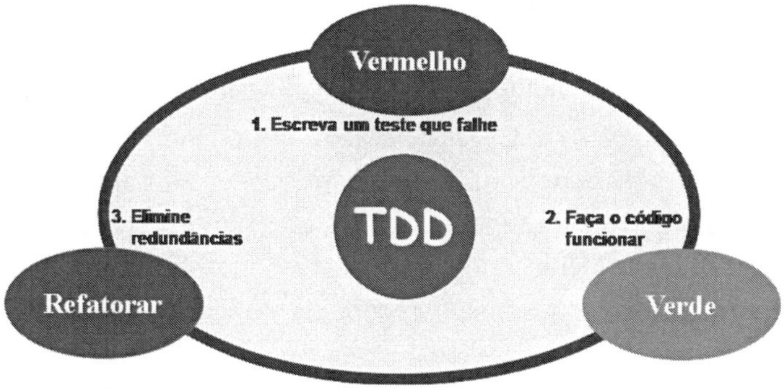

Figura 9.9 – Modelo conceitual do TDD.
Fonte: os autores.

Essas três etapas são uma metáfora do estado da suíte de testes. Quando se escreve um teste e este falha devido à sua incompletude, dá-se o nome de vermelho. Assim que o código satisfaz o teste, ele passa à condição de verde para, então, ser refatorado, o que deixa o código mais limpo, porém, sem perder sua funcionalidade (PRIKLADNICKI et al., 2014; BECK, 2004).

Os benefícios no uso deste método são: rápido *feedback* sobre a nova funcionalidade e outras funcionalidades existentes no sistema; código mais limpo; segurança na refatoração; segurança na correção de *bugs*; e maior produtividade, visto que o desenvolvedor tem menos *bugs* e não desperdiça tempo com depuradores.

9.6. Princípios e domínios de desempenho de gerenciamento de projetos

Os princípios de gerenciamento de projetos não são de natureza prescritiva. Destinam-se a orientar o comportamento de pessoas envolvidas em projetos.

O *Project Management Institute* (PMI, 2021) apresenta 12 princípios de gerenciamento de projetos que estão alinhados com os valores identificados no Código de Ética e Conduta Profissional do PMI. Os princípios são os fundamentos da gestão de projetos e abordam questões relacionadas à entrega de valor, à interação com partes interessadas e à importância dos processos de mudanças. Os princípios são:

1. **Servidão.** Reflete a compreensão e a aceitação da confiança, bem como as ações e decisões que geram e sustentam essa confiança.
2. **Colaboração.** Crie um ambiente colaborativo com seu time. Equipes de projetos que trabalham colaborativamente podem atingir um objetivo de forma mais eficaz e eficiente.
3. **Empatia.** Engaje as partes interessadas proativamente e no grau necessário para contribuir com o sucesso e a satisfação do cliente.
4. **Foco no valor.** Foque em valor (lembrando que "valor" se refere ao benefício. Em outras palavras, não basta entregar no prazo e respeitando escopo e orçamento, é fundamental entregar benefício). Avaliar continuamente e ajustar o alinhamento do projeto aos objetivos de negócios e aos benefícios esperados.
5. **Pensamento sistêmico.** Reconheça, avalie e responda às interações dos sistemas.
6. **Liderança.** Demonstrar e adaptar comportamentos de liderança para apoio individual e necessidades da equipe.
7. **Adaptação.** Adapte a abordagem de entrega com base no contexto do projeto.
8. **Qualidade.** Integre a qualidade aos processos e resultados.

9. **Complexidade.** Abordar a complexidade, que é uma parte inerente ao projeto.
10. **Riscos.** Responda e gerencie as oportunidades e as ameaças.
11. **Adaptabilidade e resiliência.** Seja adaptável e resiliente.
12. **Mudanças.** Disponibilizar a mudança para alcançar uma transição do estado atual para o estado futuro pretendido.

Por último, cabe destacar que o contexto da organização, o projeto, as entregas, a equipe do projeto, as partes interessadas, entre outros fatores, influenciam a aplicação dos princípios.

Um **domínio de desempenho do projeto** é definido como um grupo de atividades relacionadas que são críticas para a entrega eficaz dos resultados do projeto (PMI). Os domínios de desempenho do projeto na visão do *PMBOK® Guide* (PMI, 2021) são:

1. **Partes interessadas:** ter um compromisso sólido com as partes interessadas.
2. **Equipe:** promover o desenvolvimento da equipe e comportamentos de liderança de todos os membros da equipe do projeto para atingir os resultados.
3. **Ciclo de vida:** o desenvolvimento e a cadência de entrega influenciam o ciclo de vida do projeto e suas fases.
4. **Planejamento:** atividades necessárias para produzir as entregas e os resultados do projeto.
5. **Incerteza e ambiguidade:** atividades e funções relacionadas aos riscos.
6. **Entrega:** associado à entrega de valor.
7. **Desempenho:** garantir que o desempenho planejado do projeto seja alcançado.
8. **Trabalho no projeto:** necessário para manter as operações do projeto funcionando perfeitamente e inclui comunicação, engajamento e outros trabalhos.

9.7. Evolução dos processos de gerenciamento de projetos

As empresas precisam elaborar estratégias para competir no ambiente global de forma ágil e assim obter melhor desempenho. Porém, muitas vezes, essas estratégias não são colocadas em prática por falta de divulgação a todos os níveis hierárquicos da organização ou por não terem processos adequados para implantá-las. Nesse contexto, surge a necessidade de implantar um Escritório de Gerenciamento de Projetos (*Project Management Office* – PMO), ou de avaliar os processos de gerenciamento de projetos por meio de um modelo de maturidade.

9.7.1. Origem e características do PMO

O PMO é uma unidade organizacional que atribui prioridade aos projetos. Ela é responsável pelo gerenciamento centralizado e coordenado dos projetos sob seu domínio. As responsabilidades de um PMO podem variar desde fornecer funções de suporte ao gerenciamento do projeto até ser responsável pelo gerenciamento direto de um projeto (PMI, 2017).

O PMO não é um conceito novo. Ele começou a ser utilizado no final da década de 1950. Seu foco de atuação foi mudando gradativamente ao longo do tempo, passando de projetos simples e isolados para um ambiente organizacional de multiprojetos e projetos complexos; de funções de controle e suporte para um gerenciamento global e alinhado com as estratégias organizacionais. A partir da década de 2000, o PMO torna-se uma estrutura comum na hierarquia das grandes organizações, em função do crescimento quase exponencial da gestão de projetos, oferecendo diversos produtos e serviços, conforme as necessidades da organização (PRADO; ARCHIBALD, 2011).

O modelo de um PMO na organização depende de vários fatores, tais como da sua carteira de projetos, do nível de maturidade na gestão de projetos, da cultura da organização, entre outros. Para cumprir com sua finalidade, o PMO deve apresentar certas características, como as seguintes (VALLE et al., 2010; KERZNER, 2011):

1. Tem a responsabilidade de manter toda a propriedade intelectual relativa à gestão de projetos.
2. Sustenta ativamente o planejamento estratégico da corporação.
3. Está a serviço de toda a organização e não só de um projeto ou cliente.
4. Visa definir, uniformizar e defender padrões, processos, métricas e ferramentas.
5. Oferece serviços de gerenciamento, treinamento e documentação.
6. Elabora relatórios de progresso e acompanhamento dos projetos.

9.7.2. Classificação do PMO

Os PMOs podem ser divididos em três tipos principais, conforme mostra a Figura 9.10. Quanto mais estratégica e corporativa for a atuação de um PMO, maior será seu posicionamento na estrutura hierárquica da organização (nível 3). Inversamente, quanto mais localizada for sua atuação, mais próximo estará do nível em que o projeto é desenvolvido (níveis 1 e 2).

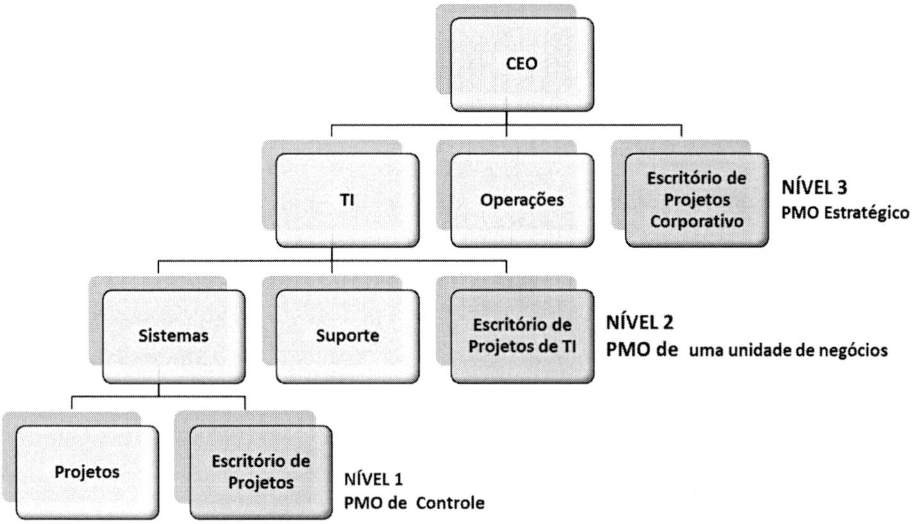

Figura 9.10 – Níveis de atuação de um PMO.
Fonte: adaptado de Crawford (2010).

Os níveis de atuação de um PMO ou escritório de projetos podem ser:

1. **Nível 1 – PMO de controle.** Responsável pela emissão de relatórios e pelo acompanhamento de indicadores previamente estabelecidos, sem influenciar a forma como os projetos são conduzidos. Um PMO nível 1 controla as atividades do dia a dia dos projetos e ajuda os gestores na realização de metas, resultados e orçamento planejados.
2. **Nível 2 – PMO de uma unidade de negócios.** Controla projetos grandes ou um número expressivo de pequenos e médios projetos. É responsável por todas as funções de um PMO nível 1, tais como: a) fornece treinamento em gerenciamento de projetos; b) estabelece e verifica o cumprimento de padrões e métricas; c) possibilita o alinhamento dos projetos às estratégias organizacionais; d) controla e armazena lições aprendidas; e) define, implementa e controla mecanismos de controle de mudanças; e f) assume o papel de mentor para projetos com problemas. Um PMO de nível 2 difere de um de nível 1, sobretudo, pelo poder de influenciar no andamento dos projetos através de metodologias, técnicas, métricas e ferramentas a serem utilizadas.
3. **Nível 3 – PMO estratégico.** Opera no nível corporativo, pois coordena e define políticas para todos os projetos da organização, gerencia o portfólio corporativo e auxilia também os escritórios de nível 1 e 2, caso existam. Este PMO é considerado um centro de excelência em gerenciamento de projetos, pois guia e auxilia

o nível gerencial das organizações e demais membros das equipes a alcançarem resultados de maneira mais eficiente e ágil. Suas principais funções são: a) todas as funções do PMO de nível 2; b) padroniza o gerenciamento de projetos; c) identifica, prioriza e seleciona os projetos; c) gerencia corporativamente os recursos; d) implanta e mantém um sistema de informações; d) alinha os projetos à estratégia corporativa; e e) desenvolve profissionalmente os integrantes do PMO.

A principal diferença entre os níveis 2 e 3 dos PMOs é sua atuação. O nível 2 é de atuação departamental e o nível 3 de atuação estratégica. Muitos escritórios são considerados modelos híbridos em relação aos níveis apresentados. O importante dessa divisão é *não* definir um PMO de nível 3 com tarefas operacionais de projetos, ou definir um PMO de nível 1 com tarefas estratégicas.

Conforme Mansur (2009), a implantação de um PMO bem-sucedido em uma organização dependerá da sua carteira dos projetos, cultura e o modelo adotado na gestão dos projetos. As barreiras devem ser superadas pelo PMO por meio do esforço individual e coletivo da organização. Segundo Kerzner (2011), os fatores críticos de sucesso para a implantação de um PMO são:

- **Regras.** Garantir que todos entendam o que se quer de cada um.
- **Relatórios.** Padronizar relatórios que evidenciem o *status* do projeto e manter métricas históricas.
- **Metodologia de gerenciamento.** Definir processos, procedimentos, *templates*, melhores práticas, padronizações, políticas etc.
- **Treinamento.** Treinar os interessados na gestão e metodologia de projetos.
- ***Coaching.*** Transferir conhecimento e treinar novas habilidades.
- **Auditoria de projetos.** Examinar se as equipes utilizam corretamente os processos de gerenciamento.
- **Repositório.** O PMO deve estruturar e gerenciar os documentos do repositório.

Kerzner (2011) cita os benefícios obtidos pela organização com a utilização de um PMO, entre os quais: padronização de operações; decisões baseadas no todo e não individualmente; melhor capacidade de alocação de recursos; acesso às informações com maior qualidade e rapidez; menor necessidade de reestruturação; priorização dos projetos; e desenvolvimento de gerentes.

9.7.3. Sistemas de informação para apoio do PMO

De acordo com Kerzner (2011), o PMO é o guardião da propriedade intelectual da organização referente a processos, ferramentas, metodologias e informações que podem ser coletadas por meio de sistemas de informação. Os tipos de sistemas de informação em gerenciamento de projetos são:

- **Mensuração do valor agregado.** Consiste em medir objetivamente o desempenho e o progresso do projeto comparando custos (real e planejado) e valor agregado em relação às três curvas de desempenho: Custo Orçado do Trabalho Agendado, Custo Orçado do Trabalho Realizado e Custo Real do Trabalho Realizado.
- **Gerenciamento de riscos.** Fornece dados sobre gerenciamento de riscos referentes a histórico, relatórios e documentação sobre avaliação de riscos quantitativos e qualitativos. Fornece informações dos riscos dos projetos ao alto escalão da empresa.
- **Falhas de desempenho.** Fornece informações sobre as causas das falhas de insucesso dos projetos e possíveis recomendações por meio de relatórios.
- **Lições aprendidas.** Registrar as lições aprendidas em cada projeto. Essas informações serão relevantes para o aperfeiçoamento de padrões, metodologias, métricas, estimativas e na maturidade na gestão de projetos.

Conclusão

As organizações atuam em um contexto altamente competitivo no mercado local e global. A agilidade, facilidade de adaptação, implementação de estratégias e a capacidade de oferecer novos produtos e serviços tornam-se grandes desafios e, em alguns casos, pré-requisitos para a sobrevivência das empresas. Em resposta a essas exigências, os processos de gerenciamento de projetos tornam-se primordiais. A pressão por projetos mais ágeis e baratos, aliada às constantes mudanças tecnológicas, que contribuem para derrubar barreiras geográficas e temporais, força uma nova visão sobre a atividade de gerenciamento de projetos pelas empresas. Nessa nova visão, o gerente de projetos necessita ter habilidades técnicas e gerenciais para enfrentar esses novos desafios organizacionais e ser bem-sucedido. De um lado, as habilidades técnicas necessárias são o constante aperfeiçoamento na área e o uso das melhores práticas de gerenciamento de projetos, metodologias e ferramentas, além da obtenção de certificações reconhecidas pelo mercado. Por outro lado, as habilidades gerenciais são: saber se comunicar, trabalhar em equipe, delegar, conseguir trabalhar sob pressão, adotar uma postura ética, entre outras. Esses quesitos são a base para a incorporação de nova cultura organizacional em gestão de projetos.

O futuro do gerenciamento de projetos é altamente promissor, pois grandes mudanças estão em curso e o transformarão (MANSUR, 2009). A primeira delas é o aumento da complexidade dos projetos e da gestão de equipes. Os projetos serão maiores e com muitas restrições de prazo e custo, com equipes multiculturais e locais, o que tornará o gerente de projetos um grande integrador no gerenciamento do projeto e das partes interessadas, para motivá-las a alcançar os objetivos desejados. A segunda são as constantes mudanças tecnológicas que podem ser utilizadas para obter um maior desempenho e controle nos projetos. A terceira é o alinhamento do planejamento estratégico aos projetos realmente prioritários que agreguem benefícios, a fim de alcançar a missão e visão organizacional. Por final, será a necessidade constante de treinamento e aperfeiçoamento do conhecimento e habilidades do gerente de projetos e equipes para obter maiores resultados.

O gerente de projetos e as organizações precisam estar atentos às constantes mudanças do mundo globalizado, a fim de investir nos projetos realmente prioritários e que agregarão valor aos negócios. Todos esses fatores contribuirão para alavancar a inteligência competitiva nos negócios com maior qualidade, agilidade e vantagem competitiva.

Referências

ABNT. NBR 21500:2012 – orientações sobre gerenciamento de projetos. Rio de Janeiro: Associação Brasileira de Normas Técnicas, 2012.

AUDY, J. L. N.; PRIKLANDNICKI, R. *Desenvolvimento distribuído de software*. Rio de Janeiro: Elsevier, 2007.

BECK, K. *Programação extrema explicada:* acolha as mudanças. Porto Alegre: Bookman, 2004.

CRAWFORD, J. K. *The strategic project office:* a guide to improving organizational performance. 2nd.ed. New York, NY: Marcel Dekker, 2010.

DINSMORE, P. C. *TER – Transformando Estratégias em Resultados:* o sucesso empresarial através da gestão de projetos. Rio de Janeiro: Qualitymark, 2010.

FRANCISCO, A. Samsung lança eletrodomésticos inteligentes e robô que faz comida na CES 2020. *Showmetech*, 10 jan. 2020. Disponível em: <https://www.showmetech.com.br/samsung-lanca-eletrodomesticos-na-ces-2020/>. Acesso em: 27 jan. 2022.

HIGHSMITH, J. *Agile project management:* creating innovative products. Boston, MA: Addisson-Wesley, 2004.

IPMA. *Individual Competence Baseline for Project Management.* IPMA Global Standard. Version 4.0. International Project Management Association, 2015.

ISO. ISO 10006:2017 – quality management – guidelines to quality in project management. International Organization for Standardization, 2017.

KERZNER, H. *Gerenciamento de projetos:* uma abordagem sistêmica para planejamento, programação e controle. São Paulo: Blucher, 2011.

MANSUR, R. *Escritório avançado de projetos na prática:* plano de negócio – a máquina de fazer dinheiro. Rio de Janeiro: Brasport, 2009.

MASSARI, V. *Gerenciamento ágil de projetos.* Rio de Janeiro: Brasport, 2016.

PMI. *A guide de Project Management Body of Knowledge:* PMBOK® Guide. 6th.ed. Newton Square, PA: Project Management Institute, 2017.

PMI. *A guide de Project Management Body of Knowledge:* PMBOK® Guide. 7th.ed. Newton Square, PA: Project Management Institute, 2021.

PMI. *Agile guide.* Newton Square, PA: Project Management Institute, 2018.

PMI. *Volkswagen Mexico Revs Up for Jetta Component Production:* Project Management Techniques Deliver Results On-time and Within Budget. Case Study. Project Management Institute, 2012. Disponível em: <https://www.pmi.org/-/media/pmi/documents/public/pdf/case-study/vw-mexico.pdf>. Acesso em: 27 jan. 2022.

PRADO, D.; ARCHIBALD, R. D. *Gerenciamento de projetos para executivos:* inclui portfólios e programas. Nova Lima: INDG, 2011.

PRESSMAN, R. S.; MAXIM, B. R. *Engenharia de software:* uma abordagem profissional. 8.ed. São Paulo: McGraw-Hill, 2016.

PRIKLADNICKI, R.; WILLI, R.; MILANI, R. (orgs.). *Métodos ágeis para desenvolvimento de software.* Porto Alegre: Bookman, 2014.

SOTILLE, M. O que é Scrumban? *PMTECH Blog*, 19 nov. 2018. Disponível em: <https://blog.pmtech.com.br/scrumban/>. Acesso em: 27 jan. 2022.

TELES, V. M. *Um estudo de caso da adoção das práticas e valores do eXtreme Programming.* Dissertação de Mestrado. Universidade Federal do Rio de Janeiro, Núcleo de Computação Eletrônica, Rio de Janeiro, 2005.

THAMHAIN, H. J. The future of team leadership in complex project environments. In: *Project Management Circa 2025.* Newtown Square: Project Management Institute Inc, 2009.

THE STANDISH GROUP. *CHAOS Report 2015*. Disponível em: <https://www.standishgroup.com/sample_research_files/CHAOSReport2015-Final.pdf>. Acesso em: 27 jan. 2022.

VALLE, A. B.; CIERCO, A. S.; SOARES, C. A. P.; FINOCCHIO JR, J. *Fundamentos de gerenciamento de projetos*. 2.ed. (Série Gerenciamento de Projetos) Rio de Janeiro: FGV, 2010.

VILICIC, F. Fadiga virtual. *Veja,* n. 45, ano 45, 07 nov. 2012, p-116-118.

10. Gerenciamento de serviços de tecnologia da informação

Adriano José da Silva Neves

Conceitos apresentados neste capítulo

10.1 Histórico do gerenciamento de serviços de TI
10.2 Características da ITIL® 4
10.3 O modelo de quatro dimensões
10.4 O sistema de valor do serviço
10.5 Práticas de gestão ITIL®

Objetivos do capítulo

1. Discussão sobre gerenciamento de serviços de TI, apresentando histórico e conceitos fundamentais.
2. Descrição de modelos, dimensões, sistema de valor e práticas de gestão na abordagem ITIL® 4.

Introdução

Em cenários organizacionais que exigem cada vez mais das áreas de sistemas de informações, são necessárias flexibilidade, agilidade e efetividade para responder às questões e aos problemas nos serviços que o departamento de Tecnologia da Informação presta às áreas usuárias. É necessária a preparação adequada para identificar e gerenciar esses serviços. As organizações estão buscando cada vez mais padrões operacionais, com o objetivo de aperfeiçoar suas operações e conquistar a satisfação do cliente, quer ele seja interno ou externo. Uma das soluções é adaptar os processos indicados como melhores práticas do *framework* da biblioteca ITIL®, que auxilia na prestação de serviços de TI. Os principais benefícios na adoção são: redução do risco de não atingir os requisitos de negócios para os serviços de TI, redução de custos para o desenvolvimento de procedimentos e práticas dentro de uma organização, orientações e padronização para todo o time de TI, melhoria da satisfação do cliente com os serviços de TI, melhor fluxo de comunicação e informação entre o pessoal de TI e os clientes, maior produtividade e melhor uso de habilidades e experiência, e, finalmente, uma abordagem de qualidade para os serviços de TI (AXELOS, s.d.)

10.1. Histórico do gerenciamento de serviços de TI

O gerenciamento de serviços de TI, oriundo da tradução do inglês *Information Technology Service Management* (ITSM), tem como principal referência a biblioteca ITIL® (*Information Technology Infrastructure Library*), de boas práticas, de domínio público, desenvolvida pelo governo do Reino Unido. Foi desenvolvida no final dos anos 80 pela CCTA (*Central Computer and Telecommunications Agency*), atualmente conhecida como *Cabinet Office*, ex-OGC (*Office for Government Commerce*), órgão do governo britânico.

Em sua primeira versão, a ITIL® era composta de aproximadamente 40 livros, motivo pelo qual era conhecida como biblioteca.

Em meados da década de 90, a ITIL® foi reconhecida como um "padrão *de facto*" (expressão de origem latina que significa "na prática") no gerenciamento de serviços de TI (GSTI) ou *IT Service Management* (ITSM), como é reconhecida internacionalmente a denominação.

ITIL® é a estrutura de gerenciamento de serviços de TI, mais usada no mundo. (AXELOS, 2022.).

O GSTI é impulsionado tanto pela tecnologia como pela informação e grande variedade de ambientes organizacionais em que está presente. Encontra-se em contínua evolução.

A ITIL® oferece uma abordagem sistemática e profissional para a gestão de serviços de TI. Os principais benefícios da biblioteca são (AXELOS, s.d.):

- Redução de custos.
- Incremento na criação de valor.
- Melhoria de serviços de TI através da utilização de processos de melhores práticas comprovadas.
- Melhoria na satisfação do cliente através de uma abordagem mais profissional para a prestação de serviços.
- Alinhamento com as necessidades do negócio, incluindo o desenvolvimento de uma perspectiva de negócios.
- Maior produtividade.
- Serviços de alta qualidade de TI que beneficiam o cliente de negócios.
- Uma abordagem equilibrada e flexível para a prestação de serviços.
- Serviços bem desenhados que satisfaçam as necessidades dos clientes agora e no futuro.
- Capacidade de se adaptar para refletir as necessidades do negócio e sua maturidade.

10.2. Características da ITIL® 4

Em 2019, foi lançada a ITIL® 4. É altamente centrada em valor. Foca principalmente em reunir diferentes partes interessadas em uma organização para que, em conjunto, possam criar valor para os usuários finais.

O ITIL® 4 atualiza e remodela grande parte das práticas de ITSM estabelecidas no contexto mais amplo da experiência do cliente, de fluxos de valor e transformação digital. Adota novas formas de trabalhar, com *Lean*, Ágil e *DevOps*.

Mantém e aprimora partes do ITIL® V3 e propõe soluções personalizadas para as organizações por meio de práticas.

10.2.1. Conceitos e definições

- **Boas práticas:** cada segmento das organizações (financeiro, manufatura e outros) possui suas atividades ou processos específicos. Estes são realizados com sucesso. A partir desse instante, torna-se uma boa prática a ser seguida na organização. A biblioteca ITIL® é um exemplo de boas práticas.
- **Serviço:** um meio de permitir a cocriação de valor, facilitando os resultados que os clientes desejam alcançar, sem que o cliente tenha que gerenciar custos e riscos específicos.

- **Gerenciamento de serviços:** é a aplicação de um conjunto de capacidades organizacionais, especializadas em gerar valor para os clientes em forma de serviços.

10.3. O modelo de quatro dimensões

O objetivo de uma organização é criar valor para as partes interessadas, e isso pode ser alcançado através da prestação dos serviços de TI. O gerenciamento eficaz de serviços de TI é mais do que apenas gerenciar a tecnologia: inclui as relações organizacionais com fornecedores, parceiros e os diferentes processos e tecnologias usados dentro das áreas de negócio. Esses elementos são definidos como as quatro dimensões do gerenciamento de serviço.

Para alcançar os resultados desejados e trabalhar da forma mais eficaz possível, as organizações devem considerar todos os aspectos de seu comportamento. Há situações em que as organizações dão mais importância a uma área específica e negligenciam as outras. Um exemplo seria planejar as melhorias de processo sem considerar pessoas, parceiros e time de tecnologia envolvidos, ou implementar soluções de tecnologia sem o devido cuidado com os processos ou pessoas que deveriam fornecer apoio ou suporte. Existem vários aspectos para o gerenciamento de serviços, e nenhum deles é suficiente para produzir os resultados requeridos quando considerados de forma isolada por uma das partes.

A Figura 10.1 apresenta uma visão geral das quatro dimensões:

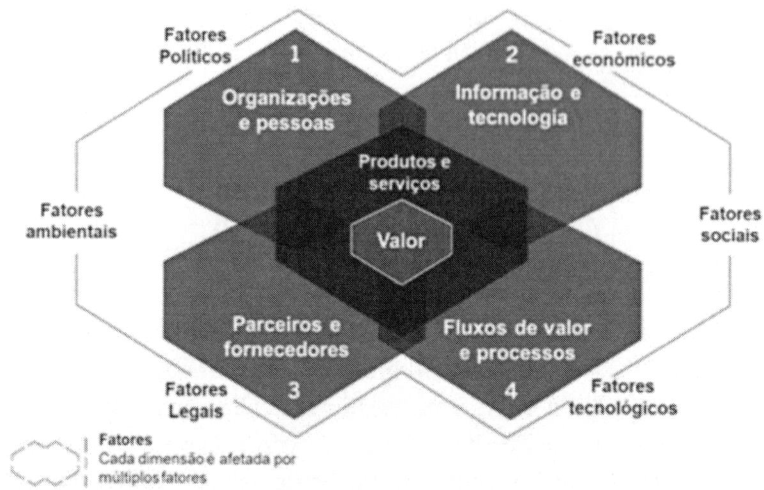

**Figura 10.1 – As quatro dimensões do gerenciamento de serviços.
Fonte: Axelos (2019).**

É importante observar que as quatro dimensões do gerenciamento de serviços se aplicam a todos os produtos e serviços.

- **Organizações e pessoas.** Matrizes de papéis e responsabilidades bem definidas são essenciais para estabelecer uma organização bem estruturada. Essa cultura de responsabilização compreende pessoas e profissionais técnicos, não técnicos, pessoal administrativo, segurança e outros. A atribuição das pessoas certas aos lugares corretos pode ser inestimável na geração de valor para a organização.
- **Informação e tecnologia.** Esta dimensão cobre as tecnologias que dão suporte ao gerenciamento de serviços, aos sistemas de gerenciamento de fluxo de trabalho, aos inventários, às bases de conhecimento, às ferramentas analíticas e aos sistemas de comunicação em uma organização. Inclui também todas as informações criadas, armazenadas, gerenciadas e utilizadas pela organização durante a entrega de um serviço de TI. Com a evolução tecnológica, as empresas utilizam inteligência artificial, aprendizado de máquina, internet das coisas e *blockchain* para processar grandes quantidades de dados, o que exige políticas rígidas de gerenciamento de informações.
- **Parceiros e fornecedores.** Atualmente é difícil encontrar uma organização que não tenha um parceiro ou fornecedor em seu ecossistema de gerenciamento de serviços. Muitas organizações dependem de seus parceiros e fornecedores para a entrega de seus serviços de TI. Esta dimensão aborda o relacionamento de uma organização com outras organizações ou indivíduos que estão envolvidos em projetos, planejamento, entrega e suporte de serviços.
- **Fluxos de valor e processos.** Envolve a definição das atividades, fluxos de trabalho, processos e procedimentos necessários para atingir os objetivos de negócios estabelecidos com as partes interessadas. Determina como os diferentes componentes da organização se unem e trabalham em sintonia fina para permitir a criação de valor por meio de produtos e serviços.

10.4. O sistema de valor do serviço

A identificação dos vários fluxos de valor que uma organização possui é fundamental para melhorar seu desempenho geral. Ao estruturar as atividades da organização na forma de fluxos de valor, se consegue uma visão clara do que entregar e como, além de identificar melhorias contínuas em seus respectivos serviços.

Esse sistema descreve as entradas do sistema, os diferentes elementos da organização que estão envolvidos na cocriação de valor e as saídas (que é o próprio valor que foi gerado para as partes interessadas).

A Figura 10.2 apresenta o sistema de valor do serviço do ITIL® 4:

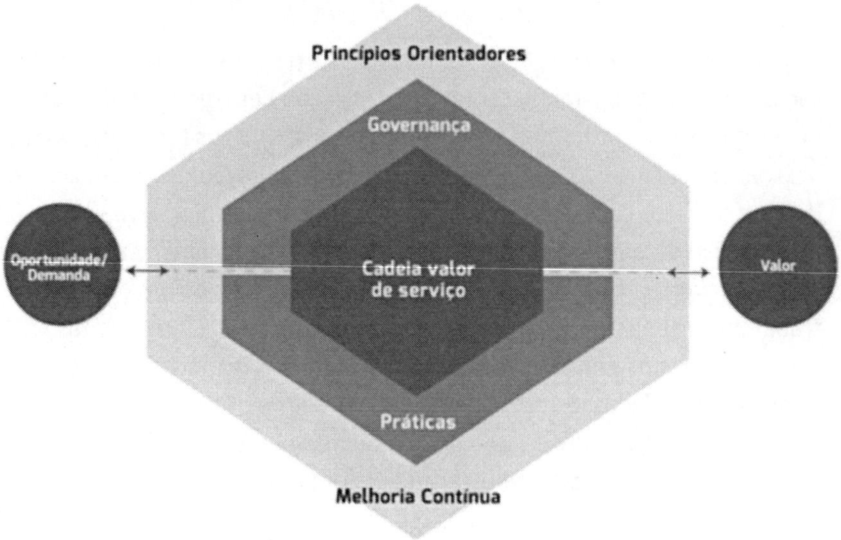

Figura 10.2 – O sistema de valor do serviço.
Fonte: AXELOS (s.d.)

- **Oportunidade/Demanda.** Oportunidade representa todas as chances potenciais de criar valor para as partes interessadas. A demanda é a necessidade de produtos ou serviços. As organizações devem priorizar os serviços novos ou modificados, com oportunidades de melhoria, para garantir que seus recursos sejam alocados corretamente. Demanda representa a necessidade ou desejo de produtos e serviços de clientes internos e externos.
- **Princípios orientadores.** É um conjunto de recomendações que orientam uma organização em todo o seu ciclo de vida de gerenciamento de serviços, independentemente das mudanças que ocorram nos objetivos, nas estratégias ou na estrutura da organização. São definidos os seguintes sete princípios orientadores:
  1) Foco no valor.
  2) Comece onde você está.
  3) Progrida iterativamente com *feedback*.
  4) Colabore e promova visibilidade.
  5) Pense e trabalhe holisticamente.
  6) Seja simples e prático.
  7) Otimize e automatize.

- **Governança.** Geralmente as organizações são direcionadas por um time e/ou comitê de governança, que pode ser composto por um membro ou um grupo de pessoas que assumem a responsabilidade completa de supervisionar a função da organização como um todo, ou como unidades individuais. A governança organizacional é o sistema pelo qual uma organização é dirigida e controlada. A governança é realizada através das seguintes atividades:
  - Avaliação.
  - Direção.
  - Monitoramento.

A governança organizacional inclui também a gestão dos serviços.

- **Cadeia de Valor de Serviço.** A cadeia de valor do serviço pode ser descrita como um modelo operacional que contém as principais atividades necessárias para responder à demanda e facilitar o valor, através da criação e gestão de produtos e serviços. Inclui seis atividades que atuam em conjunto para criar valor para os usuários finais.

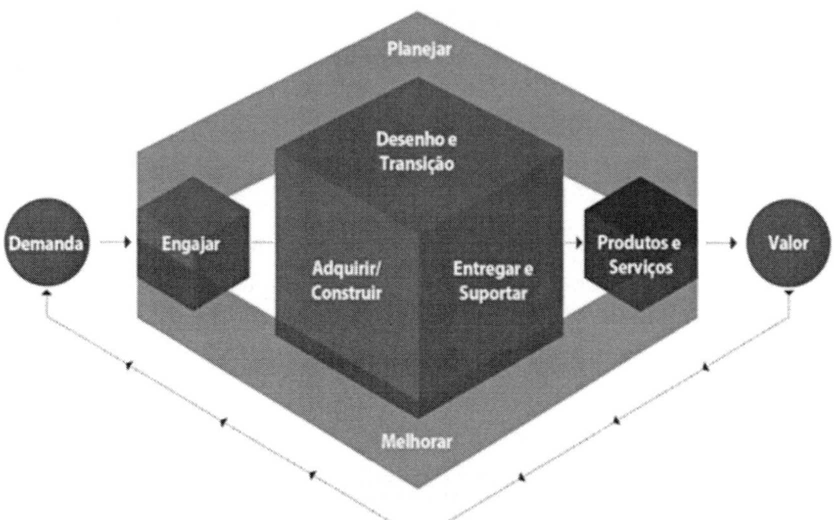

Figura 10.3 – A cadeia de valor do ITIL®.
Fonte: Atlassian; Axelos (2021).

A Figura 10.3 apresenta a cadeia de valor do serviço ITIL® e suas respectivas atividades. Essas atividades representam os passos que uma organização deve seguir para a criação de valor. Cada atividade transforma entradas em saídas. As atividades aplicam diferentes combinações de práticas de gestão ITIL® para realizar um determinado tipo de trabalho. Todas essas atividades estão interligadas e recebem insumos de fontes externas ou de dentro da cadeia de valor do serviço.

As atividades descritas na cadeia de valor do serviço ITIL® 4 são:

- **Planejar:** compreender a visão, o status atual e a direção de melhoria para todos as quatro dimensões e todos os produtos e serviços da organização.
- **Melhorar:** assegurar a melhoria contínua de práticas, produtos e serviços oferecidos pela organização.
- **Engajar:** estabelecer bom nível de relacionamento com todas as partes interessadas e usuários finais, com o objetivo de obter transparência e entendimento dos produtos e serviços.
- **Desenho e transição:** garantir que os produtos e serviços atendam continuamente às expectativas das partes interessadas em relação à qualidade, aos custos e ao tempo de disponibilização.
- **Adquirir/Construir:** garantir a disponibilidade dos componentes de um serviço (ex.: hardware, software, serviços e outros), para quando e onde sua utilização for necessária.
- **Entregar e suportar:** assegurar que os serviços sejam entregues e suportados de acordo com as especificações acordadas e alinhadas com as expectativas das partes interessadas.

10.4.1. Melhoria contínua

A melhoria contínua ocorre em todas as áreas da organização e em todos os níveis, do estratégico ao operacional. Para maximizar a eficácia dos serviços, cada pessoa que contribui para a prestação de um serviço deve sempre procurar manter a melhoria em mente.

Para a ITIL® 4, a melhoria contínua é aplicada aos elementos da cadeia de valor do serviço e aos princípios orientadores e é recomendada como uma prática de gerenciamento geral.

Os processos de melhoria contínua realizam a identificação e implementação de melhorias para os serviços de TI e são responsáveis pela contínua medição do desempenho.

Entre os principais objetivos estão:

- Identificar e implementar melhorias aos serviços de TI que suportam os processos do negócio.
- Continuamente alinhar e realinhar os serviços de TI às necessárias mudanças do negócio.
- Rever, analisar e recomendar as oportunidades de melhoria em cada etapa do ciclo de vida: estratégia do serviço, desenho do serviço, transição do serviço e operação do serviço.
- Identificar e implementar atividades individuais para melhorar a qualidade dos serviços de TI e aumentar a eficiência e eficácia dos processos ativos.
- Aumentar a eficácia dos custos de entrega dos serviços de TI, sem prejudicar a satisfação do cliente.
- Garantir que métodos aplicáveis do gerenciamento da qualidade sejam usados para suportar as atividades de melhoria contínua.

A Figura 10.4 apresenta o modelo de melhoria contínua:

Como continuar a melhorar as práticas organizacionais?	
Qual é a visão?	definir visão, missão, metas e objetivos de negócio
Onde estou agora?	conhecer a linha de base (ambiente)
Onde quero estar?	definir metas mensuráveis
Como chegaremos lá?	definir o plano de melhoria
Ações a serem tomadas?	executar ações de melhorias
Chegamos lá?	obter medição e métricas

Figura 10.4 – A cadeia de valor do ITIL®.
Fonte: adaptado de Axelos (s.d.).

10.5. Práticas de gestão ITIL®

A ITIL® 4 inclui 14 práticas gerais de gerenciamento, 17 práticas de gerenciamento de serviços e três práticas de gestão técnica. Todas estão sujeitas às quatro dimensões do gerenciamento de serviços.

O Quadro 10.1 apresenta essas práticas:

Quadro 10.1 – Práticas de gestão ITIL®.
Fonte: adaptado de Axelos (s.d.).

Práticas de Gestão ITIL		
Práticas Gerais de Gerenciamento (14)	**Práticas de Gerenciamento de Serviços (17)**	**Práticas de Gerenciamento Técnico (3)**
Gerenciamento de arquitetura	Gerenciamento de disponibilidade	Gerenciamento de implantação
Melhoria contínua	Análise de negócios	Gerenciamento de infraestrutura e plataforma
Gerenciamento de segurança da informação	Gerenciamento de capacidade e desempenho	Desenvolvimento e gerenciamento de software
Gestão do conhecimento	Controle de mudanças	
Medição e relatórios	Gerenciamento de incidentes	
Gerenciamento de mudanças organizacionais	Gerenciamento de ativos de TI	
Gerenciamento de portfólio	Monitoramento e gerenciamento de eventos	
Gerenciamento de projetos	Gerenciamento de problemas	
Gestão de relacionamento	Gerenciamento de liberação	
Gestão de riscos	Gerenciamento do catálogo de serviços	
Gerenciamento financeiro de serviços	Gerenciamento de configuração de serviço	
Gestão da estratégia	Gerenciamento de continuidade do serviço	
Gestão de fornecedores	Desenho de serviço	
Gestão da força de trabalho e de talentos	Central de serviços	
	Gerenciamento de nível de serviço	
	Gerenciamento de solicitações de serviço	
	Validação e teste de serviço	

A seguir, breve descrição para as práticas de gestão ITIL (AXELOS, 2019), com ênfase naquelas mais adotadas, de acordo com a experiência profissional do autor.

10.5.1. Práticas gerais de gerenciamento

As práticas gerais de gerenciamento foram adotadas e adaptadas para o serviço de gestão de domínios genéricos e de negócios.

- **Gerenciamento de arquitetura.** Apresenta uma compreensão de todos os diferentes elementos que compõem uma organização e como eles se inter-relacionam, permitindo que a organização efetivamente possa atingir seus objetivos atuais e futuros. Ele fornece princípios, padrões e ferramentas que permitem que uma organização gerencie mudanças complexas de forma estruturada e ágil.
- **Melhoria contínua.** Alinha as práticas e os serviços da organização com as necessidades em constante mudança do negócio, por meio da melhoria contínua de produtos, serviços e das próprias práticas, ou qualquer outro elemento envolvido na gestão de produtos e serviços.
- **Gerenciamento de segurança da informação.** Protege as informações necessárias à organização para conduzir seus negócios. Isso inclui compreender e gerenciar os riscos à confidencialidade, integridade e disponibilidade de informações, bem como outros aspectos de segurança da informação, como autenticação (garantir que alguém é quem afirma ser) e de não repúdio (garantir que alguém não pode negar que tomou uma ação).
- **Gestão do conhecimento.** Mantém e melhora o uso conveniente das informações e do conhecimento em toda a organização.
- **Medição e relatórios.** Apoia boas tomadas de decisões e melhoria contínua, diminuindo os níveis de incerteza. Isso é conseguido através do levantamento de dados relevantes sobre os vários tipos de objetos gerenciados e sua respectiva avaliação. Objetos gerenciados incluem, mas não estão limitados a, produtos e serviços, práticas e atividades da cadeia de valor, equipes e indivíduos, fornecedores e parceiros, e a organização como um todo.
- **Gerenciamento de mudanças organizacionais.** Garante que as mudanças em uma organização sejam implementadas sem problemas e com sucesso, e que benefícios duradouros sejam alcançados na questão do gerenciamento dos aspectos humanos das mudanças.
- **Gerenciamento de portfólio.** Garante que a organização tenha a combinação certa de programas, projetos, produtos e serviços para executar a estratégia da organização dentro das restrições de custos e recursos.
- **Gerenciamento de projetos.** Garante que todos os projetos na organização sejam entregues com sucesso. Isso é feito com planejamento, delegação, monitoramento e controle de todos os aspectos de um projeto, e mantendo a motivação das pessoas envolvidas.

- **Gerenciamento de relacionamento.** Estabelece e nutre os vínculos entre a organização e as partes interessadas em níveis táticos. Inclui identificação, análise, monitoramento e melhoria contínua das relações entre as partes interessadas.
- **Gestão de riscos.** Garante que a organização entenda e lide efetivamente com os riscos. Gerenciar o risco é essencial para garantir a sustentabilidade contínua de uma organização e criar valor para seus clientes. A gestão de riscos é parte integrante de todas as atividades organizacionais.
- **Gerenciamento financeiro de serviços.** Apoia as estratégias e os planos da organização para gerenciamento de serviços, garantindo que os recursos financeiros e os investimentos da organização estejam sendo usados efetivamente. Possui foco na determinação dos custos dos serviços de TI. Esses custos são apresentados de forma clara e objetiva para a organização. O melhor controle financeiro dos serviços de TI auxilia na tomada de decisão sob a ótica financeira. Fornece também o valor dos serviços e ativos de TI que estão sendo utilizados. Estabelece critérios para a previsão de orçamento no período financeiro/contábil e auxilia na definição do modelo de cobrança, que pode ser opcional. Aspectos financeiros (PRADO; SOUZA, 2014):
  - **Orçamentação:** estabelece critérios para a previsão de orçamento do serviço.
  - **Cobrança:** auxilia na definição do modelo de cobrança, que pode ser opcional. As cobranças dos serviços são geralmente estipuladas com base nas unidades fornecidas (ex.: espaço em GB no *storage*, número de estações de trabalho disponíveis, tamanho da caixa de mensagens de e-mail etc.).
  - **Contabilidade:** em muitas organizações são estabelecidos centros de custos para as unidades de negócio, que serão responsáveis por repassar os custos com os serviços. Auxilia também no rastreamento dos custos dos ativos e suas aplicações contábeis (depreciação e outros).
- **Gestão da estratégia.** Formula os objetivos da organização, adota os cursos de ação e aloca os recursos necessários para atingir esses objetivos. A gestão da estratégia estabelece a direção da organização, concentra esforços, define e esclarece os objetivos e/ou prioridades e fornece consistência na orientação em resposta ao ambiente organizacional.
- **Gestão de fornecedores.** Garante que os fornecedores da organização sejam gerenciados adequadamente para apoiar o fornecimento contínuo de produtos e serviços de qualidade. Isso inclui criar relacionamentos mais próximos e colaborativos com os principais fornecedores, para descobrir e perceber novos valores e reduzir o risco de falha.
- **Gestão da força de trabalho e de talentos.** Garante que a organização tenha as pessoas certas e as habilidades e os conhecimentos nas funções corretas

para apoiar seus objetivos de negócios. Esta prática abrange um amplo conjunto de atividades, focadas em desenvolver com sucesso os funcionários e recursos humanos da organização, incluindo planejamento, recrutamento, integração, aprendizagem e desenvolvimento, desempenho, medição e planejamento sucessório.

10.5.2. Práticas de gerenciamento de serviços

As práticas de gerenciamento de serviços foram desenvolvidas nos segmentos de gestão de serviços e de gestão de serviços de tecnologia da informação (GSTI).

Gerenciamento de disponibilidade
O gerenciamento da disponibilidade tem como princípio garantir os níveis de disponibilidade acordados entre o provedor de serviços e o cliente. Essa garantia deve ser consistente e cumprir com as expectativas das áreas usuárias dos serviços de TI.

Entende-se por disponibilidade (PRADO; SOUZA, 2014):

> *A habilidade de um serviço de TI ou outro item de configuração de desempenhar a sua função acordada quando requerido. A disponibilidade é determinada pela confiabilidade, sustentabilidade, funcionalidade do serviço, desempenho e segurança. A disponibilidade é normalmente calculada em porcentagens. Tal cálculo frequentemente se baseia no tempo de serviço acordado e na indisponibilidade. A melhor prática para calcular a disponibilidade de um serviço de TI é medir pela perspectiva do negócio.*

Os aspectos que fazem parte da gestão de disponibilidade são:

- **Confiabilidade:** mede quanto tempo um serviço, componente ou IC (Item de Configuração) pode executar a função acordada sem interrupção. Pode ser medida utilizando o Tempo Médio Entre Incidentes de Serviço (TMEIS) e o Tempo Médio Entre Falhas (TMEF).
- **Sustentabilidade:** mede o quão rápido um IC (Item de Configuração) ou serviço de TI pode ser restaurado, pelos grupos solucionadores ou áreas de suporte, à operação normal após uma falha. Pode ser medida utilizando o Tempo Médio para Restaurar o Serviço (TMRS).
- **Funcionalidade:** a habilidade que um terceiro tem para atender às suas obrigações contratuais (incluindo níveis acordados de confiabilidade, sustentabilidade ou disponibilidade para um item de configuração).

A disponibilidade é a porcentagem de tempo em que o serviço de TI está acessível. Implica no serviço ser contínuo ou de rápida recuperação no caso de indisponibilidade. A disponibilidade é medida do ponto de vista do cliente e registrada no ANS (PRADO; SOUZA, 2014).

A fórmula para o cálculo da disponibilidade é:

$$\text{Disponibilidade (\%)} = \frac{(\text{Tempo de Serviço Acordado} - \text{Tempo Fora do Ar}) \times 100}{\text{Tempo de Serviço Acordado}}$$

Análise de negócios

Trata-se de analisar um negócio ou algum elemento, definir suas necessidades associadas e recomendar soluções para atender a essas necessidades. Também aplicada para a resolução de um problema de negócios, que deve facilitar a criação de valor para as partes interessadas. A análise de negócios permite que uma organização comunique suas necessidades de forma significativa e expresse uma razão para a mudança. Projeta e descreve soluções que permitam a criação de valor em alinhamento com os objetivos da organização.

Gerenciamento de capacidade e desempenho

Assegura que os serviços atinjam o desempenho acordado e esperado, satisfazendo a demanda atual e futura de forma efetiva.

Controle de mudanças

Maximiza o número de mudanças bem-sucedidas no serviço e no produto, garantindo que os riscos foram devidamente avaliados. Autoriza mudanças a prosseguir e gerencia o cronograma.

Esta prática é responsável pelo controle do ciclo de vida de todas as mudanças. Os principais fatores são:

- Garantir o registro, a avaliação, a autorização, a priorização, o planejamento, o teste, a implementação, a documentação e a revisão de maneira controlada da mudança.
- Padronizar métodos e procedimentos usados para o eficiente e pronto manuseio de todas as mudanças.
- Otimização global dos riscos do negócio.
- Responder às exigências das mudanças dos negócios do cliente, enquanto maximiza valor e reduz incidentes, interrupções e retrabalho.

- Responder aos requisitos de negócio e TI para as mudanças que alinharão os serviços com as necessidades do negócio.

A prática de controle de mudanças busca assegurar que as mudanças necessárias no ambiente de TI sejam realizadas conforme o planejado, evitando impacto na qualidade dos serviços de TI.

A seguir, os principais tipos de classificação de mudança:

- **Mudança normal:** aplicada em situações específicas da organização, dentro de um período prévio de planejamento e de implementação.
- **Mudança padrão:** é do tipo pré-autorizada, com procedimentos aceitos e preestabelecidos.
- **Emergencial:** quando não há tempo suficiente para ser tratada como uma mudança normal.

É recomendado utilizar a mudança normal ou padrão o máximo possível, para que o risco de incidentes causados por uma mudança não planejada seja minimizado.

Toda solicitação de mudança deve ser realizada através de uma requisição de mudança (RDM). Deve fazer parte dessa requisição:

- Requisitante da mudança.
- Tipo da mudança.
- Prioridade da mudança.
- Benefícios e justificativas da mudança.
- Escopo da mudança.
- Análise de impacto da mudança, em conjunto com a análise de risco da implementação ou não da mudança.
- Janela da mudança (data e horário).
- Relacionamento da mudança com outras mudanças.
- Supervisor da mudança (responsável pela condução da implementação).
- Recursos (humanos e materiais) necessários para a implementação da mudança.
- Plano de implementação.
- Plano de teste da mudança.
- Plano de retorno (em caso de falha na implementação).
- Responsável pela avaliação da mudança.
- Data de fechamento da mudança.

A Figura 10.5 apresenta um ciclo genérico do controle de mudanças.

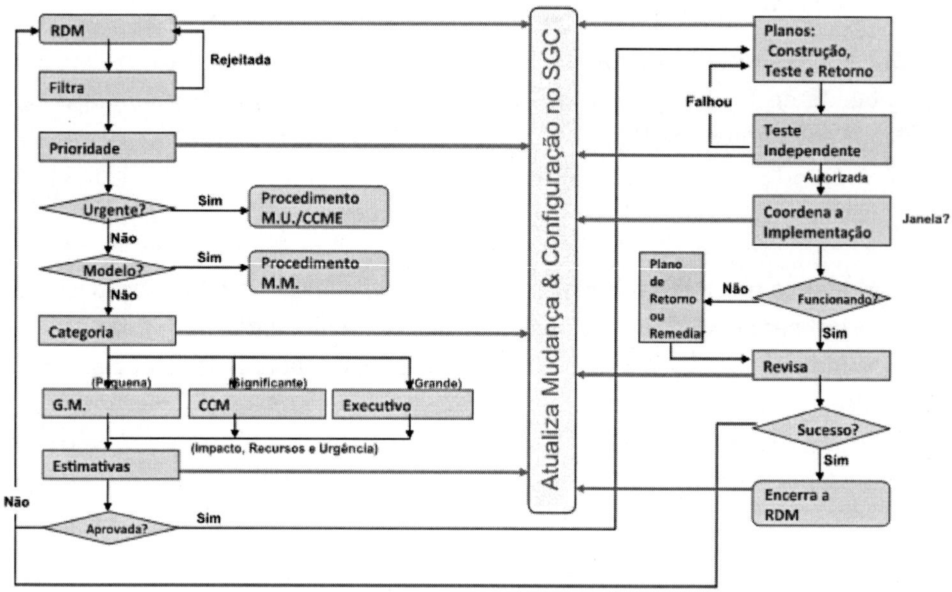

Figura 10.5 – Fluxo do gerenciamento de mudanças.
Fonte: Prado; Souza (2014).

O gerente de mudanças possui como atribuição:

- Receber e registrar as requisições de mudanças.
- Avaliar impacto, custo/benefício e risco das mudanças propostas.
- Acompanhar as mudanças pós-implantação, justificar e aprová-las.
- Gerenciar e coordenar a implementação das mudanças.
- Conduzir o Comitê Consultivo de Mudança (CCM) e o Comitê Consultivo de Mudança Emergencial (CCME).

O processo indica que toda mudança deve passar por um processo de avaliação mínima, que pode ser realizada pelo próprio gerente de mudanças quando tratar de pequenas mudanças ou envolver comitês. Esses comitês são denominados:

- **Comitê Consultivo de Mudança (CCM).** Um grupo de pessoas que suportam a avaliação, priorização, autorização e programação de mudanças. Um comitê consultivo de mudança é normalmente composto de representantes de todas as áreas do provedor de serviços de TI, do negócio e de terceiros, tais como fornecedores.

- **Comitê Consultivo de Mudança Emergencial (CCME).** Um subgrupo do Comitê Consultivo de Mudança que toma decisões sobre mudanças emergenciais. Os membros podem ser nomeados no momento da convocação da reunião e depende da natureza da mudança emergencial.

Gerenciamento de incidentes
Minimizar os efeitos negativos de impactos dos incidentes, restaurando a operação normal do serviço o mais rápido possível.

É responsável por gerenciar o ciclo de vida de todos os incidentes, desde sua identificação até a completa resolução.

Incidente é uma interrupção não planejada de um serviço de TI ou uma redução da qualidade desse serviço. A falha de um item de configuração (IC) que ainda não afetou o serviço também é um incidente – por exemplo, a falha em um disco de um conjunto espelhado (PRADO; SOUZA, 2014).

Uma vez identificados, os incidentes devem passar por critérios de priorização.

A priorização é designada através da fórmula: Prioridade (P) = Impacto (I) x Urgência (U), onde:

- **Urgência:** o quão rápido as áreas de negócio necessitam da resolução do incidente.
- **Impacto:**
  - Nível do grau de risco para o ambiente ou componentes.
  - Número de serviços afetados.
  - Nível da perda financeira.
  - Efeito na reputação do negócio.
  - Violação de leis.

A Figura 10.6 apresenta um exemplo de definição da priorização de um incidente de acordo com a análise da urgência e do impacto:

URGÊNCIA \ IMPACTO	Alto	Médio	Baixo
Alta	1	2	3
Média	2	3	4
Baixa	3	4	5

Código da Prioridade	Descrição	Tempo para Resolução (meta)
1	Crítico	30 minutos
2	Alto	4 horas
3	Médio	8 horas
4	Baixo	24 horas
5	Planejado	Negociável

Figura 10.6 – Classificação de prioridade de um incidente.
Fonte: Prado; Souza (2014).

Para efeito de exemplificação, um incidente pode ter urgência baixa se o impacto não afetar as áreas de negócio.

No processo de gerenciamento de incidentes, se faz necessário determinar a forma de escalada dos incidentes. A escalada tem como objetivo obter recursos adicionais para atingir as metas de nível de serviço que foram acordadas no atendimento das expectativas das áreas de negócio em relação ao tratamento do incidente. Há dois tipos de escalada:

- **Funcional:** transferência de um incidente para uma equipe de atendimento técnico, grupos solucionadores ou fornecedores que tenham maior nível de especialização e conhecimento técnico.
- **Hierárquica:** comunicar e envolver níveis mais altos das equipes técnicas ou gerenciais, para acompanhar ou auxiliar em uma escalada.

Ao ser identificado um incidente, imediatamente iniciam-se uma investigação e um diagnóstico, podendo incluir algumas ações, como:

- Análise e diagnóstico inicial da origem do incidente e do serviço afetado.
- Mapeamento da ordem cronológica dos eventos e componentes do incidente.

- Confirmação do impacto do incidente (total ou parcial), incluindo a área de negócios afetada.
- Identificação de evento que possa justificar a ocorrência do incidente (ex.: mudança realizada, queda de energia etc.).

O tratamento de incidentes tem como base a sequência a seguir:

- **Identificação:** constatação que o incidente ocorreu. Os itens de configuração devem ser monitorados proativamente, para que os incidentes possam ser identificados o mais cedo possível.
- **Registro:** todas as informações relevantes sobre o incidente (ex.: código do chamado, urgência do incidente, categoria, grupos que atuaram na resolução, data de abertura e fechamento, *status* e outras) devem ser registradas para se manter um histórico e rastreabilidade. Um registro bem documentado auxilia os grupos de solução e de suporte.
- **Categorização:** definir a categoria do incidente de acordo com o tipo de IC (ex.: servidor, banco de dados, aplicação etc.).
- **Priorização:** aplicar a regra de classificação da prioridade de atendimento, de acordo com a matriz de priorização (urgência x impacto).
- **Investigação e diagnóstico inicial:** o atendimento de primeiro nível busca identificar a causa do incidente e iniciar tratativas. Tem como objetivo resolver o incidente dentro do menor tempo possível.
- **Escalada funcional e/ou escalada hierárquica:** escalação para níveis maiores de especialização ou gerencial.
- **Resolução e recuperação:** aplicação de ações para reparar a causa de um incidente e restabelecer o serviço de TI aos usuários. A resolução pode ser feita aplicando uma solução de contorno (*workaround*) ou uma solução definitiva.
- **Fechamento do chamado/registro do incidente:** uma vez que o reparo foi aplicado, o usuário deve ser comunicado, todo o tratamento do incidente deve ser documentado e o chamado concluído. O encerramento do incidente ou fechamento do chamado é autorizado pelo usuário final do serviço de TI que foi impactado pelo incidente.

Gerenciamento de ativos de TI

Planeja e gerencia o ciclo de vida completo de todos os ativos de TI, para ajudar a organização a:

- maximizar o valor;
- controlar os custos;

- gerenciar riscos;
- apoiar a tomada de decisões sobre compra, reutilização, descontinuidade e descarte de ativos de TI;
- suportar os requisitos regulamentares e contratuais.

Monitoramento e gerenciamento de eventos
Observa sistematicamente os serviços e seus componentes, registra e relata mudanças de estado identificadas como eventos. Esta prática identifica e prioriza infraestrutura, serviços, processos de negócios e eventos de segurança da informação. Estabelece a resposta adequada a esses eventos, incluindo responder a condições que possam levar a possíveis falhas ou incidentes.

Gerenciamento de problemas
Reduz a probabilidade e impacto dos incidentes, identificando as causas reais e potenciais dos incidentes e gerenciando soluções alternativas e erros conhecidos.

É a prática responsável por gerenciar o ciclo de vida de todos os problemas.

Um problema é a causa-raiz de um ou mais incidentes. A causa geralmente não é conhecida quando o registro de problema é criado, e o processo do gerenciamento de problemas é responsável pela investigação a ser conduzida (PRADO; SOUZA, 2014; MATTE, 2022).

Tem como objetivo prevenir proativamente a ocorrência de incidentes, através da identificação da causa-raiz dos incidentes.

Uma vez identificada a causa-raiz, a informação torna-se um erro conhecido e há as recomendações de mudanças apropriadas para sua remoção. Com a causa-raiz estabelecida e sua correção aplicada, um incidente não mais deveria ocorrer. Se voltar a ocorrer, provavelmente a causa-raiz não foi identificada.

O erro conhecido é um problema que possui causa-raiz e solução de contorno documentadas. Erros conhecidos são criados e gerenciados por todo o seu ciclo de vida pelo gerenciamento de problemas. Erros conhecidos também podem ser identificados pelo desenvolvimento ou por fornecedores (MATTE, 2013).

Os erros conhecidos são armazenados em um repositório chamado Banco de Dados de Erros Conhecidos (BDEC). Esse repositório contém todos os registros de erros conhecidos identificados. É um banco de dados de informações criado e mantido pelo gerenciamento de problemas e utilizado pelo processo de gerenciamento de incidentes. Permite armazenar os conhecimentos prévios dos incidentes e problemas, diagnósticos e resoluções mais rápidas, no caso de recorrência.

Gerenciamento de Liberação
Tornar novos serviços e aqueles que passaram por modificações, em recursos disponíveis para uso.

Pode-se definir Liberação como sendo uma versão de um serviço, de um item de configuração, ou uma coleção de itens de configuração, que são disponibilizados para uso.

Gerenciamento do Catálogo de Serviços
Fornecer uma fonte única de informações consistentes sobre todos os serviços e ofertas de serviços, e garantir que esteja disponível para o público usuário destes serviços.

Gerenciamento de Configuração de Serviço
Garantir que informações precisas e confiáveis sobre a configuração dos serviços, e os ICs (Itens de Configuração) que os suportam, estarão disponíveis quando e onde for necessário. Este inclui informações sobre como os ICs são configurados e os relacionamentos entre eles.

Responsável por garantir que os ativos requeridos para entregar serviços sejam devidamente controlados e que informações precisas e confiáveis sobre esses ativos estejam disponíveis quando e onde forem necessárias. Essas informações incluem detalhes sobre como os ativos foram configurados e os relacionamentos entre os ativos (MATTE, 2013).

Principais objetivos:

- Identificar, controlar, registrar, informar, auditar e verificar os ativos de serviço e os itens de configuração (IC), incluindo suas versões, linha de base, componentes constituintes, seus atributos e relacionamentos.
- Gerenciar e proteger a integridade dos ativos de serviço e itens de configuração (IC) através do ciclo de vida.
- Garantir que somente componentes autorizados sejam utilizados.
- Assegurar a integridade dos ativos de serviço e itens de configuração (IC) requeridos para controlar os serviços e a infraestrutura de TI, através do estabelecimento e da manutenção de um completo e confiável SGC (Sistema de Gerenciamento da Configuração).

Um Item de Configuração (IC) pode ser qualquer componente ou ativo de serviço que precise ser gerenciado para que seja entregue um serviço de TI. Por exemplo: pode ser um equipamento (hardware), um programa ou sistema (software), uma documentação dos processos e um acordo de nível de serviço (ANS).

Para garantir que somente os itens de configuração autorizados sejam usados no ambiente, é necessário manter o histórico de cada um deles. Essas informações são armazenadas no Banco de Dados do Gerenciamento de Configurações (BDGC) (PRADO; SOUZA, 2014).

O BDGC armazena detalhes de cada IC e as relações existentes entre eles para a entrega e o suporte dos serviços de TI. Na Figura 10.7. são apresentados alguns dos componentes de um BDGC.

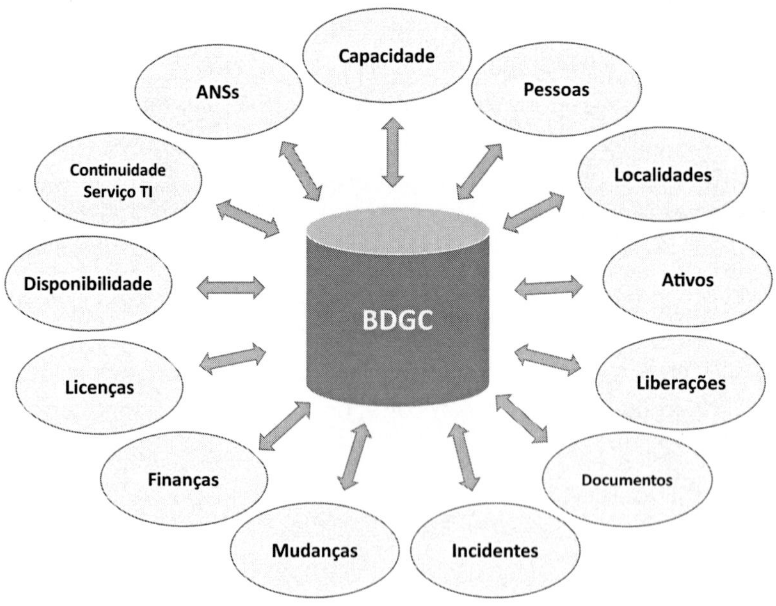

Figura 10.7 – Componentes de um BDGC.
Fonte: Prado; Souza (2014).

Gerenciamento de continuidade do serviço

Garante que a disponibilidade e o desempenho de um serviço sejam mantidos em níveis suficientes em caso de desastre. A prática fornece uma estrutura para a construção de resiliência organizacional com a capacidade de produzir uma resposta eficaz, que salvaguarde os interesses das principais partes interessadas e os interesses da organização, como reputação, marca e atividades de criação de valor.

A prática do gerenciamento da continuidade dos serviços de TI (GCSTI) está relacionada à habilidade da organização de manter um plano de continuidade dos serviços de TI. Esse plano tem como foco eventos que podem causar grandes perdas às organizações em caso de algum tipo de desastre. São identificados os principais serviços da organização e seus respectivos componentes. Após, é estabelecido um plano de recuperação, para que, em caso de desastre, o ambiente seja restabelecido dentro das expectativas acordadas com as áreas de negócio.

Para a identificação dos principais serviços e componentes, devem ser realizadas uma Análise de Impacto nos Negócios (AIN) e uma análise dos riscos.

Em caso de desastre, o plano de recuperação do ambiente é aplicado, podendo os recursos ser realocados para outra localização.

Desenho do serviço
Projeta produtos e serviços que são adequados para o propósito e uso, que possam ser entregues pela organização e seu ecossistema. Isso inclui planejar e organizar pessoas, parceiros, fornecedores, informação, comunicação, tecnologia e práticas para produtos e serviços novos ou modificados, e a interação entre a organização e seus clientes.

Central de serviços
Registra a demanda de incidentes, resolução e solicitações de serviço.

Considerada o ponto único de contato (PUC) entre a TI e os usuários dos serviços, é responsável pelo gerenciamento dos incidentes do início ao fim e pela comunicação com os usuários. Por meio da central de serviços, os usuários podem solicitar informações sobre os serviços, comunicar incidentes ou qualquer outra ocorrência no ambiente operacional dos serviços de TI.

Tem o papel de gerenciar os incidentes e centralizar a comunicação com os usuários. Possui um papel fundamental no gerenciamento de serviços de TI, pois é o primeiro e único ponto de contato entre o usuário e a TI.

Os principais objetivos de uma central de serviços são:

- Registrar, categorizar, priorizar e gerenciar os incidentes.
- Efetuar os primeiros diagnósticos e investigações.
- Realizar a escalada.
- Comunicar-se com usuários e equipes de TI.

- Fechar os chamados/incidentes.
- Realizar pesquisa sobre a satisfação dos usuários dos serviços de TI.

Com maior automação, aplicação de IA (inteligência artificial), automação de processos robóticos (RPA) e *chatbots*, as centrais de serviços estão se movendo para fornecer mais registro e resolução de autoatendimento diretamente através de portais *on-line* e aplicativos móveis.

Sendo a central de serviços o ponto único de contato e interface entre usuários e a área de TI, é desejável que a equipe responsável por essa função:

- possua habilidade interpessoal;
- entenda do negócio;
- conheça o ambiente de TI;
- tenha foco no atendimento com ênfase no cliente e nas resoluções das questões.

Gerenciamento de nível de serviços

Define as metas para os níveis de serviço e garante que a prestação de serviços seja devidamente avaliada, monitorada e gerenciada em relação a essas metas.

É responsável pela definição dos acordos de níveis de serviço (ANS) e seu respectivo gerenciamento. O ANS é um acordo estabelecido entre duas ou mais partes. Integram o ANS os níveis de serviços estabelecidos entre o cliente (interno ou externo) e o provedor de serviços de TI. Documenta as metas estabelecidas e as responsabilidades de cada uma das partes.

Um único documento de ANS pode cobrir múltiplos serviços de TI para um ou mais clientes.

Responde pelas atividades de negociação de um nível de serviço factível, ou seja, que possa ser atendido pelo provedor de serviços de TI e que também atenda às necessidades dos clientes, das áreas de negócios ou dos solicitantes.

Essa negociação envolve encontrar as metas de níveis de serviços adequadas. Para isso, são envolvidas as áreas técnicas de solução dos serviços de TI, para a definição de métricas operacionais, e também os fornecedores.

O gerenciamento do nível de serviços realiza o monitoramento e o controle e reporta os níveis de serviço, estabelecidos no catálogo de serviços. Estabelece um processo de revisão e identificação de melhorias nas metas definidas em conjunto com as áreas de negócio e provedores de serviços.

É responsável por (PRADO; SOUZA, 2014):

- Definir, documentar, acordar, monitorar, medir, informar e revisar os níveis dos serviços providos.
- Prover e melhorar o relacionamento e a comunicação com o negócio e os clientes.
- Assegurar que metas específicas e mensuráveis sejam desenvolvidas para todos os serviços de TI.
- Monitorar e melhorar a satisfação do cliente com a qualidade do serviço entregue.
- Assegurar que todos os serviços em produção e suas performances sejam medidos em termos de consistência.

Tem como principal escopo de atuação:

- Desenvolver o relacionamento com o negócio.
- Negociar e acordar as atuais e futuras requisições de níveis de serviços junto aos solicitantes e clientes (internos e externos).
- Verificar as questões financeiras para os níveis de serviços e metas desejadas pelos clientes.
- Documentar e gerenciar os ANS (Acordo de Nível de Serviço) para todos os serviços.

Gerenciamento de solicitações de serviços
Apoia a qualidade acordada de um serviço ao lidar com todos os serviços predefinidos e iniciados pelo usuário, fazendo o gerenciamento dessas solicitações de forma eficaz e amigável.

Validação e teste de serviço
Garante que produtos e serviços, novos ou modificados, atendam aos requisitos definidos. A definição do valor do serviço tem como base a entrada de clientes, os objetivos de negócios e os requisitos regulatórios, e é documentada como parte da atividade da cadeia de valor de desenho e transição. Essas entradas são usadas para estabelecer indicadores mensuráveis de qualidade e desempenho que apoiam a definição de critérios de garantia e requisitos de teste.

10.5.3. Práticas de gerenciamento técnico

As práticas de gerenciamento técnico foram adaptadas dos domínios de gerenciamento de tecnologia para fins de gerenciamento de serviços, expandindo ou mudando seu foco de soluções de tecnologia para serviços de TI.

Gerenciamento de implantação

Move novos ou modificados itens de hardware, software, documentação, processos ou qualquer outro componente para ambientes em produção ou em utilização por algum grupo de usuários. Também pode estar envolvido na implantação de componentes para outros ambientes de teste ou homologação.

Há várias abordagens distintas que podem ser usadas para implantação. Muitas organizações usam uma combinação dessas abordagens, a depender de seus serviços e requisitos, bem como os tamanhos, tipos e impactos da liberação.

- **Implantação em fases:** os componentes novos ou modificados são implantados de forma parcial no ambiente de produção. Podemos ter como exemplo uma implantação sendo realizada para usuários em uma filial ou um país. Esta operação é repetida quantas vezes forem necessárias até que a implantação completa esteja concluída.
- **Entrega contínua:** os componentes da entrega contínua são integrados, testados e implantados quando eles são necessários, oferecendo oportunidades frequentes para ciclos de *feedback* do cliente.
- **Implantação "big bang":** ocorre quando componentes novos ou modificados são implantados em todos os destinos ao mesmo tempo. Esta abordagem às vezes é necessária, quando as dependências impedem o uso simultâneo de componentes antigos e novos.
- **Implantação de "extração":** o software novo ou modificado é disponibilizado em um repositório controlado, e os usuários baixam ou "extraem" o software para dispositivos clientes quando desejarem.

Gerenciamento de infraestrutura e plataforma

Supervisiona a infraestrutura e as plataformas usadas por uma organização. Quando realizada de forma adequada, esta prática possibilita o monitoramento da tecnologia de soluções disponíveis para a organização, incluindo a tecnologia de provedores de serviço.

Desenvolvimento e gerenciamento de software

Garante que os aplicativos atendam às necessidades das partes interessadas internas e externas, em termos de funcionalidade, confiabilidade, manutenibilidade e conformidade.

Conclusão

A ITIL® 4 dá continuidade à orientação mais utilizada no mundo sobre gerenciamento de serviços de TI. Integra práticas modernas e emergentes já estabelecidas e fornece orientação sobre esses novos métodos para ajudar indivíduos e organizações a gerar seus benefícios e utilizá-los com confiança.

A abordagem holística do ITIL® 4 eleva o perfil do gerenciamento de serviços nas organizações, permitindo a atuação em um contexto mais estratégico, com foco fortemente direcionado para o gerenciamento de produtos e serviços e para a geração de valor.

O ITIL® 4 atualiza o ITIL® V3 ao remodelar grande parte das práticas de GSTI (Gerenciamento de Serviços de TI) estabelecidas no contexto mais amplo da experiência do cliente, dos fluxos de valor e da transformação digital, além de adotar novas formas de trabalho, como *Lean*, *Agile* e *DevOps*.

Referências

ATLASSIAN. *A guide to ITIL and its place in modern ITSM.* Disponível em: <https://www.atlassian.com/itsm/itil>. Acesso em: 02 ago. 2022.

AXELOS. *ITIL®4:* the framework for the management of IT-enabled services. Disponível em: <https://www.axelos.com/certifications/itil-service-management>. Acesso em: 02 ago. 2022.

AXELOS. *About AXELOS:* powering best practice. Disponível em: <https://www.axelos.com/about-axelos/media>. Acesso em: 02 ago. 2022.

AXELOS. ITIL Foundation. *ITIL 4th Edition.* TSO: 2019.

ATLASSIAN; AXELOS. *The future of ITSM is agile:* a practical guide for working with ITIL® 4 and Atlassian. Whitepaper, 2021.

MATTE, D. ITIL® Process. Answers to ITIL® Process Questions. *ITIL from Experience*, 2013. Disponível em: <http://www.itilfromexperience.com/ITIL+Process>. Acesso em: em 28 jan. 2022.

PRADO, E. P. V; SOUZA, C. A. *Fundamentos de Sistemas de Informação.* Rio de Janeiro: Elservier, 2014.

11. Gestão da segurança da informação

Rodrigo Hiroshi Ruiz Suzuki

Conceitos apresentados neste capítulo

11.1 A proteção de dados
11.2 Conceitos fundamentais de segurança da informação
11.3 Papel das pessoas na proteção de dados
11.4 A proteção das redes de transmissão de dados
11.5 A proteção dos serviços de processamento de dados
11.6 Riscos internos
11.7 Abordagem empresarial
11.8 Sistema de Gestão da Segurança da Informação (SGSI)

Objetivos do capítulo

1. Conceituar o que é segurança da informação
2. Apresentar a aplicação da segurança da informação no uso de recursos de TI
3. Apresentar os riscos existentes no uso de tecnologias e serviços
4. Mostrar as técnicas de gestão da segurança da informação em ambiente empresarial

Introdução

A informação é um dos ativos mais importantes de nossa sociedade e a manutenção de seu sigilo se torna um desafio cada vez mais complexo. Ouvimos o tempo todo notícias sobre invasões em sistemas, ataques de *hackers*, softwares maliciosos que codificam nossos dados e nos pedem um resgate em moedas virtuais para o desbloqueio, entre tantas outras ameaças.

A maioria dos serviços que usamos em nossos *smartphones* e computadores requer um volume enorme de informações e, diferentemente de pouco anos atrás, em que os dados corporativos e pessoais estavam armazenados em computadores, servidores ou dispositivos especializados de armazenamento (*storages*), hoje os dados podem estar distribuídos em locais que não são necessariamente conhecidos, a chamada "computação em nuvem".

E essa situação de dados processados em múltiplas localidades cria uma circunstância de maior exposição a ameaças cada vez mais sofisticadas. Segundo a Forbes (2019), entre as 10 maiores empresas da economia digital em 2019, oito eram relacionadas a serviços de processamento e transmissão de dados e apenas duas eram fabricantes de hardware.

O cenário da segurança da informação está mudando constantemente. Surgem novos ataques diariamente, a maior parte deles para, em última instância, capturar nossos dados, acessar indevidamente sistemas ou realizar fraudes. E esses ataques podem vir de diferentes origens, como por uma mensagem de e-mail, uma conversa em uma rede social ou ao fornecer seus dados em sites falsos.

Os ataques via internet se tornaram relativamente fáceis de ser realizados e bastante efetivos, especialmente pelo despreparo do usuário médio e pela astúcia e criatividade de seus realizadores. Além desses ataques, outros tantos também se aplicam e causam danos similares, como o uso de *pen drives* e outros dispositivos que podem conter um software malicioso.

Tão importante quanto a implementação de controles técnicos, é a conscientização das pessoas – tanto em ambiente empresarial como na vida pessoal. Com a grande popularização de *smartphones*, não é raro que os funcionários usem seus próprios dispositivos pessoais para acessar serviços corporativos e vice-versa, levando os riscos de um ambiente para o outro.

A internet se popularizou rapidamente nos anos 90, graças aos protocolos de transmissão segura de dados e autenticação de servidores, que possibilitaram que serviços como comércio eletrônico e *internet banking* se tornassem parte de nosso dia a dia, transformando de maneira definitiva a relação das pessoas com a internet.

E as recentes leis de proteção de dados pessoais, como a Lei Geral de Proteção de Dados do Brasil (LGPD) e a *General Data Protection Regulation* (GDPR), inserem mais uma importante variável na segurança da informação, que é a proteção de uma categoria específica de dados: os dados pessoais. E ambas as leis descrevem de maneira clara quais são os deveres das empresas e quais são os direitos das pessoas quando seus dados são capturados, armazenados e processados.

11.1. A proteção de dados

Segundo a norma ISO/IEC 27002:2013 (ABNT, 2017), "o valor da informação vai além das palavras escritas, números e imagens: conhecimento, conceitos, ideias e marcas" e que, como outros ativos importantes, têm valor para as empresas e requerem proteção contra vários riscos.

A mesma norma declara que esses ativos "são objetos de ameaças, tanto acidentais como deliberadas, enquanto processos, sistemas, redes e pessoas têm vulnerabilidades inerentes". Dessa forma, é necessário conhecer as características de cada um desses ativos, suas vulnerabilidades típicas e as potenciais ameaças que podem estar inseridas nesses ativos.

A vulnerabilidade é a falta de contramedidas ou uma fraqueza em uma contramedida implantada. Pode ser um software, hardware, processo ou fraqueza humana que pode ser explorada (HARRIS, 2013). Existem vários tipos de vulnerabilidades:

1. **Vulnerabilidades físicas:** falta de controle de entrada em um ambiente, presença de material inflamável, equipamentos suscetíveis a furto, falta de energia e outros.
2. **Vulnerabilidades lógicas:** aplicação sem *patches* em um servidor, sistemas operacionais desatualizados, acesso irrestrito a uma rede, falta de controle de acesso a um sistema, falha/*bug* em um software, falha na configuração de um equipamento de rede, ausência de controles de autenticação etc.

As contramedidas são todas as ações ou correções aplicadas em um ambiente com a finalidade de prevenir a exploração de uma vulnerabilidade. Em muitas situações, uma vulnerabilidade não pode ser eliminada por ser uma característica intrínseca do ativo, como, por exemplo, um material suscetível a fogo ou um equipamento ficar sem energia elétrica.

Já as ameaças são quaisquer perigos potenciais associados à exploração de uma vulnerabilidade (HARRIS, 2013). A ameaça é alguém, ou algo, que irá identificar uma vulnerabilidade específica e usá-la contra a empresa ou o indivíduo. Uma ameaça pode ser uma pessoa acessando indevidamente a rede por uma porta aberta em um *firewall*, um processo que acessa dados sem autorização, violando controles existentes, a ocorrência de uma catástrofe ambiental ou um funcionário que, por engano, expõe dados confidenciais da empresa. São tipos de ameaças:

1. **Ameaças físicas:** um invasor, um funcionário e outros.
2. **Ameaças lógicas:** um *hacker*, um vírus, um ataque em massa proveniente da internet.
3. **Ameaças ambientais:** enchente, tornado, falta de energia elétrica etc.

É classificado como agente de ameaça a entidade ou pessoa que leva vantagem sobre uma vulnerabilidade.

Risco é a probabilidade de um agente de ameaça explorar uma vulnerabilidade e o impacto no negócio correspondente (HARRIS, 2013). Se há um equipamento na rede sem atualizações e correções de software, a probabilidade de haver um acesso indevido ou invasão é elevada. Se há um sistema de antivírus instalado ou um *firewall* bem configurado, a probabilidade pode ser reduzida. O risco leva em consideração as vulnerabilidades, as ameaças existentes e as contramedidas implantadas.

Contramedidas são ações, equipamentos, processos ou técnicas aplicadas em um ambiente para controlar a probabilidade e/ou impacto no caso de uma ameaça incidir sobre uma vulnerabilidade. Exemplos típicos de contramedidas são a instalação de *firewalls*, a adoção de uma política de senhas, a revisão de privilégios de acesso e a educação dos usuários.

A segurança da informação não é obtida com a aplicação de apenas uma técnica de proteção – ela depende de processos de trabalho que levem em conta boas práticas de manuseio da informação, sistemas de processamento de dados que protejam o conteúdo e também, principalmente, usuários e pessoas que tenham a devida preocupação com a segurança.

A tradicional abordagem de **pessoas, processos e ferramentas** se aplica totalmente à proteção dos dados. Normas como a ISO/IEC 27001 são ótimas referências para o estabelecimento de boas práticas para a segurança da informação, descrevendo não apenas requisitos técnicos desejáveis para a manutenção de um ambiente seguro, mas também um conjunto de práticas de gestão para o acompanhamento do risco de segurança da informação em que uma empresa pode estar inserida.

Os investimentos em segurança da informação devem levar em conta as vulnerabilidades conhecidas, as ameaças presentes no ambiente e as contramedidas existentes. Essa análise pode ser o ponto de partida para os investimentos na melhoria das condições gerais de segurança.

11.2. Conceitos fundamentais de segurança da informação

Para a garantia da proteção da informação, é preciso observar três requisitos fundamentais de segurança:

- **Confidencialidade:** pode ser também interpretada como a necessidade de garantir o sigilo de uma informação, tornando-a acessível apenas para aqueles que precisam ter acesso a ela. É uma das características que as pessoas mais associam à segurança da informação, embora não seja o único requisito. A confidencialidade é tipicamente garantida por meio de controles de acesso à informação ou pela sua codificação (criptografia). Não significa necessariamente que a informação deva estar inacessível.
- **Integridade:** é a necessidade de manter a informação íntegra, assegurando que seu conteúdo não tenha sido alterado ou corrompido, de maneira intencional ou não. A integridade é o que possibilita termos confiança de que um processamento ou armazenamento não foi corrompido, alterado ou sabotado. Existem muitas técnicas para garantir que uma informação seja integra, entre outras, o uso de *hashes* (operações matemáticas que geram uma sequência de caracteres que se altera completamente caso um único *bit* seja alterado) ou até mesmo o uso de criptografia – embora seja tipicamente associada à proteção da confidencialidade, pode ser usada também para a garantia da integridade, já que a eventual alteração de um dado criptografado teoricamente impossibilita a sua recuperação.
- **Disponibilidade:** de nada adiantaria a informação ter seu sigilo garantido e seu conteúdo íntegro se não puder ser acessada. Disponibilidade significa que a informação precisa estar disponível para acesso sempre que necessário. Essa característica, algumas vezes, é associada de forma equivocada com a

disponibilidade ininterrupta da informação (24x7). Existem muitas técnicas para proporcionar a disponibilidade adequada da informação, entre elas a replicação de dados, a redundância de equipamentos e a realização de cópias de segurança.

De acordo com a norma ISO 27001, para garantir a segurança da informação é preciso conhecer os riscos a que a informação está submetida e seus impactos em relação à confidencialidade, integridade e disponibilidade da informação. Entretanto, a segurança da informação depende ainda de fatores técnicos, de processos e de pessoas.

11.3. Papel das pessoas na proteção de dados

As pessoas são frequentemente tratadas como o elo mais fraco da corrente da segurança da informação, especialmente porque elas precisam ter acesso a sistemas e informações para a realização de seu trabalho rotineiro. Justamente por terem privilégios de acesso, são alvos comuns de golpistas que tentam obter informações ou invadir sistemas.

Golpes bastante simples, como uma chamada telefônica se passando por alguém de uma equipe de suporte ou administrador do sistema, podem ser uma maneira fácil de convencer uma pessoa a executar comandos ou repassar informações sensíveis da empresa. E essa é uma situação que ocorre não somente nas empresas – os golpistas também aplicam a mesma técnica em pessoas físicas, que geralmente levam a algum tipo de prejuízo financeiro.

À medida que os controles tecnológicos avançam, os golpistas intensificam os ataques às pessoas. Se pode ser muito difícil para um *hacker* invadir os sistemas de um banco para realizar um furto, convencer uma pessoa a entregar informações sobre sua conta corrente pode ser muito mais fácil. Por essa razão existem tantos golpes que se concentram nos usuários. Os métodos mais comuns são:

- **Envio de e-mail falso:** fazendo-se se passar por uma outra pessoa ou instituição, tenta convencer a pessoa a abrir um arquivo anexo contendo um software malicioso, que pode ser usado posteriormente pelos golpistas para acessar uma conta bancária, por exemplo, ou solicitar que a pessoa acesse um *link* e forneça informações em um *website* falso. São geralmente fáceis de detectar por pessoas bem treinadas.
- **Chamadas telefônicas:** geralmente tentam se passar por um funcionário de um banco ou empresa, solicitando informações suficientes para realizar algum

tipo de transação financeira. Como pode ser difícil identificar o número de origem, é um golpe que ocorre com certa regularidade.

- **Envio de correspondência falsa:** no Brasil é relativamente comum os golpistas enviarem cobranças bancárias por correio, tentando convencer o destinatário de que é uma multa de trânsito ou que há algum débito de impostos. O boleto bancário é claramente falso e o valor pago vai para a conta dos golpistas.
- **Disseminação de vírus ou *malwares*:** em algumas situações atacantes espalham de maneira intencional vírus ou softwares maliciosos (*malwares*), seja por meio de dispositivos removíveis de armazenamento ou *links* para sites maliciosos. Esses softwares geralmente ocasionam danos aos sistemas operacionais, possibilitam o furto de dados ou até mesmo transformam o equipamento do usuário em um *bot*, controlando-o remotamente, com a finalidade de realizar ataques a outros dispositivos conectados à rede. Alguns *malwares* se disseminam pela internet e aproveitam equipamentos contendo falhas de segurança conhecidas para invadir sistemas sem que o usuário precise realizar qualquer ação.
- **Envio de mensagens de texto:** mais recentemente, os atacantes passaram a usar serviços de envio de mensagens de texto via celular (SMS) e plataformas de troca de mensagens como WhatsApp e Telegram para o envio de mensagens que tentam motivar a pessoa e acessar um link ou fornecer informações pessoais, tipicamente com a finalidade de realizar fraudes financeiras.

Por essas razões, a educação é muito importante para a segurança da informação. Pessoas bem treinadas são menos suscetíveis a serem vítimas de golpes e, da mesma forma, são mais capazes de identificar situações de risco.

O nível de educação das pessoas em segurança da informação deve ser levado em consideração nas análises de riscos que são conduzidas, como contramedidas a determinados riscos que envolvem pessoas ou processos manuais. Dessa forma, medidas de proteção da infraestrutura das redes corporativas são importantes para realizar o bloqueio de ataques antes que eles cheguem ao usuário.

11.4. A proteção das redes de transmissão de dados

A internet e as redes corporativas são alvos de ataques e são importantes meios de transporte dos principais ataques a servidores e outros sistemas.

Existem diversas técnicas e vários equipamentos que são usados para a proteção de redes corporativas. Dentre as mais conhecidas:

1. **Segmentação da rede:** criar diferentes segmentos de rede, segregando equipamentos de acordo com a sua função (Figura 11.1). Por exemplo, os equipamentos de usuários se situam em uma rede e os servidores em outra rede diferente, com um *firewall* ou similar controlando o tráfego entre os segmentos da rede. Dessa forma, é possível estabelecer regras de controle de acesso entre a rede de usuários e a rede de servidores. A internet pode ser tratada como um segmento inseguro de uma rede corporativa.

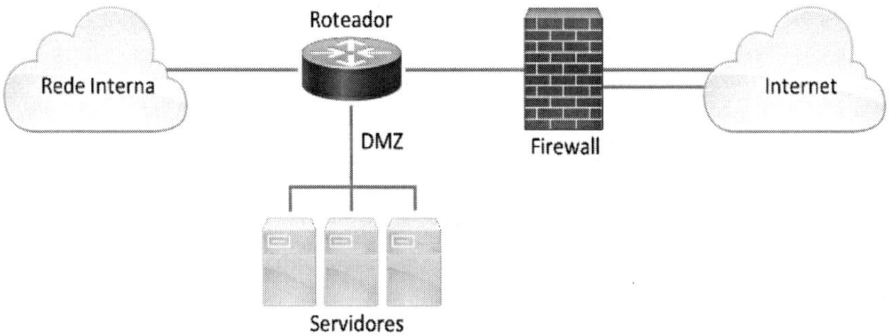

Figura 11.1 – Modelo típico de segmentação de rede.
Fonte: o autor.

2. **Criação de redes especiais:** uma das boas práticas é criar redes isoladas de acordo com o perfil de risco dos equipamentos que nelas residirão. Essas redes são conhecidas como redes desmilitarizadas (*Demilitarized Zone* – DMZ). Dessa forma, é possível criar regras que mitiguem riscos específicos – por exemplo, a rede que possui servidores que serão acessíveis pela internet é configurada para permitir esse tipo de acesso, mas a rede em que estão equipamentos de usuários ou servidores de bancos de dados deve ser configurada para não receber acessos provenientes da internet, dificultando invasões ou fraudes.

Do ponto de vista dos equipamentos de rede, alguns merecem destaques:

1. ***Firewall***: são equipamentos ou softwares que analisam o tráfego da rede que passa por eles e possibilitam o controle do tráfego de acordo com regras que são programadas previamente. Podem ser comparados com guardas de trânsito que permitem que o tráfego de uma via flua para outra, mas não o sentido inverso. Mais do que apenas controle de tráfego, possibilitam também um controle bastante granular, evitando ataques mais comuns ao verificar se o tráfego que passa por ele respeita os protocolos de transmissão de dados, se o tráfego

é mesmo da aplicação que alega ser e se há alguma suspeita de ser um tráfego relativo a um ataque. Os *firewalls* são muito usados na interligação entre redes, como, por exemplo, entre uma rede de usuários e uma rede de servidores; entre uma rede interna de uma empresa e a internet; ou na interconexão entre redes de diferentes empresas, possibilitando a garantia da aplicação das políticas de segurança. A atividade de verificação de todo o tráfego requer um elevado poder de processamento para avaliar todo o tráfego em relação à tabela de regras que permitem ou bloqueiam cada tipo de tráfego na rede.

2. **Sistemas de detecção de intrusão (*Intrusion Detection System* – IDS)**: semelhantes aos *firewalls*, analisam todo o tráfego da rede, mas com a finalidade de encontrar características que possam indicar uma tentativa de ataque à rede. São equipamentos que possuem uma base de conhecimento de "assinaturas" de ataque (pequenas porções de dados de um ataque conhecido), permitindo comparar o tráfego com essa base e, de forma proativa, avisar sobre a tentativa de um ataque. Também são capazes de identificar anomalias de comportamento no tráfego que podem indicar tentativas de ataque. Se é detectado algum ataque, o IDS pode gerar um alerta. Os IDSs são vantajosos porque podem analisar o tráfego sem que o tráfego passe por ele – o IDS pode receber apenas uma cópia dos dados que trafegam pela rede. É especialmente útil porque possibilita a detecção de ataques sem ser mais um elemento no caminho do tráfego da rede (*inline*). Equipamentos em uma configuração *inline* devem ser usados com muito critério, pois podem se tornar pontos de falha e também inserir importantes atrasos no tráfego da rede.
3. **Sistema de prevenção de intrusão (*Intrusion Prevention System* – IPS)**: funcionam da mesma forma que o IDS, mas possuem a habilidade de bloquear eventuais ataques. Praticamente todos os equipamentos de IDS têm capacidade de funcionar como IPS. Tanto o IPS quanto o IDS podem não ser capazes de identificar todos os ataques – o que é conhecido como "falso negativo". Da mesma forma, podem ocorrer os "falsos positivos", em que o equipamento classifica como ataque um tráfego legítimo. O processo de configuração de um IPS é mais complexo, porque ele pode causar impacto na operação normal da rede, bloqueando acessos legítimos em casos de falsos positivos. Também há a questão do atraso que ele insere no tráfego da rede, por estar em uma configuração *on-line* e necessitar avaliar todo o tráfego que passa por ele e lançar de volta na rede, em um processo que pode demorar preciosos milissegundos.
4. ***Proxy***: é um servidor tipicamente usado como elemento de interconexão entre uma rede confiável e a internet. São elementos úteis, pois possibilitam que os equipamentos de uma rede confiável tenham acesso a uma rede insegura com um nível adequado de controle. Apenas o servidor *proxy* possui acesso à internet e funciona como um intermediário entre os equipamentos corporativos e uma rede

insegura. Em vez do equipamento do usuário solicitar uma página ao servidor na internet, ele solicita ao servidor *proxy*, que solicita o conteúdo para o servidor na internet e o retorna para o usuário. Por ser um elemento que centraliza o acesso, é capaz de implementar políticas de controle e monitoramento.

5. ***Antispam***: servidores que analisam mensagens de correio eletrônico recebidas em busca de padrões que identifiquem essas mensagens como indesejadas. Usam várias técnicas para realizar a classificação, como listas de remetentes suspeitos (*blacklists*), de endereços IP com reputação ruim ou até mesmo analisando características do conteúdo do e-mail, como a repetição de palavras, a presença de *links* para sites suspeitos ou obtenção de imagens de sites diferentes do remetente do e-mail. Esses servidores são capazes de bloquear o recebimento de mensagens que são classificadas como indesejadas ou atribuir uma identificação especial que possibilite ao usuário verificar se um e-mail é indesejado ou não. Pela sua natureza de funcionamento, é sujeito a classificar indevidamente como *spam* uma mensagem que deveria ser entregue (falso positivo) ou permitir a entrada de uma mensagem indesejada (falso negativo).
6. **Proteção de DNS (*Domain Name System*)**: muitos ataques contra uma empresa visam comprometer o serviço que traduz nomes na internet (como empresa.com.br) para um endereço IP (como 200.1.2.3), na tentativa de fazer com que os usuários de uma empresa acessem um site falso em vez do site verdadeiro por meio de uma tradução fraudulenta de endereços. Esse serviço pode usar listas de sites reconhecidamente perigosos para que não sejam autorizados para os usuários, e, comumente, essas plataformas podem criar categorizações de endereços de modo a possibilitar que um administrador bloqueie a tradução de endereços de sites de, por exemplo, jogos, vídeos e pornografia pelo simples bloqueio da tradução de endereço de DNS.

Do ponto de vista dos equipamentos dos usuários, as seguintes soluções são tipicamente aplicáveis:

1. **Antivírus/*Antimalware***: são pequenas porções de software que são executadas nos equipamentos dos usuários e monitoram o funcionamento do computador em busca da existência de programas maliciosos ou ações que possam indicar a sua presença. Os softwares antivírus tradicionais possuem uma base de dados com milhões de assinaturas (*hashes*) de vírus que é usada para verificar a presença dos tais vírus em cada aplicação executada no computador ou nos arquivos que são abertos. Sistemas mais recentes também analisam o comportamento das aplicações, buscando outras anormalidades que possam indicar a ação de um vírus, como uma gravação suspeita em disco, a conexão de um aplicativo à internet ou ações que desrespeitem as regras de segurança do sistema operacional.

2. **Sistema de prevenção contra intrusão de *hosts* (*Host Intrusion Prevention System* – HIPS):** similar ao IPS de rede, usa as mesmas técnicas para prevenir a intrusão em um computador de usuário ou servidor.
3. **Sistema de prevenção contra perda de dados (*Data Loss Prevention –Host* DLP):** realiza a análise das atividades do equipamento de usuário em busca de situações que possam levar ao vazamento de dados. Embora as funcionalidades variem de acordo com os fabricantes, em geral é capaz de monitorar os fluxos de dados típicos, como a leitura de arquivos em unidades locais ou em uma rede, a cópia de arquivos para dispositivos removíveis e o envio de e-mails ou transferência de dados para sites. Um *host* DLP segue políticas preestabelecidas e é capaz de bloquear ou alertar caso detecte alguma situação de risco.

11.5. A proteção dos serviços de processamento de dados

O processamento de dados típico de uma empresa compreende a coleta ou aquisição de informações e seu processamento, armazenamento, transmissão e descarte.

Mais complexo do que era comum há poucos anos, o processamento de dados de uma empresa pode adotar diferentes arquiteturas, mesclando uma infraestrutura local de Tecnologia da Informação com serviços prestados por terceiros, sejam *datacenters* tradicionais ou serviços em nuvem públicos ou privados, cada plataforma contendo um conjunto de riscos específicos que precisam ser levados em consideração na definição da arquitetura de processamento de dados.

As diferentes possibilidades de processamento de dados disponíveis atualmente possuem níveis de serviço e de segurança diferentes, que requerem proteções específicas, especialmente se uma empresa está em uma fase de migração de serviços de uma plataforma para a outra.

11.5.1. Proteção de serviços na nuvem

Os serviços de computação em nuvem, isto é, serviços de armazenamento e processamento de dados em servidores que são disponibilizados por terceiros por meio da internet ou de redes privativas, trouxeram grande facilidade e flexibilidade para as empresas, mas também trouxeram novos riscos, à medida que as soluções tradicionais de segurança podem não ser totalmente efetivas nesse ambiente.

Serviços de infraestrutura como serviço (*Infrastructure as a Service* – IaaS) e plataforma como serviço (*Platform as a Service* – PaaS) requerem meios especiais de proteção, pois os dados contidos nessas plataformas podem, potencialmente, nunca passar pela rede da empresa e pelos elementos de controle. Dessa forma, uma solução como o *Cloud Access Security Broker* (CASB), ou agente de segurança de acesso à nuvem, em tradução livre, atua entre a rede corporativa e o serviço de nuvem ou, em algumas situações, pode atuar de forma integrada com os serviços de nuvem, possibilitando que o controle seja realizado diretamente no ambiente virtual.

O CASB é capaz de controlar o tráfego de dados em um ambiente na nuvem, implementando as políticas de segurança da empresa mesmo no ambiente virtualizado, mas também possibilita conhecer o uso de serviços de nuvem de uma empresa, por meio da interpretação do tráfego de internet que pode ser capturado de um servidor *proxy* ou de *firewalls*.

11.5.2. Tipos de ataque via internet

Os ataques que são realizados por meio da internet se transformam com o passar do tempo e com o surgimento de novas vulnerabilidades. As técnicas mais comuns de ataques, contudo, são variações dos seguintes tipos:

1. ***Distributed Denial of Service* (DDoS):** é um tipo de ataque bastante frequente, usado para tornar indisponíveis *websites* ou serviços na internet. Como os sistemas e aplicações possuem um limite de acessos simultâneos, esses ataques visam exaurir os recursos de processamento, tornando um serviço indisponível. Como são necessários muitos acessos simultâneos para que um ataque DDoS seja realizado com sucesso, milhares de computadores infectados com um tipo específico de *malware*, os *bots*, aguardam uma instrução para realizar os acessos de forma simultânea. O bloqueio de ataques DDoS é complexo e exige equipamentos capazes de detectar esses tipos de acesso e de realizar o bloqueio de cada tentativa maliciosa de acesso, algo que demanda um elevado e sofisticado nível de processamento. Os ataques geralmente focam em fragilidades dos sistemas operacionais dos servidores, como, por exemplo, iniciar uma solicitação de conexão que nunca será concluída. O servidor aguarda uma resposta do atacante, que nunca virá, por um período. Essa espera pode causar a ocupação de todas as portas de conexão do servidor atacado, levando o servidor a responder com grande lentidão ou até recusando novas conexões. Atualmente alguns provedores de conexão à internet e grandes *datacenters* já oferecem serviços de bloqueios desse tipo de ataque em sua própria infraestrutura, proporcionando ao cliente uma conexão de internet livre desse tipo de ataque. Os ataques DDoS podem gerar tráfego de centenas de *gigabytes* em toda a internet, e a Figura 11.2 ilustra

como um ataque desse tipo se propaga pelos países. Cada linha representa um conjunto de equipamentos realizando um ataque contra um outro servidor na internet.

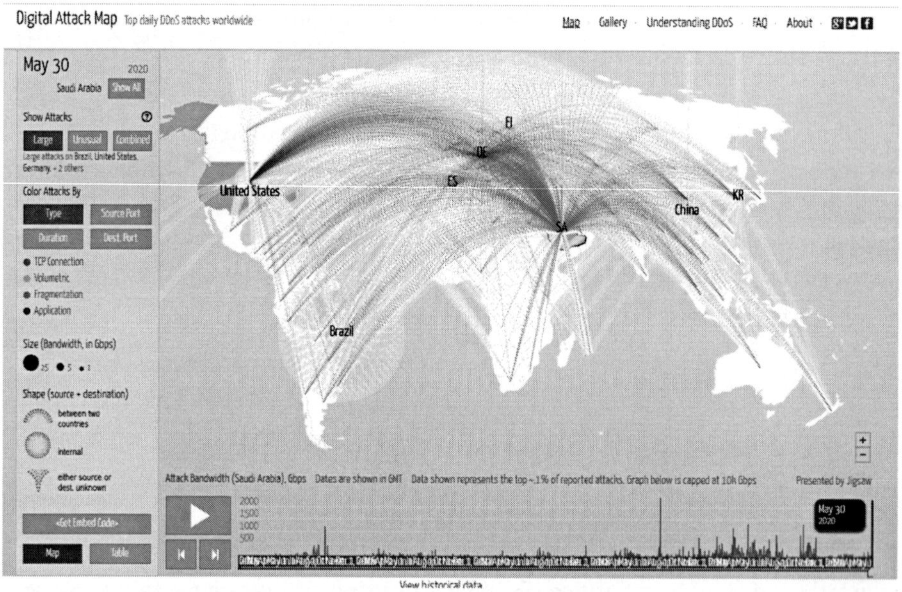

Figura 11.2 – Mapa de ataques DDoS.
Fonte: Digital Attack Map (s.d.).

2. ***Injection***: tipo de ataque que visa inserir códigos maliciosos em *websites*, aplicações ou serviços com a finalidade de causar algum tipo de dano, inserção ou extração de dados. Frequentemente se aproveita de falhas de programação que possibilitam que uma porção de dados seja enviada para um servidor, causando uma anomalia de processamento. O tipo mais comum de ataque de injeção é o *SQL injection*, onde são inseridos comandos de servidores de bancos de dados em campos de formulários em sites da internet que fazem conexão com servidores de bancos de dados sem os devidos cuidados de programação. Ao realizar a operação no servidor com os dados recebidos, em vez dos dados esperados, são inseridos os dados maliciosos que podem executar ações no servidor do banco de dados, podendo, entre outros atos, eliminar, alterar ou obter dados. É um dos ataques mais comuns para o furto de dados de servidores de bancos de dados.
3. **Cavalos de Troia:** são programas maliciosos que tentam se passar por um programa real, geralmente com a finalidade de executar ações prejudiciais no equipamento do usuário. Podem ser inseridos no equipamento do usuário ou em um servidor por meio de uma vulnerabilidade ou até mesmo pelo próprio usuário, que instala um

software desconhecido ou simplesmente insere um dispositivo USB que contenha o código do cavalo de Troia. Em algumas situações, é possível até que um cavalo de Troia seja instalado em um equipamento durante uma visita a um site malicioso.

4. ***Phishing***: são mensagens de e-mail que tentam convencer o destinatário a abrir um arquivo anexo ou clicar em um *link*. Os anexos são geralmente programas embutidos em arquivos aparentemente confiáveis (como .DOC, .XLS ou .PDF), mas que acabam por instalar algum tipo de código malicioso que pode capturar informações digitadas, senhas de sites ou até permitir o acesso do atacante ao equipamento do usuário. Se a mensagem traz um *link*, o site que é aberto pode realizar a instalação de um *malware* ou solicitar informações pessoais ou empresariais que podem levar à realização de um golpe futuro. É muito comum que mensagens de *phishing* sejam enviadas para milhares de destinatários ao mesmo tempo, na expectativa de que um número razoável de pessoas seja vítima do golpe. Têm sido observados com bastante frequência e-mails falsos sobre liquidações ou descontos muito generosos de lojas conhecidas que levam a vítima a um site falso.
5. ***Spear phishing***: igual ao *phishing*, mas o atacante tenta criar uma mensagem que faça sentido para aquela pessoa ou empresa. São ataques com maior chance de sucesso e frequentemente visam a realização de fraudes financeiras ou corporativas.
6. **Sites falsos**: alguns fraudadores criam nomes de domínio muito similares ao de sites verdadeiros, muitas vezes faltando uma letra ou substituindo por uma outra que possa passar despercebida, como a troca de uma letra "l" por "i", com a clara finalidade de enganar o usuário. É relativamente comum que os fraudadores criem clones de um site verdadeiro de *e-commerce*, banco ou do governo, especialmente para obter dados pessoais e de cartão de crédito. As vítimas são atraídas para esses sites por meio de e-mails de *phishing* ou outras técnicas, como anúncios em redes sociais ou aplicativos de troca de mensagens. Sites falsos são relativamente fáceis de se detectar, pois geralmente não possuem um certificado de segurança que faz com que o navegador de internet apresente o cadeado na barra de endereços.

11.6. Riscos internos

Os incidentes de maior gravidade são aqueles realizados por funcionários da própria empresa – como necessitam de acesso aos serviços corporativos, possuem privilégios para realizar seu trabalho rotineiro, sendo as vítimas ideais para terem seus usuários comprometidos. Embora muitos desses eventos possam não ser intencionais, como apagar dados de forma acidental ou realizar uma operação equivocada em um sistema, o dano resultante pode ser elevado.

A pesquisa *Insider Threat Report* (FORTINET, 2019), produzida pela empresa Fortinet, aponta que 71% das empresas se preocupam com a perda de dados motivada por usuários descuidados e 60% acreditam que usuários podem vazar dados de maneira intencional, com a finalidade de causar prejuízo.

Alguns dos principais riscos são:

1. **Acessos ilegais:** uma gestão inadequada de acessos pode permitir que funcionários tenham acesso a repositórios ou serviços aos quais não deveriam, levando a situações que podem favorecer o vazamento de dados ou fraudes.
2. **Compartilhamento de contas:** situação em que duas ou mais pessoas utilizam uma única conta de acesso, trazendo um elevado risco para o ambiente, uma vez que não é possível atribuir a responsabilidade de maneira objetiva a uma pessoa caso alguma atividade irregular seja detectada.
3. **Fraude em sistemas:** o uso indevido de contas de acesso e o compartilhamento de contas podem permitir a realização de fraudes em sistemas e aplicações. Embora não seja necessária a invasão ou quebra da segurança de um sistema, uma fraude pode ser realizada por meio de uma gestão inadequada da segurança de acessos.
4. **Controle inadequado de privilégios de acesso:** manter o controle dos privilégios de acesso de sistemas, aplicativos e pastas em rede pode ser complexo, e sem processos formais de solicitação, aprovação e concessão há o risco de que um privilégio seja concedido de forma equivocada, comprometendo a confidencialidade da informação e potencialmente a sua integração e disponibilidade. Os processos da ITIL® (*Information Technology Infrastructure Library*) ou da norma ISO 20001 são frequentemente usados para essa finalidade.
5. **Vazamento de informações:** em várias situações os empregados podem enviar informações da empresa para terceiros de forma deliberada. Não é incomum que funcionários realizem cópias completas de arquivos da empresa para dispositivos pessoais, como *drives* USB ou serviços de armazenamento em nuvem, para fins pessoais.
6. **Sabotagem:** funcionários insatisfeitos podem usar seus privilégios de acesso a sistemas para realizar ações com a finalidade de prejudicar a companhia. Exemplos comuns são a alteração de dados em sistemas, remoção de arquivos e até a destruição de equipamentos.
7. **Processo inadequado de trabalho:** usuários que provocam a perda de dados ou colocam em risco a confiabilidade de sistemas por realizarem suas atividades de forma diferente do processo de trabalho esperado. Em algumas situações podem trazer sérios riscos à organização, como, por exemplo, quando um administrador de sistemas ou um usuário com alto privilégio realiza uma operação inadequada.

Isso frequentemente pode sobrepassar controles que normalmente impediriam danos maiores.

8. **Vazamento de credenciais de usuário:** em algumas situações, as credenciais de usuários de uma empresa podem ser vazadas para a internet. *Hackers* e *malwares* tentam capturar essas informações porque são valiosas para o cometimento de fraudes corporativas. De posse de uma credencial válida de acesso, um *hacker* pode facilmente acessar um sistema corporativo e, a partir dessa conta, ganhar acesso a outros sistemas e ambientes da empresa.

11.7. Abordagem empresarial

O assunto segurança da informação se torna presente na agenda dos gestores de quase todas as empresas, tanto pela dependência que possuem de sistemas de tecnologia da informação como pelas recentes leis de proteção de dados, que se apoiam em requisitos clássicos de segurança da informação. A abordagem mais comum é criar mecanismos de prevenção da ocorrência de incidentes, pautada em uma avaliação dos riscos existentes e em planos de respostas para incidentes graves que possam ocorrer.

Normas como a ISO 27001 são aplicáveis ao estabelecimento de rotinas de gestão da segurança da informação e de controles técnicos úteis para a manutenção da segurança na empresa. Em linhas gerais, considera as seguintes atividades:

- **Avaliação de riscos:** uma boa estratégia de segurança da informação deve ser pautada em uma adequada avaliação dos riscos a que a empresa está sujeita. O resultado dessa avaliação deve listar as situações de maior risco encontradas e servir de norte para a priorização das ações para a redução dos riscos de segurança na empresa. Essas avaliações devem ser retroalimentadas sempre que houver uma mudança significativa na estrutura interna da empresa ou no cenário externo que possa levar à introdução de novas ameaças que mereçam ser analisadas e acompanhadas.
- **Plano de recuperação de desastres (*Disaster Recovery Plan* – DRP):** como há dependência da empresa em relação aos serviços de TI, se faz necessário estabelecer planos para que a recuperação dos serviços seja realizada de maneira ordenada e da forma mais rápida e confiável, quando ocorrer qualquer situação em que um ou mais serviços de tecnologia da empresa tenham sido afetados. Esses são planos técnicos que são complementados por ações preventivas, que costumam se apoiar em funcionalidades técnicas que possibilitem a redundância dos dispositivos mais suscetíveis a falhas. Tão importante quanto ter o plano é mantê-lo atualizado e realizar testes periódicos para apurar a

sua habilidade em restaurar a operação da empresa e respeitar os tempos esperados pela alta direção.

- **Plano de continuidade de negócios (*Business Continuity Plan* – BCP):** frequentemente confundido com o plano de recuperação de desastres, tem a função de estabelecer processos que possibilitem a empresa a voltar a operar depois de grandes incidentes, como incêndios, enchentes, desordem pública, entre outros. Descreve processos que podem incluir o remanejamento de equipes de trabalho para escritórios alternativos, contratação de serviços temporários e até mesmo a ativação de planos de recuperação de desastres. O BCP tem como prioridade o restabelecimento dos negócios da empresa e não somente serviços de TI, e, assim como o DRP, precisa ser mantido e testado regularmente para garantir a sua adequação.
- **Gestão de vulnerabilidades:** executar verificações sistemáticas da presença de vulnerabilidades no ambiente com o uso de ferramentas automatizadas, conhecidas como *scanners* de vulnerabilidades, ou ferramentas similares. Essas ferramentas possuem bases de dados de fragilidades de sistemas e equipamentos e verificam a sua existência no ambiente. Ao término do processo, emitem um relatório com todos os problemas encontrados. Exemplos de vulnerabilidades encontradas são a presença de softwares em versões desatualizadas, configurações inseguras ou contas de usuários com senhas padrão. Como são executadas de tempos em tempos, são ferramentas bastante úteis para verificar se as vulnerabilidades encontradas na verificação anterior foram corrigidas.
- **Testes de invasão:** simulação de ataques ao ambiente realizadas por especialistas (conhecidos como *pentesters*) com a finalidade de encontrar de forma proativa a presença de possíveis vulnerabilidades no ambiente, realizando as mesmas atividades que um *hacker* poderia executar. Com o conhecimento dos pontos vulneráveis é possível corrigir os problemas antes que eles possam ser explorados. É bastante útil para que as empresas possam verificar se a arquitetura de segurança implantada está corretamente configurada.
- **Auditorias:** a verificação independente do ambiente é útil para assegurar que as melhores práticas de segurança estão corretamente implantadas e utilizadas. As auditorias podem ser realizadas em relação a normas de segurança, como a ISO 27001, ou para verificar se as políticas da própria empresa estão sendo respeitadas.
- **Conformidade:** o atendimento às leis de cada país se torna uma preocupação para as empresas, e algumas dessas leis exigem requisitos de segurança, como a Lei Geral de Proteção de Dados (LGPD) e a *General Data Protection Regulation* (GDPR), além de outras já consolidadas, como o *Sarbanes Oxley Act* (SOX). São leis que requerem a garantia de sigilo de categorias específicas de dados

e a integridade de dados financeiros que demandam controles específicos de segurança da informação.

- **Treinamento e conscientização:** a prevenção de riscos também passa por conscientização e treinamento em segurança da informação dos empregados. Como as ameaças mudam com o passar do tempo, é sempre muito importante manter as pessoas cientes desses novos riscos e que elas sejam capazes de identificar tentativas de ataques, fraudes ou anomalias em sistemas e aplicações. A tecnologia está mais presente no cotidiano das pessoas e, por isso, elas se julgam mais preparadas e capazes de usar recursos de informática. Entretanto, essa postura traz novos riscos para a empresa, em especial com o uso de soluções na internet. Podem ser feitos treinamentos internos que visam divulgar as políticas e práticas de segurança, estudos de caso e até mesmo simulações de *phishing* com auxílio de ferramentas especializadas que permitem medir quantos usuários abriram o e-mail ou clicaram em um *link* da mensagem simulada.
- **Controle de mudanças:** alterações no ambiente operacional podem levar à indisponibilidade de serviços, tanto pela configuração equivocada de softwares ou equipamentos como por possíveis incompatibilidades do novo elemento inserido ou alterado com o restante da estrutura. Processos de gestão de mudanças podem ser usados para planejar mudanças em um ambiente, incluindo tarefas como a validação das atividades em um ambiente segregado, a criação de um roteiro de testes que possibilite validar se a mudança foi executada de maneira correta e, adicionalmente, um roteiro de procedimento para retornar à configuração anterior, se os testes apontarem algum problema.
- **Acompanhamento do nível de serviços:** uma operação de tecnologia de informação depende de vários serviços, que podem ser oferecidos por terceiros ou executados pela própria empresa. O nível de serviço inclui, tipicamente, percentuais de disponibilidade, capacidade entregue, velocidade de processamento ou número de transações. Em algumas situações o esgotamento de recursos de redes, o armazenamento ou o processamento podem levar à degradação ou paralisação de serviços.
- **Planejamento de capacidade:** a partir do acompanhamento dos níveis de serviço é possível determinar tendências de crescimento de armazenamento, processamento ou de consumo de recursos que podem, com o passar do tempo, causar até a paralisação de serviços. Conhecendo a tendência de crescimento contínuo do ambiente, é possível planejar expansões de forma antecipada. O planejamento da capacidade também é aplicável em situações de crescimento acelerado da empresa, lançamento de novos produtos ou uso de novas tecnologias.

11.8. Sistema de Gestão da Segurança da Informação (SGSI)

Um dos padrões de gestão de segurança da informação mais aceitos pelo mercado é o modelo de gestão proposto pela norma ISO/IEC 27001, que se baseia em um ciclo "PDCA" (Figura 11.3) para estabelecer uma sistemática para a gestão da segurança da informação. Um bom sistema de gestão requer a definição de objetivos que estejam em sintonia com a expectativa da empresa e traduzam, de maneira mensurável, quais são os benefícios esperados do sistema.

A norma ISO/IEC 27001:2013 é composta por duas partes: a primeira descreve os requisitos de um Sistema de Gestão da Segurança da Informação e a segunda é um anexo que contém controles específicos para a operação da segurança.

Um dos primeiros passos para a implantação de um SGSI é determinar o escopo da certificação, ou seja, quais áreas ou processos o SGSI irá cobrir. O escopo não precisa, necessariamente, compreender a totalidade de áreas, departamentos ou processos da empresa – mas é uma boa prática incluir atividades de relevância para a empresa.

11.8.1. O ciclo PDCA

O ciclo PDCA é comumente associado aos sistemas de gestão da qualidade e de melhoria contínua, pois suas etapas são executadas de maneira consecutiva e o término de um ciclo alimenta o próximo, permitindo corrigir de maneira sistemática os eventuais pontos de melhoria e não conformidades.

As etapas do PDCA são (Figura 11.3):

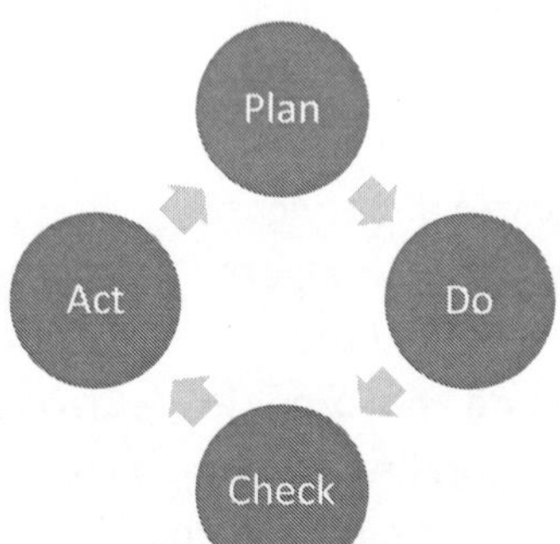

Figura 11.3 – O ciclo PDCA.
Fonte: o autor.

A **fase de planejamento (*Plan*)** contém as atividades que propiciam o estabelecimento da governança de um Sistema de Gestão da Segurança da Informação por meio da criação das políticas principais e do estabelecimento dos papéis, da governança, de responsabilidades dos profissionais e dos objetivos esperados do sistema. Uma das atividades mais marcantes dessa etapa é a realização do levantamento dos ativos de informação (sistemas, equipamentos, conexões, informações em meio digital, físico etc.), seu proprietário, sua classificação de confidencialidade e local de armazenamento, entre outras informações.

Esse inventário de ativos é base para a avaliação de riscos, atividade em que são analisadas as vulnerabilidades e ameaças a que o ativo pode estar submetido, atribuindo um nível de risco para cada um dos elementos do inventário. Essa etapa possibilita priorizar as atividades de tratamento dos riscos com a finalidade de reduzi-las para um nível considerado aceitável.

Para os riscos encontrados com maior possibilidade de dano e prejuízo para a empresa, podem ser usados os controles do Anexo A da ISO/IEC 27001 para a elaboração de planos de tratamento e redução do risco.

Os riscos encontrados na fase de planejamento são elementos de entrada para a **fase de execução (*Do*)**, onde os planos de tratamento e redução de riscos devem ser implementados junto com a execução dos demais requisitos da norma, como a implantação de políticas, processos e procedimentos. Essa fase costuma ser a mais longa do ciclo PDCA e é onde a maioria dos requisitos do Anexo A (Quadro 11.1) são implementados, juntamente com os planos para o tratamento de riscos criado na fase anterior.

A **fase de verificação (*Check*)** é marcada por uma atividade de auditoria realizada por profissionais da própria empresa com a finalidade de verificar o nível de adequação dos processos da empresa em relação aos requisitos da norma. Eventuais pontos que não estejam em total conformidade devem gerar planos de ação corretiva de maneira a possibilitar que os requisitos da norma sejam integralmente atendidos. Tipicamente, a auditoria interna verifica cada um dos requisitos da norma, buscando evidenciar a conformidade total dos requisitos. Uma não conformidade é apontada quando o requisito da norma não foi completamente atendido. Se um requisito da norma foi atendido, mas foram encontradas falhas pontuais em sua execução, pode ser anotada uma oportunidade para melhoria.

E, finalmente, a **fase de melhoria contínua (*Act*)**, como o nome sugere, prevê a avaliação crítica do Sistema de Gestão da Segurança da Informação por meio da apresentação desses resultados para os principais executivos da empresa em uma reunião que deve deliberar sobre melhorias no sistema e eventuais correções de rumo, aumento do alcance do sistema e quaisquer ações que visem a melhoria da efetividade.

Quadro 11.1 – Seções do Anexo A.
Fonte: adaptado da ISO/IEC 27001:2013 (ABNT, 2017).

Seção	Caraterísticas principais
A.5 Políticas de segurança da informação	Requisitos sobre políticas de segurança da informação e seu ciclo de vida
A.6 Organização da segurança da informação	Descreve a governança, os papéis e as responsabilidades para as pessoas
A.7 Segurança em recursos humanos	Requisitos de segurança para a gestão do ciclo de vida do profissional na empresa, incluindo a sua capacitação
A.8 Gestão de ativos	Requisitos para a gestão do ciclo de vida dos ativos de informação, incluindo os requisitos para manuseio e classificação
A.9 Controle de acesso	Requisitos para a definição de políticas de controle de acesso, gestão de acesso em sistemas, aplicações e redes
A.10 Criptografia	Requisitos para o uso de criptografia
A.11 Segurança física e do ambiente	Controles de segurança de ambientes seguros de trabalho e a proteção de equipamentos
A.12 Segurança nas operações	Controles relacionados à operação geral de TI, incluindo diversos requisitos da norma ISO 20001, como a gestão de capacidade e disponibilidade, gestão de mudanças e aspectos relacionados à segurança de estações de trabalho e servidores
A.13 Segurança nas comunicações	Requisitos de segurança de redes de computadores, incluindo a interconexão de redes
A.14 Aquisição, desenvolvimento e manutenção de sistemas	Requisitos de segurança relacionados a softwares
A.15 Relacionamento na cadeia de suprimento	Requisitos de segurança de prestadores de serviços, terceiros e do processo de contratação, avaliação e auditoria
A.16 Gestão de incidentes de segurança da informação	Requisitos para a gestão do ciclo de vida de incidentes de segurança da informação
A.17 Aspectos da segurança da informação na gestão da continuidade de negócios	Requisitos de continuidade de negócios para as atividades de segurança da informação em situações de incidentes maiores que causem ampla indisponibilidade
A.18 Conformidade	Requisitos para a identificação e atendimento a leis e regulamentos aplicáveis à proteção da informação

O processo de certificação de um SGSI

Ao executar um ciclo PDCA completo, o Sistema de Gestão de Segurança da Informação estará apto a passar pela auditoria de certificação. O processo de certificação requer a contratação de uma empresa credenciada e que possua a acreditação de um órgão independente. O auditor externo revisará todas as políticas, processos e procedimentos do sistema, bem como a implantação de cada um dos requisitos da norma, similar ao que é feito na etapa de verificação (*check*). Caso o SGSI atenda integralmente aos requisitos da norma, o auditor emite um relatório de recomendação para a certificação do SGSI, que é revisado pela empresa de certificação que validará as evidências levantadas e apresentadas pelo auditor em seu relatório.

Na auditoria de certificação são adotados os mesmos critérios de uma auditoria interna para o apontamento de oportunidades de melhoria e não conformidades:

1. **Não conformidade maior**: quando um requisito da norma não é atendido de forma integral ou quando o auditor não consegue evidenciar que uma política, processo ou procedimento será capaz de atender aos requisitos. Dentre as falhas mais comuns para não conformidades maiores, estão a ausência da realização de uma ou mais etapas do PDCA, falhas sistêmicas na implantação do SGSI e a ausência da implantação de requisitos do Anexo A. A presença de uma não conformidade maior impossibilita a certificação do sistema.
2. **Não conformidade menor**: quando um requisito da norma é atendido de forma parcial. Tipicamente, uma política, processo ou procedimento que não é aplicado de forma sistemática ou foi evidenciado em uma amostragem significativa que há falhas pontuais em sua execução. Não conformidades menores são relativamente comuns e não são impeditivos para a recomendação de certificação do SGSI; contudo, é obrigatório que a empresa apresente para o auditor um plano de correção da não conformidade, que, se aprovado, permite a emissão do certificado. Em algumas situações, o acúmulo de não conformidades menores pode levar ao auditor externo apontar a incapacidade do SGSI em atender aos requisitos da norma e pode impossibilitar a recomendação da certificação.
3. **Oportunidade de melhoria**: ocorre quando o auditor pode evidenciar a conformidade de uma atividade em relação à norma, mas os controles podem ser considerados inadequados, passíveis de falha ou incompatíveis com o que é praticado por empresas do mesmo porte e setor. Uma oportunidade de melhoria não impede a certificação, embora seja registrada no relatório da auditoria.

Há a interpretação equivocada de muitas pessoas de que a certificação ISO/IEC 27001 é concedida para uma empresa, quando na verdade ela é atribuída para um sistema de gestão que é aplicado em uma ou mais áreas ou processos corporativos em um determinado endereço. Dessa forma, é preciso conhecer o escopo da certificação para saber quais atividades de uma empresa estão cobertas pela certificação.

Para implementar e manter um SGSI não é preciso ter alguma formação ou curso específico. Apenas para as atividades de auditoria de certificação é necessário o curso de Auditor Líder, com requisitos de experiência que variam entre as empresas de certificação.

As empresas de certificação costumam emitir um certificado com validade de três anos, com auditorias de manutenção a cada 12 meses que podem verificar parte dos requisitos da norma a cada ano, cobrindo o total dos requisitos dentro do ciclo de validade. Ao final da validade do certificado, deve ser realizada uma auditoria de renovação do certificado, onde é feita a verificação completa do SGSI. É importante ressaltar que o certificado é emitido apenas para o escopo declarado do SGSI.

Há um conjunto de normas que compõem a série ISO 27000 e que podem ser ótimas referências para a gestão da segurança da informação, dentre as principais (Quadro 11.2):

Quadro 11.2 – Normas ISO 27000.
Fonte: o autor.

Norma	Descrição
ISO/IEC 27000	*Information security management systems – Overview and vocabulary*
ISO/IEC 27001	*Information technology – Security Techniques – Information security management systems – Requirements*
ISO/IEC 27002	*Code of practice for information security controls*
ISO/IEC 27003	*Information security management system implementation guidance*
ISO/IEC 27004	*Information security management – Monitoring, measurement, analysis and evaluation*
ISO/IEC 27005	*Information security risk management*
ISO/IEC 27007	*Guidelines for information security management systems auditing*
ISO/IEC 27017	*Code of practice for information security controls based on ISO/IEC 27002 for cloud services*
ISO/IEC 27032	*Guideline for cybersecurity*
ISO/IEC 27033	*IT network security*
ISO/IEC 27034-1	*Application security – Part 1: Guideline for application security*
ISO/IEC 27035-1	*Information security incident management – Part 1: Principles of incident management*
ISO/IEC 27035-2	*Information security incident management – Part 2: Guidelines to plan and prepare for incident response*
ISO/IEC 27037	*Guidelines for identification, collection, acquisition and preservation of digital evidence*
ISO/IEC 27701	*Information technology – Security Techniques – Information security management systems – Privacy Information Management System* (PIMS)

Conclusão

A segurança da informação deixou de ser algo escondido nos *datacenters* de empresas ou algo que não fazia parte das nossas vidas. Temos a internet como ela é graças às funcionalidades de segurança que temos em navegadores, celulares, *smartphones* e outros dispositivos conectados. Hoje a segurança da informação é algo conhecido pela maioria das pessoas, que já ouviram falar de uma fraude, uma conta WhatsApp clonada ou alguém que teve sua conta de rede social "hackeada". Ainda que o nível de consciência do cidadão médio sobre o assunto seja baixo, é algo que as pessoas já levam em consideração.

O número de ataques deve continuar a aumentar e causar mais danos às empresas e pessoas físicas, especialmente porque se tornou uma atividade criminosa bastante rentável e relativamente fácil de ser realizada, com a percepção equivocada de que os ataques virtuais não são rastreáveis. Dessa forma, o papel do gestor de segurança da informação ganha muita relevância nas empresas, especialmente naquelas que têm uma maior dependência de serviços digitais. Acompanhando essa tendência, deve haver falta de profissionais com capacitação e experiência adequada para trabalhar nessa nova realidade. Para lidar com a segurança da informação, é necessário conhecimento técnico aprofundado em ferramentas de segurança de redes, sistemas operacionais, desenvolvimento seguro de software, plataformas de virtualização e soluções específicas de gerenciamento de segurança.

Referências

ABNT. ISO 27001:2013 – Tecnologia da Informação – Técnicas de Segurança – Sistemas de gestão da segurança da informação – Requisitos. Rio de Janeiro: Associação Brasileira de Normas Técnicas, 2017.

CISCO. *Configurando o DMZ no roteador do RV34x Series*. 31 maio 2019. Disponível em: <https://www.cisco.com/c/pt_br/support/docs/smb/routers/cisco-rv-series-small-business-routers/Configuring_DMZ_on_the_RV34x_Series_Router.html>. Acesso em: 28 jan. 2022.

DIGITAL ATTACK MAP. *Top Daily DDOS attacks worldwide*. Disponível em: <https://www.digitalattackmap.com/>. Acesso em: 28 jan. 2022.

FORBES CHINA. Greater China Ranks No. 2 On New Forbes Digital 100 List. *Forbes*, Oct. 10, 2019. Disponível em: <https://www.forbes.com/sites/forbeschina/2019/10/10/greater-china-ranks-no-2-on-new-forbes-digital-100-list/?sh=5123a57f6fae>. Acesso em: 28 jan. 2022.

FORTINET. *Insider Threat Report*. 2019. Disponível em: <https://www.fortinet.com/content/dam/fortinet/assets/threat-reports/insider-threat-report.pdf>. Acesso em: 28 jan. 2022.

HARRIS, S. *CISSP All-in-one exam guide.* 6th.ed. New York, NY: McGraw-Hill, 2013.

+ de 200
Títulos
BRASPORT
e-Book
50% mais barato que o livro impresso.
Confira
nosso
catálogo!
À venda nos sites das melhores livrarias.

Impressão e acabamento
psi7 | book7
psi7.com.br book7.com.br